Uni-Taschenbücher 1452

Eine Arbeitsgemeinschaft der Verlage

Wilhelm Fink Verlag München
Gustav Fischer Verlag Stuttgart
Francke Verlag Tübingen
Harper & Row New York
Paul Haupt Verlag Bern und Stuttgart
Dr. Alfred Hüthig Verlag Heidelberg
Leske Verlag + Budrich GmbH Opladen
J. C. B. Mohr (Paul Siebeck) Tübingen
R. v. Decker & C. F. Müller Verlagsgesellschaft m.b.H. Heidelberg
Quelle & Meyer Heidelberg – Wiesbaden
Ernst Reinhardt Verlag München und Basel
K. G. Saur München · New York · London · Paris
F. K. Schattauer Verlag Stuttgart · New York
Ferdinand Schöningh Verlag Paderborn · München · Wien · Zürich
Eugen Ulmer Verlag Stuttgart
Vandenhoeck & Ruprecht in Göttingen und Zürich

Jürgen Kromphardt

Arbeitslosigkeit und Inflation

Eine Einführung in die makroökonomischen Kontroversen

2., neubearbeitete Auflage

Mit zahlreichen Abbildungen und Tabellen

Vandenhoeck & Ruprecht in Göttingen

Über den Autor: 1933 in Kiel geboren; ab 1952 Studium der Volkswirtschaftslehre an den Universitäten Göttingen und Kiel; 1956 Diplom-Examen in Kiel; 1957 Promotion zum Dr. rer. pol. ebenfalls in Kiel; nach langjähriger Tätigkeit in der EWG-Kommission in Brüssel 1967 Habilitation an der Universität Münster mit einer Arbeit über Strukturwandel und Einkommensverteilung 1968–1980 o. Professor der Volkswirtschaftslehre an der Universität Gießen; seitdem an der TU Berlin. Verfasser der Lehrbücher „Wachstum und Konjunktur. Grundlagen ihrer theoretischen Analyse und wirtschaftspolitischen Steuerung" (3. Aufl. 1993), „Konzeptionen und Analysen des Kapitalismus – von seiner Entstehung bis zur Gegenwart" (3. Aufl. 1991) Grundlagen der Makroökonomie (1998) sowie Mitautor einer Einführung in die „Methoden der Wirtschafts- und Sozialwissenschaften".

Die Deutsche Bibliothek: CIP-Einheitsaufnahme

Kromphardt, Jürgen:
Arbeitslosigkeit und Inflation : eine Einführung
in die makroökonomischen Kontroversen /
Jürgen Kromphardt. – 2., neu bearb. Aufl. –
Göttingen : Vandenhoeck und Ruprecht, 1998
(UTB für Wissenschaft : Uni-Taschenbücher ; 1452)
ISBN 3-8252-1452-4 (UTB)
ISBN 3-525-03171-8 (Vandenhoeck & Ruprecht)

Einbandgestaltung: A. Krugmann, Stuttgart
Satz: Dörlemann Satz, Lemförde
Druck- und Bindearbeiten: Hubert & Co., Göttingen

Vorwort zur zweiten Auflage

In den elf Jahren seit Erscheinen der 1. Auflage hat sich der Schwerpunkt der gesamtwirtschaftlichen Probleme weiter von der Inflation auf die Arbeitslosigkeit verlagert. Die Inflation ist in Deutschland und in vielen Staaten Europas unter eine Jahresrate von 2 % gesunken, die Arbeitslosigkeit hat sich dagegen schubweise drastisch erhöht und insbesondere in Ostdeutschland dramatische Ausmaße erreicht.

Dementsprechend hat sich die wirtschaftliche Diskussion verstärkt den Problemen des Arbeitsmarktes und der Beschäftigung zugewandt. Dies schlägt sich in dieser Neuauflage in einer Erweiterung des Kap. III nieder. In diesem Kapitel habe ich insbesondere den Abschnitt III.2 über „Niveaubedingte Arbeitslosigkeit" neu gefaßt und um den Abschnitt 2.3 „Erklärungsbeiträge der neuen Makroökonomie" erweitert.

Eine wesentliche Veränderung haben auch die wirtschaftspolitischen Kap. V und VI erfahren: Ich habe auf die Behandlung der Probleme antizyklischer Geld- und Fiskalpolitik verzichtet, da eine derartige Ausrichtung der Makropolitik kaum mehr vorgeschlagen wird, um mich auf die mittelfristige Orientierung zu konzentrieren. Da die Arbeitslosigkeit inzwischen als ein überkonjunkturelles Phänomen zu erkennen ist, muß auch die Politik zu ihrer Bekämpfung mittelfristig orientiert sein. Die verbleibenden Teile des früheren Kapitels V habe ich mit dem früheren Kapitel VI zu einem einzigen Kapitel V zusammengefaßt. Auch alle anderen Teile des Buches habe ich überarbeitet und aktualisiert.

Unverändert ist mein Bestreben, die konkurrierenden makroökonomischen Positionen so klar wie möglich darzustellen, ihre Gegensätze herauszuarbeiten und gleichzeitig zu zeigen, daß diese Positionen vor allem deswegen gegensätzliche Erklärungen und Handlungsempfehlungen liefern, weil sie auf unterschiedlichen Vorstellungen über die Ausgangslage basieren. Konkret heißt dies: Die keynesianische Theorie ist für Situationen der Unterbeschäftigung aufgrund zu niedriger gesamtwirtschaftlicher Güternachfrage konzipiert, die neoklassisch-monetaristische Theorie für eine Volkswirtschaft ohne nachfragebedingte Arbeitslosigkeit.

Die Anregungen zur Überarbeitung stammen aus vielen Quellen. Besonders danken möchte ich meinen wissenschaftlichen Mitarbeiter(inne)n, den Dipl. Volkswirt(inn)en Gesa Bruno-Latocha, Dr. Maria Kraft, Burkhard Rhein und Dr. Jessica de Wolff, die im Rahmen ihrer Übungstätigkeit immer wieder auf Veränderungen, Ergänzungen und Erweiterungen gedrängt haben. Ebenso danke ich den Studierenden, die durch kritische Rückfragen und Kommentare in dieselbe Richtung gewirkt haben. Herr Rhein hat überdies die Schaubilder und Tabellen zusammengestellt und druckreif gestaltet. Danken möchte ich schließlich allen, die zur Ausfertigung einer lesbaren Vorlage für den Setzer beigetragen haben.

Berlin, im Juni 1998 J. Kromphardt

Vorwort der ersten Auflage

Arbeitslosigkeit und Inflation zählen zu den zentralen Problemen der Wirtschaftstheorie und -politik. Ihre Erklärung ist in der Wirtschaftswissenschaft heftig umstritten. Dort und in der Öffentlichkeit wird über die richtigen Wege zu ihrer Bekämpfung vehement diskutiert. Dieses Lehrbuch versucht, Studenten der Wirtschaftswissenschaften – aber auch einem breiteren Leserkreis – einen Weg durch das Gewirr der Argumente und Gegenargumente zu bahnen und zu zeigen, daß der zentrale Gegensatz zwischen neoklassisch-neoliberalen und keynesianischen Auffassungen nicht nur die Erklärungsansätze von Arbeitslosigkeit und Inflation prägt, sondern auch die wirtschaftspolitischen Konzepte und Strategien zu ihrer Bekämpfung.

Dieses Buch ist aus einer Vorlesung entstanden, die ich seit mehreren Jahren für Studierende zu Beginn ihres Hauptstudiums der Volkswirtschaftslehre oder Betriebswirtschaftslehre an der TU Berlin halte. Es geht daher von Lesern aus, denen die Grundzüge der makroökonomischen Theorie aus dem wirtschaftswissenschaftlichen Grundstudium vertraut sind. Ich habe mich aber bemüht, die makroökonomischen Kontroversen darüber, wie Arbeitslosigkeit und Inflation zu erklären und zu bekämpfen seien, so darzustellen, daß sie auch ohne Vorkenntnisse in der makroökonomischen Theorie verständlich werden. Am Ende des einleitenden Kapitels I weise ich außerdem auf geeignete Literatur hin, mit der entsprechende Lücken geschlossen werden können.

Nach einer kurzen Einführung werden in Kap. II die Ziele „Vollbeschäftigung“ und „Preisstabilität“ begründet und präzisiert, deren Verfehlung sich in Arbeitslosigkeit und Inflation niederschlägt. Die Begründungen der Ziele entscheiden über ihre Bewertung, die erforderlich wird, wenn die Ziele miteinander konkurrieren. In Kap. III werden die Erklärungsansätze der Arbeitslosigkeit dargestellt, zweigeteilt in strukturbedingte und niveaubedingte Arbeitslosigkeit. Die makroökonomischen Kontroversen beziehen sich auf letztere Kategorie, wobei Nachfrageniveau und Lohnniveau um die Erklärung konkurrieren. In Kap. IV folgt dann die Erklärung der Inflation; ich habe sie nach Beschäftigungssituationen gegliedert, weil ich meine, daß viel wissenschaftlicher Streit und Verwirrung in der Diskussion darauf beruht, daß unklar bleibt, für welchen Beschäftigungsgrad die verschiedenen Inflationserklärungen gemeint sind. Am Ende von Kap. IV kann dann versucht werden, die Frage zu beantworten, ob und wann hohe Beschäftigung und Inflation konkurrierende oder miteinander vereinbare Ziele darstellen.

Die Kap. V und VI sind wirtschaftspolitisch orientiert. In Kap. V. werden die Argumente für und wider die neuerdings viel geschmähte Globalsteuerung mittels Geld- und Fiskalpolitik behandelt, ergänzt durch einen kurzen Bericht über die Erfahrungen mit dieser Politik in der BR Deutschland. In Kap. VI folgen die wichtigsten Konzepte und Strategien zur Bekämpfung von Arbeitslosigkeit und Inflation, in denen sich die theoretischen Gegensätze bei der Erklärung dieser Fehlentwicklungen widerspiegeln.

Die Entscheidung für oder wider eine der dargestellten wirtschaftspolitischen Strategien erfordert Werturteile, insbesondere über die Vorrangigkeit der gesamtwirtschaftlichen Ziele. Solche Werturteile hat selbstverständlich auch der Verfasser eines Lehrbuchs über „Arbeitslosigkeit und Inflation"; sie offen zu legen, gebietet die wissenschaftliche Redlichkeit. Daher möchte ich meine Bewertung der beiden zentralen Ziele „Vollbeschäftigung" und „Preisstabilität" so kennzeichnen: Ich halte die derzeitige Massenarbeitslosigkeit in den westeuropäischen Ländern für ein derart gravierendes wirtschaftliches und gesellschaftspolitisches Problem, daß mir beschäftigungsfördernde Maßnahmen auch dann notwendig erscheinen, wenn mit ihnen ein Inflationsrisiko verbunden ist. Dieses Risiko bin ich bereit in Kauf zu nehmen, zumal ich meine, daß es sich in engen Grenzen halten läßt.

Danken möchte ich den Personen, die frühere Fassungen des Manuskripts gelesen und mir wertvolle Anregungen gegeben haben. Außer meinen wissenschaftlichen Mitarbeitern, den Dipl. Volkswirten Sabine Spelthahn und Andreas Kogler, unterzogen sich Frau Dipl. Volkswirt Maria Kraft, Frau Dr. Karin Thöne sowie – besonders kritisch und konstruktiv – Frau Dr. Renate Schubert dieser Mühe. Wertvolle Anregungen erhielt ich auch von den Hörern meiner Vorlesung über das Thema dieses Buches.

Schließlich danke ich auch Frau Hanni Daryai für ihre Geduld, Ausdauer und Aufmerksamkeit bei der Anfertigung einer lesbaren Textfassung.

Berlin, im März 1987 J. Kromphardt

Inhalt

Hinweise für den Leser

Zur Zitierweise

Aufsätze und Monographien werden im Text nur durch den Namen des Verfassers und das Erscheinungsjahr (z.B. KEYNES, 1936) gekennzeichnet; bei Monographien, die in mehreren Auflagen erschienen sind, ist das Jahr der letzten Auflage aus der Hand des Autors angegeben. Titel sowie Erscheinungsort (bei Monographien) oder Zeitschrift (bei Aufsätzen) findet man im Literaturverzeichnis. Werden im Literaturverzeichnis spätere Wiederabdrucke (in Sammelwerken) oder Übersetzungen genannt, so beziehen sich die Seitenangaben für Zitate etc. stets auf diese neueren Veröffentlichungen.

Literaturhinweise

Am Ende eines jeden Kapitels stehen nach Problembereichen untergliederte Literaturhinweise, damit der Leser bestimmte Probleme vertiefen kann. Diese Empfehlungen stellen eine subjekt gefärbte Auswahl aus der Fülle der Literatur dar und sollen zu weiterer Lektüre anregen. Am Ende von Kap. I finden sich auch Hinweise auf Bücher, anhand derer Lücken in den Grundkenntnissen der makroökonomischen Theorie geschlossen werden können.

Symbole und Abkürzungen

Im anschließenden Symbol- und Abkürzungsverzeichnis sind die verwendeten Symbole und Abkürzungen alphabetisch aufgeführt, um die Lektüre einzelner Abschnitte zu erleichtern.

Symbol- und Abkürzungsverzeichnis

A	Arbeitsvolumen
A_{st}	Staatsausgaben
AZV	Arbeitszeitverkürzung
b	Bargeldquote (in Kap. IV)
b	Beschäftigungsgrad (in Kap. V)
C_{pr}	Privater Konsum
BIP	Bruttoinlandsprodukt
BSP	Bruttosozialprodukt
E	Zahl der Erwerbstätigen
E^{pot}	Erwerbspersonenpotential
Ex	Exporte
h	Stunde (Arbeitsstunde)
I	Gesamtwirtschaftliche Investitionen
I_{pr}	Private Investitionen
Im	Importe
i	Zinssatz
K	Kapitalbestand
L	Liquidität(spräferenz)
L	Lohn- und Gehaltssumme
l	Lohnsatz
M	Geldmenge
M_{ZB}	Zentralbankgeldmenge
N	Gesamtwirtschaftliche Nachfrage
NAIRU	Non-Accelerating-Inflation Rate of Unemployment
NALQ	Natürliche Arbeitslosenquote
NCM	New Classical Macroeconomics
NKE	New Keynesian Economics
NKM	New Keynesian Macroeconomics
p	Preisniveau
p^e	Erwartetes Preisniveau
PAF	Preis-Absatz-Funktion
q	Neuverschuldungsquote
r	Mindestreservesatz
r	(als Suffix) real
S	Gesamtwirtschaftliche Ersparnis

v	Einkommenskreislaufgeschwindigkeit
U	Arbeitslosenquote
W	Vermögen
w	Wachstumsrate der im Suffix bezeichneten Größe
X	Reales Nettoinlandsprodukt
y	Nominales Nettoinlandsprodukt
z	Zinslastquote

I. Einführung: Arbeitslosigkeit und Inflation – Gegenstand wirtschaftspolitischer Debatten und makroökonomischer Kontroversen

Arbeitslosigkeit und Inflation stehen – neben der Umweltzerstörung – im Mittelpunkt der wirtschaftspolitischen Diskussionen über gesamtwirtschaftliche Probleme und werden als die größten Herausforderungen an die Wirtschaftspolitik betrachtet. Je nach der Höhe der Arbeitslosigkeit und der Inflationsrate geraten dabei teils stärker die Inflation, teils stärker die Arbeitslosigkeit oder – wenn beide ein bedenkliches Niveau erreicht haben – beide Probleme gleichzeitig ins Blickfeld. Sie müssen jedoch in jedem Fall gemeinsam analysiert werden, weil sie nicht voneinander unabhängig sind. So zeigt u.a. die Erfahrung der letzten Jahre, daß die Bekämpfung der Inflation zumindest vorübergehend – möglicherweise aber auch auf Dauer – zu mehr Arbeitslosigkeit führt. Umgekehrt kann die Bekämpfung der Arbeitslosigkeit unter Umständen die Inflationsrate erhöhen.

Arbeitslosigkeit und Inflation stellen Verfehlungen der gesamtwirtschaftlichen Ziele „hohe Beschäftigung“ und „Preisniveaustabilität“ dar, die im „Gesetz zur Förderung von Stabilität und Wachstum der Wirtschaft“ (Stabilitätsgesetz) vom Juni 1967 verankert sind. Auf diese beiden Ziele und ihre Verfehlung konzentriert sich dieses Buch. Für die beiden anderen im Stabilitätsgesetz genannten Ziele, nämlich angemessenes Wachstum und außenwirtschaftliches Gleichgewicht, läßt sich feststellen: Für Deutschland hat das letztgenannte Ziel dank seiner permanenten Exportüberschüsse nur den Rang einer Nebenbedingung, die fast immer erfüllt ist. Angemessenes Wachstum ist weder präzise definierbar (was heißt schon „angemessen“?) noch unumstritten. Wachstum um des Wachstums willen wird wegen seiner ökologischen Konsequenzen zunehmend kritisch gesehen; Wachstum zwecks Schaffung oder Sicherung von Arbeitsplätzen dient dem Ziel hoher Beschäftigung und findet daher im Zusammenhang mit dem Problem der Arbeitslosigkeit seinen Platz in diesem Buche.

Arbeitslosigkeit und Inflation sind *gesamtwirtschaftliche* Probleme: Das Niveau beider Fehlentwicklungen wird durch die Verhältnisse in der gesamten Wirtschaft bestimmt. Es ist daher zwingend, sie mit Hilfe der makroökonomischen Theorie zu analysieren, die Aussagen über gesamtwirtschaftliche Zusammenhänge macht. Beide Probleme werden durch strukturelle Faktoren verstärkt, die ebenfalls untersucht werden müssen.

Die makroökonomische Analyse ist dadurch gekennzeichnet, daß sie nicht – wie die Mikroökonomie – von den einzelnen individuellen Entscheidungsträgern ausgeht, sondern entweder diese selbst oder die Objekte ihrer Entscheidungen zu gesamtwirtschaftlichen *Aggregaten* zusammengefaßt. Der übliche Weg besteht darin, im ersten Schritt die Entscheidungsträger zu den Aggregaten „Private Haushalte", „Unternehmen" und „Staat" zusammenzufassen und die Entscheidungen über die Einkommensverwendung zu den Aggregaten „Privater Verbrauch", „Investitionen" und „Staatsausgaben".

Die makroökonomische Vorgehensweise hat vor allem folgende **Vorteile**:

a) Durch die Aggregation werden die gesamtwirtschaftlichen Zusammenhänge leichter überschaubar; dadurch gelingt es eher, diese in die Analyse einzubeziehen und dadurch die wechselseitigen Wirkungszusammenhänge zu berücksichtigen (so z.B. die Tatsache, daß höherer Konsum einen Einfluß auf das Volkseinkommen hat, dieses aber wiederum auf das Konsumniveau zurückwirkt).

b) Die Wirkungszusammenhänge zwischen gesamtwirtschaftlichen Aggregaten sind im allgemeinen im Zeitablauf stabiler als zwischen einzelwirtschaftlichen Größen. Dies gilt, solange die individuellen Entscheidungen unabhängig voneinander getroffen werden, so daß sich Verhaltensänderungen einzelner Individuen gegenseitig aufheben. Die zeitliche Stabilität wird beeinträchtigt, wenn diese Unabhängigkeit nicht besteht, wie z.B. im Bereich des privaten Konsums bei Modeartikeln, wo der Kauf des Artikels durch ein Individuum den Kauf durch ein anderes Individuum nach sich zieht, oder bei den privaten Investitionen, wo das Beispiel eines investierenden Unternehmers einen anderen veranlassen mag, dessen offenbare positive Zukunftseinschätzung zu übernehmen und ebenfalls zu investieren. Aber auch solche, von SCHLICHT (1985, ch. 5) als „System-Effekte" bezeichneten Wirkungszusammenhänge lassen sich besser durch geeignete Aggregation erfassen als durch mikroökonomische Analysen, die traditionell von autonomem Individualverhalten bei gegebenen Präferenzen ausgehen.

c) Schließlich stehen auf der makroökonomischen Ebene mehr Daten zur Verfügung, vor allem aus der „Volkswirtschaftlichen Gesamtrechnung“, mit deren Hilfe die makroökonomischen Theorien empirisch überprüft werden können.

Eine makroökonomische Analyse auf hoher Aggregationsstufe bringt Risiken mit sich. So werden Strukturverschiebungen innerhalb der Aggregate überdeckt. Dadurch werden manchmal Strukturprobleme auch in Fällen vernachlässigt, in denen sie auf die gesamtwirtschaftlichen Aggregate zurückwirken. In diesem Buch soll dieses Risiko verringert werden, indem bei der Erklärung von Arbeitslosigkeit und Inflation dem strukturellen Problem jeweils eigene Abschnitte gewidmet werden.

Ein weiteres Risiko der makroökonomischen Analyse besteht darin, daß vergessen wird, daß nicht die Aggregate selber Entscheidungen treffen, sondern die in diesen Aggregaten zusammengefaßten individuellen Entscheidungsträger.

Die makroökonomischen Ansätze zur Erklärung von Arbeitslosigkeit und Inflation sind in der Wirtschaftswissenschaft heftig umstritten. Daher bietet ein Buch über „Arbeitslosigkeit und Inflation“ zugleich eine **Einführung in die makroökonomischen Kontroversen**. Diese Kontroversen prägen nicht nur die Kapitel III–IV, in denen die Erklärungen von Arbeitslosigkeit und Inflation dargestellt werden, sondern auch Kapitel V über wirtschaftspolitische Konzepte und Strategien zur Bekämpfung dieser Fehlentwicklungen. Ziel dieser Einführung ist es, die Erklärungen von Arbeitslosigkeit und Inflation und des Zusammenhangs zwischen ihnen so darzustellen, daß der Leser eine eigene Wertung der Erklärungen und damit auch der damit verbundenen Kontroversen wirtschaftspolitischer Konzepte und Strategien zur Bekämpfung dieser beiden Fehlentwicklungen vornehmen kann. Dabei wird zuerst die theoretische Erklärung behandelt; denn wenn Arbeitslosigkeit und Inflation von ihren Ursachen her bekämpft werden sollen, dann müssen diese Ursachen erst einmal erkannt werden; dies ist die Aufgabe der Theorie.

Die Theorie versucht, eine Situation dadurch zu erklären, daß sie sie auf allgemein gültige Hypothesen zurückführt. In den Sozialwissenschaften sind solche Hypothesen allerdings raum-zeitbegrenzt; es handelt sich in der Formulierung von Hans Albert um „Quasi-Gesetze“ (den Begriff Gesetze reserviert Albert für

Hypothesen ohne Raum-Zeit-Begrenzung, wie man sie in den Naturwissenschaften findet). Die Gültigkeit solcher Hypothesen kann allerdings nicht bewiesen werden. Man kann sie mit empirischen Daten konfrontieren. Wenn sie sich mit den Daten vereinbar erweisen, haben sie sich empirisch bewährt. Sie sind nicht widerlegt.

Die Unmöglichkeit, Hypothesen und Theorien als richtig zu beweisen (zu „verifizieren"), ist ein Erklärungsgrund dafür, daß die makroökonomischen Kontroversen zu keinem Abschluß gelangen, sondern in veränderter Form immer weiter geführt werden. Es kommt hinzu, daß wirtschaftstheoretische und wirtschaftspolitische Aussagen stets direkt oder indirekt wirtschaftliche und gesellschaftliche Interessen berühren; denn sämtliche wirtschaftspolitischen Maßnahmen benachteiligen oder begünstigen nicht alle Personen und Personengruppen gleichmäßig, sondern unterschiedlich, manchmal in entgegengesetzter Richtung.

Da auch jeder Wissenschaftler Mitglied der Gesellschaft ist und einer bestimmten Gesellschaftsschicht angehört, kann man nicht ausschließen, daß seine *Werturteile* darüber, welche Wirkungen auf welche Gruppen als positiv oder negativ anzusehen sind, seine Stellung zu den konkurrierenden gesamtwirtschaftlichen Theorien beeinflussen, um sie zur Begründung für die Empfehlung oder Ablehnung wirtschaftspolitischer Maßnahmen verwenden zu können. Wenn dieser Einfluß so stark wird, daß kritische Einwände gegen eine Theorie nur noch beiseitegefegt werden, dann gerät der Wissenschaftler in den Verdacht, *Ideologien* zu vertreten, das sind – in der Definition von TOPITSCH/SALAMUN (1972, S. 16) „Gedankengebilde, welche die Macht- und Lebensansprüche bestimmter gesellschaftlicher Gruppen legitimieren und deren Halb- und Unwahrheiten auf eine interessen- oder sozialbedingte Befangenheit ihrer Vertreter zurückzuführen sind".

Der Einfluß von Werturteilen kann besonders stark sein, wenn es darum geht, „die" Arbeitslosigkeit oder einen Teil von ihr als freiwillig oder unfreiwillig zu interpretieren. Zwar kann auch freiwillige Arbeitslosigkeit ein Grund für wirtschaftspolitische Eingriffe sein, aber der Druck, durch wirtschaftspolitische Maßnahmen die Arbeitslosigkeit zu verringern, ist sicherlich stärker und überzeugender, wenn es um den Abbau unfreiwilliger Arbeitslosigkeit geht. Daher ist bei dem Etikett „freiwillig" oder „unfreiwillig" besondere Sorgfalt angebracht.

Generelle Literaturhinweise zu diesem Buch

a) Zu den nur kurz angesprochenen Problemen des Geltungsanspruchs wirtschaftswissenschaftlicher Hypothesen und seiner empirischen Überprüfung empfehle ich als Einstieg die Lektüre der „Einleitung: Methodische Grundlagen“ in STOBBE (1991, S. 1–66) und von Abschnitt A.I.3 in NEUMANN (1996). Wer sich vertieft mit diesen wissenschaftstheoretischen Fragen beschäftigen möchte, dem empfehle ich das für Studenten konzipierte Buch „Methoden der Wirtschafts- und Sozialwissenschaften. Eine wissenschaftliche Einführung“ (Wiesbaden, Gabler, 1979), das ich zusammen mit P. CLEVER und H. KLIPPERT geschrieben habe und in dem auch das Ideologieproblem ausführlich behandelt wird. Eine gedrängte Darstellung der unterschiedlichen in der Volkswirtschaftslehre vertretenen methodologischen Positionen findet sich in Abschnitt II meines Artikels „Wirtschaftswissenschaften II. Methoden und Theorienbildung in der Volkswirtschaftslehre“ im Handwörterbuch der Wirtschaftswissenschaften (HdWW), Band 9, 1982.

b) Zu den aufgelisteten Vorteilen der Aggregation und makroökonomischen Theoriebildung kann ich „nur“ auf das tiefschürfende und daher nicht leicht zu lesende Buch von E. SCHLICHT (1985) hinweisen.

c) Wer vor oder während der weiteren Lektüre in systematischer Form grundlegende Kenntnisse der makroökonomischen Theorie erwerben möchte, dem empfehle ich mein Lehrbuch „Grundlagen der Makroökonomie“ (München 1998) oder die entsprechenden Kapitel in den Lehrbüchern von STOBBE (1987), BURDA/WYPLOSZ (1994), DORNBUSCH/FISCHER (1992) sowie – in englischer Sprache – von BEGG/FISCHER/DORNBUSCH (1997). Wer ein in monetaristischer Sichtweise geschriebenes Lehrbuch der Makroökonomie lesen möchte, dem sei das Buch von E. CLAASSEN (1980) empfohlen. Für Fortgeschrittene geschrieben und zu empfehlen ist das Lehrbuch von FELDERER/HOMBURG (1994).

d) Einen lebendigen Eindruck von der Auseinandersetzung über die makroökonomischen Kontroversen liefert das von P. HAMPE (1984) herausgegebene Buch „Friedman contra Keynes. Zur Kontroverse über die Konjunktur- und Beschäftigungspolitik“.

II. Vollbeschäftigung und Preisstabilität als gesamtwirtschaftliche Ziele

II.1. Begründung der beiden gesamtwirtschaftlichen Ziele

Da die beiden in diesem Buch im Mittelpunkt stehenden Ziele nicht die einzigen wirtschaftspolitischen Ziele sind, muß damit gerechnet werden, daß Maßnahmen zur besseren Erreichung dieser Ziele zu Lasten anderer Ziele gehen. Ebenso können diese beiden Ziele selbst in Konkurrenz zueinander stehen, so daß Maßnahmen (oder Entwicklungen) zugunsten eines Ziels zu Lasten des anderen Ziels gehen, mithin den Zielerreichungsgrad dort verschlechtern. Die folgenden Kapitel werden zeigen, daß eine solche Zielkonkurrenz von vielen Autoren behauptet, aber von anderen bestritten wird.

Wenn Ziele zueinander in Konkurrenz stehen, muß zwischen ihnen abgewogen werden. Ihr Gewicht hängt dabei entscheidend davon ab, wie überzeugend sie begründet werden können.

II.1.1. Vollbeschäftigung als unmittelbares Ziel

Die Gründe für das Ziel „Vollbeschäftigung" bzw. – weniger anspruchsvoll – „Hohe Beschäftigung" ergeben sich unmittelbar aus den Vorteilen hoher Beschäftigung; sie lassen sich in vier Gruppen zusammenfassen.

a) Als gesamtwirtschaftliche Gründe sind zu nennen: Unterbeschäftigung bedeutet Nichtausnutzen des vorhandenen Produktionspotentials; ein erreichbares Wohlfahrtsmaximum wird verfehlt. Mit der Höhe der Arbeitslosigkeit steigt zweitens der Widerstand der Arbeitnehmer gegen technischen Fortschritt, wenn dieser zu Rationalisierungsinvestitionen und damit verbundenen umfangreichen Freisetzung von Arbeitskräften führt (so auch H. GIERSCH, 1977, S. 58f.). Drittens können Arbeitslose ihre Qualifikation nicht durch ihre Berufstätigkeit verbessern; ganz im Gegenteil verlieren sie erworbene Fähigkeiten. Es kommt zu einem Prozeß der Dequalifikation, der die spätere Wiedereingliederung der Arbeitslosen in den Produktionsprozeß erschwert und das vorhandene Produktionspotential vermindert. Viertens steigen mit zunehmender Arbeitslosigkeit die öffentlichen Ausgaben für die Arbeitslosenunterstützung (einschl. Sozialhilfe) an. Diese Ausgaben erhöhen die gesamtwirtschaftliche Produktion direkt nicht; sie sind mithin »unproduktiv«, und die so verausgabten Beträge stehen nicht zur Verwendung in anderen Bereichen (z.B. Umweltpolitik) zur Verfügung.

b) Für die Betroffenen bedeutet Arbeitslosigkeit und Unterbeschäftigung den Verlust von Teilen ihres Einkommens mit entsprechenden Einbußen an Lebensstandard, Kreditwürdigkeit und Möglichkeiten der Vermögensbildung. Diese Aspekte kann man als einzelwirtschaftliche Gründe einordnen.

c) Soziale gesellschaftliche Gründe resultieren aus der mit hoher Arbeitslosigkeit, besonders unter Jugendlichen, verbundenen Gefahren fehlender Integration in die Leistungsgesellschaft, sozialer Unruhe, politischer Polarisierung und/oder Abrutschens einzelner Betroffener in die Kriminalität.

d) Als soziale individuelle Gründe für das Ziel hoher Beschäftigung ist der Anspruch der Menschen auf nützliche Arbeit, die eine selbständige, unabhängige Lebensführung ermöglicht, zu nennen; wird dieser Anspruch nicht erfüllt, leidet das Selbstwertgefühl mit vielseitigen psychischen und soziokulturellen Konsequenzen.

Die genannten Gründe sprechen für das Ziel hoher Beschäftigung. Damit ein positiv bewertetes Ziel auch tatsächlich verfolgt wird, müssen jedoch auch die wichtigen sozialen Gruppen ein Interesse an der Verfolgung dieses Ziels haben. Die *Interessenlage der Gruppen* ist jedoch unterschiedlich; ich nenne hier nur die Gruppe der Arbeitnehmer und Unternehmer: Die Arbeitnehmer haben ein eindeutiges Interesse an hoher Beschäftigung; denn diese verbessert ihre kollektive Marktposition in den Verhandlungen über Löhne und Arbeitsbedingungen. Für den einzelnen Arbeitnehmer hat eine hohe Beschäftigung den Vorteil, daß er gute Chancen hat, einen Arbeitsplatz zu finden, und sogar zwischen verschiedenen Arbeitsplätzen wählen kann.

Die Interessenlage der Unternehmer hingegen ist gespalten: Auf der einen Seite ist hohe Beschäftigung meistens verbunden mit hoher Nachfrage nach Gütern, hoher Produktion und hohen Gewinnen. Auf der anderen Seite ist ihre Verhandlungsposition gegenüber den Arbeitnehmern in der Situation der Unterbeschäftigung günstiger, und es ist einfacher, eine hohe Leistungsdisziplin der Arbeitskräfte zu erreichen, dadurch die Arbeitsproduktivität zu erhöhen und damit eine Einkommensumverteilung durchzusetzen. Dies gelingt nicht nur durch die Entlassung von wenig leistungsbereiten oder -fähigen Arbeitskräften, sondern auch durch den höheren Leistungsdruck, der für alle Arbeitnehmer aus dem Risiko, entlassen zu werden, resultiert.

Diese Interessenlage hatte KALECKI schon 1943 zu der Prognose veranlaßt, daß Beschäftigungspolitik auf Dauer an politischen Widerständen von Unternehmen, Vermögensbesitzern und ihnen nahestehenden politischen Kräften scheitern würde, denen die Verschiebung der Machtverhältnisse zwischen Arbeitgebern und Arbeitnehmern ein Dorn im Auge ist[1]. RIESE (1986, insb. Abschnitt A.I.4.) betont das Interesse der Geldvermögensbesitzer an einer knappen Geldversorgung, um die Wertaufbewahrungsfunktion zu sichern.

Aufgrund der Interessenlagen ist es nicht verwunderlich, daß Gewerkschaften und ihnen nahestehende politische Gruppierungen das Ziel der hohen Beschäftigung stärker betonen als die Vertreter der Arbeitgeber oder ihnen näherstehende politische Gruppierungen und daß im Stabilitätsgesetz dieses Ziel zwar genannt, aber nicht präzisiert worden ist.

II.1.2. Preisstabilität als abgeleitetes Ziel

Im Gegensatz zu dem soeben behandelten Ziel ist die Preisstabilität kein unmittelbar zu begründendes Ziel, sondern wird – wie die Begründungen zeigen – aus den befürchteten negativen Folgen seiner Verfehlung für andere Ziele abgeleitet. Diese anderen Ziele sind vor allem Verteilungsziele, das Effizienzziel und das Ziel hoher Beschäftigung.

Da es in der theoretischen und wirtschaftspolitischen Diskussion darum geht, welche Inflationsrate in einem Bereich toleriert werden soll, der als »schleichende Inflation« bezeichnet wird (mit

---

1 Eine Variante dieser Überlegungen stellt die Theorie von VOGT (1986) dar, demzufolge die Unternehmen bei zu starker Macht von Arbeitnehmern und Gewerkschaften den Übergang von einer kapitalistischen zu einer laboristischen Ökonomie befürchten.

jährlichen Inflationsraten unter 10–15 %), ist es wenig hilfreich, Preisstabilität mit den Wirkungen von Hyperinflationen zu begründen; denn Hyperinflationen, die insbesondere nach dem ersten Weltkrieg für kurze Zeit auftraten, sind historische Ausnahmeerscheinungen: Aus den Zahlenangaben in SCHERF (1978) ist zu ersehen, daß z.B. während der Hyperinflation im Deutschen Reich von August 1922 bis November 1923 die maximale monatliche Inflationsrate 32.400 % betrug, was einer täglichen Preissteigerungsrate von mehr als 21 % entspricht. Das Preisniveau erhöhte sich in diesen 16 Monaten im Verhältnis 1 : 10 Billionen.

Man kann daher das Ziel der Preisstabilität nicht überzeugend mit den Wirkungen einer Hyperinflation begründen, sondern nur mit den Wirkungen und Risiken einer schleichenden Inflation. Unter diesem Aspekt müssen die folgenden Begründungen des Stabilitätsziels kritisch betrachtet werden.

II.1.2.1. Ableitung aus Verteilungszielen

Die traditionelle Begründung der Preisstabilität wird aus den Verteilungswirkungen der schleichenden Inflation gewonnen. Dabei werden zwei Verteilungswirkungen hervorgehoben: Erstens führe die schleichende Inflation zur Benachteiligung der Bezieher fester Einkommen, weil deren Einkommen nicht mit der Inflationsrate mitstiegen. Zweitens würden die Gläubiger gegenüber den Schuldnern benachteiligt, weil der reale Wert ihrer nominal fixierten Forderungen sinke.

Beide Argumente gelten jedoch in einer schleichenden Inflation unter den heutigen institutionellen Gegebenheiten nur sehr eingeschränkt. Die Benachteiligung der Bezieher fester Einkommen durch verzögerte Anpassung (Lohn-Lag, Renten-Lag) hält sich deswegen in Grenzen, weil Löhne und Renten (dies sind die beiden wichtigsten Kategorien fester Einkommen) regelmäßig jährlich an die Entwicklung des Preisniveaus angepaßt werden können. Diese Anpassung wird höchstens vorübergehend bei plötzlichen Änderungen der Inflationsrate in Frage gestellt sein.

Die Benachteiligung der Gläubiger gegenüber den Schuldnern tritt nur dann auf, wenn die Inflation keinen oder nur verzögert Niederschlag in den Zinssätzen findet, wenn sie also entweder nicht erwartet oder zwar erwartet, aber nicht berücksichtigt wurde.

Nach Untersuchungen der Deutschen Bundesbank (s. ihre Monatsberichte vom August 1970 und vom Oktober 1985) wird die Inflationsrate jedoch in vielen Bereichen antipiziert (d.h. erwartet und berücksichtigt). Dies gilt vor allem für die Wertpapierrendite, weniger für die Sparzinsen und gar nicht für die Versicherungsguthaben. Benachteiligt werden also die Besitzer von Lebensversicherungen, die Besitzer von langlaufenden, niedrigverzinslichen Wertpapieren bei stark ansteigender Inflationsrate und diejenigen Sparer, die ihr Geldvermögen als Spareinlagen halten.

Auch die gründliche empirische Untersuchung von D. FRICKE, 1980, kommt daher zu dem Ergebnis, daß sich für die westdeutsche Wirtschaft insgesamt die von der Theorie behaupteten inflationsbedingten Umverteilungen in der Realität nicht bzw. – was die Gläubiger-Schuldner-Hypothese betrifft – nur in abgeschwächter Form bestätigen lassen.

In neuerer Zeit wird verstärkt eine weitere Verteilungswirkung genannt, nämlich die Umverteilung von den Privaten (den Steuerzahlern) an den Staat durch progressiv gestaffelte Einkommensteuersätze. Durch die Inflation werden die Einkommen nominal aufgebläht, und die Steuerzahler geraten dadurch in Bereiche mit höheren Steuersätzen (kalte Progression). In Deutschland ist allerdings – aufgrund der wiederholten Steuerrechtsänderungen – vor allem eine Umverteilung zwischen den Steuerzahlern selbst zu beobachten: Die von Arbeitnehmern gezahlte Lohnsteuer steigt rascher, die von Unternehmern und Unternehmerhaushalten gezahlten direkten Steuern langsamer als das Volkseinkommen; die gesamte Steuerquote bleibt tendenziell konstant.

II.1.2.2. Ableitung aus dem Effizienzziel

An zweiter Stelle wird das Ziel der Preisstabilität aus dem Ziel der gesamtwirtschaftlichen Effizienz abgeleitet, also aus dem Ziel, die Produktionsfaktoren so im Produktionsprozeß einzusetzen, daß gesamtwirtschaftlich ein möglichst hoher Ertrag erwirtschaftet wird. Diese Effizienz werde – so die These – durch die schleichende Inflation beeinträchtigt, weil diese die Sicherheit der längerfristigen Wirtschaftsrechnung gefährde (s. H. K. SCHNEIDER, 1977, S. 481), denn sie führe zur Zerstörung der Geldfunktionen, also der Tauschmittel-, Recheneinheits- und Wertaufbewahrungsfunktion des Geldes.

Wenn die Tauschmittel- und Recheneinheitsfunktion des Geldes verlorengeht oder zumindest beeinträchtigt wird, dann sinkt die wirtschaftliche Effizienz, weil der Aufwand steigt, der erforderlich ist, um die Informationen zu erhalten, die bei niedriger Inflationsrate in den Geldpreisen enthalten sind. Bei der Bewertung dieser zusätzlichen Kosten ist allerdings zu beachten, daß die Informationskosten auch bei Preisstabilität nicht Null sind; vielmehr entwickeln sich in einer wachsenden Wirtschaft die Preise von Branche zu Branche, von Produkt zu Produkt unterschiedlich, so daß immer Informationsbeschaffungskosten entstehen. STREISSLER (1976, S. 39) hebt diesen Aspekt mit folgenden Worten hervor:

> „In wachsenden Wirtschaften ist daher der Traum von einem Unternehmer, der sich an zueinander konstant bleibenden Preismaßstäben orientieren kann, romantische Utopie. Einen einheitlichen Rechenmaßstab kennt nur der Wirtschaftstheoretiker und auch der nur so lange, wie er sich allein in stationären Modellen tummelt."

Eine *historische* Betrachtung zeigt, daß alle drei Geldfunktionen nur bei Hyperinflation und bei einer durch staatlich festgesetzte Preise zurückgestauten Inflation erheblich beeinträchtigt werden. So hat die Reichsmark zum einen während der deutschen Hyperinflation der Jahre 1922/23 außer der Wertaufbewahrungsfunktion auch die Recheneinheitsfunktion z.T. an den Dollar verloren und teilweise auch die Tauschmittelfunktion (obwohl sehr viele oder die meisten Transaktionen nach wie vor in Reichsmark ausgeführt wurden). Ähnliches gilt für die Zeit nach dem 2. Weltkrieg bis zur Währungsreform. Damals wurde die Recheneinheitsfunktion z.T. von Zigaretten übernommen, und als Tauschmittel spielte die Reichsmark insbesondere bei Schwarzmarktgeschäften keine Rolle.

Für schleichende Inflationen kann allein die Beeinträchtigung der Wertaufbewahrungsfunktion wichtig werden. Die Aufbewahrung von Vermögenswerten in Geld wird so lange nicht gestört, wie sich das Zinsniveau der Inflationsrate anpaßt. Bei großer Unsicherheit über die künftige Inflationsrate ist eine solche Anpassung allerdings unsicher. Nach empirischen Untersuchungen steigt die Variabilität der Inflationsrate mit zunehmendem Durchschnittswert deutlich an. Ihre Prognose wird daher schwieriger. So liegt in 9 OECD-Staaten mit einer durchschnittlichen Inflationsrate (von 1960–1993) zwischen 3,9 % und 5 % die Standardabweichung zwischen 1,5 % und 4 %, in den zwei OECD-Staaten mit einer Inflationsrate von ca. 12 % beträgt sie dagegen 8 % (EDEY, 1994, S. 114).

Es kann daher geschehen, daß die Vermögensbesitzer es vorziehen, ihr Vermögen in Sachwerten anzulegen, mithin in Sachwerte zu fliehen. Ein Beispiel dafür war die seinerzeit so bezeichnete „Flucht in das Betongold“, die insbesondere in den Jahren 1972/73 erfolgte, als die Vermögensbesitzer in großem Umfange Eigentumswohnungen kauften. Diese Flucht in das Betongold wurde allerdings durch eine Reihe von institutionellen Besonderheiten befördert, so insbesondere durch die festen Zinsen auf Bauspardarlehen, die damals unter der Inflationsrate lagen, sowie die starke steuerliche Begünstigung des Kaufs von Wohnungseigentum.

Generell ist – wie STREISSLER (1976, S. 28ff.) ausführt, die Flucht in die Sachwerte einerseits durch die verfügbaren Mittel begrenzt und andererseits durch die Notwendigkeit, eine Kompensation für physische Wertverluste, modische Veralterung, Lagerkosten, Zinskosten etc. zu erhalten. Daher wird die Wertaufbewahrungsfunktion nie gänzlich verlorengehen, sie kann aber unter bestimmten ungünstigen Voraussetzungen beeinträchtigt sein.

II.1.2.3. Ableitung aus dem Beschäftigungsziel

Da die beiden bisher gebrachten Abteilungen bei einer schleichenden Inflation wenig überzeugend sind, dominiert in der heutigen wirtschaftspolitischen Diskussion die dritte Ableitung. Sie erklärt Preisstabilität zur notwendigen Voraussetzung für die dauerhafte Erreichung der Ziele Wachstum und Vollbeschäftigung und rückt somit den Zusammenhang von Preisstabilität und Vollbeschäftigung in den Vordergrund. Auch bei dieser Begründung stellt Preisstabilität keinen Wert an sich dar, sondern wird aus anderen Zielen abgeleitet. Ohne Einschränkung vertrat der langjährige Vizepräsident der Bundesbank, H. SCHLESINGER (1977, S. 501) diese Position:

„Es besteht für eine marktwirtschaftlich orientierte Volkswirtschaft kein Zweifel, daß die Stabilität des Preisniveaus nicht ein Wert an sich ist, sondern der besondere Wert dieses Zieles sich darauf ableitet, daß ein weitgehendes Maß an Preisstabilität die Voraussetzung dafür ist, daß die Vollbeschäftigung und die anderen wirtschaftspolitischen Ziele auf Dauer gesichert werden können.“

Eine Begründung für diese Behauptung wird allerdings nicht gegeben, daher kann STREISSLER (1976, S. 13, 14) ihr entgegenhalten:

„Wenn dem so wäre, wenn Geldstabilität tatsächlich eine solche Allvoraussetzung wäre, dann könnte man sie als *notwendige Vorbedingung* ... konstituieren ... Diese Annahme ist jedoch ein bloßes Vorurteil, ein Vorurteil, das aus den Erfahrungen mit Hyperinflationen der Zeit aus dem 1. Weltkrieg entspringt ... Aber Hyperinflation ist nur ein *Grenzfall* all der unzähligen möglichen Inflationen und ein Grenzfall, dem keineswegs alle Inflationen zustreben (auch dies ein häufiger, aber historisch widerlegter Fehlschluß)."

Zugunsten der von Schlesinger formulierten These ist die Überlegung anzuführen, daß eine schleichende Inflation, solange sie nicht auf einem konstanten Niveau gehalten werden kann, sondern sich ständig beschleunigt, irgendwann durch eine Stabilisierungskrise wirtschaftspolitisch beendet werden muß. Eine mit einer sich beschleunigenden schleichenden Inflation einhergehende hohe Beschäftigung ist daher nicht auf Dauer gesichert. Daraus folgt allerdings weder, daß sich bei schleichender Inflation die Beschäftigung ungünstiger entwickelt als bei Preisstabilität, noch daß bei Preisstabilität eine hohe Beschäftigung auf Dauer gesichert ist.

Empirische Untersuchungen stützen die These von SCHLESINGER nicht. Sowohl STANNERS (1993) als auch BARRO (1995) kommen in ihren international vergleichenden Studien zu dem Ergebnis, daß kein Zusammenhang zwischen der Höhe der Inflationsrate und den Wachstumsraten des BIP festzustellen sind (BARRO erhält einen negativen Einfluß höherer Inflationsraten nur bei Staaten auf einer Inflationsrate über 15 %). Für die OECD-Staaten ermittelt KRÜGER (1995) für die 60er Jahre einen positiven Zusammenhang, für die Jahre 1973–1993 einen negativen. Vielleicht haben die Ergebnisse dazu beigetragen, daß die Bundesbank (1996) zur Begründung des Ziels die Preisstabilität nur auf die Verteilungs- und Effizienzziele zurückgreift.

Um sich in diesem Meinungsstreit ein Urteil bilden zu können, ist es erforderlich, Klarheit über die Ursachen von Inflation und von Arbeitslosigkeit und über den Zusammenhang zwischen ihnen zu gewinnen. Dementsprechend werden in Kap. III die Arbeitslosigkeit zu erklären versucht und dann in Kap. IV die schleichende Inflation in Abhängigkeit vom Stand und der Entwicklung der Beschäftigungslage.

II.2. Messung der Ziele und ihres Erreichungsgrades

Bisher wurden die Ziele „Vollbeschäftigung" und „Preisniveaustabilität" (im folgenden immer Preisstabilität) sowie ihre Verfehlung durch Arbeitslosigkeit bzw. Inflation ohne nähere Definition verwendet. Diese Lücke soll nun abgeschlossen werden, indem Indikatoren („Meßlatten") benannt werden, anhand derer das Ausmaß von Arbeitslosigkeit bzw. Inflation gemessen werden kann. Anschließend ist dann der Punkt auf den Meßlatten zu suchen, bei dem das Ziel „Vollbeschäftigung" bzw. „Preisstabilität" als erreicht gelten soll. Ich beschränke mich dabei auf Indikatoren aus der amtlichen Statistik.

II.2.1. Präzisierung des Ziels „Vollbeschäftigung"

II.2.1.1. Arbeitslosenquote – eine problematische Größe

Der übliche Indikator für das Ausmaß an Arbeitslosigkeit und damit für die Abweichung von der Vollbeschäftigung ist die Arbeitslosenquote. Sie wird als Verhältnis der Zahl der als arbeitslos erfaßten Personen zur Zahl der abhängigen Erwerbspersonen[1] berechnet, wobei diese abhängig beschäftigt oder arbeitslos sein können. Manchmal wird auch die Relation Arbeitslose zu Gesamtzahl der Erwerbspersonen (abhängige und unabhängige) verwendet.

Welche der beiden Größen im Nenner geeigneter ist, hängt davon ab, ob im Zähler nur abhängige Erwerbspersonen erfaßt werden oder auch vorher selbständige, die sich arbeitslos melden oder als arbeitslos selbst einordnen.

Welche Personen als arbeitslos gezählt werden, hängt von der Art der Statistik ab. Die in Deutschland am häufigsten verwendete Arbeitslosenquote bezieht sich auf die bei den Arbeitsämtern registrierten Arbeitslosen. Diese Arbeitslosenquote ist für die Beschreibung des Ausmaßes der Unterbeschäftigung nur unvollkommen geeignet. Das liegt vor allem an zwei Dingen:

---

1 Erwerbspersonen sind in der Definition des Statistischen Bundesamtes Personen mit Wohnsitz im Bundesgebiet, die eine unmittelbar oder mittelbar auf Erwerb gerichtete Tätigkeit ausüben oder suchen.

1. Die Arbeitslosenquote ist auf im Inland lebende Personen beschränkt, die keine Beschäftigung haben, aber eine abhängige Beschäftigung suchen. Damit werden ausländische Arbeitnehmer ausgeschlossen, die arbeitslos geworden und deshalb in ihre Heimatländer zurückgekehrt sind. Kurzarbeiter werden ebenfalls ausgeschlossen.
2. Die Arbeitslosenstatistik erfaßt nur diejenigen Arbeitslosen, die sich bei den Arbeitsämtern als arbeitslos melden und bereit sind, jede ihnen zumutbare Arbeit anzunehmen. Vermutlich melden sich alle diejenigen Arbeitslosen beim Arbeitsamt, die aufgrund ihrer Meldung direkt finanzielle Leistungen erhalten, nämlich entweder Arbeitslosengeld, das nur für begrenzte Zeit – normalerweise 12 Monate – gewährt wird, oder Arbeitslosenhilfe, die im Anschluß oder anstelle von Arbeitslosengeld, aber nur bei Bedürftigkeit gewährt wird.

Zu großen Teilen dürften sich auch diejenigen Personen melden, die durch die Meldung finanzielle Ansprüche für Krankheit oder fürs Alter erwerben; denn die Zeiten registrierter Arbeitslosigkeit werden bei der Rentenberechnung als Beitragszeiten berücksichtigt und die Bundesanstalt für Arbeit übernimmt die Krankenversicherungsbeiträge. Dieser Anreiz entfällt bei Personen, die über ihren Ehepartner in der Alters- und Krankenversicherung mitversichert sind.

Personen ohne Arbeit, die durch eine Meldung weder finanzielle Ansprüche erwerben noch eine Chance sehen, vom Arbeitsamt vermittelt zu werden, dürften größtenteils auf die Meldung verzichten.

Die Forderung, zur Annahme zumutbarer Arbeit bereit zu sein, hat ebenfalls statistische Konsequenzen. Die Zumutbarkeitsregelungen sind seit 1979 wiederholt verschärft worden: Eine Beschäftigung ist nur dann unzumutbar, wenn das dort erzielbare Nettoentgelt unter der Lohnersatzleistung liegt (dies gilt nach sechs Monaten) oder wenn der Arbeitsort außerhalb des Tagespendelbereichs liegt *und* der Arbeitslose Kinder zu beaufsichtigen oder pflegebedürftige Familienmitglieder zu betreuen hat. Für den Weg zwischen Wohnung- und Arbeitsstätte ist bei Vollzeitbeschäftigung ein Aufwand von täglich zweieinhalb Stunden zumutbar.

Diese Zumutbarkeitsregelung führt zum Ausschluß von drei Personengruppen:

Tabelle 1: Arbeitskräftebilanz nach dem Inlandskonzept (Beschäftigungskonzept)

Jahres-durch-schnitt	Erwerbspersonenpotential			Erwerbstätige			Registrierte Arbeitslose			Stille Reserve		
	ins-gesamt	Deut-sche	Aus-länder	ins-gesamt	Deut-sche	Aus-länder	ins-gesamt	Deut-sche	Aus-länder	ins-gesamt	Deut-sche	Aus-länder
	Früheres Bundesgebiet											
1960	26381	26079	302	26063	25762	301	271	270	1	47	47	0
1970	26709	24889	1826	26560	26745	1815	149	144	5	0	0	0
1972	26983	24676	2307	26661	24371	2290	246	229	17	76	76	0
1974	27284	24735	2549	26497	24037	2460	582	513	69	205	185	20
1975	27245	24905	2340	25746	23607	2139	1074	923	151	426	375	50
1976	27139	24976	2163	25530	23518	2012	1060	954	106	549	504	45
1977	27127	25017	2110	25490	23528	1962	1030	932	98	607	557	50
1978	27276	25158	2118	25644	23690	1954	993	889	104	639	579	60
1979	27505	25318	2187	25995	23966	2029	876	738	93	634	569	65
1980	27789	25489	2300	26278	24152	2126	889	782	107	622	555	67
1981	28112	25828	2284	26092	24072	2020	1272	1104	168	748	652	96
1982	28434	26165	2269	25651	23745	1906	1833	1387	266	950	833	117
1983	28605	26386	2219	25262	23447	1815	2258	1966	292	1085	973	112
1984	28756	26600	2156	25283	23526	1757	2266	1996	270	1207	1078	129
1985	29045	26906	2139	25452	23740	1712	2304	2051	253	1289	1115	174

Jahres-durch-schnitt	Erwerbspersonenpotential			Erwerbstätige			Registrierte Arbeitslose			Stille Reserve		
	ins-gesamt	Deut-sche	Aus-länder	ins-gesamt	Deut-sche	Aus-länder	ins-gesamt	Deut-sche	Aus-länder	ins-gesamt	Deut-sche	Aus-länder
1986	29280	27992	2188	25702	23979	1723	2228	1980	248	1350	1133	217
1987	30412	28126	2286	27036	25128	1903	2229	1967	262	1323	1031	284
1988	30686	28206	2480	27207	25257	1950	2242	1972	270	1344	977	324
1989	30894	28324	2570	27552	25522	2030	2038	1805	233	1431	997	436
1990	31534	28967	2567	28487	26374	2113	1883	1680	203	1164	913	251
1991	32200	29367	2833	29190	26924	2266	1689	1481	208	1321	962	359
1992	32758	29576	3182	29452	27017	2435	1808	1554	254	1498	1005	493
1993	33043	29636	3407	28994	26389	2605	2270	1925	345	1779	1322	457
1994	33116	29634	3482	28636	26062	2574	2556	2147	409	1924	1425	499
1995	33178	29515	3663	28458	25880	2578	2565	2141	424	2155	1494	661
1996	33417	29483	3934	28186	25647	2539	2796	2319	477	2435	1517	918
Neue Bundesländer												
1995	8386	8215	171	6406	6280	126	1047	1035	12	933	900	33
1996	8333	8120	213	6279	6131	148	1169	1155	14	882	834	51

Quelle: Amtliche Nachrichten der Bundesanstalt für Arbeit (ANBA); Märzhefte 1986und 1989; Heft 4/1990, sowie Sonderheft 1992: »Jahreszahlen«; Strukturanalyse 1993 der Bundesanstalt für Arbeit, S. 5; ANBA 1993, S. 42–47, S. 226/7, 230/1; Statistisches Jahrbuch 1993 S. 117 f.; ANBA Jahreszahlen 1995; Statistisches Jahrbuch 1996.

a) Schulabgänger, die eine Lehrstelle suchen. Sie werden nicht als Arbeitslose geführt, da für sie als Ungelernte jede Arbeit zumutbar ist, sie aber nicht dafür zur Verfügung stehen, da sie eine Lehrstelle – also nur eine ganz bestimmte Arbeit – suchen.
b) Arbeitslos gemeldete Personen, die wiederholt eine ihnen zumutbare Arbeit ablehnen. Nach der ersten Ablehnung erhalten sie eine Sperrfrist von 12 Wochen, zählen aber weiterhin als Arbeitslose. Sind sie beim nächsten zumutbaren Arbeitsangebot nicht bereit, dieses anzunehmen oder eine zumutbare Umschulungsmaßnahme zu akzeptieren, so werden sie aus der Arbeitslosenstatistik gestrichen.
c) Personen, die sich wegen dieser Regelung gar nicht erst melden, wie z.B. kinderlose Personen, deren (Ehe-)Partner eine Beschäftigung hat und die nicht bereit sind, eine Arbeit außerhalb des Tagespendelbereichs anzunehmen.

Aus den dargelegten Gründen werden längst nicht alle Personen, die eine Arbeit suchen, als Arbeitslose registriert. Beschränkt aussagefähig sind auch die Ergebnisse des Mikrozensus über Erwerbstätige und Erwerbslose: In dieser jährlichen Stichprobenerhebung wird zu internationalen Vergleichbarkeit die Abgrenzung des „International Labour Office – ILO“ (Genf) verwendet. Danach gilt jeder als erwerbstätig, der in der Befragungswoche irgendeine bezahlte Arbeit geleistet hat, und sei es als Babysitter! Um als arbeitslos eingestuft zu werden, darf man keine bezahlte Arbeit geleistet haben und muß dem Arbeitsmarkt innerhalb von zwei Wochen zur Verfügung stehen.

Erwerbssuchende, die nicht als Arbeitslose erfaßt werden, zählen zur „Stillen Reserve“ des Arbeitsmarktes. Die Höhe und die Zusammensetzung dieser Stillen Reserve können nur geschätzt werden. Solche Schätzungen nimmt das Institut für Arbeitsmarkt- und Berufsforschung der Bundesanstalt für Arbeit in Nürnberg im Zuge der Erstellung von Arbeitskräftebilanzen vor, in denen das Erwerbspersonenpotential aus Erwerbstätigen, registrierten Arbeitslosen und Stiller Reserve ermittelt wird.

In Tab. 1 ist diese Arbeitskräftebilanz für die Jahre 1970–1996 wiedergegeben. Die Zahlen verdeutlichen das Ausmaß nicht registrierter Arbeitslosigkeit: Die Stille Reserve steigt seit 1970 mit Ausnahme von 1987, 1990 und 1991 von Jahr zu Jahr an und erreicht 1996 rund 3,3 Mio. Personen und beläuft sich damit auf mehr als 80 % der registrierten Arbeitslosenzahl. Mit anderen

Worten: Nur knapp 60 % der Personen, die erwerbstätig sein möchten, aber es nicht sein können, werden registriert.

Wichtige Personengruppen innerhalb der Stillen Reserve sind verheiratete Frauen in den mittleren Altersjahrgängen, Jugendliche, die weder eine Arbeits- noch eine Ausbildungsstelle finden konnten sowie Arbeitnehmer, die wegen länger anhaltender Arbeitslosigkeit vorzeitig verrentet worden sind. Bei dieser letzten Gruppe stellt sich die Frage, ob sie tatsächlich im Falle günstigerer Beschäftigungsbedingungen bereit wären, wieder aktiv erwerbstätig zu werden.

Schließlich gibt die Arbeitslosenquote auch deswegen nur beschränkt Auskunft, weil sie eine Relation von Bestandsgrößen darstellt. Der durchschnittliche Bestand an Arbeitslosen in einer bestimmten Periode ist jedoch das Ergebnis von sehr hohen Zugängen und Abgängen, wobei manche Arbeitslose während der gesamten Periode, andere aber nur zeitweise arbeitslos sind. Das Ausmaß solcher Bewegungen ist ein Hinweis auf die Flexibilität und Mobilität der Arbeitskräfte.

II.2.1.2. Bei welcher Arbeitslosenquote herrscht Vollbeschäftigung?

In den 60er Jahren und bis 1973, als in der BR Deutschland in vielen Jahren nach allgemeiner Auffassung Vollbeschäftigung, nach Meinung mancher Autoren sogar Überbeschäftigung (im Sinne eines erheblichen Mangels an Arbeitskräften) herrschte, unterschritt die Arbeitslosenquote den Wert von 0,6 nicht; es wäre daher wohl unangebracht, die Erreichung von Vollbeschäftigung an eine Arbeitslosenquote von Null zu binden. Auf der anderen Seite wäre jede Festlegung eines positiven Werts der Arbeitslosenquote als Vollbeschäftigung willkürlich; man findet daher eine entsprechende Präzisierung nirgendwo. Der Gesetzgeber hat im Stabilitätsgesetz sogar das Wort „Vollbeschäftigung" vermieden. Dort wird das Ziel als hoher Beschäftigungsstand bezeichnet, ohne es zu präzizieren.

Das US-amerikanische „Full Employment and Balanced Growth Act" von 1978 formuliert das Ziel (laut ENGELEN-KEFER, 1980, S. 348), es solle „für Staatsbürger, die fähig und bereit sind zu arbeiten sowie nach einer Beschäftigung suchen, ein Recht auf nützliche bezahlte Arbeit mit gerechter Entlohnung gewährt werden ..., wobei genügend Aufmerksamkeit den nationalen Prioritäten und der notwendigen Preisstabilität gegeben werden muß". Auch hier findet man also keine Angabe eines bestimmten Beschäftigungsgrades, sondern eine Relativierung des Beschäftigungsziels mit Hinblick auf andere Ziele.

II.2.1.3. Weitere Indikatoren der Beschäftigungslage

Wegen der eingeschränkten Aussagefähigkeit der Arbeitslosenquote ist es notwendig, zur Kennzeichnung des Ausmaßes der Unterbeschäftigung weitere Indikatoren heranzuziehen. Einer dieser Indikatoren ist die *Zahl der offenen Stellen*, die der Zahl der Arbeitslosen gegenübergestellt werden kann. Die Statistik der offenen Stellen ist jedoch sehr unbefriedigend; es wird geschätzt, daß nur rund ein Viertel der tatsächlich offenen Stellen den Arbeitsämtern gemeldet und damit statistisch erfaßt werden. Die Koexistenz von offenen Stellen und Arbeitssuchenden spielt insbesondere bei der strukturellen Arbeitslosigkeit eine Rolle (s. dafür Abschnitt III.1.3.).

Ein weiterer Indikator ist die Entwicklung der *Beschäftigtenzahl.* An ihr kann abgelesen werden – ohne daß die Ungenauigkeiten der Arbeitslosenstatistik das Bild trüben – wie sich die Zahl der Beschäftigten verändert hat. Solange die Zahl der Arbeitssuchenden die Zahl der angebotenen Arbeitsplätze übersteigt und soweit die Besetzung dieser Arbeitsplätze nicht durch strukturbedingte Faktoren verhindert wird (s. Abschnitt III.1.), schlägt sich in dieser Zahl die Entwicklung der Nachfrage nach Arbeitskräften nieder (in die Arbeitslosenquote gehen dagegen Nachfrage *und* Angebot an Arbeit ein). Diese Zahlen sind in der Arbeitskräftebilanz (s. Tab. 1) enthalten.

II.2.2. Präzisierung des Ziels „Preisstabilität"

Im Vergleich zu den Problemen, die sich bei den Indikatoren der (Unter-)Beschäftigung ergeben, kann bezüglich der Preisstabilität das Indikatorproblem fast als gelöst betrachtet werden; denn die Berechnung von Preisindizes ist – trotz mancher Detailfragen – kaum grundsätzlicher Kritik ausgesetzt.

Als Indikatoren für die Entwicklung des Preisniveaus werden

vor allem zwei Preisindizes verwandt, nämlich der Preisindex der Lebenshaltung der privaten Haushalte und der implizite Preisindex des Bruttoinlandsprodukts, der sich auf die Gesamtwirtschaft bezieht und im Rahmen der Volkswirtschaftlichen Gesamtrechnung ermittelt wird (zur Berechnungsmethode und Interpretation s. STOBBE, 1994, 4. Kap. Abschnitte I und II).

Da sich die beiden Indizes auf unterschiedliche Aggregate beziehen, hängt es von der Fragestellung ab, welchen der beiden man bevorzugt. So wird jemand, den die Wirkung der Inflation auf die Kaufkraft der privaten Haushalte interessiert, den Preisindex der Lebenshaltung bevorzugen. Für andere Fragen mag der umfassendere, auf das Sozialprodukt bezogene Indikator vorzuziehen sein.

Ist die Entscheidung für einen der beiden Indikatoren getroffen, bietet es sich an, von Preisstabilität zu sprechen, wenn der Preisindex sich gegenüber der Vorperiode (z. B. dem Vorjahr) nicht geändert hat. Dies hätte zur Konsequenz, daß in allen Perioden mit steigendem Indexwert von Inflation gesprochen werden müßte. Daher werden häufig an den Begriff „Preisstabilität" weniger hohe Anforderungen gestellt und z. B. jährliche Preissteigerungen unter 2 % als Preisstabilität bezeichnet. Eine Inflationsrate von Null würde angesichts steigender Preise für personalintensive private und öffentliche Dienstleistungen bedeuten, daß die Industriegüterpreise sinken müßten. Dies könnte jedoch der Beschäftigungsentwicklung abträglich sein (so z. B. AKERLOF/DICKENS/PERRY, 1996).

II.3. Vollbeschäftigung und Preisstabilität: Konkurrierende oder vereinbare Ziele?

Als erstes sei für Deutschland die Entwicklung von Arbeitslosigkeit und Inflation im Verlauf der Nachkriegszeit wiedergegeben. Dies geschieht in Schaubild 1. Da die Inflationsrate, hier gemessen am Preisindex des Bruttoinlandsproduktes, deutlich ausgeprägte, mehrjährige Schwankungen aufweist, liegt die Vermutung nahe, daß diese Schwankungen mit den ebenfalls mehrjährigen *konjunkturellen* Schwankungen des Bruttoinlandsprodukts (BIP) und der gesamtwirtschaftlichen Nachfrageaggregate zusammenhängen, die in allen kapitalistisch organisierten Marktwirtschaften zu beobachten sind. Für diese Vermutung spricht der Vergleich mit der

Schaubild 1: Wachstumsraten des realen BIP, der Inflationsrate des BIP und der Arbeitslosenquote in Deutschland (ab 1992 Gesamtdeutschland)

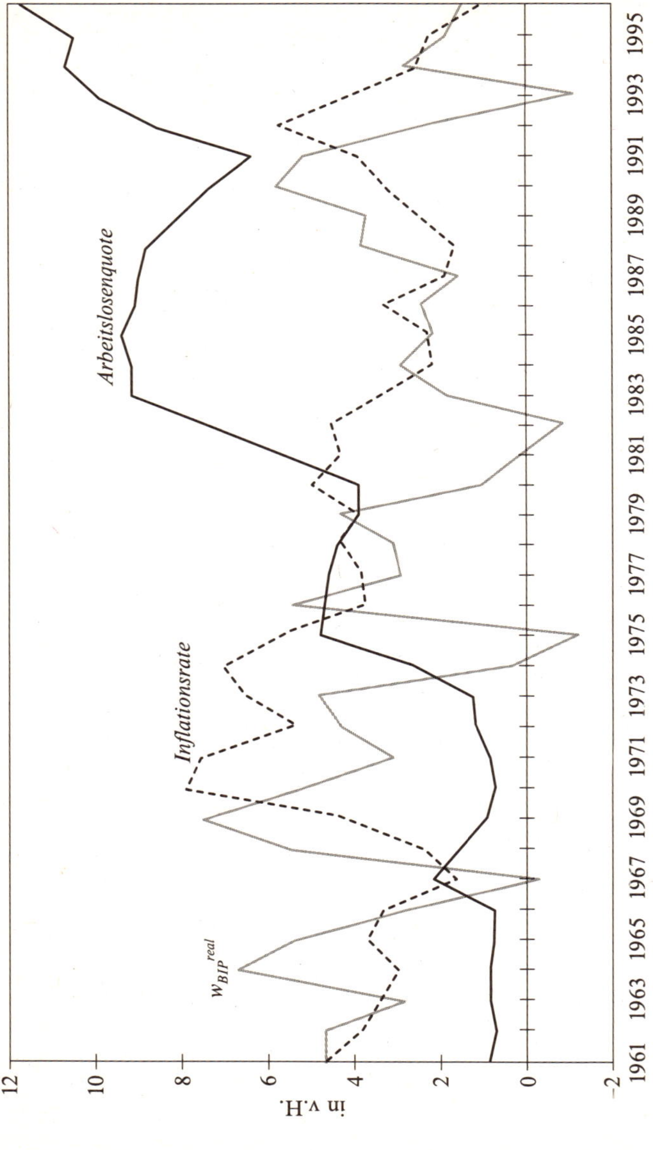

Quelle: SVR, Jahresgutachten 1997/98, Tabelle 21*, Tabelle 26*, Tabelle75*

Schaubild 2: Wachstumsraten des nominalen und realen BIP und der Erwerbstätigkeit in Deutschland (ab 1992 Gesamtdeutschland)

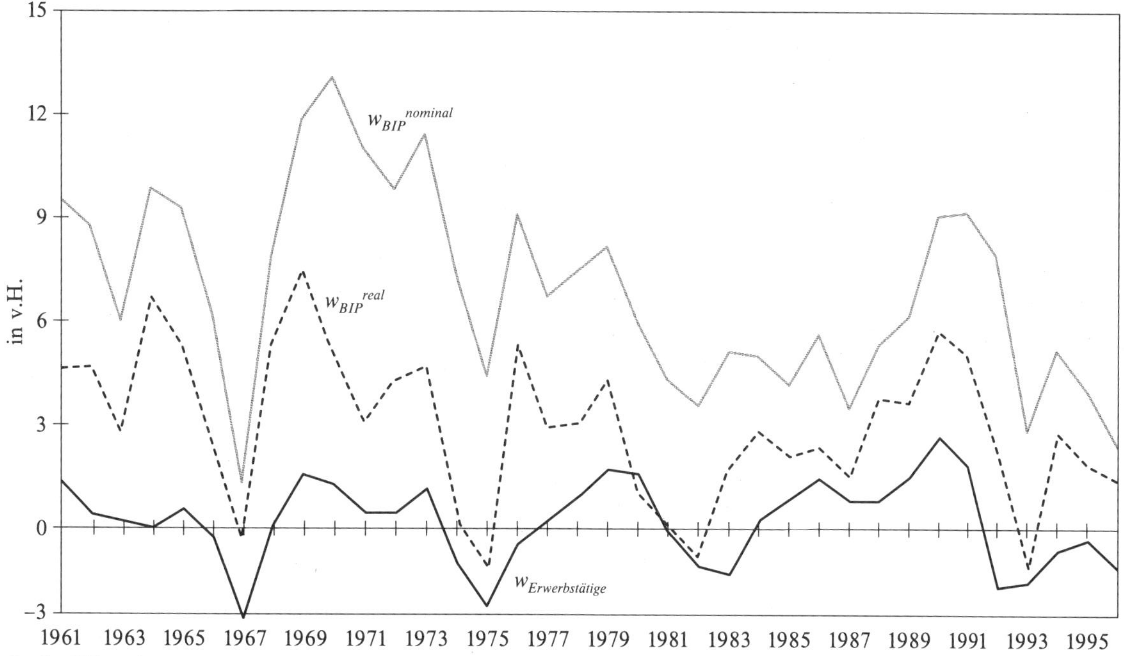

Quelle: SVR, Jahresgutachten 1997/98, Tabelle 21*, Tabelle 26*

in Schaubild 1 ebenfalls eingetragenen Kurve der Wachstumsrate des realen Bruttoinlandsproduktes (BIP). Beide Kurven weisen einen häufig gleichgerichteten Verlauf auf, wobei allerdings die Maxima und Minima bei der Inflationsrate – außer im Jahre 1967 – immer ein oder zwei Jahre später eintreten als beim realen Sozialprodukt. Dies zeigt, daß im Konjunkturverlauf die Mengen rascher auf Nachfrageänderungen reagieren als die Preise. Diese zeitliche Reihenfolge ist inzwischen unbestritten und wird von RAMSER (1981, S. 37) „zu den allgemein akzeptierten stilisierten Fakten des ökonomischen Prozesses" gezählt.

Die Arbeitslosenquote wird in Schaubild 1 von der konjunkturellen Entwicklung in den Jahren von 1960–1973 nur wenig beeinflußt. In diesen Jahren wurden die Schwankungen in der Nachfrage nach Arbeit weitgehend durch verstärkten Zustrom oder Rückkehr von ausländischen Arbeitnehmern aufgefangen. Ein etwas stärkerer Einfluß auf die Beschäftigungslage ist in Schaubild 2 zu erkennen, in dem die Veränderungsrate der Erwerbstätigenzahlen wiedergegeben ist; es zeigt sich, daß die Erwerbstätigenzahlen durch viele Einflüsse, die die Aussagefähigkeit der Arbeitslosenquote vermindern, nicht berührt werden. Auf der anderen Seite ist auch die Aussagefähigkeit der Zahl der Erwerbstätigen begrenzt, u.a. dadurch, daß alle Erwerbstätigen als eine Person gezählt werden, auch wenn sie nur kurzarbeiten oder nur eine Halbtags- oder andere Teilzeitbeschäftigung haben.

Gemäß Schaubild 2 schwankt die Erwerbstätigkeit wesentlich weniger als die Produktion. Dies zeigt, daß die Arbeitgeber nicht im gleichen Umfang Personen entlassen bzw. einstellen, wie ihre Produktion zurückgeht bzw. ausgedehnt wird. Bei rückläufiger oder langsamer wachsender Produktion wird die Arbeitszeit verkürzt (Abbau von Überstunden, Übergang zu Kurzarbeit) und es werden Arbeitskräfte gehortet, damit sie dem Arbeitgeber bei wieder zunehmender Produktion zur Verfügung stehen. (Der Abstand zwischen den Kurven des Sozialproduktswachstums und der Veränderung der Erwerbstätigkeit zeigt die Zunahme der Produktion je Erwerbstätigen an.) Der Verlauf der Kurve der Wachstumsraten des nominalen Sozialprodukts bestätigt den Hinweis von Schaubild 1 darauf, daß die gemessene Inflationsrate an der Preisentwicklung des BIP stark vom Konjunkturverlauf geprägt ist.

Beide Schaubilder zeigen, daß Inflationsrate und Arbeitslosenquote sich überwiegend einander entgegengesetzt verändern: In Perioden mit hoher Inflationsrate ist die Arbeitslosenquote tendenziell niedrig; in Zeiten niedriger Inflationsrate ist es tendenziell umgekehrt. Dennoch dürfte es überraschen, wie wenig diese gegenläufige Entwicklung in einem Schaubild in Erscheinung tritt, das nach seinem Erfinder als Phillips-Kurve bezeichnet wird (genauer gesagt: als modifizierte Phillipskurve, da sich die von Phillips verwendete Kurve auf das Verhältnis von Arbeitslosenquote und Veränderungsrate des Lohnniveaus bezog) und auf dessen Ordinaten die Inflationsrate und die Arbeitslosenquote abgetragen werden.

Trägt man in ein solches Schaubild für Deutschland für jedes Jahr die realisierte Kombination von Inflationsrate (w_p) und Arbeitslosenquote (ALQ) ein, dann ergibt sich folgendes Bild:

Schaubild 3: Phillipskurve für die Bundesrepublik Deutschland (ab 1992 Gesamtdeutschland)

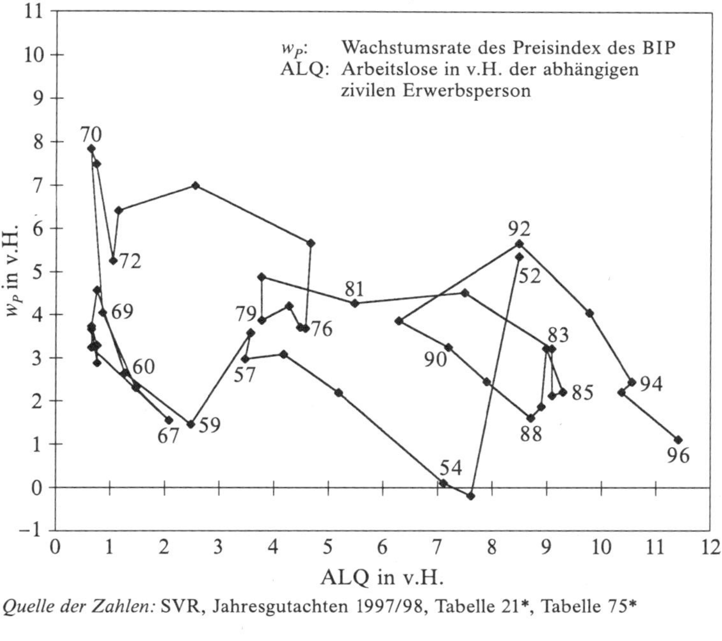

Quelle der Zahlen: SVR, Jahresgutachten 1997/98, Tabelle 21*, Tabelle 75*

Von 1953 bis 1968 nähern sich die Jahreswerte an eine fallende Phillipskurve an. Dies gilt auch – nach einer Verschiebung nach oben – für die Zeit ab 1970. Eine fallende Phillipskurve wurde in den siebziger Jahren, als sehr viel mit dieser Kurve gearbeitet wurde, für die 60er Jahre für viele Länder ermittelt. Damals meinte man, die Phillipskurve sei zeitlich stabil, und glaubte daher, die Wirtschaftspolitik könne unter den durch diese Kurve angegebenen Kombinationen von Inflationsrate und Arbeitslosenquote wählen: Entscheidet sie sich für eine niedrige Arbeitslosenquote, muß sie eine hohe Inflationsrate in Kauf nehmen. Akzeptiert sie eine höhere Arbeitslosenquote, kann sie niedrigere Inflationsraten erreichen. Diese Vorstellung veranlaßte z.B. den damaligen Bundeskanzler Helmut Schmidt zu seiner bekannten Äußerung, daß ihm 5 % Inflation lieber seien als 5 % Arbeitslosigkeit.

Die Verschiebung der Kurve in den frühen 70er Jahren hat die Erwartung nicht bestätigt, die Phillipskurve sei zeitlich stabil und Arbeitslosigkeit und Inflationsrate entwickelten sich gegenläufig. Schaubild 3 zeigt, daß in Deutschland zeitweise auch beide Größen gleichzeitig zunehmen! Die folgenden Kapitel müssen erweisen, ob und wie sich diese Entwicklungen erklären lassen.

Literaturhinweise zu Kap. II

a) Über den wirtschaftspolitischen Zielen „Preisstabilität" und „hohe Beschäftigung" stehen die gesellschaftspolitischen Ziele „Frieden, Freiheit, Sicherheit und Wohlstand". Zu diesen Zielen nimmt H. GIERSCH im 2. Kap. seiner „Allgemeinen Wirtschaftspolitik" (1961) ausführlich Stellung, zum Ziel der Vollbeschäftigung und der Preisstabilität im 2. Kap. seiner „Konjunktur- und Wachstumspolitik" (1977).

Zur Einführung in die Überlegungen zur Rolle möglicher politischer Widerstände gegen eine Politik der Vollbeschäftigung und zu den Bedingungen, unter denen sie sich überwinden lassen, ist der Aufsatz von ROTHSCHILD (1986) sehr gut geeignet. Diese Fragen werden auch – verknüpft mit ökonomischen Überlegungen – in dem Artikel von VOGT (1983) „Warum gibt es Massenarbeitslosigkeit?" angesprochen und erörtert.

Die gegensätzlichen Positionen bezüglich der Begründung der Preisstabilität werden besonders deutlich in H. K. SCHNEIDERS (1977) Artikel „Beschäftigungs- und Konjunkturpolitik" im HdWW sowie in dem umfangreichen Gutachten von E. STREISSLER (1976) über „Die Geldwertstabilität als wirtschaftspolitisches Ziel".

b) Eine gute Übersicht zur Frage der Messung und der Folgen von Inflation (aus denen das Ziel der Preisstabilität abgeleitet wird) bietet das 1. Kapitel in STRÖBELE (1994). Die Versuche, den Begriff der Vollbeschäftigung quantitativ präzise zu fassen, und die damit verbundenen Probleme werden ausführlich von KÖSTERS (1986 a) erörtert. Eine Kurzfassung seiner Überlegungen findet man in KÖSTERS (1986 b).

c) Über die Höhe und Struktur der Arbeitslosigkeit in der Bundesrepublik Deutschland unterrichtet monatlich die Bundesanstalt für Arbeit in ihren „Amtlichen Nachrichten der Bundesanstalt für Arbeit“ (ANBA). Die Ergebnisse der besonders detaillierten September-Erhebung erscheinen im Frühjahr des nachfolgenden Jahres. In diesen „Amtlichen Nachrichten“ werden auch die Änderungen von rechtlichen Regelungen, z.B. über Voraussetzungen zum Bezug von Arbeitslosenunterstützung, angezeigt.

Gesamtdarstellungen von Struktur und Entwicklung des westdeutschen Arbeitsmarktes werden jährlich mindestens einmal in den „Mitteilungen aus der Arbeitsmarkt- und Berufsforschung“ (MittAB) veröffentlicht, die vom „Institut für Arbeitsmarkt- und Berufsforschung“ der Bundesanstalt für Arbeit herausgegeben werden.

III. Komponenten und Erklärungen der Arbeitslosigkeit

Um die verschiedenen Komponenten und Erklärungen der Arbeitslosigkeit übersichtlich zu ordnen, nehme ich in erster Linie eine zwar sachgerechte, aber nicht übliche Zweiteilung in strukturbedingte und niveaubedingte Arbeitslosigkeit vor. In die erste Gruppe gehören alle Arten von Arbeitslosigkeit, die mit der *Struktur* von Angebot oder Nachfrage nach Arbeit zusammenhängen oder durch sie erklärt werden. Bei diesen Erklärungen werden Arbeitskräfte und Arbeitsplätze nicht als Gesamtheit betrachtet, sondern in ihrer unterschiedlichen Ausprägung nach Qualifikation und anderen Kriterien[1]. Die niveaubedingte Arbeitslosigkeit stellt dagegen allein auf das Gesamtvolumen (-niveau) von Angebot und Nachfrage nach Arbeit ab, die ihrerseits von gesamtwirtschaftlichen Größen beeinflußt werden.

Zuerst behandele ich die strukturbedingte Arbeitslosigkeit, um nicht den Eindruck entstehen zu lassen, Erklärungsansätze für niveaubedingte Arbeitslosigkeit nähmen die strukturbedingte Arbeitslosigkeit nicht zur Kenntnis. Beide Arten existieren nebeneinander. Es gibt allerdings einige Theoretiker, die meinen, die gesamte Arbeitslosigkeit aus einem Erklärungsansatz heraus erklären zu können (siehe dazu unten, Abschnitt III.1.2.2.).

Die Hauptgegensätze der makroökonomischen Diskussion beziehen sich auf die niveaubedingte Arbeitslosigkeit. Hier stehen sich zwei konträre Erklärungsansätze gegenüber: Die keynesianische Theorie erklärt diesen Teil der Arbeitslosigkeit aus zu geringer effektiver Nachfrage, während er von der neoklassisch-monetaristischen Theorie auf falsche monetäre Politik oder auf künstliche, institutionelle Barrieren für einen funktionierenden Marktmechanismus zurückgeführt wird.

---

1 Strukturbedingte Arbeitslosigkeit setzt mithin voraus, daß Arbeitskräfte (und Arbeitsplätze) nicht gleich, sondern heterogen sind. Man könnte sie daher auch als heterogenitätsbedingte Arbeitslosigkeit bezeichnen.

III.1. Strukturbedingte Arbeitslosigkeit

Den Begriff „Strukturbedingte Arbeitslosigkeit“ habe ich geprägt, weil der übliche Ausdruck „Strukturelle Arbeitslosigkeit“ so verwendet wird, daß bestimmte Formen strukturbedingter Arbeitslosigkeit nicht erfaßt werden. Außerdem betont der neugeprägte Begriff den zentralen Gegensatz zwischen *struktur*bedingter und *niveau*bedingter Arbeitslosigkeit.

III.1.1. Saisonale Arbeitslosigkeit

Es ist unstrittig, daß es in bestimmten Jahreszeiten aus saisonalen Gründen arbeitslose Personen gibt, die den Rest des Jahres in Branchen tätig sind, deren Aktivitäten stark von der Jahreszeit abhängen. Dabei handelt es sich vor allem um Branchen, deren Produktion sehr stark den Natureinflüssen ausgesetzt sind (wie Landwirtschaft, Fischerei und Baugewerbe) und solchen Branchen, die einer saisonalen Nachfrageballung gegenüberstehen, aber ihre Produkte nicht lagern können. In diese letzte Gruppe fallen vor allem Dienstleistungen im Zusammenhang mit dem Tourismus.

Das Ausmaß saisonaler Arbeitslosigkeit hängt von der Struktur der Volkswirtschaft ab, nämlich vom Umfang der von ihr betroffenen Branchen, aber andererseits auch von der Leichtigkeit, mit denen die betroffenen Arbeitskräfte in der Zeit, in der sie arbeitslos sind, anderweitig Beschäftigung finden könnten, und damit von der Struktur des Arbeitsmarktes. Deshalb bildet die saisonale Arbeitslosigkeit einen Teil der strukturbedingten Arbeitslosigkeit.

III.1.2. Friktionelle Arbeitslosigkeit

III.1.2.1. Definition und Erklärung als Suchprozeß

Neben der saisonalen ist eine friktionelle oder Fluktuationsarbeitslosigkeit zu beobachten. Sie ergibt sich aus den in modernen Industriegesellschaften sehr häufigen Arbeitsplatzwechseln, sofern Beendigung der einen Arbeit und Beginn der neuen Tätigkeit nicht unmittelbar aufeinander folgen, sondern eine gewisse Zeit vergeht, bis die wechselnden Arbeitnehmer einen neuen Platz gefunden haben und die neue Arbeit aufnehmen.

Die empirische Bedeutung dieser Form der Arbeitslosigkeit hängt davon ab, von welcher Seite des Arbeitsmarktes der Anstoß zum Arbeitsplatzwechsel kommt und wie die Arbeitnehmer die Suche nach Arbeit organisieren. In Deutschland pflegen die Arbeitnehmer ihren Arbeitsplatz häufig erst dann zu kündigen, wenn sie bereits einen neuen Arbeitsplatz gefunden haben und ohne zeitliche Verzögerung und damit ohne Einkommensverlust auf den neuen Arbeitsplatz überwechseln können. Wird dagegen dem Arbeitnehmer von seinem bisherigen Arbeitgeber gekündigt, so wird er meistens längere Zeit nach einem neuen Arbeitsplatz suchen müssen. Dies gilt insbesondere dann, wenn die Entlassung in eine Zeit hoher Arbeitslosigkeit fällt, in der die freien Arbeitsplätze selten und schwer zu finden sind.

Ist ein Arbeitnehmer während des Arbeitsplatzwechsels vorübergehend arbeitslos, so kann die friktionelle Arbeitslosigkeit als ein *Suchprozeß* interpretiert werden. Dementsprechend dient in der *Suchtheorie der Arbeitslosigkeit* (Job-Search-Theory) der Suchprozeß eines Arbeitslosen der Informationsbeschaffung über freie Stellen und die dort gebotenen Verdienste und Arbeitsbedingungen. Folgerichtig bezeichnet ALCHIAN (1970, S. 30) die Sucharbeitslosigkeit als „freiwillige Selbstbeschäftigung mit der Produktion von Informationen".

Da der Arbeitslose während der Suchphase auf Einkommen verzichten muß, wird er solange suchen, wie er hofft, durch das Suchen eine besser bezahlte oder aus anderen Gründen attraktivere Stelle zu finden, deren Vorteile ihn für das entgangene Einkommen entschädigen. Die Dauer des Suchprozesses hängt mithin davon ab, mit welcher Wahrscheinlichkeit der Arbeitslose erwartet, daß ein zusätzlicher zeitlicher Suchaufwand zu einem besseren Arbeitsplatz führt. Sinkt der erwartete Vorteil weiteren Suchens unter den Nachteil des entgangenen Einkommens, wird er die Suche abbrechen und die günstigste ihm angebotene Stelle annehmen.

Die Dauer des Suchprozesses hängt – vorausgesetzt, der Arbeitslose erhält überhaupt ein Stellenangebot – daher auf der einen Seite von seinen Vorstellungen und seiner Informiertheit über die Verteilung der für Arbeitnehmer seiner Qualifikation, seines Alters etc. verfügbaren freien Arbeitsplätze ab. Diese wiederum bestimmen die Mindestlohnhöhe, zu der der Arbeitslose einen angebotenen Arbeitsplatz akzeptiert („acceptance wage" oder „reservation wage"). Auf der anderen Seite spielt die Höhe des entgangenen

Einkommens eine Rolle, die der Differenz zwischen dem Verdienst auf dem günstigsten, bisher angebotenen Arbeitsplatz und der Arbeitslosenunterstützung entspricht.

Aufgrund dieser Überlegung muß höhere Arbeitslosenunterstützung tendenziell zu einer verlängerten Suche führen, sofern dem Arbeitslosen bereits eine Stelle angeboten wurde, die er aber (noch) nicht angenommen hat (zur Empirie s. unten S. 50)[1].

Diese suchtheoretischen, „für eine Reihe von Berufen und spezielle Situation sicher nicht unrealistischen Überlegungen" (KÖNIG, 1979, S. 64) sind weiter präzisiert und verfeinert worden, worauf hier nicht eingegangen wird (vgl. dazu KÖNIG, 1979). Wichtiger ist nämlich der Anspruch mancher Job-Search-Theoretiker (z.B. PHELPS 1970, ALCHIAN 1970), mit der Arbeitsplatzsuche die alleinige Ursache der Arbeitslosigkeit herausgearbeitet zu haben.

III.1.2.2. Zum Erklärungsanspruch der Suchtheorie (Job-Search-Theory)

Phelps, Alchian u.a. behaupten, die gesamte Arbeitslosigkeit als Such-Arbeitslosigkeit erklären zu können. Sie bezeichnen sie als freiwillig, weil jeder Arbeitsuchende schließlich irgendeine Arbeit – und sei es als Tellerwäscher – annehmen könne, dies aber aufgrund eigener Entscheidung nicht tue.

Diese aus der einzelwirtschaftlichen Analyse gewonnene Behauptung ist ein schlagendes Beispiel für den „Trugschluß der Verallgemeinerung"; denn wenn alle Arbeitslosen tatsächlich versuchten, eine Stellung als Tellerwäscher, Kellner usw. zu bekommen, würde sich bald herausstellen, daß so viele Tellerwäscher, Kellner, etc. gar nicht gesucht und gebraucht werden. Daher scheint die Such-Arbeitslosigkeit nur aus der Sicht des Einzelnen „freiwillig" zu sein, weil die anderen Arbeitslosen von diesen Stellenangeboten keinen Gebrauch machen. Außerdem ist ein ausgebildeter

1 Die einzelwirtschaftlich argumentierende Suchtheorie der Arbeitslosigkeit läßt sich gut mit der neoklassischen Erklärung der niveaubedingten Arbeitslosigkeit verbinden, die deren Ursache in einem zu hohen Lohnniveau sieht (s. unten, Abschnitt III.2.2.); denn das „zu hohe" Tariflohnniveau hindert die Arbeitnehmer daran, angebotene, aber zu schlecht bezahlte Stellen anzunehmen.

Chirurg, der sich als Kellner verdingt, unfreiwillig nicht als Chirurg beschäftigt. Lehnt er es ab, als Kellner zu arbeiten (rechtlich wäre diese Arbeit für ihn nicht zumutbar – s. oben, S. 31), so ist er mithin *unfreiwillig* arbeitslos in seinem Beruf. Diese Überlegung besagt verallgemeinert: **Unfreiwillige Arbeitslosigkeit** *liegt dann vor, wenn Arbeitslose bereit sind, zum herrschenden Reallohn auf einem Arbeitsplatz zu arbeiten, der ihrem Qualifikationsniveau entspricht*[1]. Noch eindeutiger ist eine Person unfreiwillig arbeitslos, wenn sie bereit wäre, zum herrschenden Reallohn auf ihren früheren Arbeitsplatz zurückzukehren. (Diese Definition schlägt BLINDER, 1988, vor.)

Aus den suchtheoretischen Überlegungen läßt sich daher nicht begründen, Arbeitslose auf der Suche nach einem neuen Arbeitsplatz suchten freiwillig. Die Suchtheorie kann ebensowenig belegen, daß die gesamte Arbeitslosigkeit Such-Arbeitslosigkeit sei. Dagegen sprechen mehrere Einwände, die ROTHSCHILD (1978) in seinem brillanten und ironischen Beitrag „Arbeitslose, gibt's die?" zusammengestellt hat.

a) Diese Theorie kann nur erklären, weshalb die Arbeitslosen ohne Arbeit *bleiben*, nicht hingegen, weshalb sie arbeitslos geworden sind. Diese Theorie muß daher annehmen, daß die Arbeitslosen alle selbst gekündigt haben und nicht entlassen worden sind. Diese Annahme ist jedoch empirisch falsch und führt auch bei konjunktureller Betrachtung zu einem besonderen Widerspruch zwischen Theorie und empirischer Beobachtung: Da in einer Rezession besonders viele Personen arbeitslos sind, müßten gerade in der Rezession besonders viele Arbeitnehmer von sich aus kündigen. In der Hochkonjunktur dagegen, da es wenig Arbeitslose gibt, müßten auch wenige Kündigungen durch die Arbeitnehmer selbst erfolgen[2]. In der Realität ist es genau umgekehrt. Gerade in

---

1 Dies entspricht der Definition von ROBERT SOLOW (1986, S. 533) „From an economists' point of view there is involuntary unemployment whenever, for any substantial number of workers, the marginal (consumption) value of leisure is less than the going real wage in occupations for which they are qualified."

2 Einen recht eigenwilligen Ausweg aus diesem Dilemma benutzt ALCHIAN (1970) für die Erklärung der Arbeitslosigkeit aus freiwilligen Kündigungen: Er behauptet, Entlassungen würden nur deshalb vorgenommen, weil die Unternehmer wissen, daß die Arbeitnehmer eher kündigen, als Lohnkürzungen hinzunehmen, die ihre Weiterbeschäfti-

der Rezession scheuen sich die Arbeitnehmer zu kündigen, weil sie Schwierigkeiten haben werden, einen neuen Arbeitsplatz zu finden. Dagegen fällt es in der Hochkonjunktur den Arbeitnehmern leichter, ihren bestehenden Arbeitsplatz aufzugeben, weil sie damit rechnen können, einen neuen Arbeitsplatz zu finden.

b) Diese Theorie kann die Arbeitslosigkeit höchstens bis zur Höhe der vorhandenen offenen Stellen erklären. Auch wenn man berücksichtigt, daß deren statistische Erfassung unzulänglich ist und vermutlich weniger als die Hälfte der offenen Stellen gemeldet werden, ist gerade in neuerer Zeit die Diskrepanz zwischen der Zahl der offenen Stellen und der gemeldeten Arbeitslosen derart groß, daß schon deswegen nicht alle Arbeitslosen Sucharbeitslose sein können.

c) Umfangreiche Arbeitslosigkeit kann mit dieser Theorie nur erklärt werden, wenn viele Arbeitnehmer, die einen besseren Arbeitsplatz anstreben, erst kündigen und dann auf die Suche nach einem neuen Arbeitsplatz gehen. Zumindest in den europäischen Ländern dürfte dies nicht die vorherrschende Verhaltensweise sein; vielmehr suchen die Arbeitnehmer vom Arbeitsplatz aus, was zugleich ihre Chancen bei der Suche eines neuen Arbeitsplatzes wesentlich erhöht: Bewirbt sich jemand aus einer ungekündigten Stellung, kann er damit dem Arbeitgeber, bei dem er sich bewirbt, signalisieren, daß sein bisheriger Arbeitgeber mit der geleisteten Arbeit zumindest in dem Maße zufrieden ist, daß er ihm nicht gekündigt hat.

d) Gegen den Erklärungsanspruch spricht ferner, daß in Zeiten hoher Arbeitslosigkeit auch Sachkapazitäten unterausgelastet sind. Wie Tobin (1983 b, S. 34) treffend bemerkt hat, kann man wohl kaum argumentieren, daß Maschinen und Sachanlagen deswegen unbeschäftigt sind, weil sie es vorziehen, von Arbeitslosenunterstützung lebend eine neue Beschäftigung zu suchen.

Aufgrund dieser Überlegungen wird der Erklärungsgehalt der Suchtheorie der Arbeitslosigkeit auf das Verhalten derjenigen Ar-

---

gung ermöglichen würden. Also nehmen die Unternehmer gleich die Entlassungen vor, ohne erst erfolglose Lohnverhandlungen zu führen. Abgesehen davon, daß die empirische Aussage nicht zutrifft, setzt diese Argumentation voraus, daß Lohnsenkungen die Entlassungen verhindern könnten. Gerade diese Annahme ist ein zentraler Diskussionspunkt der makroökonomischen Beschäftigungstheorie (s. Abschn. III.2.1. u. III.2.2.).

beitslosen beschränkt, denen zumindest ein zumutbares Stellenangebot vorliegt, die aber weitersuchen. Empirische Untersuchungen zum Einfluß der Höhe der Arbeitslosenunterstützung auf die Länge der Suchzeit passen zu dieser Einschränkung; denn sofern ein Einfluß ermittelt wird, ist er gering oder insignifikant (vgl. für einen internationalen Überblick STOBERNACK, 1991). Für Deutschland weisen FRANZ/KÖNIG (1986, S. 233) darauf hin, daß die durchschnittliche Dauer der Arbeitslosigkeit bei den Personen, die keinen Anspruch auf Arbeitslosenunterstützung haben, deutlich länger ist als bei den Empfängern von Arbeitslosengeld oder Arbeitslosenhilfe. Die Wirkungsrichtung ist mithin eher umgekehrt: Weil die Betroffenen lange arbeitslos sind, erhalten sie, wenn sie nicht bedürftig sind, keine Arbeitslosenunterstützung mehr.

III.1.3. Strukturelle Arbeitslosigkeit

III.1.3.1. Definitions- und Erfassungsprobleme

„Strukturelle Arbeitslosigkeit" liegt vor, wenn Angebot und Nachfrage auf dem Arbeitsmarkt nicht zusammenpassen, weil beide Aggregate bezüglich Qualifikation, Alter, Geschlecht, Region etc. unterschiedlich zusammengesetzt (= strukturiert) sind[1]. Das Ausmaß dieser „strukturellen Arbeitslosigkeit" läßt sich empirisch nur schwer feststellen: Das Angebot an Arbeit wird in der Arbeitslo-

---

1 In Abweichung von diesem Begriff der strukturellen Arbeitslosigkeit, der sich auf Strukturdiskrepanzen auf dem Arbeitsmarkt bezieht, wird manchmal die Arbeitslosigkeit auch dann als strukturell bezeichnet, wenn sie auf Strukturproblemen im *Güter*angebot beruht. Nach Meinung einiger Autoren resultieren diese aus einer fehlenden Modernisierung der Wirtschaft. Die These lautet, es würden zuviele veraltete Güter hergestellt (Stahl, Kohle, Schiffe) und zu wenige moderne, von denen man mehr exportieren oder im Inland verkaufen könnte.
Eine andere These (vgl. APPELBAUM/SCHETTKAL, 1994, 1995) zieht die Struktur der Nachfrage heran: Industrieerzeugnisse, die durch den technischen Fortschritt relativ billiger werden, weisen eine niedrige Preiselastizität der Nachfrage auf. Ihre Verbilligung erhöht Absatz und Produktion daher wenig. Umgekehrt ist es bei den relativ teurer werdenden Dienstleistungen: Die Preiselastizität ist hoch; ihre Verteuerung dämpft die Nachfrage erheblich.

senstatistik nur unzulänglich erfaßt und für die Nachfrage, die sich in Form offener Stellen niederschlägt, gilt dies in noch stärkerem Maße (s. oben, Abschnitt II.2.1.). Außerdem schwankt die Zahl der offenen Stellen mit der konjunkturellen Entwicklung: In Zeiten der Rezession werden wenig Arbeitskräfte gesucht, die Zahl der offenen Stellen ist gering, und die latenten Strukturdiskrepanzen zwischen Angebot und Nachfrage nach Arbeit werden verdeckt. Erst wenn die Nachfrage nach Arbeitskräften wieder steigt, werden sie wieder sichtbar, und ihr volles Ausmaß ist erst bei Vollbeschäftigung zu erkennen.

Eine Möglichkeit, das Ausmaß der strukturellen Arbeitslosigkeit über mehrere Konjunkturzyklen hinweg festzustellen, bietet die Ermittlung der Beveridge-Kurve. Dafür werden – wie in Abb. III.1 – zunächst für alle betrachteten Jahre die realisierten Kombinationen von offenen Stellen und Arbeitslosen abgetragen und aus der sich ergebenden Punktwolke eine Regressionslinie errechnet.

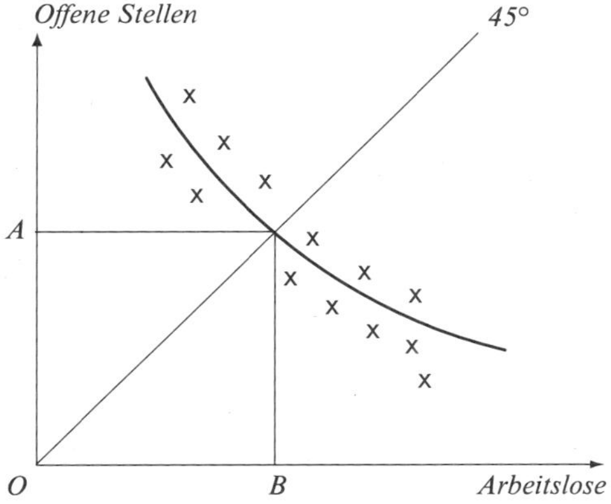

Abb. III.1: Die Beveridge-Kurve

Da auf der 45°-Linie offene Stellen und Arbeitslosenzahlen genau übereinstimmen, liegt in Höhe der Achsenabschnitte OA = OB eindeutig strukturelle Arbeitslosigkeit vor (diese wird auch als Mismatch-Arbeitslosigkeit bezeichnet).

Zunehmend strukturelle Arbeitslosigkeit liegt vor, wenn die Beveridge-Kurve sich im Zeitablauf nach rechts verschiebt. Ob dies in Westdeutschland der Fall ist, läßt sich empirisch nicht eindeutig feststellen (vgl. SVR, Jahresgutachten 1994/95, Tz431ff.; Entorf, 1995). Entorf selbst ermittelt zwar eine abnehmende „Matching-Effizienz" des Arbeitsmarktes, eine Aussage über die zeitliche Entwicklung der „Mismatch-Arbeitslosigkeit" läßt sich daraus nicht ableiten.

Es stellt sich nun die Frage, weshalb die Strukturdiskrepanzen zwischen dem Arbeitskräfteangebot und der Arbeitskräftenachfrage dauerhaft und nicht nur vorübergehend sind. Letzteres wäre der Fall, wenn entweder die Struktur der Nachfrage im Zeitablauf sich kaum oder gar nicht ändern würde oder die Struktur des Angebots sich sehr rasch anpassen würde. Beides aber ist nicht der Fall, was in den beiden nächsten Abschnitten begründet werden soll.

III.1.3.2. Auswirkungen des Strukturwandels auf die Struktur der Arbeitsnachfrage

Als wichtigste Ursachen für die ständigen Verschiebungen in der Struktur der Nachfrage nach Arbeitskräften sind der Strukturwandel in der Güternachfrage und der technische Fortschritt anzusehen. Bei der Struktur der Güternachfrage ist der *sektorale* Strukturwandel am wichtigsten. Er ergibt sich vor allem aus den Verschiebungen in der Struktur der Inlandsnachfrage in einer wachsenden Volkswirtschaft, und zwar sowohl der privaten als auch der staatlichen Nachfrage. Bei letzterer sind diese Verschiebungen überwiegend das Ergebnis politischer Entscheidungen; so werden z.B. in neuerer Zeit die öffentlichen Investitionen vom Straßenbau zum Umweltschutz verlagert, der staatliche Konsum in einigen Staaten von sozialorientierten Ausgaben zu Verteidigungsausgaben.

Die Struktur des privaten Konsums ändert sich erfahrungsgemäß bei steigendem Realeinkommen; denn eine Reihe von Gütern hat eine Einkommenselastizität kleiner als 1, d.h. die Nachfrage nach diesen Gütern steigt nur unterproportional mit steigendem Einkommen. Dies gilt z.B. im allgemeinen für Nahrungsmittel und Textilien. Andere Güter dagegen – vor allem neue Produkte und Dienstleistungen – haben eine Einkommenselastizität größer als 1; die Nachfrage nach ihnen steigt rascher als das Realeinkommen.

In der „Drei-Sektoren-Hypothese" werden diese Nachfrageabhängigkeiten stark vereinfacht zu der Prognose verwendet, daß auch in Zukunft der Anteil der Landwirtschaft und vor allem der Industrie abnehmen und der Anteil der Dienstleistungen deutlich zunehmen werde.

Strukturwandel auf den Gütermärkten resultiert außerdem aus zunehmender weltwirtschaftlicher Verflechtung. Diese führt zum einen zu einem ständig zunehmenden Warenaustausch zwischen Industrieländern. Zum anderen werden die Entwicklungsländer und die Schwellenländer immer mehr in den internationalen Güteraustausch einbezogen. Da in diesen Ländern die Löhne sehr niedrig sind, das Kapital dagegen eher teurer als in Industrieländern, jedenfalls aber nicht billiger, ist es ökonomisch vorteilhaft, in diesen Ländern arbeitsintensive Produkte herzustellen, wie z.B. Bekleidungsartikel und Textilien. Da gleichzeitig die Qualifikation der Arbeitskräfte in diesen Ländern im allgemeinen relativ niedrig sind, werden dort auch zunehmend technisch relativ einfache Erzeugnisse (wie z.B. Stahl) hergestellt, während sich die Industriestaaten verstärkt auf kapitalintensiv produzierte, technisch anspruchsvolle Produkte konzentrieren, die mit Hilfe hochqualifizierter Arbeitskräfte hergestellt werden. Diese Ausrichtung der internationalen Arbeitsteilung ändert zugleich die qualifikationsbezogene Struktur der inländischen Nachfrage nach Arbeit: Die Nachfrage nach relativ einfacher Arbeit geht zurück. Dafür steigt die Nachfrage nach hochqualifizierten Arbeitskräften.

Der technische Fortschritt als dritte wesentliche Ursache verändert die Struktur der Nachfrage nach Arbeit auf vielfältige Weise: Er trägt durch Produktinnovationen selbst zur Änderung der Struktur der Güternachfrage bei. Er beeinflußt die Auswirkung solcher Strukturänderungen auf die Arbeitsnachfrage, weil durch ihn der erforderliche Arbeitseinsatz je Produkteinheit in den einzelnen Sektoren sehr unterschiedlich beeinflußt werden kann. Er verstärkt daher den Strukturwandel in der Arbeitsnachfrage, wenn er in den Bereichen besonders langsam ist und den notwendigen Arbeitseinsatz je Produkteinheit relativ langsam absinken läßt, in denen die Güternachfrage besonders rasch expandiert. Ein Beispiel dafür bieten manche Dienstleistungsbereiche, in denen eine überproportional steigende Nachfrage einhergeht mit einem unterdurchschnittlichen Anstieg der Arbeitsproduktivität, so daß beide Effekte sich kumulieren: Die Nachfrage nach Arbeitskräften steigt in diesen Bereichen bereits wegen der überdurchschnittlich zunehmenden Güternachfrage. Sie steigt außerdem, weil der Einsatz von Arbeitskräften je Produkteinheit langsamer zurückgeht als im Durchschnitt.

Ein weiteres Beispiel für eine Verschärfung des Strukturwandels der Arbeitsnachfrage bietet die westdeutsche Textilindustrie, in der ein unterproportionales Wachsen der Güternachfrage einherging mit einer überdurchschnittlichen Zunahme der Arbeitsproduktivität, so daß beide Effekte in die gleiche Richtung wirkten und zu einem überproportionalen Rückgang der Nachfrage nach Arbeitskräften führten.

Unabhängig vom strukturellen Wandel der Endnachfrage kann der technische Fortschritt zu Verschiebungen in der sektoralen Struktur der Arbeitsnachfrage führen, wenn er im Bereich der Zwischenprodukte zu erheblichen Neuerungen führt. Hier ist insbesondere die Substitution natürlicher Rohstoffe durch künstliche Rohstoffe zu nennen, wie auch die Substitution zwischen verschiedenen Energieträgern (z.B.: Kohle wird durch Mineralöl ersetzt). Solche Substitutionen können zu ganz erheblichen Verschiebungen in der Bedeutung einzelner Sektoren führen, die manchmal viel gravierender sind als die eher graduellen Verschiebungen in der Struktur der Endnachfrage.

III.1.3.3. Ursachen der Anpassungsverzögerungen der Angebotsstruktur

Die Strukturänderungen der Nachfrage nach Arbeitskräften in einer wachsenden Wirtschaft führen dann zu struktureller Arbeitslosigkeit, wenn sich die Angebotsstruktur an die Nachfrageverschiebungen nur unvollkommen und mit zeitlicher Verzögerung anpaßt.

Verzögerte oder unvollkommene Anpassungen der Angebotsstruktur haben ihre Ursache in der „Segmentierung des Arbeitsmarktes". Mit diesem Begriff soll ausgedrückt werden, daß der Arbeitsmarkt in viele Teilmärkte (Segmente) gegliedert ist, die sich durch Charakteristika der Arbeitsplätze (Standort, Branche, erforderliche Qualifikation) oder der Arbeitskräfte (Alter, Geschlecht, Rasse, Qualifikation) voneinander unterscheiden und zwischen denen teils ökonomisch bedingte, teils auf Vorurteilen und Diskriminierungen beruhende Grenzen bestehen (s. FREIBURGHAUS, 1976, S. 75; SENGENBERGER, 1986).

Einen Hinweis auf die Segmentierung des Arbeitsmarktes geben die Unterschiede in den Arbeitslosenquoten nach der Qualifikation, dem Alter, deren Geschlecht und der Region in Deutschland, die in Tab. 2 abzulesen sind.

Auf die vielschichtigen Gründe für diese Unterschiede kann hier nicht eingegangen werden, sie machen aber deutlich, daß es auf den verschiedenen Teilmärkten offenbar unterschiedlich schwierig ist, Arbeitsangebot und Arbeitsnachfrage in Übereinstimmung zu bringen.

Zu einer Angleichung der Arbeitslosenquoten könnte es kommen, wenn es leichter wäre und schneller ginge, zwischen den Teilmärkten zu wechseln. Häufig können offenbar nur die Grenzen zwischen benachbarten Teilmärkten überwunden werden. Daraus ergeben sich *Mobilitätsketten*, wenn z.B. ein angelernter Arbeiter Facharbeiter wird, und ein ungelernter Arbeiter auf den Arbeitsplatz eines angelernten Arbeiters nachrückt.

Probleme bei der Überwindung von Qualifikationsschranken sind deshalb häufig, weil die Ausbildungsstruktur der nachwachsenden Arbeitskräfte wenig am zukünftigen Bedarf orientiert ist. So überwiegen im Bereich der Lehrberufe traditionelle Ausbildungszweige, besonders im handwerklichen Bereich. Auch in anderen Ausbildungsgängen beobachtet man, daß traditionelle Ausbildungsgänge bevorzugt werden. Ein weiteres Hemmnis besteht darin, daß zur Erlangung der veränderten Qualifikationsanforderung häufig eine außerbetriebliche Umschulung erforderlich ist, die für den Arbeitnehmer mit Einkommenseinbußen verbunden ist, die nicht immer genügend durch staatlich finanziell geförderte Umschulungsmaßnahmen kompensiert werden.

Zur Überwindung der Grenzen zwischen den einzelnen Segmenten können sowohl Arbeitgeber als auch Arbeitnehmer beitragen. Die Arbeitgeber können sich bereit erklären, Arbeitsplätze für qualifiziertes Personal zunächst mit weniger qualifizierten Arbeitskräften zu besetzen, diese aber anzulernen und betriebsintern weiterzubilden. Ebenso können sich die Arbeitnehmer weiterschulen lassen, um die Hürde zur nächst höheren Qualifikation überspringen zu können.

In der wirtschaftspolitischen Diskussion spielen die Hemmnisse einer *regionalen* Umstrukturierung, also die Hemmnisse der regionalen Mobilität der Arbeitnehmer, eine große Rolle. Deshalb werden hier materielle und immaterielle Gründe für geringe regionale Mobilität aufgeführt.

Tabelle 2: Registrierte Arbeitslose und Arbeitslosenquoten in Westdeutschland nach Strukturmerkmalen

Merkmal	Ausprägung	Registrierte Arbeislose							
		Anzahl in Tausend Ende September				Anteil an den zivilen Erwerbspersonen je Merkmal			
		1980	1988	1991	1995	1980	1988	1991	1995
Alle Arbeitslosen:		822,7	2099,6	1609,5	2488,3	3,5	8,1	6,3	9,3
Geschlecht:	Männer	368,5	1073,9	838,5	1390,4	2,6	7,0	5,8	9,3
	Frauen	454,2	1025,8	770,9	1098,0	5,1	9,9	7,0	9,2
Status:	Angestellte	315,8	805,4	598,1	946,8	2,7	5,9	4,5	5,3
	Arbeiter	506,9	1294,2	1011,3	1621,0	4,4	10,6	8,2	13,7
Vollzeit		660,0	1860,0	1420,8	2247,3	3,3	8,3	4,7	9,2
Teilzeit		162,7	239,6	188,6	242,3	•	•	3,6	4,4
Alter:	bis 20	81,1	72,9	54,8	81,6	3,5	5,8	3,3	3,3
	20–25	143,5	312,9	190,6	240,9	5,1	8,5	4,4	9,7
	25–30	121,5	329,6	230,6	298,6	4,4	9,5	4,5	12,0
	30–50	286,4	834,9	629,1	1042,4	2,6	7,1	3,5	10,5
	über 50	190,2	520,4	504,1	824,7	5,3	10,6	5,8	11,0
Bundesland:	(Jahres-ø)								
	Schleswig-Holstein	39,2	108,8	80,5	102,1	4,2	10,0	7,3	8,4
	Hamburg	23,0	95,7	63,0	77,7	3,4	12,8	8,7	9,6
	Niedersachsen	122,2	322,2	244,3	346,9	4,7	11,2	8,1	10,2
	Bremen	14,7	42,2	31,6	40,3	5,3	15,3	10,7	13,4
	NW	291,1	752,4	561,3	778,9	4,6	11,0	7,9	10,4
	Hessen	61,2	154,6	123,3	213,2	2,8	6,4	5,1	8,0

Merkmal	Ausprägung	Registrierte Arbeislose							
		Anzahl in Tausend Ende September				Anteil an den zivilen Erwerbspersonen je Merkmal			
	Rheinland Pfalz	50,1	111,8	82,3	134,2	3,8	7,6	5,4	7,9
	Baden-Württemberg.	81,3	201,5	159,3	328,2	2,3	5,0	3,7	7,3
	Bayern	147,7	305,3	214,8	355,8	3,5	6,3	4,4	6,5
	Saarland	23,9	50,4	36,0	49,2	6,5	11,9	8,6	11,7
	Berlin West	34,0	96,7	92,9	137,8	4,3	10,8	9,4	13,1
		Anzahl in Tausend Ende September				Anteil and der Gesamtzahl			
Abgeschlossene Berufsausbildung:	Nein	443,9	1024,4	761,7	1156,7	54,0	48,4	47,3	46,5
	Ja	378,4	1075,2	847,8	1331,7	46,0	51,2	52,7	53,5
Dauer der AL.	< 3 Monate	424,9	667,0	618,8	804,2	51,6	31,8	38,3	32,3
	3 Monate – 1 Jahr	291,7	747,9	537,8	856,7	35,5	35,6	33,4	34,5
	1–2 Jahre	64,4	337,4	210,9	422,8	7,8	16,1	13,1	17,0
	> 2 Jahre	41,8	347,3	244,0	404,6	5,1	16,5	15,2	16,3
Leistungen nach dem AFG	Bezug v. Al-Geld	307,7	820,2	680,9	1218,5	37,4	39,1	42,3	65,0
	Bezug v. Al-Hilfe	97,5	466,9	379,1	660,8	11,8	22,2	23,6	35,0
	Leist. beantragt	241,7	153,5	216,1	•	29,4	7,3	13,4	•
	keine Leist.	175,8	659,1	333,4	•	21,4	31,4	20,7	•

Quelle: Amtliche Nachrichten der Bundesanstalt für Arbeit (ANBA); Märzhefte 1986 und 1989; Heft 4/1990, sowie Sonderheft 1992: »Jahreszahlen«; Strukturanalyse 1993 der Bundesanstalt für Arbeit, S. 5; ANBA 1993, S. 42–47, S. 226/7, 230/1; Statistisches Jahrbuch 1993 S. 117f.; ANBA Jahreszahlen 1995; Statistisches Jahrbuch 1996.

Die materiellen Gründe für geringe regionale Mobilität liegen in Folgendem:

- Wenn beide Ehepartner (oder Lebenspartner) einen Arbeitsplatz an einem bestimmten Orte haben, dann ist es problematisch, wenn einer der beiden an einem Orte außerhalb des Tagespendelbereichs einen neuen Arbeitsplatz annimmt, es sei denn, es gelingt ihm, auch für seinen Partner dort einen Arbeitsplatz zu finden, was häufig schwierig ist.
- Wenn ein Arbeitnehmer an seinem bisherigen Arbeitsort ein Eigenheim gebaut hat, ist es oftmals kaum möglich, dieses Eigenheim zu einem vertretbaren Preis zu verkaufen; insbesondere, wenn er aus einer wirtschaftlich wenig prosperierenden Region in eine florierende Region zu wechseln beabsichtigt.
- Jeder Ortswechsel ist mit Kosten verbunden; gleichzeitig aber ist der neue Arbeitsplatz möglicherweise weniger sicher als der bisherige; denn der Arbeitnehmer muß damit rechnen, daß in dem neuen Betrieb im Falle von Entlassungen nach dem Prinzip verfahren wird, daß diejenigen, die am kürzesten beschäftigt sind, am ehesten entlassen werden.

Immaterielle Hemmnisse für regionale Mobilität liegen dann vor, wenn ein Arbeitnehmer am bisherigen Arbeitsplatz seinen Freundeskreis hat, Mitglied in verschiedenen Vereinen ist oder wenn seine Kinder noch schulpflichtig sind und der Schulwechsel für sie mit Problemen verbunden ist.

III.1.3.4. Abbau der Arbeitslosigkeit durch Spreizung der Lohnstruktur?

Es stellt sich die Frage, ob diese Mobilitätshemmnisse durch eine stärkere Differenzierung der Lohnstrukturen rascher überwunden werden könnten. Wenn die Löhne in Segmenten mit besonders hoher Arbeitslosigkeit relativ abnähmen, in Segmenten mit niedriger Arbeitslosigkeit dagegen überdurchschnittlich stiegen (bei unverändertem Lohnniveau), dann könnte dies zu einem Wechsel von Arbeitskräften aus den erstgenannten Segmenten beitragen. Gleichzeitig würde dort die Nachfrage nach Arbeit aus zwei Gründen zunehmen: Die Produkte, an deren Produktion die Arbeitskräfte der Segmente mit hoher Arbeitslosigkeit beteiligt sind, könnten relativ billiger werden, so daß je nach Preiselastizität der

Nachfrage von diesen Produkten etwas oder auch viel mehr verkauft werden könnte. Außerdem wäre in diesen Segmenten der Anreiz für die Unternehmen geringer, durch Rationalisierungsinvestitionen Arbeitskräfte freizusetzen und Arbeit durch Kapital zu substituieren. Dies liefe allerdings darauf hinaus, Arbeitsplätze mit niedrigerer Produktivität länger zu erhalten (für eine Produktionsmaximierung müßte das Grenzprodukt der Arbeit jedoch in allen Verwendungen gleich hoch sein).

Gegen eine Spreizung der Lohnstruktur werden zwei Argumente vorgebracht: Erstens könnte die schlechtere Bezahlung niedrigproduktiver Arbeitsplätze demotivieren und die Produktivität der dort Arbeitenden noch weiter senken. Zweitens bedeutet größere Spreizung, daß auf den hochproduktiven Arbeitsplätzen höhere Löhne bezahlt werden. Dadurch sinken dort die Gewinne, und der Anreiz, solche Arbeitsplätze zu schaffen, wird geringer.

Inwieweit entsprechende Verschiebungen in der Lohnstruktur zum Abbau der *strukturellen* Arbeitslosigkeit beitragen könnten, läßt sich aufgrund der empirischen Gegebenheiten kaum beurteilen, denn die Lohnstrukturen verändern sich kaum in der propagierten Richtung; dies gilt für die drei relevanten Strukturen

- die sektorale Lohnstruktur
- die Lohndifferenzierung nach der Qualifikation
- die regionale Lohnstruktur

und bei diesen wiederum für beide Ausrichtungen, die zur Diskussion stehen, nämlich

- die Differenzierung gemäß der Produktivitätsstruktur
- die Differenzierung gemäß der Arbeitslosenquoten in den einzelnen Arbeitsmarktsegmenten.

Bezüglich der sektoralen Lohnstruktur stellt der Sachverständigenrat für Westdeutschland fest (1994, Tz 448): „Von einzelnen Entwicklungen abgesehen vermitteln entsprechende Berechnungen den Eindruck einer langfristigen Konstanz einer nach Branchen differenzierten Lohnstruktur."

Die qualitätsbezogene Lohnstruktur hat sich in Deutschland – entgegen häufigen Vorurteilen – nur in einigen wenigen Segmenten nivelliert:

„Wenn überhaupt, dann gibt es Nivellierungstendenzen bei Arbeiterinnen der unteren Lohngruppe. Auch die Mehrheit des Sachverständigenrats kommt zu dem Ergebnis, daß sich die Lohnstruktur alles in allem in den letzten Dekaden wenig verändert hat."
(Franz/Profit, 1994, S. 9).

Über die regionale Lohnstruktur hat es in den 90er Jahren eine umfangreiche Diskussion gegeben, nachdem BLANCHFLOWER/OSWALD (1994) gezeigt hatten, daß die Löhne um so niedriger sind, je höher die regionale Arbeitslosenquote ist. GERLACH/WAGNER (1995) haben diese Differenzierung für Deutschland bestätigt. Diese Lohndifferenzierung paßt nicht zu der neoklassischen Hypothese (s. Abschnitt III.2.2.), wonach die Lohnhöhe für die Arbeitslosigkeit verantwortlich ist; denn dann müßten die Löhne dort besonders hoch sein, wo die Arbeitslosenquote ebenfalls hoch ist.

Über die zeitliche Entwicklung der regionalen Lohndifferenzierung sind eindeutige Aussagen schwierig zu treffen. Laut GERLACH/WAGNER (1994, S. 108) gibt es Indizien dafür, daß die Lohnspreizung in Zeiten niedriger Arbeitslosigkeit höher ist als bei hoher Arbeitslosigkeit. Dies könnte daran liegen, daß die Unternehmen in Segmenten mit sehr niedriger Arbeitslosigkeit gezwungen sind, Arbeitskräfte mit hohen Löhnen anzulocken.

Die Empirie gibt insgesamt kaum Hinweise darauf, welche Wirkungen auf die Arbeitslosigkeit von einer stärkeren Lohnspreizung ausgingen. Bedenkenswert sind die Erfahrungen in den USA und in Großbritannien. Dort stieg nämlich bei den Männern – im Gegensatz zu den meisten anderen Industriestaaten – von 1975 bis zur Mitte der 90er Jahre die Lohnspreizung nach der Qualifikation deutlich an: Das obere Fünftel verdiente 1993 das 4,3fache (USA) bzw. das 3,3fache (Großbritannien) des untersten Fünftels, 1975 lag diese Relation erst bei 3,3 bzw. 2,4. Dennoch blieb das Verhältnis zwischen den Arbeitslosenquoten der qualifizierten und der ungelernten Arbeitnehmer im Trend konstant. Der erwartete Abbau fand nicht statt (s. DIW, 1996, S. 22f.).

Daher ist es fraglich, ob von der vielfach geforderten Flexibilisierung der Lohnstruktur große Beschäftigungswirkungen zu erwarten sind (s. dazu auch VOGLER-LUDWIG, 1985). Gegen allzu große Erwartungen sprechen auch die Erfahrungen der USA in der Weltwirtschaftskrise ab 1929: Es gab weder Gewerkschaften, die Lohnsenkungen und Lohndifferenzierung großen Widerstand entgegensetzen konnten, noch ließ die Mobilität der Arbeitskräfte zu wünschen übrig. Dennoch blieb die Arbeitslosigkeit über Jahre hinweg extrem hoch.

III.2. Niveaubedingte Arbeitslosigkeit

Nach der strukturbedingten Arbeitslosigkeit kann jetzt jene Arbeitslosigkeit behandelt werden, die durch Niveaugrößen bedingt ist, genauer gesagt durch Differenzen im *Niveau* von Angebot und Nachfrage nach Arbeit. Diese Komponente der Gesamtarbeitslosigkeit umfaßt alle Arbeitslosigkeit, die nicht saisonal, friktionell oder strukturell ist. Im Gegensatz zu dieser strukturbedingten Arbeitslosigkeit ist die Erklärung der *niveau*bedingten Arbeitslosigkeit heftig umstritten. Auf der einen Seite stehen die Keynesianer, welche die Ursache der niveaubedingten Arbeitslosigkeit im Niveau der gesamtwirtschaftlichen Endnachfrage sehen, also in einem Nachfragemangel auf den Gütermärkten. Dieser Nachfragemangel kann konjunkturbedingt oder durch längerfristige Nachfragedefizite (Wachstumsdefizite) bedingt sein. Auf der anderen Seite steht die neoklassische Theorie, deren zentrale Aussage lautet: Bei flexiblem Lohnniveau kann es keine niveaubedingte Arbeitslosigkeit geben, weil das Lohnniveau sich immer so einspielt, daß Angebot und Nachfrage nach Arbeit ausgeglichen sind. Also muß die Ursache für niveaubedingte Arbeitslosigkeit in einem inflexiblen und dadurch zu hohen Lohnniveau liegen.

III.2.1. Keynesianische Erklärung der niveaubedingten Arbeitslosigkeit durch das Niveau der Güternachfrage

Die keynesianische Erklärung geht von der Überlegung aus, daß es sich bei der Nachfrage nach Arbeit um eine abgeleitete Nachfrage handelt, und zwar abgeleitet aus der Nachfrage nach Gütern und Diensten. Diese Nachfrage wiederum ergibt sich aus dem Zusammenwirken von Güter- und Geldmärkten.

III.2.1.1. Kernpunkte in KEYNES' Erklärung der Güternachfrage

Die keynesianische Erklärung der Güternachfrage (in der immer die Nachfrage nach Diensten eingeschlossen ist) bildet einen zentralen Bestandteil fast aller Lehrbücher der Makroökonomie. Sie geht auf JOHN MAYNARD KEYNES zurück, der in seiner „General Theory of Employment, Interest and Money" (1936) erstmals seit den klassischen Ökonomen die makroökonomischen Zusammenhänge und damit den gesamtwirtschaftlichen Kreislauf in den Mittelpunkt seiner Analyse stellt.

Für die Zwecke dieses Buches reicht es aus, die Kernpunkte der Makroökonomie von KEYNES in Erinnerung zu rufen; denn das Hauptinteresse gilt den Auswirkungen auf den Arbeitsmarkt.

Aufgrund der Kreislaufzusammenhänge zwischen den Aggregaten, zu denen KEYNES die Entscheidungsträger zusammenfaßt, ist jede Volkswirtschaft ein interdependentes System. In diesem hängen alle abhängigen (endogenen) Größen von anderen abhängigen Größen und (direkt oder indirekt) von den unabhängigen (exogenen) Größen ab. Exogen sind im System von KEYNES (wenn man sich auf eine geschlossene Volkswirtschaft beschränkt) die Geldmenge und die Renditeerwartungen der Unternehmer.

Das System von KEYNES hat aufgrund der von ihm gewählten Verhaltenshypothesen eine Gleichgewichtslösung. Diese aber ist den Entscheidungsträgern (Akteuren) vorher nicht bekannt, da sie sich erst aus dem Zusammenwirken aller wirtschaftlich relevanten Entscheidungen ergibt. Zumindest eine Gruppe von Akteuren muß daher ihre Entscheidungen ohne diese Kenntnis treffen. Bei KEYNES sind das die Unternehmen. Sie bilden (auf welche Weise auch immer) Erwartungen darüber, welche Gütermengen sie zu einem Preis absetzen können, der ihre Kosten einschließlich der „normalen" Gewinnspanne deckt, und beschäftigen die zu dieser Produktion notwendigen Arbeitskräfte. Diese erwartete Nachfrage, nach der die Unternehmer ihre Produktion ausrichten, nennt KEYNES die *effektive* Nachfrage; sie spielt in seiner Theorie die zentrale Rolle für die Erklärung der Beschäftigung, was KEYNES hervorhebt, indem er von ihr sagt (1936, S. 25): „This is the substance of the General Theory of Employment."

Falls die tatsächliche Nachfrage nicht der erwarteten (effektiven) Nachfrage entspricht, liegt kein Gleichgewicht vor und die Unternehmen werden ihre Erwartungen revidieren. Die effektive Nachfrage bewirkt nur dann eine Gleichgewichtssituation, aus der keine Kräfte auf eine Änderung drängen, wenn bei dem Einkommen, das bei der Produktion entsteht, genausoviel Güter nachgefragt werden, wie während des Produktionsprozesses produziert worden sind. Als Gleichgewicht wird hier also ein Modellzustand bezeichnet, bei dem die auf ihn einwirkenden Kräfte sich so ausbalancieren, daß dieser Zustand bei unveränderten Kräfteverhältnissen erhalten bleibt. Dafür ist nicht erforderlich, daß auf allen Märkten Angebot und Nachfrage ausgeglichen sind.

Die wichtigste Bedingung für ein solches Gleichgewicht auf dem Gütermarkt ergibt sich aus folgender Überlegung: Das während des Produktionsprozesses entstandene Einkommen fließt den privaten Haushalten zu (von der Existenz unverteilter Gewinne wird abgesehen). Die privaten Haushalte entfalten aus diesem Einkommen Nachfrage nach Gütern; allerdings ist ihre Nachfrage – wenn man die privaten Haushalte zusammenfaßt – üblicherweise niedriger als das Einkommen. Ein Teil der Produktion und des dabei entstandenen Einkommens wird also nicht zur Konsumgüternachfrage verwendet: es wird gespart. Es bliebe also ein Teil der Produktion unverkauft, wenn der private Konsum die einzige Nachfragekategorie wäre. Dies hätte einen Schrumpfungsprozeß zur Folge, der so lange anhielte, bis die Ersparnis aufgrund sinkenden Einkommens auf Null gesunken wäre. Die durch das Sparen entstandene Nachfragelücke kann jedoch durch die Investitionsgüternachfrage gefüllt werden. Die Gleichgewichtsbedingung für den Gütermarkt lautete daher: Die durch das Sparen hervorgerufene Differenz zwischen Produktion und Einkommen einerseits und Konsumgüternachfrage andererseits muß durch eine gleich hohe Investitionsgüternachfrage ausgeglichen sein. Die Investitionen bestimmen also die mit dem Gleichgewicht vereinbare Sparsumme und damit die zu ihr gehörenden Einkommen. Weichen Investitionen und Ersparnisse voneinander ab, erfolgt durch den Multiplikatoreffekt eine Anpassung der Ersparnisse an die Investitionen.

Da die Konsumgüternachfrage vom Einkommen der Haushalte abhängt, die Investitionsgüternachfrage dagegen bei gegebenen Renditeerwartungen durch den Zinssatz bestimmt wird, kann das Gleichgewicht zwischen Investitionen und Ersparnissen bei unterschiedlichen Kombinationen von Marktzinssatz und Einkommen aller privaten Haushalte (kurz: Volkseinkommen) erreicht werden: Bei relativ niedrigem Volkseinkommen wird wenig gespart; bei gegebenen Renditeerwartungen muß daher für das Gleichgewicht der Marktzinssatz relativ hoch sein, da nur eine relativ niedrige Summe an Investitionen erforderlich ist, um die durch die Ersparnis entstandene Lücke zwischen Einkommen und Konsumnachfrage zu schließen. Bei relativ hohem Volkseinkommen dagegen wird viel gespart. Die entsprechende Nachfragelücke kann nur durch relativ hohe Investitionen geschlossen werden, was bei unveränderten Renditeerwartungen nur bei einem niedrigeren Marktzinssatz der Fall sein wird.

Die Gleichgewichtskombinationen von Volkseinkommen und Zinssatz liegen auf der *IS*-Kurve in Abb. III.2, in der auf der Ordinate der Marktzinssatz (i) und auf der Abszisse das Volkseinkommen (Y) abgetragen wird.

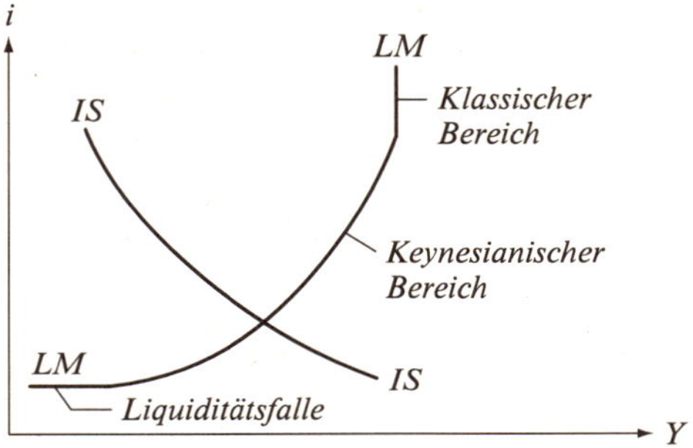

Abb. III.2: Gleichgewicht auf Güter- und Geldmarkt

Für den Gütermarkt ist der Marktzinssatz eine exogene Größe; er wird nämlich auf dem Geldmarkt bestimmt. KEYNES nimmt an, das Geldangebot werde durch die Zentralbank festgelegt (dies ist übrigens eine Schwäche des KEYNESschen Systems, weil durch diese Annahme das Bankensystem aus der Analyse ausgeschlossen wird, das in modernen Volkswirtschaften eine sehr wichtige Rolle spielt). Gleichgewicht auf dem Geldmarkt herrscht dann, wenn Geldangebot und Geldnachfrage übereinstimmen. Ebenso wie das Gleichgewicht auf dem Gütermarkt hängt auch das Gleichgewicht auf dem Geldmarkt von der Höhe des Volkseinkommens und der Höhe des Marktzinssatzes ab. Die Nachfrage nach Geld (für Transaktionszwecke) steigt mit steigendem *Volkseinkommen*, das in einem Modell ohne Staat und damit ohne indirekte Steuern dem Sozialprodukt entspricht. Je höher das Volkseinkommen ist, desto höher ist die Nachfrage nach Geld für Transaktionszwecke. Die Nachfrage nach Geld für Vorsichts- und Spekulationszwecke nimmt dagegen mit steigendem *Zinssatz* ab. Ist das Geldangebot gegeben, so kann die Gesamtnachfrage nach Geld ihm nur bei bestimmten Kombinationen von Volkseinkommen und Marktzinssatz entsprechen. Bei einem hohen Volkseinkommen ist die Nachfrage für Transaktionszwecke hoch, es verbleibt relativ wenig Geld für die beiden anderen Gründe, Geld zu halten. Der Zinssatz muß daher relativ hoch sein, damit dieser Teil der Geldnachfrage niedrig ist, so daß die gesamte Geldnachfrage das Geldangebot nicht übersteigt. Bei niedrigem Volkseinkommen kann dagegen bei gleichen Geldangebot der Zinssatz niedrig sein, weil die Nachfrage nach Geld für Transaktionszwecke gering ist, so daß ein großer Teil für Vorsichts- und Spekulationskasse verwendet werden kann.

Auch diese Zusammenhänge lassen sich in die Abb. III.2 einzeichnen. Sie ergeben die *LM*-Kurve, bei der Geldnachfrage (L für Liquidity) und Geldangebot (M für Money) übereinstimmen. Diese Kurve verläuft bei einem sehr niedrigen Zinssatz horizontal, ab einem sehr hohen Zinssatz vertikal. Die Begründung dafür ist die folgende: Bei einem sehr hohen Zinssatz sind die Opportunitätskosten der Geldhaltung so hoch, daß kein Geld mehr aus Vorsichts- oder Spekulationsgründen gehalten wird, weil es für jeden Vermögensbesitzer günstiger ist, bei diesem hohen Zinssatz sein Geld in zinstragenden Wertpapieren anzulegen. Die gesamte Geldmenge wird für unvermeidliche Transaktionszwecke gehalten. Eine weitere Erhöhung des Zinssatzes setzt daher keine Vorsichts- oder Spekulationskasse frei, so daß eine weitere Erhöhung des Volkseinkommens das Gleichgewicht zwischen Geldangebot und Geldnachfrage stören würde, da mit ihm eine höhere Nachfrage nach Transaktionskasse, aber keine verringerte Vorsichts- oder Spekulationskasse verbunden wäre.

Auf der anderen Seite ist bei sehr niedrigem Zinssatz der Extremfall denkbar, daß jedermann den Zinssatz als so niedrig ansieht, daß es sich nicht lohnt, auf die Liquiditätsvorteile der Geldhaltung zu verzichten.

KEYNES selber hält diese beiden geschilderten Extremfälle für realitätsfern. Der als erster beschriebener Fall wird als „klassischer Bereich“ der *LM*-Kurve bezeichnet, da er den Vorstellungen von KEYNES widerspricht. Von dem anderen Extremfall, der Liquiditätsfalle, sagt KEYNES, er sei bisher noch nicht eingetreten, er könne aber in der Zukunft praktische Bedeutung erlangen („might become practically important in future“ – KEYNES, 1936, S. 207). Möglicherweise ist dieser Fall in der 2. Hälfte der 90er Jahre in Japan eingetreten, wo der Diskontsatz seit längerer Zeit bei 0,5% liegt, ohne daß der erhoffte konjunkturelle Aufschwung eingetreten ist.

Abb. III.2 zeigt nun, daß bei gegebenen Erwartungen der Unternehmen über die Rendite ihrer Investitionen, gegebenen Konsumneigungen und Liquiditätspräferenzen sowie konstanter Geldmenge nur bei *einer* bestimmten Konstellation von Marktzinssatz und Volkseinkommen gleichzeitig Gleichgewicht auf dem Geldmarkt und dem Gütermarkt herrschen kann, da beide Größen sowohl den Gütermarkt als auch den Geldmarkt beeinflussen. Wenn diese Konstellation erreicht ist, herrscht gesamtwirtschaftliches temporäres Gleichgewicht. Es ist temporär, weil es an die Konstanz der gegebenen Renditeerwartungen gebunden ist. Ändern sich diese Erwartungen, gibt es eine neue Gleichgewichtskonstellation. Bei den gegebenen Erwartungen dagegen sehen die Wirtschaftssubjekte keinen Anlaß, ihre Produktions-, Investitions- und Konsumentscheidungen zu ändern. Das temporäre Gleichgewicht bleibt mithin erhalten.

Befindet sich eine Volkswirtschaft dagegen außerhalb der Gleichgewichtskonstellation, so werden bisherige Entscheidungen revidiert, und zwar so lange, bis das temporäre Gleichgewicht erreicht ist. Auf die Einzelheiten der Mechanismen, die auf dem Gütermarkt und dem Geldmarkt zum Gleichgewicht drängen, kann in diesem Buch nicht näher eingegangen werden; sie sind jedoch in jedem makroökonomischen Lehrbuch nachzulesen.

Das hier verwendete *IS-LM*-Diagramm ist von HICKS (1937) entwickelt worden, um den Kern der KEYNESschen Theorie wiederzugeben. Es abstrahiert notwendigerweise von vielen Gesichtspunkten, und einige Aspekte, die KEYNES selber stark betont hat, wie z.B. die Unsicherheit der Erwartungen und die daraus resultierenden stark schwankenden Investitionen, treten bei ihm nicht in Erscheinung. Daher konnte es nicht nur die Grundlage für den „Standardkeynesianismus" der makroökonomischen Lehrbücher bilden, sondern auch für die Entwicklung der „neoklassischen Synthese", in der KEYNES' Theorie neoklassisch vereinnahmt worden ist (vgl. dazu unten, Abschnitt III.2.2.3.).

III.2.1.2. Ableitung der Nachfrage nach Arbeit aus der Güternachfrage

Die Gegebenheiten auf dem Geld- und Gütermarkt entscheiden darüber, wieviel die Unternehmer aufgrund ihrer Absatzerwartungen in einer gegebenen Periode produzieren. Durch die Höhe dieser dort entschiedenen Produktion ist die Nachfrage der Unternehmen nach Arbeit gegeben. Ein Unternehmer wird genausoviel

Arbeitskräfte beschäftigen bzw. soviele Arbeitsstunden von ihnen verlangen, wie er braucht, um die von ihm geplante Produktion realisieren zu können. Es besteht mithin eine eindeutige **Hierarchie der Märkte:** Güter- und Geldmarkt bestimmen das Geschehen auf dem Arbeitsmarkt. Manche modernen Keynesianer räumen dem Geldmarkt bzw. den Finanzmärkten die höchste Position in der Hierarchie der Märkte ein: So ist für MINSKY (1977) die Instabilität der Finanzmärkte der entscheidende Faktor, für RIESE (1983, 1986) sind es die Entscheidungen der Geldvermögensbesitzer. Auch STREISSLER (1983) betont die entscheidende Rolle der Finanzmärkte und rechtfertigt die Hierarchie der Märkte mit den unterschiedlichen Preisanpassungsgeschwindigkeiten.

Die Entwicklung auf dem Arbeitsmarkt wirkt möglicherweise auf Geld- und Gütermärkte zurück, was KEYNES in einer sequentiellen Gleichgewichtsanalyse (also nicht in einer simultanen) diskutiert (vgl. STREISSLER, 1983, S. 457ff.).

Variationen des Lohnsatzes verändern die Nachfrage nach Arbeit nicht, solange die Unternehmen am geplanten Produktionsvolumen nichts ändern; denn es lohnt sich für keinen Unternehmer, mehr Arbeitskräfte einzustellen oder mehr Stunden arbeiten zu lassen, als er zur Produktion benötigt. Selbst wenn der Lohnsatz sehr niedrig wäre, wäre es für den Unternehmer verlustbringend, eine zusätzliche Arbeitskraft zu beschäftigen, deren Arbeitsergebnis er nicht verkaufen kann. Der zusätzliche Aufwand für einen zusätzlichen Arbeitnehmer besteht dann nämlich nicht nur in dem zusätzlichen Lohn, den der Unternehmer zahlen muß, sondern auch in den Aufwendungen für Roh-, Betriebs- und Hilfsstoffe, die von dem zusätzlichen Arbeitnehmer im Produktionsprozeß eingesetzt werden, denen aber kein Mehrumsatz gegenübersteht. Daraus folgt, daß auch bei einem Lohnsatz von Null der Unternehmer keinen Grund hat, zusätzliche Arbeitskräfte einzustellen, deren Produktionsergebnis er nicht verkaufen kann.

Aus diesen Überlegungen folgen die senkrechten Nachfragekurven nach Arbeit in Abb. III.3.

Dort wird – um die keynesianischen Vorstellungen über den Verlauf der Arbeitsnachfragekurve den neoklassischen Vorstellungen deutlich gegenüberstellen zu können (siehe dazu unten Abschnitt III.2.2.) – nach neoklassischer Tradition auf der Ordinate der Reallohn (l_r) abgetragen, auf der Abzisse die Arbeitsmenge (A) in Stunden pro Periode. Die in Abb. III.3 eingezeichneten senkrechten Nachfragekurven nach Arbeit gelten für alternative

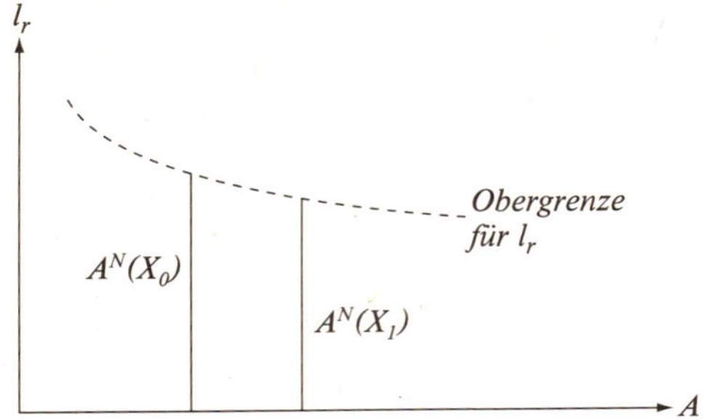

Abb. III.3: Nachfrage auf dem keynesianischen Arbeitsmarkt

Produktionsniveaus. Sie würden nur kurzfristig gelten, wenn Änderungen des Reallohns zu einer Änderung des Produktionsvolumens führten, so daß sich auf diesem Umweg mittelfristig eine Verschiebung der Arbeitsnachfragekurven ergäbe. KEYNES und die Keynesianer bestreiten jedoch einen derartigen, von den Neoklassikern behaupteten Zusammenhang (s. dazu Abschnitt III.2.2.4.).

KEYNES selber hatte nicht verdeutlicht, daß seine Theorie zu einer senkrechten Arbeitsnachfragekurve führt, wohl aber Keynesianer wie WEINTRAUB (1958) und DAVIDSON/SMOLENSKY (1964).

Abb. III.3 enthält auch eine Obergrenze für den Reallohn, denn: Liegt der Reallohn so hoch, daß mit der Produktion kein Gewinn mehr erwirtschaftet werden kann, so wird der Unternehmer – zumindest auf Dauer – die Produktion einstellen, wodurch seine Nachfrage nach Arbeit gegen Null ginge. Wie verläuft aber gemäß den Überlegungen von KEYNES diese Obergrenze?

KEYNES löst sich bezüglich der Beziehung zwischen Lohnhöhe und Beschäftigung nur partiell von der Neoklassik. Er übernimmt deren 1. Grundpostulat (fundamental postulate): „The wage is equal to the marginal product of labour" mit der Einschränkung „subject, however, to the qualification that the equality may be disturbed … if competition and markets are imperfect" (KEYNES, 1936, S. 5).

Bei vollständiger Konkurrenz resultiert dieses Grundpostulat aus dem gewinnmaximierenden Verhalten des einzelnen Unternehmers. Da er jede von ihm produzierte Gütermenge zum herrschenden Preis absetzen kann, stellt er solange Arbeitskräfte ein, wie der Mehrumsatz ($p \cdot \delta X/\delta A$) größer ist als der Lohnsatz. „An der Grenze" ist $p \cdot \delta X/\delta A = l$ *bzw.* $l = l/p = \delta X/\delta A$ und das Grundpostulat ist erfüllt.

KEYNES übernimmt des weiteren von der Neoklassik das Gesetz des abnehmenden Grenzertrags der Arbeit. Aufgrund des 1. Grundpostulats folgert KEYNES (1936, S. 17) daraus: Da mit zunehmendem Arbeitseinsatz das Grenzprodukt der Arbeit fällt, muß bei steigender Beschäftigung der Reallohn sinken. Der sinkende Reallohn ist eine notwendige, aber keine hinreichende Bedingung für mehr Beschäftigung; denn die Höhe der Beschäftigung wird durch den Geld- und Gütermarkt bestimmt.

Die Übernahme des Gesetzes vom abnehmenden Grenzertrag ist sehr rasch kritisiert worden. So äußerte der neoklassisch orientierte JACOB VINER (1937) schon kurz nach Erscheinen der „General Theory", es handele sich um eine voreilige Übernahme eines Gesetzes, das für die Variation des Arbeitseinsatzes bei konstantem Sachkapitaleinsatz gilt, auf die Situation der Unterbeschäftigung mit unausgelasteten Kapazitäten aber nicht angewendet werden könne. In einer solchen Situation nämlich setzen die Unternehmen, falls sie mehr Güter produzieren wollen, gleichzeitig mehr Arbeit *und* mehr Sachkapital (gemessen z.B. in Maschinenstunden) ein; mithin ist das „Gesetz" vom abnehmenden Grenzertrag nicht anwendbar, und solange noch unterausgelastete Kapazitäten vorhanden sind, ist die Annahme eines konstanten oder gar steigenden Grenzprodukts der Arbeit wesentlich realitätsnäher (LIPSEY, 1981, S. 555f.). Eine solche Annahme stützt *Schaubild 4*, demzufolge in der westdeutschen Wirtschaft in der Nachkriegszeit Arbeitsproduktivität, Reallohn und Beschäftigung positiv miteinander korreliert gewesen sind.

Als KEYNES (1939) von ersten empirischen Untersuchungen erfuhr, die statt des erwarteten negativen Zusammenhangs zwischen Reallohn und Beschäftigung im Konjunkturzyklus eine gleichlaufende Entwicklung dieser beiden Größen ermittelten, bedauerte er, in der „General Theory" von der traditionellen negativen Beziehung ausgegangen zu sein. Zwar habe er betont, die Erhöhung der Beschäftigung sei die Ursache, das Sinken des Reallohns nur eine Voraussetzung, aber der angenommene negative Zusammenhang widerspräche eben auch nicht der von ihm kritisierten neoklassischen Position, wonach der sinkende Reallohn die Ursache für die Mehrbeschäftigung sei.

Schaubild 4: Wachstumsraten des realen BIP, der Erwerbstätigen, der Arbeitsproduktivität und des Reallohns je Arbeitnehmer in Deutschland (ab 1992 Gesamtdeutschland)

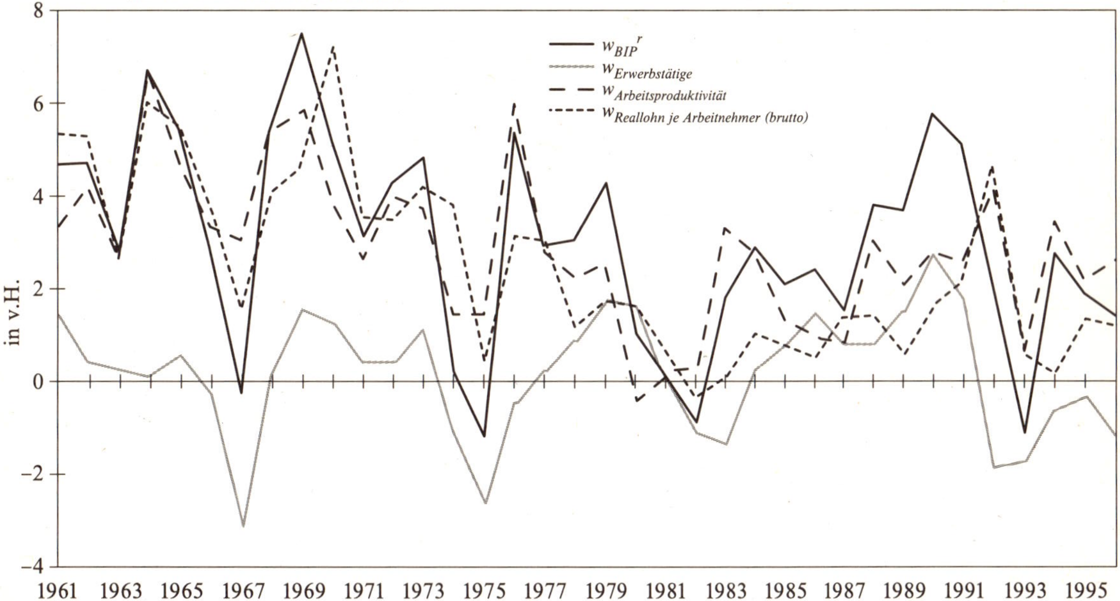

Quelle: SVR, Jahresgutachten 1997/98, Tabelle 26*, Tabelle 30*, Tabelle 75* (Arbeitsproduktivität = Bruttoinlandsprodukt je Erwerbstätigen (Inlandskonzept))

KEYNES hätte diese Interpretationsspielräume vermieden, wenn er den von ihm erwähnten Einschränkungen des 1. Grundpostulats durch die Existenz unvollständiger Konkurrenz die gebührende Beachtung geschenkt hätte. Dies hätte um so näher gelegen, als vollständige Konkurrenz und das Prinzip der effektiven Nachfrage nicht miteinander vereinbar sind: Wenn die Unternehmer nämlich Produktionsniveau und Beschäftigung aufgrund der effektiven Nachfrage festlegen, also eine Nachfragebeschränkung annehmen, können sie nicht gleichzeitig bei der Festlegung ihrer Nachfrage nach Arbeit davon ausgehen, sie könnten jede rentable Produktionsmenge zu den herrschenden Preisen verkaufen. Vielmehr liegt die Beschäftigung fest (durch die erwartete Nachfrage) und sie können sich nur noch fragen, bis zu welchem (gedachten) Lohnniveau sie noch mit Gewinn produzieren können.

Durch die Überlegung erhalten sie eine Obergrenze für den Reallohn. Diese Obergrenze kann einen fallenden Verlauf haben (wie in Abb. III.3), der sich aus der Heterogenität des Kapitalbestandes ableitet: Die Unternehmen werden bei rückläufiger Beschäftigung zunächst die am wenigsten rentablen Maschinen, die nur eine relativ niedrige Arbeitsproduktivität erlauben, stillegen. Steigt die Beschäftigung wieder an, werden diese Maschinen wieder in Betrieb genommen.

Aus dieser fallend verlaufenden Obergrenze folgt aber nicht, daß der Reallohn für mehr Beschäftigung gesenkt werden muß. Dies würde nur gelten, wenn vorher, bei rückläufiger Beschäftigung, der Reallohn erhöht worden wäre. Es folgt also aus der fallenden Obergrenze nicht der von KEYNES behauptete negative Zusammenhang von Beschäftigung und Reallohn, der außerdem den empirischen Daten widerspräche.

Für den Fall unvollständiger Konkurrenz lassen sich Arbeitsnachfragekurve(n) und Obergrenze aus dem *IS/LM*-Diagramm wie in Abb. III.4 ableiten.

In Abb. III.4 sind alle drei denkbaren Verläufe der Produktionsfunktion eingezeichnet. Variante A beruht auf der Übernahme des Gesetzes vom fallenden Grenzprodukt der Arbeit, Variante B auf einem konstanten Grenzprodukt der Arbeit (wegen des gleichzeitig zunehmenden Kapitaleinsatzes) und Variante C auf dem empirisch zu beobachtenden positiven Zusammenhang zwischen Arbeitsproduktivität und Beschäftigung im Konjunkturverlauf. Entscheidend ist, daß bei unvollständiger Konkurrenz in allen drei Varianten der tatsächliche Reallohn unterhalb der Obergrenze

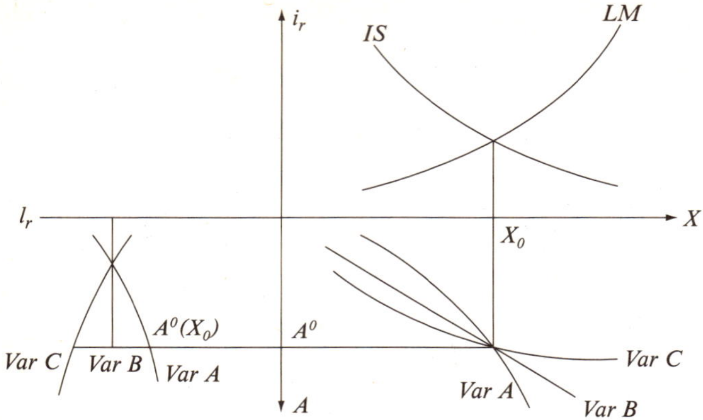

Abb. III.4: Ableitung der Arbeitsnachfrage aus dem IS/LM Diagramm

liegt, so daß es auch in der Variante A keinen negativen Zusammenhang zwischen diesen beiden Größen geben muß. Der tatsächliche Reallohn läßt sich aber nicht ohne Angebot bestimmen.

III.2.1.3. Angebot an Arbeit in Abhängigkeit vom Reallohn

Nach der Nachfrage nach Arbeit bleibt das Angebot an Arbeit zu bestimmen. Dabei ist zu analysieren, wie das Angebot an Arbeit auf Reallohnänderungen reagiert und ob sich die Arbeitslosigkeit von der Angebotsseite her vermindern läßt, indem sich bei niedrigem Reallohn Personen vom Arbeitsmarkt freiwillig zurückziehen.

Die Reaktion des Angebots an Arbeit auf eine Änderung des Reallohnniveaus hängt von zwei entgegengesetzten Überlegungen ab. Auf der einen Seite lohnt es sich bei einem höheren Reallohn für den Arbeiter, mehr zu arbeiten, da er für seine Arbeitsleistung ein höheres Entgelt bekommt. Für jede Stunde Freizeit, während der er nicht arbeitet, entgeht ihm ein höherer Einkommensbetrag: Die Opportunitätskosten der Freizeit sind also gestiegen. Daraus resultiert die Tendenz, bei höherem Reallohnsatz Freizeit durch Arbeitszeit zu ersetzen, also das Angebot an Arbeit zu erhöhen (Substitutionseffekt).

Auf der anderen Seite bedeutet ein höherer Reallohn pro Stunde, daß der Arbeitnehmer bei gleicher Arbeitszeit ein höheres

Einkommen erhält. Er kann sich daher mehr Freizeit leisten und tut dies, weil der Grenznutzen der mit dem Einkommen kaufbaren Güter relativ zum Grenznutzen der Freizeit sinkt. Dem vorangehend beschriebenen Substitutionseffekt steht daher ein **Einkommenseffekt** gegenüber, und es läßt sich nicht generell sagen, welcher Effekt überwiegt. Bei langfristiger Betrachtung läßt sich allerdings feststellen, daß seit Beginn der Industrialisierung die Stundenlohnsätze gestiegen sind und ebenso die Jahreseinkommen, während die Arbeitszeit durch beharrlichen Kampf der Arbeitnehmer und ihrer Organisationen ständig langsam verkürzt worden ist. Langfristig hat also der Einkommenseffekt den Substitutionseffekt überkompensiert.

Bei mikroökonomischer Betrachtung ergibt sich im ersten Schritt, bei dem die Existenz von Arbeitslosenversicherung und Sozialhilfe vernachlässigt wird, im Normalfall ebenfalls eine Dominanz des Einkommenseffektes. Dies zeigt Abb. III.5 (vgl. FRANKE, 1992, S. 233 ff.). In dieser Abbildung hängt der Gesamtnutzen einer Erwerbsperson von seinem realen Monatseinkommen und seiner Freizeit ab. Beide hängen von der Arbeitszeit ab, das Monatseinkommen überdies vom Reallohn l_r.

In der Ausgangssituation ergibt sich das Monatseinkommen als Produkt aus dem Lohnsatz l_{r0} und der Arbeitszeit. Die höchste erreichbare Indifferenzkurve bestimmt die Arbeitszeit. Bei dem hö-

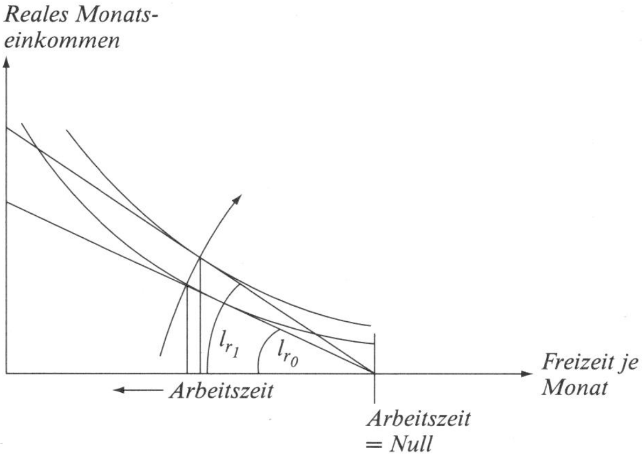

Abb. III.5: Nutzenmaximale Arbeitszeit in Abhängigkeit vom Reallohn

heren Lohnsatz l_{r1} läge die nutzenmaximale Arbeitszeit etwas niedriger. Freizeit erweist sich als ein „normales Gut“, das bei höherem Einkommen verstärkt nachgefragt wird. Falls die Indifferenzkurven nicht parallel verlaufen, kann sich ein anderes Ergebnis einstellen. So wird häufig behauptet, daß bei sehr niedrigem und sehr hohen Reallohnsatz der Einkommenseffekt überwiege, bei mittlerem Einkommen dagegen der Substitutionseffekt, so daß sich die folgende Angebotskurve ergeben kann.

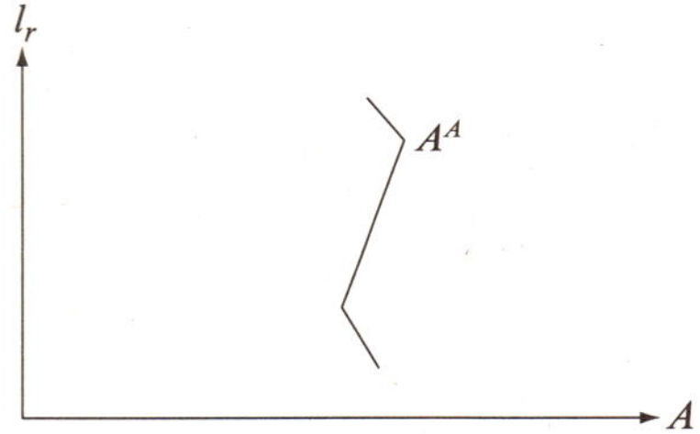

Abb. III.6: Arbeitsangebotskurve eines Haushalts

Der untere Abschnitt dieser „gezackten“ Angebotskurve wird damit erklärt, daß bei niedrigen Stundenlöhnen deren weitere Senkung die Arbeitnehmer zwingt, länger zu arbeiten, um ihr Existenzminimum zu sichern.

Durch die Einrichtung von Arbeitslosenversicherung und Sozialhilfe ist dieser Teil der Angebotskurve heute nicht mehr relevant. Vielmehr läßt sich analog zu Abb. III.5 das nutzenmaximierende Verhalten eines Arbeitsanbieters bestimmen, der „zur Not“ auf eins der beiden genannten Transfereinkommen zurückgreifen kann. Seine individuelle Angebotskurve hat folgenden Verlauf (s. HAMERMESH/REES, 1993, S. 51, FRANKE, 1994, S. 237):

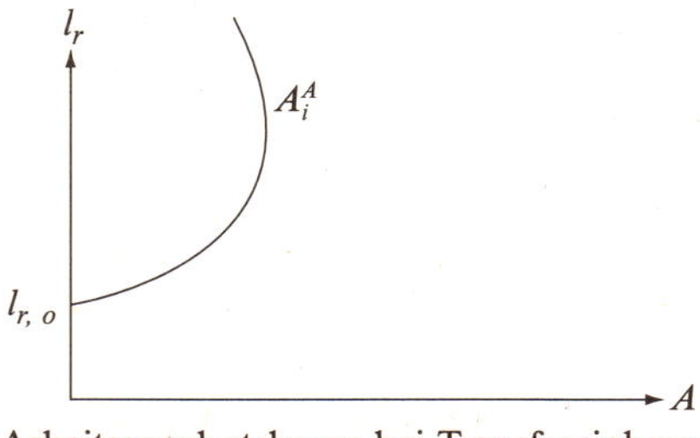

Abb. III.7: Arbeitsangebotskurve bei Transfereinkommen

Dabei ist $l_{r,o}$ der Mindestlohn, der überschritten werden muß, damit der Arbeitnehmer einen Arbeitsplatz akzeptiert (acceptance wage).

Für die Aggregation der individuellen Arbeitsangebotskurven zu einer gesamtwirtschaftlichen Arbeitsangebotskurve ist folgende Überlegung entscheidend: Die gesamtwirtschaftliche Kurve soll angeben, wie sich insgesamt das Arbeitsangebot verändert, wenn in einer Volkswirtschaft das Reallohnniveau für alle Arbeitnehmer steigt. Da sich die Erwerbspersonen in Abhängigkeit von ihrer Qualifikation über die Reallohnwerte der Ordinate verteilen, reagieren sie je nach Plazierung auf der Lohnskala unterschiedlich. Die einen schränken ihr Arbeitsangebot ein, andere dehnen es aus.

Empirische Untersuchungen für die USA deuten darauf hin, daß bei Männern eher eine vertikale oder nach links geneigte Arbeitsangebotskurve vorherrscht, während bei Frauen der Substitutionseffekt dominiert (s. FRANZ, 1991, S. 82ff., HAMERMESH/REES, 1993, S. 54f.).

Da beide Personengruppen von allgemeinen Lohnsatzänderungen betroffen werden, ist es unter den Arbeitsmarktforschern inzwischen Konsens, von einer (im relativen Bereich) senkrechten aggregierten individuellen Arbeitsangebotskurve auszugehen (s. BEAN, 1994, S. 576, FRANZ, 1996, S. 5).

Das tatsächliche Reallohnniveau wird jedoch außer von der Arbeitsnachfrage und der soeben behandelten aggregierten Arbeitsangebotskurve auch von der kollektiven Lohnsetzungskurve bestimmt, in der sich die Tarifverhandlungen und das Preissetzungsverhalten der Unternehmer niederschlagen.

III.2.1.4. Bestimmung von Beschäftigung und Lohnniveau

Die kollektive Lohnsetzungskurve vervollständigt den keynesianischen Arbeitsmarkt, der nun in Abb. III.8 präsentiert werden kann. Diese Kurve, die auch als kollektive Arbeitsangebotskurve bezeichnet wird, hat in Abb. III.8 in Übereinstimmung mit BEAN (1994) und FRANZ (1996) einen steigenden Verlauf. BEAN (1994, S. 79) führt dafür drei Begründungen an: Die Verhandlungsmacht der Gewerkschaften steigt mit dem Beschäftigungsgrad. Dem ist entgegenzuhalten, daß Tarifverhandlungen über die Nominallöhne geführt werden und die Unternehmer deren vereinbarten

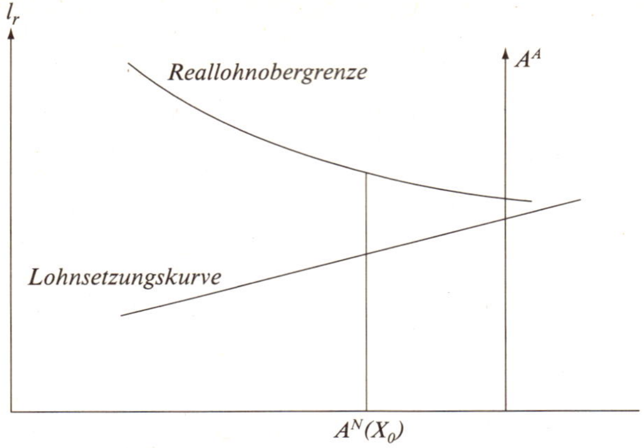

Abb. III.8: Der keynesianische Arbeitsmarkt

Anstieg zum Teil auf die Preise überwälzen können. Dieser Teil könnte größer werden, wenn sich die Position der Arbeiter auf den Gütermärkten mit höherem Beschäftigungsgrad verbessert. Eine zweite Begründung liegt darin, daß die Unternehmer mit steigender Beschäftigung höhere Reallöhne zahlen, um die Arbeitnehmer besser zu motivieren. Dies sei notwendig, weil die Entlassungsdrohung an Wirkung auf den Arbeitseifer verliere. Ein dritter Grund wird in der Vermutung gesehen, es sei nötig, höhere Reallöhne zu zahlen, um Erwerbspersonen mit höheren Akzeptanzlöhnen zur Arbeitsaufnahme zu bewegen.

In Abb. III.8 ist die kollektive Lohnsetzungskurve so eingezeichnet, daß der Reallohn keine Begrenzung für die Beschäftigung bildet und auch mit Vollbeschäftigung vereinbar ist. Zwar kann man nicht völlig ausschließen, daß der Reallohn so hoch wird, daß er die Unternehmen veranlaßt, die herrschende Güternachfrage nicht voll zu befriedigen, weil die entsprechende Produktion zu einem Teil nicht rentabel wäre. Keynesianer aber halten diesen Fall für sehr unwahrscheinlich (eine Ausnahme bildet der Sonderfall der ostdeutschen Wirtschaft nach 1990, da die dortigen Lohnabschlüsse sich nicht an der eigenen, sondern an der westdeutschen Arbeitsmarktproduktivität orientierten). In den Abschnitten III.2.3. und III.2.4. wird diese Problematik vertieft werden.

Die in Abb. III.8 eingezeichnete kollektive Lohnsetzungskurve und die Obergrenze gelten jeweils für eine Zeitperiode. Im Zeitablauf verschieben sich beide nach oben, solange aufgrund von technischem Fortschritt und Sachkapitalakkumulation die Arbeitsproduktivität steigt und die Lohnstückkosten sinken. Das erlaubt Reallohnsteigerungen, ohne die Rentabilität der Produktion einzuschränken.

Die Bestimmungsfaktoren für die Entwicklung der Lohnstückkosten lassen sich durch Umformung ihrer Definition ermitteln:

$$\text{(III.1)} \qquad L/X \equiv \frac{l \cdot A}{X} \equiv \frac{l}{X/A}$$

Hier bezeichnet L die Lohnsumme und l den Lohnsatz je Stunde. X und A haben die bekannte Bedeutung. Bei gegebenem Preisniveau können die Nominallöhne (und damit die Reallöhne) also im Ausmaß der Steigerung der Produktivität (X/A) ansteigen, ohne die Lohnstückkosten zu erhöhen. Dadurch steigt der maximal zahlbare Reallohn an und die Obergrenze verschiebt sich nach oben. Wie weit sich die kollektive Arbeitsangebotskurve nach oben verschiebt, hängt davon ab, in welchem Umfang es den Arbeitnehmern gelingt, durch Reallohnsteigerungen am Produktivitätsfortschritt beteiligt zu werden.

Abschließend ist festzuhalten: Auf dem keynesianischen Arbeitsmarkt bestimmt die effektive Güternachfrage die Beschäftigungshöhe. Diese und die kollektive Lohnsetzungskurve bestimmen gemeinsam das Reallohnniveau.

III.2.1.5. Gründe für die Dauerhaftigkeit der Arbeitslosigkeit

Da nach Ansicht der Keynesianer die Ursache der nichtstrukturbedingten Arbeitslosigkeit auf dem Gütermarkt zu finden ist, müssen sie die Dauerhaftigkeit der hohen Arbeitslosigkeit (vor allem in Europa) seit 1974 mit dauerhaftem Mangel an Güternachfrage erklären.

Keynes (1943) hatte in einer kurzen, internen Notiz über „the long term problem of unemployment“ die Gefahr eines solchen dauerhaften Nachfragemangels vorhergesehen. Leider ist diese Notiz erst viel später veröffentlicht worden. Keynes erwartete nach dem Kriegsende eine Entwicklung in drei Phasen:

In der ersten Phase sei mit einer hohen Investitionsneigung zu rechnen. Ohne Rationierung und andere Kontrollmaßnahmen entstünde daraus ein Investitionsvolumen, das die Ersparnis bei Vollbeschäftigung überstiege.

In der zweiten Phase werde der dringendste Investitionsbedarf gedeckt sein, aber es werde noch gelingen, durch Maßnahmen der Investitionsförderung oder -dämpfung das Investitionsvolumen auf der Höhe der Ersparnis bei Vollbeschäftigung *(S_{VB})* zu halten.

In der dritten Phase werde es dann nicht mehr gelingen, ohne Rückgriff auf „wasteful and unnecessary" Projekte Investitionen in Höhe von S_{VB} zu erzielen. Dann werde es nötig sein, „to encourage wise consumption and discourage saving, and to absorb some part of the unwanted surplus by increased leisure, more holidays (which are a wonderful good way of getting rid of money) and shorter hours" (1943, S. 323).

KEYNES' Vermutungen über die Länge der ersten beiden Phasen erwiesen sich zwar als zu pessimistisch, aber offensichtlich befindet sich Europa jetzt in der schwierigen dritten Phase. So zeigt die Arbeitskräftebilanz für Deutschland (s. oben Tab. 1) einen drastischen Anstieg der Arbeitslosenzahlen seit 1974, der von Phasen zurückgehender Arbeitslosigkeit (1975–1979, 1989–1991) nur unterbrochen, aber im Trend nicht aufgehalten wurde. Wenn in keynesianischer Manier dieser Anstieg und der fehlende Rückgang auf mangelnde Güternachfrage zurückgeführt werden sollen, dann benötigt man Argumente, weswegen das Wachstum der Güternachfrage hinter den Werten zurückgeblieben ist, die für ein Zurückdrängen der Arbeitslosigkeit erforderlich gewesen wären.

Zur Erklärung solcher *Wachstumsdefizite* bieten sich mehrere Punkte an:

a) Anfang der 70er Jahre wurde das Ende der *Wiederaufbauphase* erreicht und damit wurde auch der Nachholbedarf im öffentlichen Sektor und im Wohnungsbau im wesentlichen gedeckt. Damit entfielen zwei wesentliche Ursachen für die hohe Nachfrage in den 60er Jahren.

b) Da weniger neue *Wohnungen* gebaut werden und die vorhandenen Wohnungen mit vielen langlebigen Konsumgütern bereits ausgestattet sind, wird die Ausweitung der privaten Konsumgüternachfrage schwieriger. Es ist notwendig, den Konsumenten neue Produkte schmackhaft zu machen und sie zu veranlassen, diese Produkte zu kaufen. In diesem Sinne gibt es Sättigungstendenzen beim privaten Konsum. Sie zu überwinden wird schwieriger, wenn zu wenig neue Produkte auf den Markt kommen. Dies wird häufig auf Rahmenbedingungen zurückgeführt, die Investitionen und Innovationen hemmen. Zum einen sind – vor allem im Hinblick auf Umweltbelastungen – die Genehmigungsverfahren komplizierter und anspruchsvoller geworden, zum anderen haben sie an Bedeutung gewonnen, weil vermehrt von Betroffenen auf die Genehmigungsverfahren Einfluß genommen wird.

Zu diesen zwei allmählich sich ändernden Faktoren sind 1972–1974 drei schlagartig einsetzende Änderungen hinzugetreten:

a) Mit dem 1972 veröffentlichten 1. Bericht des Club of Rome zur Lage der Menschheit (Grenzen des Wachstums, MEADOWS u.a., 1972) wird dem bis dahin ungebrochen vorherrschenden Wachstumsoptimismus ein entscheidender Schlag versetzt. Dieser zeigt seine volle Wirkung, als im Herbst 1973 die OPEC zeitweise ihre Mineralöllieferungen aussetzte und damit die Ressourcenabhängigkeit der Industrienationen demonstrierte.

b) Mit 1973 endete die Phase eines kräftigen Wachstums der Bevölkerung in Westdeutschland mit dem entsprechenden Bedarf an Wohnungen, Schulen etc.: Seit 1974 geht die Bevölkerung bis 1985 um ca. 1 Mio. Personen zurück, begleitet von düsteren Prognosen über die langfristig schrumpfende Bevölkerung. Gleichzeitig steigt das Erwerbspersonenpotential in Westdeutschland weiter an, besonders rasch 1972/73 und dann ab 1977; sie erhöht sich von 1972 bis 1997 um über 3 Mio. Personen.

c) Aufgrund der u.a. durch die Ölpreissteigerung vom Herbst 1973 erhöhten Inflationsrate schlug die Bundesbank ab 1974 einen sehr restriktiven Kurs in der Geldpolitik ein, mit entsprechenden Folgen für Zinssätze und Investitionen.

III.2.2. Neoklassische Erklärung der niveaubedingten Arbeitslosigkeit durch Höhe und Starrheit des Lohnniveaus

III.2.2.1. Der neoklassische Grundansatz für vollständige Konkurrenz

Der neoklassische Grundansatz zur Erklärung der niveaubedingten Arbeitslosigkeit besteht darin, die üblichen partialanalytischen, mikroökonomischen Vorstellungen über den Verlauf von Angebots- und Nachfragekurven auf den gesamtwirtschaftlichen Arbeitsmarkt anzuwenden. Daraus folgt der neoklassische Arbeitsmarkt der Abb. III.9, in der angebotene *(A^A)* und nachgefragte *(A^N)* Arbeit von Reallohn *(l_r)* abhängen (beim Arbeitsangebot überwiegt der Substitutionseffekt den Einkommenseffekt).

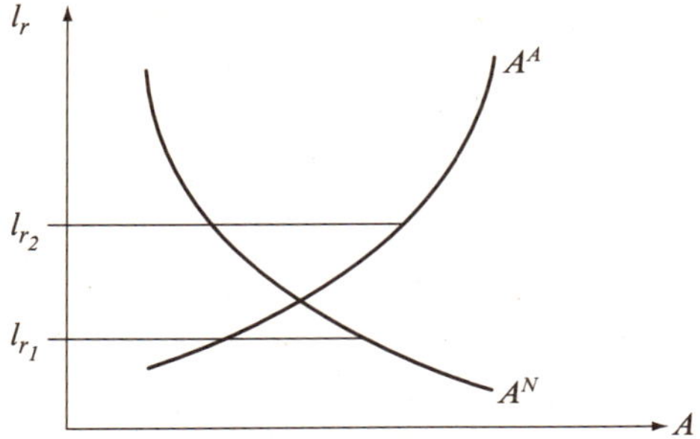

Abb. III.9: Neoklassischer Arbeitsmarkt

Die Kurve der Arbeitsnachfrage entspricht dem in Abschnitt III.2.1.2 bereits behandelten neoklassischen Grundpostulat (Reallohn = Grenzprodukt der Arbeit), verbunden mit dem Gesetz vom fallenden Grenzertrag. Innerhalb einer Periode ist diese Kurve gegeben (und unabhängig von der Güternachfrage). Sie verschiebt sich im Zeitablauf nach oben, wenn Durchschnitts- und Grenzprodukt der Arbeit dank technischem Fortschritt und Kapitalakkumulation ansteigen.

Abb. III.9 verdeutlicht die neoklassische Grundthese, daß Angebot und Nachfrage auf dem Arbeitsmarkt – sieht man von der strukturbedingten Arbeitslosigkeit ab – nur dann voneinander abweichen können, wenn der Reallohn zu hoch oder zu niedrig ist. Wenn der Reallohn zu hoch ist *(l_{r2})*, dann ist die Arbeitslosigkeit aus der Sicht der einzelnen Arbeitslosen *unfreiwillig*, sofern das Reallohnniveau nicht vom einzelnen Arbeitnehmer, sondern durch kollektive Vereinbarungen auf der einen Seite, dem Ergebnis des Wettbewerbes auf den Gütermärkten auf der anderen Seite festgesetzt wird. Ist der Reallohn dagegen zu niedrig (l_{r1}), dann verzichten die Erwerbswilligen von sich aus darauf, einen Teil der angebotenen Arbeitsplätze anzunehmen – sie sind freiwillig arbeitslos und stellen daher kein wirtschaftliches Problem dar.

Im Mittelpunkt der Diskussion steht daher der Fall eines zu hohen Reallohnniveaus. In diesem Fall ist das Nominallohnniveau zu hoch im Vergleich zum Preisniveau; daher kann die Ursache für das zu hohe Reallohnniveau auf zwei verschiedenen Ebenen gesucht werden: Entweder haben die Arbeitnehmer und ihre Interessenvertretung, die Gewerkschaften, bei gegebenem Preisniveau ein zu hohes Nominallohnniveau durchgesetzt oder die Unternehmer sehen sich bei gegebenem Nominallohnniveau nicht in der Lage, das Preisniveau genügend heraufzusetzen.

Die Arbeitsnachfragekurve der Abb. III.9 gilt für den einzelnen Mengenanpasser. Diese mikroökonomische Beziehung kann jedoch nicht ohne weiteres auf die gesamtwirtschaftliche Ebene übertragen werden; vielmehr muß geprüft werden, ob die Übertragung zulässig ist oder ob man mit ihr einen Trugschluß der Verallgemeinerung begeht und fälschlicherweise annimmt: Was für eine einzelne Person oder einen einzelnen Markt gilt, gilt auch für die Gesamtheit aller Personen oder aller Märkte. Zu fragen ist also: Wenn jeder Mengenanpasser zum herrschenden Preis seine gewinnmaximale Gütermenge produziert, wie sieht es dann mit der Güternachfrage, also mit den Kreislaufzusammenhängen aus?

Dieses Problem wird im neoklassischen Grundansatz durch den Rekurs auf das SAY'sche Gesetz gelöst, das von J. B. SAY zuerst 1803 formuliert wurde. Danach schafft sich jedes Angebot seine Nachfrage. Das Gesetz wird damit begründet, daß jeder, der ein Gut oder eine Dienstleistung anbietet, dafür ein anderes Gut oder eine andere Dienstleistung nachfragt.

Begründet wird dieses Gesetz zunächst für eine Tauschwirtschaft ohne Geld, in der jeder Anbieter eines Gutes notwendigerweise gleichzeitig ein anderes Gut nachfragt. In einer solchen Wirtschaft ist mithin jedes Angebot zugleich Nachfrage. Für eine Geldwirtschaft läßt sich das Say'sche Gesetz nicht so einfach begründen; denn einige Anbieter werden das Geld, das sie im Austausch für ihr Angebot erhalten, nicht sofort wieder für Nachfrage verwenden. Selbst wenn die betreffenden Personen planen, irgendwann oder zu einem bestimmten Zeitpunkt in der Zukunft mit der Hilfe des erworbenen Geldes Nachfrage zu entfalten, so entsteht doch in der Gegenwart auf dem direkten Wege keine Nachfrage in der vollen Höhe des Angebotes. Das fehlende Angebot kann jedoch auf indirektem Wege ausgeglichen werden, wenn die Ersparnis eine gleich hohe Investition hervorruft. Die neoklassische Theorie verweist hierfür auf den Zinsmechanismus, der stets zum Ausgleich von Angebot und Nachfrage nach Geld für Investitionszwecke führe.

Diesen Zinsmechanismus zeigt Abb. III.10:

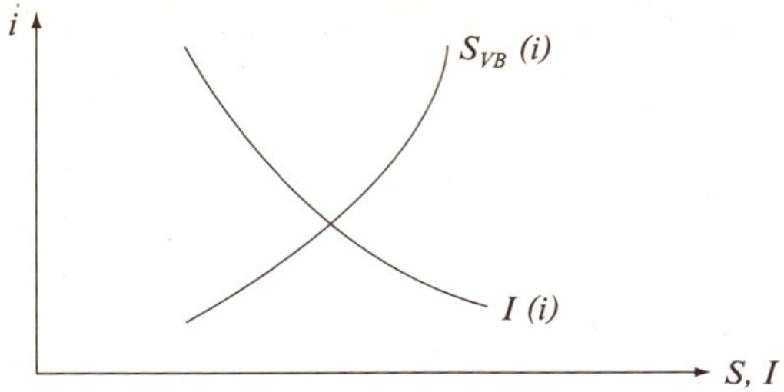

Abb. III.10: Der neoklassische Zinsmechanismus

Solange der Arbeitsmarkt für Vollbeschäftigung sorgt, entsteht das Vollbeschäftigungseinkommen und daraus das – zinsabhängige – Sparen bei Vollbeschäftigung (S_{VB}). Dank zinselastischer Investitionen stellt sich dann ein Zinssatz ein, bei dem I und S und damit Gesamtangebot und Gesamtnachfrage übereinstimmen. Diese Schlußfolgerung gilt allerdings nur für vollständige Konkurrenz, was manche neoklassische Autoren auch erwähnen (s. z.B. LÜBBERING, 1993).

Würde der Zinsmechanismus diesen Ausgleich ohne Verzögerung bewirken, dann könnte es keine Konjunkturschwankungen aufgrund von Schwankungen der Güternachfrage geben. Diese Einsicht veranlaßte schon den klassischen Ökonomen JOHN STUART MILL, der das SAY'sche Gesetz grundsätzlich akzeptierte, die von ihm beobachteten Konjunkturschwankungen durch „störende" Spekulationshaussen und deren Korrektur durch Handelskrisen zu erklären (JOHN STUART MILL, 1871, 2. Bd., S. 114).

III.2.2.2. Arbeitsnachfrage und Reallohn bei unvollständiger Konkurrenz

Die mikroökonomische Ableitung der Arbeitsnachfragekurve eines einzelnen Unternehmens, das bei unvollständiger Konkurrenz einer fallenden Preis-Absatz-Funktion *(PAF)* gegenübersteht, hat zu berücksichtigen, daß ein solches Unternehmen seinen Produktpreis senken muß, wenn es eine größere Menge verkaufen will. Die Mehreinnahmen aus dem Mehreinsatz einer Stunde Arbeit ergeben sich daher aus der Multiplikation des physischen Grenzertrags dieser Arbeitsstunde mit dem Grenzumsatz aus dem Verkauf einer zusätzlichen Produkteinheit (x). D.h.: ($\delta U/\delta A = \delta x/\delta A \cdot dU/dx$)

Der gewinnmaximierende Unternehmer wird daher nur solange Arbeitskräfte einstellen, wie diese Mehreinnahmen größer sind als der Lohnsatz. Da der Grenzumsatz (außer bei einer isoelastischen Nachfrage) bei einer bestimmten Gütermenge Null wird, ist die Nachfrage nach Arbeitskräften auch bei einem Lohnsatz von Null begrenzt (vgl. SILVESTRE, 1990).

Für eine lineare Preisabsatzfunktion läßt sich dies (wie in Abb. III.11) mithilfe der zugehörigen Umsatzkurve sowie einer Gesamtkostenkurve (im einfachsten Fall ist diese linear) zeigen.

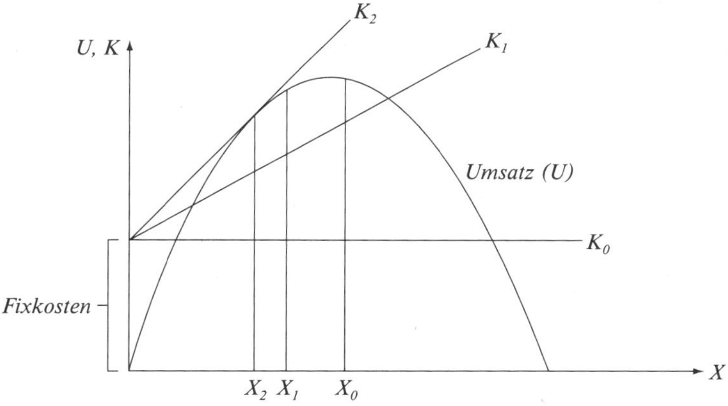

Abb. III.11: Gewinnmaxima bei alternativen Lohnsätzen

Die Steigung der Kostenkurve *(K)* hängt vom Lohnsatz ab: Nimmt man der Einfachheit halber an, die Lohnkosten seien die einzigen variablen Kosten, so verläuft sie im Grenzfall eines Lohnsatzes von Null horizontal (K_0). In diesem Fall beträgt die gewinnmaximale Produktionsmenge X_0. Der höchste Lohnsatz, bei dem das Unternehmen noch ohne Verlust produzieren kann, führt zur Kostenkurve K_2; die gewinnmaximale Menge ist durch X_2 gegeben. Da das Unternehmen nur zwischen X_0 und X_2 produziert, verändert sich die Arbeitsnachfrage in Abhängigkeit von Nominallohn ebenfalls nur in engen Grenzen.

Die entsprechende Nachfragekurve nach Arbeit verläuft vor allem deswegen fallend, weil eine Senkung des Reallohns nur der eigenen Arbeitnehmer den Unternehmer in die Lage versetzt, seine Konkurrenten zu unterbieten und eine größere Menge seiner Erzeugnisse abzusetzen. Dafür benötigt er wiederum mehr Arbeitskräfte, entfaltet also eine höhere Nachfrage nach Arbeit. Mittelfristig wird dieser Unternehmer außerdem – falls er die Senkung der Löhne für dauerhaft hält – bei der Produktion das Faktoreinsatzverhältnis verändern: Wenn die Arbeit relativ billiger wird, ist es für ihn kostengünstiger, ein gegebenes Produktionsvolumen mit mehr Arbeit und weniger Sachkapital herzustellen. Seine Nachfrage nach Arbeit steigt also an.

Bestehen diese Wirkungen auch, wenn der Lohn für *alle* Arbeitnehmer gesenkt wird? Der erste Effekt entfällt in einer geschlossenen Volkswirtschaft, da die Unternehmer sich nicht alle unterbieten können. In einer offenen Volkswirtschaft dagegen ergibt sich ein vorübergehender Wettbewerbsvorteil, falls die Lohnsenkungen zu niedrigeren Preisen führen. Er besteht aber nur solange, wie die Preissenkung nicht durch eine Aufwertung korrigiert wird oder die Handlungspartner andere, protektionistische Maßnahmen gegen diese Form des Exports von Arbeitslosigkeit ergreifen.

Die Preissenkungen, welche alle Unternehmen bei einer allgemeinen Lohnsenkung vornehmen, ergeben sich bei fallender Preis-Absatz-Funktion aus der Gewinnmaximierungsbedingung: Alle Unternehmer wandern auf ihrer Preis-Absatz-Funktion zu einem neuen Cournot-Punkt. Da sie ihre *PAF* jedoch unter der Annahme konstanter Preise ihrer Konkurrenten festgelegt haben, verschiebt sich bei jedem Unternehmer die jeweilie *PAF* nach unten, wenn alle anderen Unternehmen ihre Preise senken. Die Wanderung auf der *PAF* führt also zu ihrer Verschiebung. Folglich ist es unsicher, ob die Produktion und die Arbeitsnachfrage bei einer Nominallohnsenkung, die zu einer Preissenkung führt, überhaupt steigt. Damit entfällt auch der Rückgriff auf das SAY'sche Gesetz, das einen Arbeitsmarkt erfordert, der zu Vollbeschäftigung führt. Folglich bleiben auch die Kreislaufwirkungen ungeklärt. So bedeutet eine Senkung des Reallohnniveaus bei zunächst gegebener Beschäftigung einen Rückgang der realen Lohnsumme und damit vermutlich einen Rückgang der realen Konsumgüternachfrage. Dadurch geht in der Konsumgüterindustrie die Nachfrage zurück und damit tendenziell auch die Nachfrage nach Arbeit.

In dieser Kreislaufwirkung sinkender Nominal- und Reallöhne kommt der „Doppelcharakter der Löhne“ zum Ausdruck. Diesen beschreibt die Deutsche Bundesbank (Monatsbericht 8/1994, S. 29) so:

„Gesamtwirtschaftlich gesehen, haben Löhne und Gehälter einen Doppelcharakter: Einerseits verkörpern sie die wichtigste Einkommensquelle und bestimmen damit in erheblichem Maße die Nachfrage nach Konsumgütern; andererseits stellen sie einen für Unternehmen zentralen Kostenfaktor dar, der über die aktuellen Angebotsmöglichkeiten und über die zukünftigen – in Form von Investitionen – mitentscheidet."

Diese Kreislaufwirkung (und weitere Effekte einer allgemeinen Nominallohnsenkung, die im übernächsten Abschnitt III.2.2.4 behandelt werden) führen zu Zweifeln, daß die neoklassische Behauptung, wonach sinkende Reallöhne zu höherer Beschäftigung führen, auch bei unvollständiger Konkurrenz und damit generell gilt.

Diese Zweifel werden nicht verringert, wenn man die Inkonsistenzen in der Interpretation des arbeitsmarkttheoretischen Referenzmodells durch Franz (1996) sieht (vgl. dazu unten, Abschnitt III.2.2.5). Viele Nationalökonomen meinen jedoch, diese Zweifel seien durch eine bestimmte Form einer neoklassischen Synthese zu beheben.

III.2.2.3. Neoklassische Überwindung der Kreislaufproblematik: Neoklassische Synthese

Die neoklassische Synthese stellt einen Versuch dar, die neoklassische Position, wonach mit sinkenden Reallöhnen eine höhere Beschäftigung erreicht werden kann, mit Hilfe des keynesianischen Instrumentariums zu begründen, also unter Berücksichtigung von Kreislaufzusammenhängen. Dazu verwenden die Neoklassiker das um einen neoklassischen Arbeitsmarkt (s. Abb. III.9) erweiterte *IS/LM*-Diagramm (Abb. III.2) und verbinden dies mit der Behauptung, bei einer Reallohnsenkung verschöben sich die *IS*- und *LM*-Kurven nach rechts. Diese Erweiterung hat als erster Modigliani (1944) vorgenommen und gemeint, auf diese Weise zu einer allgemeineren Theorie zu kommen. Statt dessen aber reduzierte er Keynes' Theorie fälschlich auf den Fall starrer Nominallöhne. Warren Smith (1956) lieferte dann die dazu passende graphische Darstellung.

Die Rechtsverschiebung ergibt sich wie folgt: Ausgelöst wird die Reallohnsenkung durch eine Nominallohnsenkung. Diese führt zwar zu einem niedrigen Preisniveau, aber dessen Senkung fällt geringer aus, weil mit abnehmendem Grenzertrag der Arbeit produziert wird. Dies ist gleichbedeutend mit einem steigenden Verlauf der Grenzkosten; daher können die Preise nicht so stark fallen wie das Nominallohnniveau.

Das sinkende Preisniveau löst zwei Effekte aus: Den ersten Effekt hat PIGOU (1943) herausgearbeitet. Er beruht darauf, daß bei sinkendem Preisniveau der Realwert der in Geld ausgedrückten Vermögensteile ansteigt, verbunden mit der Hypothese, daß die Wirtschaftssubjekte bei steigendem realen Geldvermögen ihren Konsum erhöhen. Der zweite Effekt beruht auf der Überlegung, daß bei sinkendem Preisniveau eine gegebene Geldmenge in ihrem realen Wert steigt. Bei jedem Zinssatz kann daher ein höheres reales Sozialprodukt finanziert werden: Die *LM*-Kurve verschiebt sich nach rechts. Dieser Effekt wird auch als *Keynes-Effekt* bezeichnet; er beruht inhaltlich darauf, daß bei sinkendem Preisniveau und unverändertem realen Sozialprodukt das nominale Volkseinkommen sinkt und damit der Bedarf an Transaktionskasse. Das für Spekulations- und Vorsichtsmotive zur Verfügung stehende Geldangebot steigt daher an, so daß der Zinssatz sinkt und das gleiche reale Sozialprodukt erst bei einem niedrigeren Zinssatz zum Gleichgewicht auf dem Geldmarkt führt.

Die Rechtsverschiebung beider Kurven führt dazu, daß die Güternachfrage soweit ansteigt, daß die zusätzlichen Gütermengen, die von dem dank der Reallohnsenkung mehr beschäftigten Personen zusätzlich hergestellt werden, auch nachgefragt werden.

Diese Wirkung einer Lohnsenkung im Rahmen dieser „neoklassischen Synthese“[1] ist in Abb. III.12 auf der folgenden Seite dargestellt.

In der Ausgangssituation herrscht beim Reallohn l_{r0} Gleichgewicht auf dem Geld- und Gütermarkt, während der Arbeitsmarkt durch niedrige Beschäftigung gekennzeichnet ist. Durch die über Nominallohnsenkungen herbeigeführte Reallohnsenkung werden zusätzliche Arbeitskräfte eingestellt; deren zusätzliche Produktion findet Absatz, da sich wegen der Preissenkungen die *IS*-Kurve und die *LM*-Kurve nach rechts verschoben haben.

---

1 Dieser Begriff wurde ursprünglich in allgemeiner Form zur Kennzeichnung von Kombinationen keynesianischer und neoklassischer Theoriebestandteile verwendet.

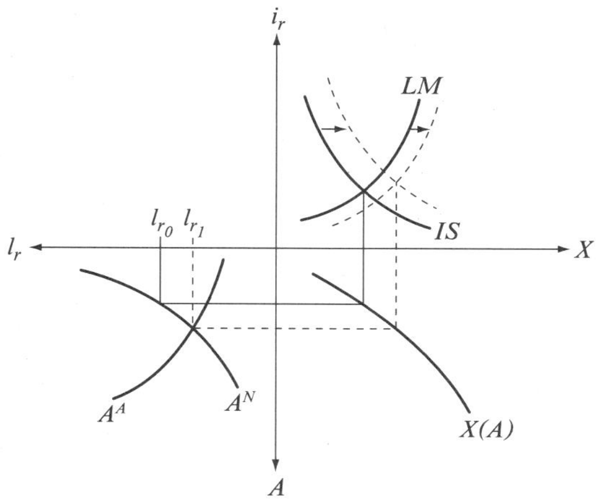

Abb. III.12: Neoklassische Synthese

In Abschnitt III.2.2.4 wird sich allerdings zeigen, daß Nominallohn- und Preissenkungen noch weitere Effekte auslösen, die es sehr fraglich erscheinen lassen, daß die hier unterstellte Rechtsverschiebung zustande kommt.

Von Brian Morgan (1978, S. 62) sind die Hypothesen der neoklassischen Synthese in den folgenden vier Gleichungen zusammengefaßt worden

(III.2)	$I(i_r) = S(i_r, X, W)$		Gütermarkt-Gleichgewicht
(III.3)	$\frac{M}{p} = L(i_r, X)$		Geldmarkt-Gleichgewicht
(III.4)	$A^A(l_r) = A^N(l_r)$		Arbeitsmarkt-Gleichgewicht
(III.5)	$X = X(A, K)$		Produktionsfunktion

wobei *M, W* und *K* exogen sind und *W* den Realwert des Vermögens sowie *K* den Sachkapitalbestand bezeichnen.

In Gleichung III.2 wird bei der Bestimmung des Konsums neben dem Realwert des Vermögens *(W)* auch eine Zinsabhängigkeit angenommen, und zwar dergestalt, daß mit steigendem realem Zinssatz mehr gespart wird, was den Zinsmechanismus verstärkt. Dies hat zur Folge, daß die *IS*-Kurve flacher verläuft, wie folgende Überlegung zeigt: Bei einem höheren Zinssatz wird weniger investiert. Der Gütermarkt kommt daher nur zum Ausgleich, wenn das Volkseinkommen sinkt und dementsprechend weniger gespart wird. Dieser Rückgang muß nun stärker ausfallen, weil bei dem höheren Zinssatz mehr gespart wird und dieses zusätzliche Sparen durch einen weiteren Rückgang des Sozialprodukts ausgeglichen werden muß.

III.2.2.4. Keynesianische Kritik der neoklassischen Synthese

In seiner „General Theory" (1936) beschränkt sich KEYNES nicht darauf, seine Theorie der effektiven Nachfrage unter der (vorläufigen) Annahme konstanter Nominallöhne zu entwickeln, sondern analysiert in Kapitel 19, welche Effekte von durch Nominallohnsenkungen ausgelösten Preis- und Reallohnsenkungen auf die Nachfrage nach Gütern und nach Arbeit ausgehen[1]. Zu den Keynes'schen Argumenten sind später der bereits genannte Pigou-Effekt sowie der Substitutionsverlangsamungseffekt hinzugetreten. Insgesamt sind demnach acht Effekte einer Nominallohnsenkung zu erwarten. Dazu sei angemerkt, daß sich diese Analyse kaum auf historische Beispiele stützen kann, da sich eine solche allgemeine Nominallohnsenkung in einer Wirtschaft, in denen die Löhne durch Tarifverhandlungen dezentral ausgehandelt werden, schwer durchsetzen läßt. Man kann jedoch auf die Brüningschen Notverordnungen im Deutschen Reiche im Dezember 1931 verweisen, in denen eine Herabsetzung aller tariflich vereinbarten Löhne und Gehälter auf das Niveau von 1927, höchstens jedoch um 10%, verordnet wurde, ferner eine Senkung der von Kartellen festgesetzten Preise um mindestens 10%, eine Senkung der Altbaumieten um 10% und eine allmähliche Senkung der Zinssätze (STOLPER/HÄUSER/BORCHARDT, 1966, S. 138).
Die Wirkungen einer allgemeinen Nominallohnsenkung, die ihrerseits zu sinkendem Preis- bzw. Reallohnniveau führt, können danach unterteilt werden, ob sie auf der Reallohnsenkung, der Preissenkung oder auf der Nominallohnsenkung beruhen.
Durch die Reallohnsenkung ergeben sich zwei Effekte:

1 Die Tatsache, daß Keynes' Theorie nicht auf starren Löhnen, Geldillusion und Liquiditätsfalle beruht, wird inzwischen auch von führenden Monetaristen akzeptiert (s. MELTZER, 1981, S. 60).

1. *Verteilungseffekt:* Der Verteilungseffekt ergibt sich daraus, daß sich, da die Nominallöhne stärker sinken als das Preisniveau, die Verteilung zu Gunsten der Unternehmen und damit der Unternehmerhaushalte (Gewinnbezieher) verschiebt, da die Unternehmen bei gesunkenen Lohnkosten unveränderte Einnahmen haben. Diese Verteilungsänderung hat eine negative Wirkung auf die Gesamtnachfrage, da aufgrund des gesunkenen Realeinkommens der Lohnbezieher deren realer Konsum zurückgeht, wenn auch nach der Vorstellung von Keynes weniger als proportional. Auf der anderen Seite kann die Erhöhung der Gewinne einen positiven Einfluß auf die Investitionstätigkeit haben, vorausgesetzt, daß die Unternehmen aufgrund ihrer verbesserten aktuellen Gewinnsituation auch bessere Gewinnerwartungen haben. Letzteres ist insofern zweifelhaft, als zumindest die Unternehmer in der Konsumgüterindustrie mit einem Rückgang der Nachfrage nach ihren Produkten rechnen müssen. Wegen der in diesem Bereich verschlechterten Absatzerwartungen ist es eher unwahrscheinlich, daß insgesamt mehr Erweiterungsinvestitionen getätigt werden. Wohl aber mag es sein, daß die Unternehmer aufgrund ihrer besseren Gewinnsituation, die auch zugleich ihre Finanzierungsmöglichkeiten für Investitionen verbessert, mehr Rationalisierungsinvestitionen tätigen. (Dagegen spricht allerdings Effekt Nr. 2.) Der rückläufigen Nachfrage nach Konsumgütern kann also eine höhere Nachfrage nach Investitionsgütern gegenüberstehen, so daß kurzfristig der Saldo beider Effekte auf das gesamtwirtschaftliche Produktionsvolumen bei Null liegen kann. Bezüglich der Wirkung auf die Nachfrage nach Arbeit ist allerdings zu berücksichtigen, daß mittelfristig Rationalisierungsinvestitionen einen negativen Effekt auf die Nachfrage nach Arbeit haben; denn sie werden mit der Zielsetzung vorgenommen, Arbeit durch Kapital zu ersetzen, also das gleiche Produktionsvolumen mit weniger Arbeitseinsatz, aber mehr Kapitaleinsatz herzustellen.

2. *Substitutionsverlangsamungseffekt:* Falls das Zinsniveau durch die Lohnsenkung nicht beeinflußt wird, führt diese zu einem niedrigeren Lohn-/Zinsverhältnis. Mit anderen Worten: Die Arbeit wird relativ zum Kapital billiger. Damit wird die durch die Verschiebung der Faktorpreisverhältnisse induzierte Substitution von Arbeit durch Kapital verlangsamt, wodurch bei unverändertem Produktionsvolumen die trendmäßige Verminderung der Nachfrage nach Arbeit verlangsamt wird. Allerdings bedeutet eine verlangsamte Substitution von Arbeit durch Kapital eine geringere

Nachfrage nach Investitionsgütern für Rationalisierungszwecke. Man erhält also kurzfristig einen negativen Einfluß auf das Produktionsvolumen, worauf insbesondere VOGT (1983) hingewiesen hat.

Auf das sinkende Preisniveau lassen sich vier Effekte zurückführen:

3. *Exporteffekt:* In einer offenen Volkswirtschaft (Keynes bezieht sinnvollerweise die Außenhandelsbeziehungen ein) verbessert bei festen Wechselkursen eine Senkung des Preisniveaus die Exportmöglichkeiten. Dies gilt allerdings nur so lange, wie das Ausland keine Abwehrmaßnahmen gegen sein damit verbundenes Außenhandelsdefizit ergreift. Solche Maßnahmen sind bei einem Versuch, die inländische Beschäftigungssituation auf Kosten des Auslandes zu erhöhen, durchaus nicht unwahrscheinlich. Bei flexiblen Wechselkursen ist das Auftreten des Exporteffekts ungewiß, weil möglicherweise die anfängliche Erhöhung der Exporterlöse zu einer Aufwertung der einheimischen Währung führt und damit der Wettbewerbsvorteil des sinkenden Preisniveaus wieder ganz – oder teilweise – ausgeglichen wird.

4. *Terms of trade-Effekt:* Dieser Effekt tritt dann auf, wenn bei sinkendem inländischen Preisniveau die Durchschnittspreise der Importgüter unverändert bleiben, so daß für die Inländer die Importgüter relativ zu ihrem Einkommen teurer werden. Handelt es sich hierbei um Güter mit preisunelastischer Nachfrage (z.B. Mineralöl), so kann es geschehen, daß die Inländer einen größeren Teil ihres Einkommens für Importgüter ausgeben müssen, so daß ihre Nachfrage nach heimischen Produkten zurückgeht und damit das inländische Produktionsvolumen. Ein historisches Beispiel für diesen Effekt bildet die Entwicklung nach dem ersten Ölpreisschock vom Herbst 1973. Da die Nachfrage nach Mineralöl kurzfristig preisunelastisch war, stiegen die Heizölrechnungen der Europäer beträchtlich an, und die privaten Haushalte konnten weniger Geld für inländische Güter ausgeben.

5. *Zinseffekt (Keynes-Effekt):* Bei sinkendem Preisniveau verringert sich auch das nominale Volkseinkommen. Dadurch sinkt die Nachfrage nach Geld für Transaktionszwecke, so daß bei unverändertem Geldangebot, aber nunmehr gesunkener Geldnachfrage, der Marktzinssatz sinkt. Damit steigen die zinsabhängigen Investitionen, von denen nicht nur Keynes in seiner Theorie ausgeht, sondern die auch in der Realität beobachtet werden können; es handelt sich dabei insbesondere um sehr langlebige Investitionsgüter, wie z.B. Wohnungen. Diese positive Wirkung auf die

Güternachfrage tritt allerdings nur dann auf, wenn die Renditeerwartungen der Unternehmen nicht beeinträchtigt werden und wenn, worauf auch KEYNES (1936, S. 266) verweist, die nominale Geldmenge trotz der sinkenden nominalen Kreditnachfrage konstant bleibt.

6. *Vermögenseffekte:* Durch ein sinkendes Preisniveau steigt der reale Wert der in Währungseinheiten definierten Geldforderungen und Geldschulden. Keynes hatte den letzteren Aspekt genannt und darauf hingewiesen, daß der höhere Realwert der Geldschulden die wichtigsten Schuldner in einer Volkswirtschaft ohne Staat, nämlich die Unternehmen, veranlassen könne, ihrem Finanzstatus höhere Aufmerksamkeit zu widmen und den Realwert ihrer Geldschulden dadurch wieder zu vermindern, daß sie weniger Investitionen vornehmen, wodurch die Güternachfrage zurückgeht. Diesen Effekt könnte man auch als *Fisher-Effekt* bezeichnen, weil der US-amerikanische Ökonom IRVING FISHER dem zunehmenden Realwert der Schulden für die Erklärung der Weltwirtschaftskrise ein großes Gewicht beigemessen hat (FISHER, 1932, 1933).

Demgegenüber hat Keynes' Kritiker Pigou die andere Seite betont und gemeint, daß der gestiegene Realwert der Geldforderungen die wichtigsten Besitzer solcher Forderungen, nämlich die privaten Haushalte, veranlassen könnte, auf Dauer mehr zu konsumieren, wodurch die Güternachfrage ansteigt.

Für die gesamte Volkswirtschaft ist zu beachten, daß die Geldforderungen die Geldschulden nur um das im Umlauf befindliche Zentralbankgeld übersteigen. Dies bedeutet allerdings nicht, daß die Wirkung auf der Seite der Forderungen, also der *Pigou*-Effekt, überwiegt; vielmehr hängt der Saldo der beiden entgegengesetzten Effekte davon ab, ob die Gläubiger oder die Schuldner stärker auf die Änderung des Realwertes ihrer Forderung bzw. Schulden reagieren. Hier spricht einiges dafür, daß die Unternehmen, deren Finanzierungsposition sich verschlechtert, rascher und vielleicht auch stärker mit Ausgabenreduzierungen reagieren, als die Gläubiger, die unter keinem Druck stehen, mehr Ausgaben zu tätigen.

Ein 7. Effekt resultiert aus der Nominallohn- und der Preissenkung; ihn bezeichnet KEYNES als den

7. *Erwartungseffekt.* Das Sinken des Lohnniveaus und des Preisniveaus kann dazu führen – insbesondere wenn der erwartete Beschäftigungseffekt ausbleibt –, daß die Wirtschaftssubjekte weitere Lohn- und Preissenkungen erwarten. Bei einer solchen Erwartung lohnt es sich für die Wirtschaftssubjekte, Güterkäufe auf-

zuschieben, um in späteren Perioden von niedrigeren Preisen zu profitieren. Es lohnt sich ebenfalls für die Unternehmen, die Einstellung von Arbeitskräften dann zu verschieben, wenn sie fürchten, die Entlohnung bereits eingestellter Arbeitnehmer nicht so einfach reduzieren zu können wie die Entlohnung bei Neueinstellungen. Der Erwartungseffekt hat also eine eindeutige negative Wirkung auf das Produktionsvolumen, die evtl. noch durch eine direkte negative Beschäftigungswirkung verstärkt wird.

Dem Erwartungseffekt entgegengesetzt ist nach Keynes' Meinung der

8. *Stimmungseffekt:* Durch die Lohnsenkung kann die Stimmung der Geschäftsleute verbessert werden, da sie eine solche Maßnahme als eine Einsicht in die wirtschaftlichen Notwendigkeiten – sei es bei der Regierung, sei es bei den Gewerkschaften – interpretieren, wodurch sich ihre Stimmung und damit das Geschäftsklima und die Zukunftsaussichten verbessern.

Nach dieser Darstellung der möglichen Effekte einer allgemeinen Nominallohnsenkung dürfte klar sein, daß der Gesamtsaldo aller dieser Effekte auf die Güternachfrage und die Nachfrage nach Arbeit unbestimmt ist. Es ist offen, ob der Gesamteffekt positiv oder negativ ist. Die Brüningschen Notverordnungen hatten jedenfalls kurzfristig keinen positiven Beschäftigungseffekt. Ihre mittelfristige Wirkung läßt sich nicht bestimmen, wegen der Vielfalt der turbulenten politischen und wirtschaftlichen Einflüsse auf die wirtschaftliche Lage des damaligen Deutschen Reiches.

Keynes selber und die Keynesianer, die im Kern seine Theorie für zutreffend halten, ziehen aus der soeben vorgenommenen Analyse den wirtschaftspolitischen Schluß, daß eine Politik der Nominallohnsenkung keinen zuverlässigen Weg darstellt, um in einer Situation hoher Arbeitslosigkeit eine bessere Beschäftigungssituation zu erreichen. Vielmehr muß für eine erfolgreiche Beschäftigungspolitik die Güternachfrage auf direktem Wege beeinflußt werden, nämlich durch Geldpolitik und Fiskalpolitik (vgl. dazu das Kapitel V dieses Buches).

Aus der dargestellten Analyse folgt außerdem:

Wenn Gewerkschaften sich allgemeinen Nominallohnsenkungen widersetzen, so handeln sie im wohlverstandenen Eigeninteresse ihrer beschäftigten Mitglieder, deren Reallohnniveau im Regelfall durch eine solche Maßnahme absinkt, und sie handeln *nicht* gegen das Interesse der Arbeitslosen. Es ist nämlich offen und sehr zweifelhaft, ob die Lohnsenkungspolitik zu niedrigerer

Arbeitslosigkeit führt, und es besteht die Gefahr, daß die Lohnsenkungspolitik anstelle einer wirkungsvollen Geld- und Fiskalpolitik durchgeführt wird, durch die eine Verminderung der Arbeitslosigkeit viel eher erreicht werden könnte.

III.2.2.5. Begründungen einer Allgemeingültigkeit der neoklassischen Erklärung der Arbeitslosigkeit

Die drei vorangehenden Abschnitte haben verdeutlicht: Wenn man das Vorherrschen unvollständiger Konkurrenz berücksichtigt, so wird notwendigerweise die Abhängigkeit der Produktionsentscheidungen der Unternehmer von der erwarteten Nachfrage auf der einzelwirtschaftlichen Ebene in die Analyse einbezogen. Dies müßte eigentlich fast zwangsläufig dazu führen, auch auf gesamtwirtschaftlicher Ebene die Nachfrage und damit die Kreislaufzusammenhänge zu berücksichtigen. Dieser Konsequenz entziehen sich jedoch viele neoklassisch orientierte Ökonomen mittels unterschiedlicher Argumentationen.

Ein Argumentationsstrang besteht im Rückgriff auf das Say'sche Gesetz; mit seiner Hilfe wird begründet, daß nichtstrukturelle Arbeitslosigkeit generell (und nicht nur bei Vorliegen vollständiger Konkurrenz) auf einen zu hohen Reallohn zurückzuführen sei. So schreibt der (damals und heute) mehrheitlich neoklassisch ausgerichtete Sachverständigenrat in seinem Jahresgutachten 1977/78 (Tz 241):

„Angebot und Nachfrage haben ihren gemeinsamen Ursprung in dem Willen der Menschen, zur Befriedigung ihrer Bedürfnisse wirtschaftlich tätig zu werden. Die Arbeitsleistungen und Güter, die ein einzelner anbietet, und die Waren und Dienstleistungen, die er nachfragt, sind notwendigerweise verschieden in einer arbeitsteiligen Wirtschaft. Es ist aber keineswegs zwingend, daß die Nachfrage dem Angebot vorauslaufen muß. Eine nur am Wirtschaftskreislauf orientierte Betrachtungsweise mag diesen Entschluß nahelegen. Die dauerhaften Impulse für wirtschaftliche Tätigkeit müssen jedoch von der einzelwirtschaftlichen Basis ausgehen, von der unternehmerischen Nutzung rentabel erscheinender Produktionschancen. Dabei wird Arbeit nachgefragt und Einkommen geschaffen, woraus dann Nachfrage nach Gütern entsteht. Im Zusammenspiel der Vielen schafft so das Angebot seine Nachfrage."

Er zieht daraus einige Seiten weiter folgenden Schluß (Tz 288):

„Was das Investitionskalkül auch immer belasten mag, es gibt jeweils ein Lohnniveau, bei dem keine Angebotsprobleme, die aus anderen Gründen bestehen mögen, so stark zu Buche schlagen, daß Vollbeschäftigung unmöglich würde.“

Der Sachverständigenrat sieht sich allerdings außerstande, die Höhe dieses Lohnniveaus, das Vollbeschäftigung ermöglichen würde, anzugeben; vielmehr stellt er anschließend (Tz 289) fest:

„Niemand weiß auch nur nachträglich zu sagen, wie die Lohnentwicklung hätte aussehen müssen, die im Verlauf des jüngsten Aufschwungs eine ausreichende Reaktion des gesamtwirtschaftlichen Angebots sichergestellt hätte. Diese Einräumung ändert jedoch nichts an der These, daß aus angebotsorientierter Sicht weniger Lohn mehr Beschäftigung gebracht hätte!“

Ein zweiter Argumentationsstrang bedient sich der neoklassischen Synthese, die im Abschnitt III.2.2.3 dargestellt ist. Dabei beschränkt man sich entweder auf den Keynes-Effekt (so FELDERER/HOMBURG; 1991, S. 136f.), der unstrittig ist, sofern die nominale Geldmenge konstant bleibt, oder man greift auf den Realkasseneffekt (real balance effect) zurück. Diesen Effekt hat PATINKIN (1948) herausgearbeitet. Er verfolgte dabei das Ziel, die „Allgemeine Gleichgewichtstheorie“ (s.u., Abschnitt III.2.3.1) zur Bestimmung der relativen Preise mit der Quantitätstheorie (s. Abschnitt IV.3), die das Preisniveau erklärt, zu verbinden und in Übereinstimmung zu bringen. Dafür fügte er allen Bestimmungsgleichungen der Güternachfrage die Realkasse (Nominale Kassenbestände geteilt durch das Preisniveau) hinzu.

Der Realkasseneffekt umfaßt zum einen den *Keynes-Effekt* (Beeinflussung der Investitionen über den Zinssatz), zum anderen einen saldierten *Pigou-* und Schuldeneffekt. Diese Saldierung berücksichtigt, daß den meisten Gläubigern Schuldner gegenüberstehen, die auf eine Erhöhung des realen Wertes ihrer Geldschulden mit Ausgabenkürzungen reagieren wollen, zum Teil sogar müssen (z.B. wenn ihre Banken eine Rückführung des Kreditvolumens verlangen). Diese Situation ist nur bei Forderungen an die Zentralbank nicht gegeben, da diese keine Güterkäufe tätigt (von ihrer Büroausstattung abgesehen). Daher ist im Umfang der Zentralbankgeldmenge der Aussageneffekt einer Preisniveausenkung tendenziell positiv.

Eine generelle Preisniveausenkung erhöht den realen Wert der vorhandenen Zentralbankgeldmenge (der Realkasse) und hat daher tendenziell einen expansiven Vermögenseffekt und außerdem wegen des Sinkens der Geldnachfrage einen zinssenkenden Keyneseffekt, sofern das nominale Geldangebot konstant bleibt. Ob diese Bedingung erfüllt sein wird, ist allerdings fraglich, da mit sinkendem Preisniveau die nominale Kreditnachfrage und die mit der Kreditgewährung verbundene Geldschöpfung zurückgeht.

Daher ist dem folgenden Kommentar von GREENWALD/STIGLITZ (1993, S. 36) wenig entgegenzuhalten:

„The enormous attention that the real balance effect has received over the years hardly speaks well for the profession. Quantitatively, it is surely an *n*th order effect: one calculation put it that, even at the fastest rate at wich prices fell in the Great Depression, it would take mor than two centuries to restore the economy to full employment. And in the short run even its sign is ambiguous, as intertemporal substitution effects may (depending on expectations) more than offset the wealth effect.“

Auch NEUMANN (1996, S. 194) weist auf die beschränkte praktische Bedeutung des Realkasseneffektes hin sowie darauf, daß PATINKIN selber diese ebenfalls gesehen und betont hat.

Trotz dieser Bewertungen findet der Realkasseneffekt in vielen Modellen Verwendung. FELDERER/HOMBURG (1991, S. 207) begründen dies sehr einleuchtend:

„Für eine geschlossene Volkswirtschaft erklärt sich die überragende Bedeutung des Realkasseneffektes aus der Tatsache, daß ohne ihn die aggregierte Nachfrage und das aggregierte Angebot nicht zur Übereinstimmung gebracht werden können. Auf einem Einzelmarkt mag der Preismechanismus ein Gleichgewicht herbeiführen; gesamtwirtschaftlich würde er indes *versagen*, wenn die Überschußnachfragen tatsächlich unabhängig von den Geldpreisen bzw. dem Preisniveau wären. Ohne die Existenz eines Realkasseneffektes ständen das aggregierte Angebot und die aggregierte Nachfrage nicht zueinander in Beziehung; sie würden nur zufällig übereinstimmen. Der Realkasseneffekt ist deshalb gleichsam der Nagel, an dem die gesamtwirtschaftliche Stabilität hängt.“

Als einen dritten Weg kann man die inkonsistente Argumentation im Rahmen des von BEAN (1994) und FRANZ (1996) verwendeten „arbeitsmarkttheoretischen Referenzmodells“ identifizieren, das in Abb. III.13 reproduziert ist.

Dieses Referenzmodell soll auch für den realitätsnahen Fall der unvollständigen Konkurrenz gelten.

Zu dem Bedeutungswandel, den die für vollständige Konkurrenz abgeleitete Arbeitsnachfragekurve erfährt, wenn man zur unvollständigen Konkurrenz übergeht, äußert sich BEAN (1994)

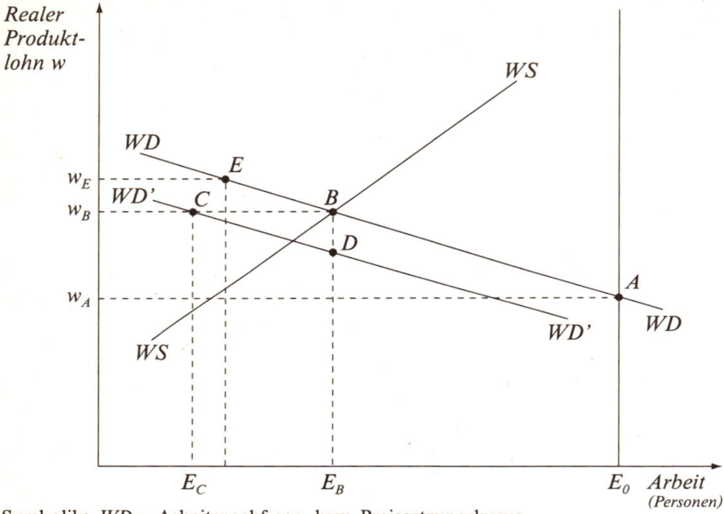

Symbolik: *WD* = Arbeitsnachfrage- bzw. Preissetzungskurve
WS = Lohnsetzungs- bzw. kollektive Arbeitsangebotskurve
LS = aggregiertes individuelles Arbeitsangebot

Abb. III.13: Arbeitsmarkttheoretisches Referenzmodell von Franz (1996, S. 5)

nicht, während FRANZ (1996, S. 5f.) erläutert, sie reflektiere in diesem Fall

„... das Preissetzungsverhalten der Unternehmen. ... In diesen Ansätzen erfolgt ... eine Zuschlagskalkulation auf die Grenzkosten ..., wobei der Zuschlagsfaktor positiv mit der Output- und damit der Beschäftigungsentwicklung korreliert ist ... Eine höhere Beschäftigung führt zu höheren Preisen und damit bei gegebenem Nominallohn zu einem niedrigeren Reallohn."

Während die *WD*-Kurve bei vollständiger Konkurrenz die Arbeitsnachfrage bei alternativen Reallohnniveaus beschreibt, gilt nunmehr die entgegengesetzte Wirkungsrichtung: Die *WD*-Kurve gibt den Reallohn bei alternativen Beschäftigungsniveaus an. Hier ist also die Beschäftigung die exogene Größe! Die *WD*-Kurve ist mithin bei unvollständiger Konkurrenz keine Arbeitsnachfragekurve. Dies wird besonders deutlich, wenn man den Zuschlagsfaktor konstant läßt; denn dann verliefe die *WD*-Kurve horizontal.

Trotz dieser Umkehr der Wirkungsrichtung weist FRANZ seinem Referenzmodell die Aufgabe zu, „hauptsächliche Ursachen der Entstehung und Persistenz von Arbeitslosigkeit“ zu erklären (ebd., S. 4) und macht eine zu weit oben liegende Lohnsetzungskurve zur Ursache der Arbeitslosigkeit („Eher der Wirklichkeit entsprechen kollektive Lohnverhandlungen mit dem Resultat einer Arbeitslosigkeit ...“ ebd., S. 6).

CARLIN/SOSKICE (1990), die das Referenzmodell maßgeblich entwickelt haben, erliegen der Suggestivkraft der Abb. III.13 nicht. Sie formulieren eindeutig (1990, S. 159).

„In the imperfect competition model, output, y, is fixed by the *demand for output.* The level of output in the economy depends on the level of aggregate demand in the IS/LM diagram, and this, via the short-run production function, determines the level of employment“

Franz übersieht jedoch offenbar, daß durch den Austausch von endogener und exogener Variable die *WD*-Kurve jetzt nur noch den Charakter einer Reallohnobergrenze hat und daß aus Abb. III.13 nur entnommen werden kann, daß die maximal mögliche Beschäftigung durch den Schnittpunkt der *WD*-Kurve mit der *WS*-Kurve gegeben wird, sofern dieser links von der aggregierten individuellen Arbeitsangebotskurve liegt. Ob die tatsächliche Beschäftigung sich erhöhen würde, wenn die *WS*-Kurve sich nach unten verschiebt, darüber erlaubt Abb. III.13 keine Aussage.

III.2.2.6. Gründe für dauerhaft überhöhte Reallöhne

Bei dauerhafter Arbeitslosigkeit besteht ein andauernder Angebotsüberschuß auf dem Arbeitsmarkt. Daher ist erklärungsbedürftig, weshalb weder die Nominal- noch die Reallöhne sinken; letztere könnten auch über ein steigendes Preisniveau fallen. In der Realität steigen die Nominallöhne regelmäßig an; ähnliches gilt für die Reallöhne, die i.a. mit steigender Arbeitsproduktivität ansteigen (eine Ausnahme findet man in den USA seit 1980).

Bezüglich der Nominallöhne meinte KEYNES (1936, S. 264), sie seien deshalb nach unten starr, weil die Arbeitnehmer bei dezentralen Lohnvereinbarungen befürchten, Lohnsenkungen könnten sich auf ihren Bereich beschränken, so daß sich ihre relative Lohnposition verschlechtert. Dies aber lehnen sie ab. Hingegen akzeptieren sie Reallohnsenkungen, die sich für alle Arbeitnehmer durch ein steigendes Preisniveau ergeben (Keynes erwartete dies bekanntlich bei steigender Beschäftigung wegen ansteigender Grenzkosten).

Die steigenden Nominal- und Reallöhne der Nachkriegszeit haben die Keynesianer i.a. den Gewerkschaften gutgeschrieben. Im Rahmen ihres Theoriegebäudes ist es insgesamt günstig, wenn die Reallöhne mit der Arbeitsproduktivität ansteigen, so daß die Lohneinkommen mit der Produktionsausweitung Schritt halten. Die dafür notwendigen Nominallohnsteigerungen im Ausmaß der Summe aus Inflationsrate und Produktivitätsanstieg werfen eventuell Probleme bezüglich der Inflationsentwicklung auf (vgl. dazu Abschnitt IV.2); die Hauptursache der Arbeitslosigkeit liegt woanders, nämlich bei der effektiven Nachfrage.

Für Neoklassiker ist die Frage dagegen viel zentraler, wieso die Reallöhne bei dauerhafter Arbeitslosigkeit nicht sinken, obwohl sie die Ursache der Arbeitslosigkeit sind. Gegen das beliebte Argument, die Gewerkschaften seien daran schuld, wendet sich FRANZ (1996, S. 11):

„Wenn die Frage diskutiert wird, warum Reallöhne nicht kompetitiv, also nicht ‚markträumend' festgesetzt werden, erfreuen sich einseitige Schuldzuweisungen an gewerkschaftliches Verhalten größter Beliebtheit, so als ob Gewerkschaften unilateral die Reallöhne diktierten. Abgesehen davon, daß es dann schon eher die Nominallöhne wären, die zur Rede stehen, bleibt bei dieser Sichtweise die Realität von Tarifverhandlungen in Deutschland in fröhlicher Unbekümmertheit ausgeblendet. Es sind nun einmal kollektive Tarifverhandlungen, welche über die Tariflohnentwicklung entscheiden, d.h. wenn es schon um Schuldzuweisungen geht, dann verdienen auch die Arbeitgeberverbände ihre gebührende Beachtung, wovon beispielsweise die Tarifverhandlungen in der bayerischen Metallindustrie Anfang 1995 beredt Zeugnis ablegen."

Die Arbeitgeber und ihre Verbände sind ganz besonders in den Staaten einzubeziehen, in denen die Gewerkschaften eine sehr schwache Position haben, wie in den USA und seit den 80er Jahren in Großbritannien.

Dieser Notwendigkeit entsprechend werden in der modernen Arbeitsmarkttheorie drei Ansätze diskutiert, die beide Tarifparteien einbeziehen.

a) Theorie impliziter Kontrakte

Gemäß dieser Theorie schließen die Arbeitnehmer, für die ein regelmäßig fließendes Einkommen einen hohen Stellenwert hat, mit den Arbeitgebern einen impliziten Kontrakt. In diesem sagt ihnen der risikofreudigere Arbeitgeber ein kontinuierliches Einkommen zu, wofür sie mit einem etwas geringeren Lohn zufrieden sind. Dieser implizite Kontrakt verhindert, daß bei rückläufiger Nachfrage die Nominallöhne gesenkt werden.

Abgesehen davon, daß man sich fragt, weshalb der Kontrakt keine Beschäftigungsgarantie enthält, die für die Kontinuität des Lohneinkommens zentral ist, hilft die Theorie nicht, steigende Nominal- und Reallöhne zu erklären.

b) Effizienzlohntheorie

Die Grundidee dieser Theorie besteht darin, daß die Arbeitsleistung (Effizienz) der Arbeitnehmer positiv mit ihrer Motivation und Zufriedenheit verbunden ist. Es lohnt sich daher für den Unternehmer, höhere Löhne als die tariflich vereinbarten zu zahlen, solange durch die Mehrzahlung die Leistung der Arbeitnehmer stärker steigt als die Lohnkostenbelastung je Stunde. Diese übertarifliche Bezahlung hat den weiteren Vorteil, daß der Unternehmer bessere Arbeitnehmer einstellen kann, als wenn er nur den Tariflohn zahlte.

Die Abhängigkeit der Arbeitsleistung von der Lohnhöhe verhindert, daß bei sinkender Nachfrage die Löhne gesenkt werden; denn die dadurch hervorgerufene Unzufriedenheit der Arbeitnehmer würde deren Leistung noch stärker sinken lassen, so daß die Lohnkosten je Stück sogar anstiegen.

Befragungsergebnisse in den USA deuten darauf hin, daß dieser Zusammenhang sogar verhindert, daß Neueingestellte niedrigere Effektivlöhne erhalten (BEWLEY, 1995). Diese fühlten sich dadurch ungerecht behandelt, da der Grundsatz „Gleicher Lohn für gleiche Arbeit“ verletzt würde, und leisteten entsprechend weniger.

Keinen Erklärungsbeitrag leistet die Effizienzlohntheorie allerdings zu der Frage, weshalb die Tariflöhne trotz andauernden Angebotsüberschusses laufend erhöht werden.

c) Insider-Outsider-Theorie

Mit dieser in den 80er Jahren entwickelten Theorie werden die „Arbeitsplatzbesitzer“ und ihre Interessenvertreter wieder in den Vordergrund gerückt. Gleichzeitig wird aber analysiert, weshalb die Arbeitgeber sich deren Forderungen nicht stärker widersetzen. Bezüglich der Arbeitnehmer gibt es zwei Varianten: BLANCHARD/

SUMMERS (1986) unterstellen kollektive Lohnverhandlungen, LINDBECK/SNOWER (1988) gehen von individuell ausgehandelten Verträgen aus.

Die Insider sind, solange dadurch ihr Arbeitsplatz nicht gefährdet wird, an möglichst hohen Löhnen interessiert, die Outsider dagegen an einem Arbeitsplatz, sofern nur der Lohn ihren Akzeptanzlohn überschreitet. Bei den Vertragsabschlüssen setzen sich die Insiderinteressen durch. Die Existenz von Arbeitslosen, die zu niedrigeren Löhnen zu arbeiten bereit sind, hat wenig Einfluß auf das Verhandlungsergebnis. Dafür bestehen mehrere Gründe:

ca) Der Unternehmer erleidet Nachteile, wenn er Insider entläßt und durch Outsider ersetzt. Diese Nachteile bestehen erstens im Verlust des betriebsspezifischen Wissens, das die Insider durch ihre Tätigkeit im Betrieb erworben haben (betriebsspezifisches Humankapital). Deren Entlassung verursacht zweitens zusätzliche Kosten (Abfindungen, Sozialpläne, Gerichtsverfahren). Die neueingestellten Outsider müssen drittens ausgewählt und eingearbeitet werden.

cb) Die Einstellung von Outsidern zu einem Lohn unterhalb dessen, was die Insider erhalten, ist für den Unternehmer mit mehreren Risiken verbunden:

- Der Eingestellte wird unzufrieden sein und den Betrieb wieder verlassen, sobald er anderswo branchenüblich bezahlt wird, oder er wird nach einiger Zeit „Insider“ sein und dann Gleichbehandlung fordern und durchsetzen.
- Wenn der Einzustellende sich mit einem niedrigeren Lohn zufrieden gibt, als er in seiner vorangehenden Stellung verdient hat, gibt es zwei ungünstige Möglichkeiten: Entweder hält sich der Bewerber für unterdurchschnittlich qualifiziert und ist es auch; dann lohnt die Einstellung sich nicht, trotz des niedrigeren Lohnsatzes. Oder der Bewerber hält sich für besser qualifiziert, als der Entlohnung entspricht. Dann wird er unzufrieden sein und versuchen, anderswo eine adäquat bezahlte Stelle zu finden.

Die Relevanz dieser Möglichkeiten bestätigen die Befragungen von BEWLEY (1995, S. 253):

„Perhaps the clearest regularity of the survey was that large classes of unemployed workers find it very difficult to obtain work paying substantially less than what they earned before, unless they take temporary jobs or lowpaying jobs in the secondary labor market. Most employers offering good permanent jobs shun workers who earned significantly more previously, significantly meaning 20–30-percent more. Employers label such workers as overqualified and fear that they will be discontent, be a threat to their supervisors, and above all, will leave as soon as they find better jobs.“

Aus der Sicht des Outsiders sprechen mehrere Punkte gegen den Versuch, aktiv durch Lohnunterbietung einen Arbeitsplatz zu erkämpfen:

a) Der Outsider muß befürchten, als schlechter qualifiziert eingeschätzt zu werden.

b) Er muß damit rechnen, als „Lohndrücker“ von seinen Arbeitskollegen beschimpft und behandelt zu werden. Diese werden versuchen, seine Arbeit zu behindern und ihn schlecht zu beurteilen, damit er – möglichst vor Ablauf der Probezeit – wieder entlassen wird und keine Gefahr für das Lohnniveau der Insider mehr bildet.

c) Wenn der Outsider, der eine Bezahlung unter seiner bisherigen Entlohnung akzeptiert hat, wieder entlassen wird (und die Wahrscheinlichkeit dafür ist nicht gering), muß er eine Kürzung seiner Arbeitslosenunterstützung hinnehmen, da diese sich nach der Höhe seiner letzten Bezüge richtet.

Insbesondere SOLOW (1990) arbeitet heraus, daß sich aus dieser Interessenlage der Insider und Outsider eine soziale Norm entwickelt habe, nicht zu versuchen, durch Unterbietung branchenüblicher Löhne einen Arbeitsplatz zu erhalten. Dieses widerspräche dem Gebot der Fairneß, das auf Märkten mit dauerhaften Beziehungen zwischen Anbietern und Nachfragern eine sehr große Rolle spiele.

Diese Norm hat sich wohl auch deswegen weitgehend durchsetzen können, weil es keine historischen Beispiele dafür gibt, daß durch eine allgemeine Lohnsenkung, die aus weitverbreiteten Lohnunterbietungsversuchen resultieren könnte, die Beschäftigung erhöht worden wäre. Die Brüning'schen Notverordnungen in Deutschland 1931, die eine Senkung aller Tariflöhne und aller Kartellpreise um 10% erzwangen, hatten z.B. keine Erhöhung der Beschäftigung zur Folge.

In neuester Zeit zeigt sich allerdings in Ostdeutschland deutlich, daß die Unternehmer bei dauerhafter hoher Arbeitslosigkeit untertarifliche Bezahlungen durchsetzen können, denen die Insider aus Angst, sonst ihren Arbeitsplatz zu verlieren, zustimmen. Die o.g. soziale Norm hält diesem übermäßigen Druck nicht immer und überall stand.

Abschließend bleibt festzuhalten, daß die drei behandelten arbeitsmarkttheoretischen Ansätze mit den genannten Einschränkungen nur geeignet sind, die Dauerhaftigkeit einer bereits bestehenden Arbeitslosigkeit zu erklären, obwohl selbst dafür die empirische Evidenz teilweise nur schwach ist (BEAN, 1994, S. 607).

„The econometric evidence thus is lukewarm at best about the significance of the insidership mechanism in generating persistent unemployment."

Die Frage, ob die Ursache für das Entstehen der Arbeitslosigkeit beim Reallohnniveau oder beim Niveau der Güternachfrage liegt, können diese Arbeitsmarkttheorien nicht entscheiden. In diesem Sinne äußert sich auch FRANZ (1991, S. 355):

„Es sei ausdrücklich darauf hingewiesen, daß die Kontrakt-, Effizienzlohn- und Insider/Outsider-Theorie für die Analyse der Ursachen der Arbeitslosigkeit indessen nur sehr bedingt tauglich ist."

Man sollte diesen Theorien gegenüber mithin keine Erklärungsansprüche erheben, denen sie nicht gewachsen sein können.

III.2.3. Erklärungsbeiträge der neuen Makroökonomie

Die vorangehenden Abschnitte III.2.1. und III.2.2. haben gezeigt: Läßt man die strukturbedingte Arbeitslosigkeit beiseite, so bieten die Keynesianer und die Neoklassiker völlig entgegengesetzte Erklärungen für die verbleibende niveaubedingte Arbeitslosigkeit an, aus denen entsprechend gegensätzliche wirtschaftspolitische Konsequenzen folgen. Die Vertreter beider Positionen kritisieren wiederum die jeweils konkurrierende Position auf einer sehr grundsätzlichen Ebene: Nach Ansicht der Keynesianer benötigen die Neoklassiker die realitätsferne Annahme vollständiger Konkurrenz, und sie vernachlässigen die Kreislaufproblematik.

Die Neoklassiker kritisieren an den Keynesianern, sie hätten keine mikroökonomische Fundierung, da sie es versäumten, alle Handlungen auf Nutzen- bzw. Gewinnmaximierung explizit zurückzuführen. So nehmen die Keynesianer z.B. eine positive Sparquote der privaten Haushalte an und begnügen sich damit, die Übereinstimmung dieser Annahme mit der Realität festzustellen. Sie fragen aber nicht, wie die Nutzenfunktion aussehen muß und begründet werden kann, bei der sich eine positive Sparquote herausbildet. Dieses wissenschaftliche Vorgehen wird als Behaviorismus kritisiert, weil das zu beobachtende Verhalten der Akteure direkt zur Grundlage der Modellannahmen gemacht wird. Es wird zugleich als „ad hocery" kritisiert, weil diese Annahmen eben ad hoc gesetzt und nicht mikroökonomisch fundiert werden.

Dieses Gegeneinander zweier makroökonomischer Erklärungsansätze wurde im Laufe der Zeit von einigen Theoretikern als immer unbefriedigender empfunden. Man suchte daher nach Wegen, die beiden Erklärungsansätzen einander anzunähern und eine Brücke zwischen ihnen dadurch zu schlagen, daß eine Mikrofundierung der Keynesianischen Theorie in der von den Neoklassikern befürworteten Weise versucht wurde. Diese Mikrofundierung erfolgte durch Rückgriff auf die allgemeine Gleichgewichtstheorie in der Tradition von Walras, die den Kern der neoklassischen Theorie bildet. Aus diesen Bemühungen hat sich die Neue Makroökonomie entwickelt, die inzwischen wieder in mehrere Entwicklungsstränge zerfällt.

Die ersten Beiträge zu diesem Brückenschlag leisteten Theoretiker, deren Position dann bald als „Neue Keynesianische Makroökonomie (*NKM*)" bezeichnet wurden.

III.2.3.1. Kombination von neoklassischer und keynesianischer Arbeitslosigkeit in der „Neuen Keynesianischen Makroökonomie (*NKM*)"

Die allgemeine Gleichgewichtstheorie, wie sie von WALRAS im 19. Jahrhundert konzipiert und von ARROW/DEBREU (1954) präzisiert wurde, ging von vollständiger Information und vollständiger Voraussicht aus und entwickelte unter diesen Annahmen ihre Theorie eines allgemeinen Gleichgewichts. Beide Voraussetzungen sind in der Realität nicht gegeben. Insbesondere ist die Zukunft unbekannt. Dennoch müssen die Entscheidungsträger insbesondere bei Investitionen, aber auch in vielen anderen Bereichen Erwartungen über die Zukunft bilden, um Entscheidungen treffen zu können. HICKS (1939) hat, um diesem Aspekt Rechnung zu tragen, das Modell temporärer Gleichgewichte entwikkelt, die jeweils nur für einen gegebenen Stand der Erwartungen gelten. Nur für diesen kann die Gleichgewichtslösung des Systems ermittelt werden. Die Lösung gilt solange, wie sich der Stand der Erwartungen nicht ändert. Sie ist mithin vorübergehend (temporär). PATIKIN (1965) kommt das Verdienst zu, diese Methode wieder aufgegriffen und weiterentwickelt zu haben.

Die Autoren der *NKM* erkannten nun, daß sich eine Theorie temporärer Gleichgewichte nicht nur, wie in der Allgemeinen Gleichgewichtstheorie üblich, für eine Wirtschaft mit stets preisgeräumten Märkten und entsprechend flexiblen Preisen formulieren läßt, sondern auch für eine Wirtschaft mit mengenbeschränkten Märkten. Damit sind Märkte gemeint, in denen die Flexibilität der Preise nicht ausreicht, um in jeder Periode Angebot und Nachfrage in Übereinstimmung zu bringen. Infolgedessen sind die Anbieter oder die Nachfrager mengenbeschränkt. Dies bedeutet, daß entweder die Nachfrage nicht die gewünschten Mengen zu den herrschenden Preisen kaufen können oder daß die Anbieter bei den bestehenden Preisen nicht diejenigen Mengen verkaufen können, die sie zu verkaufen wünschen. Vielmehr sind ihre Verkäufe durch die nachgefragten Mengen beschränkt.

Die Konsequenzen dieser möglichen Machtkonstellation hat CLOWER (1965) in seiner dualen Entscheidungshypothese veranschaulicht und präzisiert. CLOWER geht davon aus, daß die Haushalte auf einer ersten Stufe ihre Pläne für ihre Nachfrage nach Gütern und ihr Angebot an Arbeit unter der Annahme formulieren, daß sie zu herrschenden Preisen bzw. Löhnen alle gewünschten Güter nachfragen und das gewünschte Arbeitsangebot realisieren können. Die Verbindung zwischen ihren Nachfrageplänen und ihren Angebotsplänen wird durch die Budgetrestriktion gegeben, also durch die Notwendigkeit, die Ausgaben durch Einnahmen zu finanzieren. Auf dieser ersten Stufe wird diese dadurch berücksichtigt, daß den Nachfrageplanungen der bei den herrschenden Preisen und Löhnen gewünschte Arbeitseinsatz und dazu dazugehörige Einkommen zugrundeliegt.

Auf der zweiten Stufe ihrer Entscheidungen legen die Haushalte dann ihren Nachfrageentscheidungen ihr tatsächliches Einkommen zugrunde. Dieses weicht von dem gewünschten Einkommen immer dann ab, wenn die Haushalte bei den gegebenen Löhnen nicht so viele Stunden arbeiten können, wie sie möchten. Dies ist immer dann der Fall, wenn unfreiwillige Arbeitslosigkeit besteht.

Mit seiner dualen Entscheidungshypothese ist es CLOWER gelungen, einen entscheidenden Unterschied zwischen der Theorie von KEYNES und der neoklassischen Theorie herauszuarbeiten: Für KEYNES hängt die Konsumgüternachfrage der Haushalte von ihrem tatsächlichen Einkommen ab, die Neoklassiker gehen dagegen immer davon aus, daß auf allen Märkten, so auch auf dem Arbeitsmarkt, durch flexible Preise Angebot und Nachfrage ausgeglichen werden, so daß jeder Haushalt sein beim Gleichgewichtslohn geplantes Arbeitsangebot auch realisieren kann. Genau diese Annahme verwirft KEYNES; er geht davon aus, daß in vielen Fällen Arbeitsangebot und Arbeitsnachfrage nicht in Übereinstimmung gebracht werden können, und zwar auch nicht – wie in Abschnitt III.2.1. gezeigt – durch flexible Preise und Löhne.

In der *NKM* wird die Unterscheidung zwischen tatsächlicher und gewünschter Nachfrage von CLOWER aufgegriffen. Beide Varianten der Nachfrage werden in der folgenden Weise in die Theorie einbezogen. Zum einen werden aus der neoklassischen Ökonomie die dort üblichen Verläufe der Angebots- und Nachfragekurven übernommen, so auch für den Arbeitsmarkt. Es wird aber klargestellt, daß es sich hierbei um Kurven gewünschter Nachfrage (notional demand) bzw. gewünschten Angebots handelt.

Bezüglich des Arbeitsmarktes gibt die gewünschte Nachfrage wieder, wieviele Arbeitskräfte die Unternehmer in Abhängigkeit vom Reallohn einstellen würden, wenn es für sie keine Mengenbeschränkungen auf den Gütermärkten gäbe. Weil aber die Unternehmer auf dem Gütermarkt in ihrem Absatz beschränkt sind, können sie nicht alle Arbeitnehmer gebrauchen, deren Einsatz sich beim jeweiligen Reallohn lohnen würde, sofern die Produkte auch absetzbar wären.

Daher ergibt sich neben der gewünschten Nachfrage nach Arbeit eine davon abweichende effektive Nachfrage nach Arbeit, die durch die Mengenbegrenzungen auf den Gütermärkten gegeben ist.

Der Arbeitsmarkt ist daher erst durch beide Arten von Kurven vollständig beschrieben, wie in der nachstehenden Abbildung III.14 dargestellt ist.

Für den Kurvenverlauf der effektiven Nachfrage spielen die Verhältnisse auf dem Gütermarkt eine entscheidende Rolle. Um zu betonen, daß diese aus der Kreislauftheorie bekannten, aber gemäß der klassischen Dichotomie der Märkte vernachlässigten Wechselwirkungen zwischen den Märkten jetzt berücksichtigt werden, werden diese als „spill over-Effekte" bezeichnet.

In Abb. III.14 sind mithin sowohl die keynesianische als auch die neoklassische Arbeitsnachfragekurve für den Fall vollständiger Konkurrenz präsentiert.

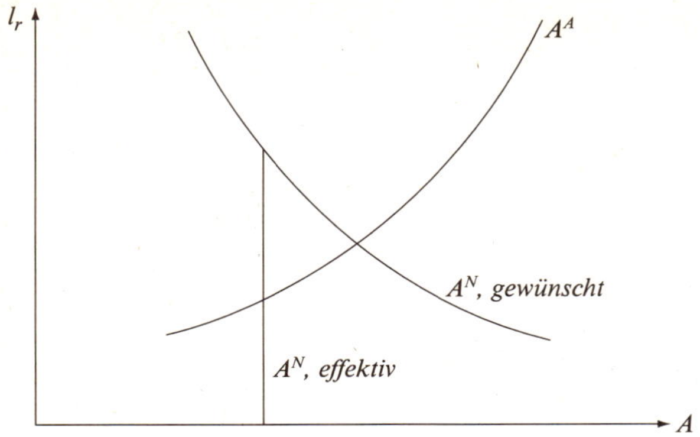

Abb. III.14: Gewünschte und effektive Nachfrage nach Arbeit

Die tatsächliche Beschäftigung wird immer dann, wenn Arbeitsangebot und Arbeitsnachfrage auseinanderfallen, von der jeweils kleineren dieser beiden Größen bestimmt. In der Terminologie der *NKM* heißt das: die kürzere Marktseite setzt sich durch. Dementsprechend gibt es zwei kritische Reallohnniveaus, wie sie in Abbildung III.15 eingezeichnet sind:

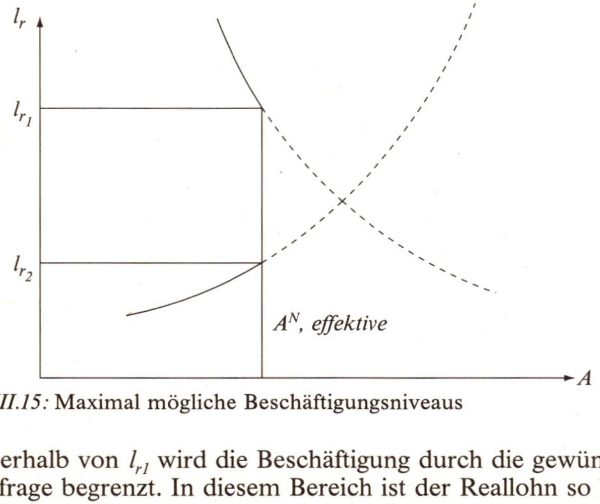

Abb. III.15: Maximal mögliche Beschäftigungsniveaus

Oberhalb von l_{r1} wird die Beschäftigung durch die gewünschte Nachfrage begrenzt. In diesem Bereich ist der Reallohn so hoch, daß es sich für die Unternehmer nicht lohnt zu produzieren, selbst wenn Nachfrage besteht. Hier ist also die KEYNES'sche Reallohnobergrenze überschritten. Zwischen den Reallohnniveaus l_{r1} und l_{r2} ist die Beschäftigung durch die effektive Nachfrage bestimmt, wie sie sich aus den Gegebenheiten auf den Gütermärkten ergibt. Unterhalb von l_{r2} wird die Beschäftigung durch das Arbeitsangebot begrenzt. Hier ist der Reallohn so niedrig, daß nicht so viele Leute beschäftigt werden wollen, wie die Unternehmer gern einstellten.

Die Unterscheidung zwischen gewünschter und tatsächlicher Nachfrage gilt auch für den Gütermarkt: Die gewünschte Nachfrage der Arbeitgeber nach Arbeit wird durch die Arbeitsmenge bestimmt, die sie nachfragten, gäbe es für sie keine Nachfragerestriktionen auf dem Gütermarkt. Die gewünschte Nachfrage der Haushalte nach Gütern entspricht derjenigen Gütermenge, die sie nachfragten, gäbe es für sie keine Nachfragerestriktionen auf dem Arbeitsmarkt.

Für beide Märkte gilt folgende Terminologie: Übersteigt das Angebot die Nachfrage, so sind die Anbieter rationiert oder mengenbeschränkt, und zwar nachfragebeschränkt. Liegt ein Nachfrageüberschuß vor, so sind die Nachfrager mengenbeschränkt, und zwar angebotsbeschränkt.

Je nach Höhe des Lohnniveaus, des Preisniveaus und damit des Reallohnniveaus bzw. des realen Preisniveaus (Preisniveau dividiert durch das Lohnniveau) sind insgesamt vier Fälle möglich, die in der folgenden Übersicht zusammengestellt sind.

		Arbeitsmarkt	
		Anbieter nachfragebeschränkt (A > N)	Nachfrager angebotsbeschränkt (N > A)
Gütermarkt	A > N	1. keynesianische Arbeitslosigkeit	3. Niedrig-Lohn-Arbeitslosigkeit
	N > A	2. klassische Arbeitslosigkeit	4. zurückgestaute Inflation

Übersicht 1: Angebots-/Nachfragekonstellationen in der *NKM*

Welche der vier möglichen Konstellationen realisiert wird, hängt von den Preisen und Löhnen in der Ausgangssituation ab. Diese werden willkürlich alternativ gesetzt, und es erhebt sich daher die weitere Frage, ob es Tendenzen gibt, die zu Lohn- und Preisänderungen in der Richtung führen, durch die die Arbeitslosigkeit verringert wird oder gar verschwindet. Die Beantwortung dieser Frage erfordert den Übergang von einer kurzfristigen zu einer mittelfristigen Betrachtung.

Um diese Frage zu beantworten, müssen die einzelnen Konstellationen etwas genauer betrachtet werden. Begonnen sei mit der Keynesianischen Arbeitslosigkeit. Die Ausgangssituation auf dem Arbeits- und Gütermarkt ist in Abb. III.16 dargestellt.

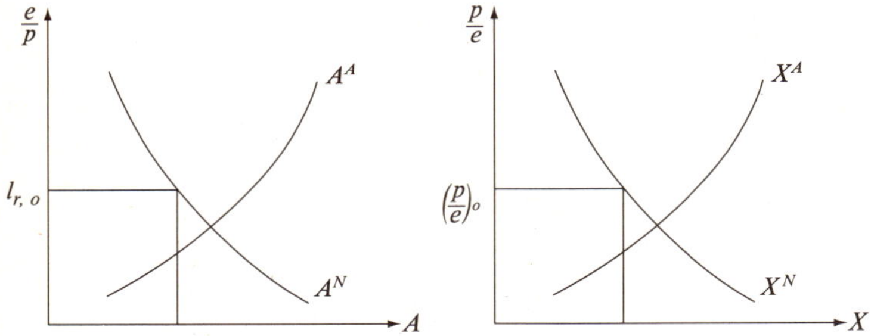

Abb. III.16: Keynesianische Arbeitslosigkeit in der *NKM*

Beim herrschenden Lohn- und Preisniveau wollen die Unternehmer gern mehr verkaufen, als nachgefragt wird, und die Arbeitnehmer wären gerne bereit, mehr zu arbeiten. Da auf beiden Märkten ein Angebotsüberschuß vorliegt, könnte eine Verbesserung der Situation auf beiden Märkten und eine Annäherung an das Gleichgewicht nur erreicht werden, wenn gleichzeitig der Reallohn zurückgeht, aber auch sein Kehrwert. Beides ist gleichzeitig nicht möglich. Dies bestätigt die Keynes'sche Aussage, daß in dieser Situation Lohn- und Preisflexibilität alleine nicht ausreichen, um eine nachfragebedingte Arbeitslosigkeit zu beseitigen.

Wie sind nun die Chancen für die Beseitigung einer klassischen Arbeitslosigkeit durch Lohn- und Preisflexibilität? Dazu genügt ein Blick auf Abbildung III.17.

In dieser Konstellation ist die Situation auf den beiden Märkten unterschiedlich. Auf dem Arbeitsmarkt liegt ein Angebotsüberschuß vor, auf dem Gütermarkt ein Nachfrageüberschuß. Die Unternehmer könnten bei dem herrschenden Realpreisniveau mehr absetzen; sie können aber nicht soviel Gütermengen profitabel

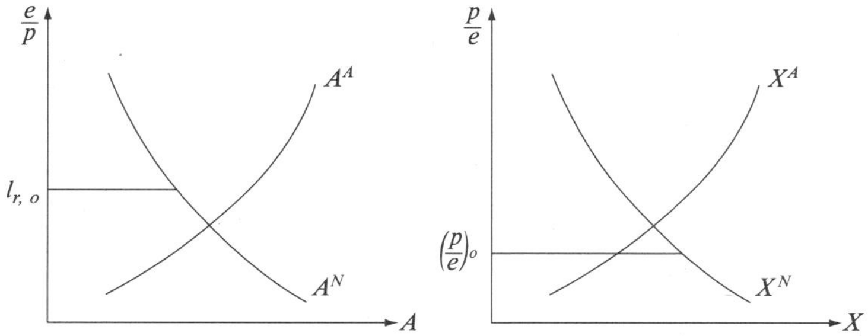

Abb. III.17: Klassische Arbeitslosigkeit in der *NKM*

produzieren, wie nachgefragt werden. Bei dieser Konstellation würde eine Reallohnsenkung, die gleichzeitig eine Realpreiserhöhung bedeutet, auf beiden Märkten die Situation verbessern. Auf dem Arbeitsmarkt würde die Beschäftigung ansteigen, auf den Gütermärkten die Produktion. Die klassische Arbeitslosigkeit würde also durch Reallohn- und Preisflexibilität ganz oder zumindest teilweise verschwinden. Dies bestätigt die neoklassische Position, daß bei reallohnbedingter Arbeitslosigkeit die Flexibilität von Preisen und Löhnen die Arbeitsmarktsituation verbessern würde.

In analoger Weise lassen sich die beiden Konstellationen analysieren, in denen auf dem Arbeitsmarkt der Reallohn unterhalb des Gleichgewichtslohnes liegt, so daß die Nachfrage nach Arbeit größer ist als das Angebot an Arbeit. Auf dem Gütermarkt liegt dagegen bei der Niedriglohnarbeitslosigkeit ein Nachfragedefizit vor, da die Preise relativ zu den Löhnen sehr hoch sind. Die Unternehmen sind also auf dem Gütermarkt nachfragebeschränkt. Bei der Konstellation, die als zurückgestaute Inflation interpretiert wird, herrscht dagegen auf beiden Märkten eine Angebotsbeschränkung vor. Auf beiden Märkten kann die Nachfrage nicht voll befriedigt werden.

Analog zu den beiden ausführlich behandelten Konstellationen sind auch die Tendenzen zu einer Annäherung ans Gleichgewicht zu beurteilen. Bei der Niedriglohnarbeitslosigkeit, bei der die Konstellation auf den beiden Märkten entgegengesetzt ist (wie im Falle der klassischen Arbeitslosigkeit), führt eine Flexibilisierung der Löhne und Preise tendenziell zum Gleichgewicht auf beiden Märkten. Im Falle der zurückgestauten Inflation dagegen führt jede Veränderung des Lohn-Preis-Verhältnisses, das auf dem Arbeitsmarkt zu einer Annäherung an das Gleichgewicht führt, auf dem Gütermarkt zu einer Entfernung vom Gleichgewicht, und vice versa.

Die vorgetragene mittelfristige Analyse ist nur ein erster Schritt; insbesondere bei den beiden Konstellationen, bei denen flexible Preise und Löhne keine Lösung herbeiführen, sind in einem zweiten Schritt die Wechselwirkungen zwischen den Märkten zu berücksichtigen. So würde bei keynesianischer Arbeitslosigkeit eine Reallohnsenkung zwar zunächst scheinbar die Situation auf dem Arbeitsmarkt verbessern; da sich aber gleichzeitig die Situation auf dem Gütermarkt dadurch verschlechtert, schlägt diese Verschlechterung auch auf den Arbeitsmarkt zurück und verhindert dort eine Ausweitung der tatsächlichen Beschäftigung. Diese Wechselwirkungen entziehen sich aber einer einfachen anschaulichen grafischen Darstellung und sollen daher hier nicht weiter vertieft werden.

Die Betrachtung der vier denkbaren Konstellationen und ihrer möglichen zeitlichen Entwicklung verdeutlicht den Hauptvorteil der *NKM.* Dieser besteht darin, daß sowohl keynesianische als auch klassische Arbeitslosigkeit in ihrem Rahmen behandelt werden können. Diesem Vorteil steht aber der große Nachteil gegenüber, daß die theoretische Grundstruktur dieser theoretischen Neuentwicklung äußerst unbefriedigend ist. Denn die Koordination der Produktions- und Konsumentscheidungen erfolgt wie in der Allgemeinen Gleichgewichtstheorie durch einen (rein fiktiven, nicht existenten) Auktionator, der – und dies macht die Sache noch realitätsferner – nur die Mengen koordinieren darf, nicht aber die Preise. Daher ist, wie RAMSER (1984, S. 44) feststellt, „die Konzeption eines durch Mengentatonnement realisierten Rationierungsgleichgewicht per se problematisch".

Deutlicher noch drückt sich SCHELBERT (1983, S. 88) aus:

> „Man kann daher wohl sagen, daß diese Entwicklungslinie der NKM ... in einer Sackgasse geendet hat. Modelle ohne Markträumung stützen sich noch immer auf einen Auktionator, dieser ist nur schlechter qualifiziert."

Trotz dieser Kritik an der theoretischen Fundierung ist wiederholt versucht worden, die Frage, welche Konstellationen nun die empirisch relevanten bzw. die dominierenden sind, zu beantworten. Diese Untersuchungen gehen davon aus, daß die Angebots-

bzw. Nachfragekonstellation in den einzelnen Branchen einer Volkswirtschaft unterschiedlich sind, so daß man Regimeanteile schätzen kann. Für Westdeutschland hat in jüngerer Zeit SMOLNY (1993) eine solche Berechnung vorgelegt. Die Vorarbeiten zu dieser Untersuchung ergaben, daß auf dem Arbeitsmarkt drei Regime unterschieden werden müssen, nämlich neben der Begrenzung durch das Arbeitsangebot oder durch die Arbeitsnachfrage auch die Begrenzung der Beschäftigung durch Sachkapazitäten. Wie zu erwarten, dominieren bis 1973 Arbeitsmärkte mit einer Angebotsbeschränkung, während ab 1974 in Westdeutschland die Beschäftigung entweder durch zu geringe Nachfrage oder durch Mangel an Sachkapazitäten beschränkt wird. Unglaubwürdig ist bei diesen Berechnungen allerdings das starke Schwanken der Anteile. So sind angeblich 1982 und 1983 sämtliche Teilmärkte durch eine zu geringe Nachfrage nach Arbeit gekennzeichnet. 1989 dagegen soll die Beschäftigung auf sämtlichen Teilmärkten durch das Fehlen von Sachkapazitäten beschränkt gewesen sein.

Abgesehen von diesen Fragezeichen können solche empirischen Analysen das Konstrukt der *NKM* grundsätzlich nicht aus der von SCHELBERT konstatierten Sackgasse führen können.

III.2.3.2. Zur „Neuen Klassischen Makroökonomie“ (*NCM*)

Die Neue Klassische Makroökonomie (*NCM*) greift wie die *NKM* auf die Allgemeine Gleichgewichtstheorie zurück und auf die aus ihr abgeleitete Theorie temporärer Gleichgewichte. Sie behält aber die sonstigen realitätsfernen Prämissen wie vollständige Konkurrenz und vollständige Information bei. Die vollständigen Informationen sammelt der Auktionator, der die markträumenden Gleichgewichtspreise und -löhne ermittelt und festsetzt. Zu diesen Gleichgewichtslöhnen kann jeder Arbeitsanbieter die von ihm gewünschte Menge arbeiten, kann also sein gewünschtes Angebot realisieren. Daher wird in der *NCM* jegliche Arbeitslosigkeit als freiwillig angesehen. Die zeitlichen (konjunkturellen) Schwankungen in der Beschäftigung und der Arbeitslosigkeit werden ausschließlich auf intertemporale Substitution zwischen Arbeit und Freizeit durch nutzenmaximierende Individuen zurückgeführt: In der Hochkonjunktur pflegen die Reallöhne hoch zu sein. Daher arbeiten die Arbeitnehmer mehr, substituieren also Freizeit durch Arbeit; in der Rezession mit gedrückten Reallöhnen arbeiten sie freiwillig weniger. In die gleiche Richtung wirkt die prozyklische Variation des Zinssatzes. Ist der Zinssatz in der Hochkonjunktur hoch, so lohnt es sich, mehr zu sparen. Folglich lohnt es sich, mehr zu arbeiten, um das entsprechende Einkommen zu erzielen. In der Rezession bei niedrigeren Zinssätzen lohnt es weniger, zu arbeiten und einen Teil des erzielten Einkommens zu sparen.

Die Kritik an dieser Modellkonstruktion hat FRANZ (1996, S. 271) treffend formuliert:

> „Es wäre nicht ohne Reiz, sich Verblüffung und Reaktion von rund 30 Millionen Arbeitslosen in der OECD auszumalen, wenn ihnen ein NCM-... Vertreter begreiflich zu machen bemüht, daß es ein Zins ist, der sie freiwillig Freizeit (= Arbeitslosigkeit) genießen läßt."

Wirtschaftliche Eingriffe, z.B. durch Geld- und Fiskalpolitik, haben in dieser Theorie keinen Platz, und sie können nur schädlich wirken. Denn dank des Auktionators befinden sich die Wirtschaftssubjekte bereits alle in dem von ihnen präferierten Zustand. Diese realitätsferne Theorie, die jede bestehende Situation im kapitalistischen System als bestmögliche aller Welten schildert (sofern nicht irgendwelche Rigiditäten die Erreichung der Optimalposition verhindern), fand vorübergehend zumindest in den USA sehr viele Anhänger, ist inzwischen aber zunehmend auf Kritik gestoßen. Ihre inneren Widersprüche haben u.a. HAHN/SOLOW (1996) aufgezeigt. Inzwischen dominiert derzeit in den USA eine andere volkswirtschaftliche Ökonomierichtung, die sich als „New Keynesian Economics" bezeichnet; dabei ist es jedoch sehr fragwürdig, ob das Adjektiv „keynesianisch" hier sinnvoll verwendet ist.

III.2.3.3. Elemente der „New Keynesian Economics" (*NKE*)

Diese heute in den USA dominierende Richtung der Ökonomie vereint fast alle, die nicht bereit sind, die *NCM* als eine auch nur näherungsweise Beschreibung der Realität zu akzeptieren. Einige Ökonomen, die sich KEYNES'sche Theorie nicht ohne Makroanalyse und damit ohne Kreislaufbetrachtung vorstellen können, fragen sich allerdings, weshalb diese neue Richtung sich als Keynesianische Ökonomie bezeichnet.

Diese Bedenken bezüglich des Adjektivs „keynesianisch" werden verständlich, wenn man kritisch nachliest, wie die *NKE* von ihren Vertretern umschrieben wird. So schreiben z.B. MANKIW/ ROMER (1991, S. 2) in ihrem zweibändigen Sammelband zur *NKE*:

„Here we should try to define, at least broadly, what we mean by ‚new Keynesian economics‘. There are two questions that one may ask about any theory of economic fluctuations.

Does the theory violate the classical dichotomy? Does it posit that fluctuations in nominal variables like the money supply influence fluctuations in real variables like output and employment?

Does the theory assume that real market imperfections in the economy are crucial for understanding economic fluctuations? Are such considerations as imperfect competition, imperfect information, and rigidity in relative prices central to the theory?

New Keynesian economics answers an empathic yes to both of these questions. The classical dichotomy fails because prices are sticky. Real imperfections are crucial because imperfect competition and rigidity in relative prices are central to understanding why prices are sticky.“

Die Antwort auf beide gestellte Fragen bedeutet nicht mehr als eine Ablehnung der Postulate der „Neuen Klassischen Makroökonomie“, die ich eben bereits erwähnt habe. Auch die Sätze, mit denen GREENWALD/STIGLITZ in ihrem Artikel „New and Old Keynesians“ (1993, S. 23) die Position der Keynesianer beschrieben, bieten nicht mehr als eine derartige Abgrenzung:

„All Keynesians, whether new or old, would agree on three propositions:

1. During some periods – often extended – a excess supply of labor exists at the prevailing level of real wages (and expectations concerning future wages and prices).
2. The aggregate level of economic activity fluctuates markedly, whether measured by capacity utilization, GDP, or unemployment. These fluctuations are greater in magnitude and different in pattern from any that might be accounted for by shortrun changes in technology, tastes, or demography.
3. Money matters, at least most of the time, although monetary policy may be ineffective in some periods (like the Great Depression).“

Wer nicht Anhänger der *NCM* ist, muß jedoch nicht automatisch Keynesianer sein; denn ein zentraler Aspekt der Theorie von KEYNES besteht darin (vgl. dazu den nachstehenden Abschnitt III.2.3.4.), daß die effektive Nachfrage das Niveau von Produktion und Beschäftigung bestimmt. Daher können flexible Löhne und Preise dann nicht zum Ausgleich von Angebot und Nachfrage nach Arbeit führen, wenn die effektive Nachfrage trotz dieser Flexibilität geringer bleibt als die Produktion, die bei Vollbeschäftigung möglich wäre.

Dieser zentrale Aspekt geht jedoch völlig verloren, wenn die Mengeneffekte von Nachfrageschwankungen ausschließlich auf rigide Preise und Löhne zurückgeführt werden, wie dies BALL/MANKIW/ROMER (1988, S. 1) tun:

„According to the Keynesian view, fluctuations in output arise largely from fluctuations in nominal aggregate demand. These fluctuations have real effects because nominal wages and prices are rigid".

Aus diesem Satz folgt völlig konträr zu KEYNES: Wären Preise und Löhne voll flexibel, gäbe es keine Schwankungen von Produktion und Beschäftigung.

Möglicherweise leiten die Vertreter der *NKE* ihre Vorstellung, ihre Theorie sei keynesianisch, daraus ab, daß sie die Arbeitslosigkeit nicht durch den isolierten Arbeitsmarkt erklären, sondern durch die Schwankungen der nominalen Nachfrage in Verbindung mit nominalen Rigiditäten. In der Neoklassik dagegen war es der Reallohn, dessen falsche Höhe oder Rigidität die Arbeitslosigkeit verursachte.

Für die Vertreter der *NKE* sind die nominalen Rigiditäten jedenfalls die Ursache dafür, daß die Schwankungen der nominalen Nachfrageaggregate zu Schwankungen von Produktion und Beschäftigung führen. Wie läßt sich diese Position begründen?

Unmittelbar plausibel wird diese Vorstellung, wenn man den gesamtwirtschaftlichen Gütermarkt in einem Preis-Mengen-Diagramm in Analogie zu einem Partialmarkt darstellt, wie in Abb. III.18.

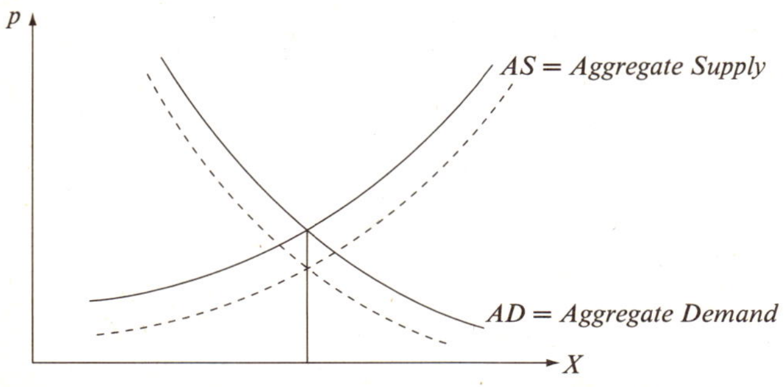

Abb. III.18: Gesamtwirtschaftliche Angebots- und Nachfragefunktionen

Erfolgt nun ein Rückgang der gesamtwirtschaftlichen Nachfrage, die sich in einer Linksverschiebung der *AD*-Kurve niederschlägt, so könnte eine Reduktion der produzierten Mengen vermieden werden, wenn erstens die Preise voll flexibel sind und zweitens ebenso die Löhne, so daß gleichzeitig eine Verschiebung der Angebotskurve nach unten erfolgte. Der neue Schnittpunkt läge dann bei einem niedrigeren Preis, aber einer unveränderten Menge.

In manchen US-amerikanischen Lehrbüchern (z.B. SACHS/LARRAIN, 1993) beginnt die Darstellung der makroökonomischen Zusammenhänge mit der Abb. III.18. In anderen wird die dort verwendete gesamtwirtschaftliche Nachfragekurve aus dem *IS-LM*-Diagramm abgeleitet, in dem zunächst im *IS-LM*-Diagramm das Preisniveau variiert wird (vgl. z.B. MANKIW 1992, S. 276). Bei alternativen Preisniveaus verändert sich die reale Geldmenge: Steigt das Preisniveau, so geht die reale Geldmenge zurück: Die entsprechende *LM*-Kurve verschiebt sich nach links. Es ergibt sich mithin bei gegebener *IS*-Kurve für jedes Preisniveau eine andere Gleichgewichtslösung im *IS-LM*-Diagramm mit einer jeweils veränderten Gütermenge. Die sich ergebenden Kombinationen von Preisniveau und Gütermenge lassen sich dann auf ein Preis-Mengen-Diagramm übertragen wie in Abb. III.19.

Die auf diese Weise abgeleitete gesamtwirtschaftliche Nachfragekurve wird dann mit einer ansteigenden gesamtwirtschaftlichen Angebotskurve verknüpft: Bei MANKIW (1992, S. 276) ist die langfristige *AS*-Kurve sogar senkrecht. Das bedeutet, langfristig kann die produzierte Menge nicht durch Veränderungen der Nachfragekurve beeinflußt werden.

Diese Ableitung ist aus zwei Gründen fragwürdig. Zum einen ist es fraglich, ob man das Preisniveau bei unveränderter nominaler Geldmenge exogen variieren kann, wo doch zwischen der Geldmenge und dem Preisniveau insbesondere in der Quantitätstheorie ein enger Zusammenhang behauptet wird (vgl. dazu Abschnitt IV.3. unten). Man kann diese Frage auch andersherum stellen: Weshalb bleibt die Geldmenge konstant, wenn das Preisniveau sinkt? Niedrigere Preise bedeuten unter anderem eine geringere nominale Kreditnachfrage. Dies hat eine geringere Geldschöpfung zur Folge, die Geldmenge geht zurück. Zwar könnte man mit einer expansiven Geldpolitik versuchen, dieser Senkung der Geldmenge entgegenzusteuern. Aber dann ist das Ergebnis der Preisniveauveränderung auch ein Ergebnis dieser Geldpolitik und nicht nur des Marktmechanismus.

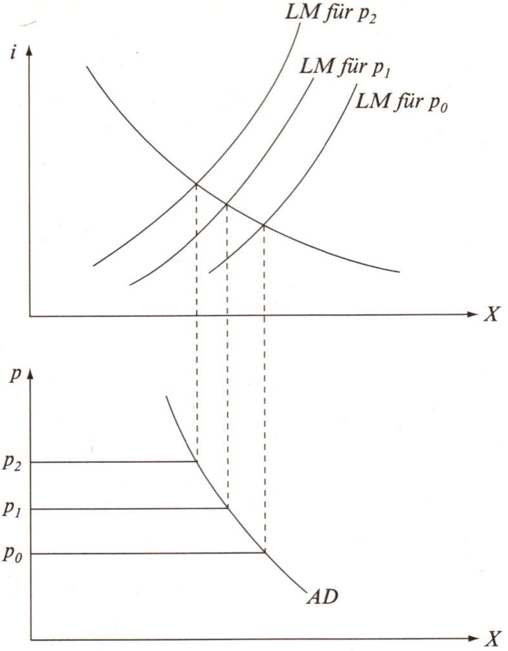

Abb. III.19: Ableitung der *AS/AD*-Kurven aus dem *IS-LM*-Diagramm

Zweitens kann im Preis-Mengen-Diagramm das Preisniveau nur sinken, wenn bei gegebener *AD*-Kurve sich jeweils die *AS*-Kurve verschiebt. Ein niedrigeres Preisniveau setzt jeweils eine nach unten verschobene *AS*-Kurve voraus, und diese Verschiebung wiederum setzt eine Verringerung der Produktionskosten, also auch der Lohnkosten voraus. Auf die Problematik einer solchen Voraussetzung gehen die Vertreter der *NKE* selbst ein (siehe unten).

Abb. III.18 bzw. III.19 suggerieren, daß bei flexiblen Preisen und Löhnen die Schwankungen der Nachfrage keinen Einfluß auf die produzierten Mengen und damit auf die Beschäftigung haben müßten. Die Vertreter der *NKE* analysieren deshalb, weswegen trotz dieser potentiellen segensreichen Wirkungen der Preis- und Lohnflexibilität in der Realität diese nominalen Größen ziemlich rigide sind und nicht so stark reagieren, daß Mengeneffekte von Nachfrageschwankungen verhindert werden. Für die Überlegungen der *NKE* bezüglich der Lohnrigidität sind die Argumente der neueren Arbeitsmarkttheorie, die oben in Abschnitt III.2.2.6. vorgestellt worden sind, relevant, denn mit ihnen kann die Rigidität der Nominallöhne begründet werden.

Wenn aus diesen Gründen die Nominallöhne und damit die nominalen Lohnkosten je Stück sich nicht ändern, wird der Unternehmer auch nicht bereit sein, seine Preise im Ausmaß senken, in dem die gesamtwirtschaftliche Nachfrage zurückgeht.

Dies liegt daran, wie KEYNES (1923, S. 33) bereits bemerkte, daß die Unternehmer vor dem Verkauf ihrer Produkte bereits Ausgaben für Materialien und für Arbeitseinsatz getätigt haben, deren Preise sie nicht nachträglich ändern können:

„During the lengthy process of production the business world is incurring outgoings in term of *money* – paying out in money for wages and other expenses of production – in the expectation of recouping this outlay by disposing of the product for *money* at a later date.“

Diese bereits getätigten Ausgaben und natürlich auch die Schwierigkeit, Löhne schlagartig zu senken, führen dazu, daß es für den Unternehmer günstiger ist, bei einem 10 %igen Rückgang der Nachfrage nach seinen Produkten die Produktion entsprechend zu senken, als eine Senkung der Preise um 10 % vorzunehmen. Senkt er nämlich bei unveränderten Stückkosten die Preise um 10 %, geht der Umsatzrückgang voll zu Lasten der Gewinne. Senkt er dagegen die Produktion, so sinken auch die Produktionskosten insgesamt für die verkaufbare Menge, d.h. der Umsatzrückgang geht nur zum Teil auf Kosten des Gewinns.

Im Rahmen der *NKE* werden noch weitere Gründe für die Rigidität der Preise erörtert, z.B. die Kosten von Preisänderungen in Gestalt von Aufwendungen für neue Preisschilder, neue Preiskataloge usw., deren quantitative Bedeutung jedoch überaus strittig ist.

KEYNES und die Vertreter der *NKE* sind sich darin einig, daß Preise und Löhne wenig flexibel sind. Der Widerspruch zwischen beiden Positionen besteht jedoch in der Interpretation dieser Rigidität. Bei den Vertretern der *NKE* ist die Rigidität die Ursache der Arbeitslosigkeit, bei KEYNES dagegen liegt die Ursache der Arbeitslosigkeit beim Mangel an Güternachfrage, und dies gilt unabhängig davon, ob Preise und Löhne rigide sind oder nicht.

Diesen grundsätzlichen Gegensatz betont auch zumindest ein Vertreter einer Unterströmung der *NKE* (zumindest ist diese Unterströmung in dem Sammelband von MANKIW/ROMER, 1991 enthalten und wird dort den *NKE* zugerechnet). Deren Mitglieder lassen sich dadurch kennzeichnen, daß sie Koordinierungsmängel für die Unterbeschäftigung verantwortlich machen. Diese wiederum werden von ihnen auf Transaktionskosten, die bei dünn besetzten Märkten besonders hoch seien, sowie auf Informationsmängel zurückgeführt (vgl. BENASSI/CHIRICO/COLOMBO, 1994, part IV). So können z.B. die Arbeitslosen nicht signalisieren, wieviel Güter sie nachfragten, wenn sie beschäftigt wären. Könnten sie dies tun, so könnte die gesamtwirtschaftliche Produktion höher sein. Ob durch diese Signalisierung bereits Vollbeschäftigung erreicht werden könnte, müßte kreislauftheoretisch analysiert werden. Da dies jedoch nicht geschieht, fehlt ein entscheidender Bestandteil keynesianischer Analyse.

Zumindest ein Vertreter dieser von MANKIW/ROMER in die *NKE* einbezogene Strömung, nämlich PETER HOWITT (1990), grenzt sich deutlich von den *NKE* ab. Er attackiert die (in den USA dominierende) Interpretation der KEYNES'schen Theorie, die auch die *NKE* teilen, wonach Unterbeschäftigung das Resultat rigider Preise und Löhne sei und bei flexiblen Preisen die Koordination der Entscheidungen der Konsumenten und Produzenten zur Vollbeschäftigung führe.

„This reduction of the coordination problem to sticky prices is at the route of the decline of Keynesian economics" (HOWITT 1994, S. 1).

HOWITT hält die Position der *NKE* auch aus historischer Sicht für wenig plausibel:

„The massive downturn at the beginning of the Great Depression in the United States was accompanied by an unprecedented fall in wages and prices, and did not end until the deflation stopped. And there is no evidence that the reduction of price flexibility that has taken place since World War II has made the US economy less stable."

Der Beitrag von KEYNES bestehe gerade darin zu zeigen, daß trotz der Möglichkeit von Preisreduktionen in der Realität Mengenreaktionen dominieren:

„As Patinkin has argued this idea of quantity equilibration was the central analytical innovation of the general theory." (HOWITT 1986, S. 72)

Mit dieser Einschätzung der Theorie von KEYNES stimmen die beiden Gruppen von Verteidigern der KEYNES'schen Makroökonomie überein, die in den nächsten beiden Abschnitten präsentiert werden. Sie stimmen auch darin überein, daß sich die keynesianische Theorie aus den Fesseln der walrasianischen Ökonomie befreien und „Post Walrasian Macroeconomics" (COLANDER, 1996) sein muß.

III.2.3.4. Gegenakzente der „Old Keynesian Economics"

Der wichtigste Wortführer dieser Richtung ist JAMES TOBIN, der sich in seinem Artikel „Price Flexibility and Output Stability: An Old Keynesian View" deutlich von der *NKE* absetzt. Er greift dafür eine typische *NKE*-Formulierung auf (1993, S. 46):

„The central proposition of Keynesian economics is commonly described as follows: According to the Keynesian view, fluctuations in output arise largely from fluctuations in nominal aggregate demand. These fluctuations have real effects because nominal wages and prices are rigid (Ball, Mankiw, and Romer, 1988, p. 1). On the contrary, I shall argue that Keynesian macroeconomics neither asserts nor requires nominal wages and/or price rigidity. It does assert and require that markets not be instanteneously and continuously cleared by prices. That is a much less restrictive assumption, and much less controversial."

TOBIN hält dieser Betonung der Preisrigiditäten entgegen (ebenda):

„The central Keynesian proposition is not nominal price rigidity but the principle of effective demand."

Ferner bezweifelt TOBIN, daß man die Schwankungen der Nachfrage als rein nominal interpretieren kann, so daß sie durch Preissenkungen stets aufgefangen werden können. Vielmehr gelte (1993, S. 47):

„In Keynesian business cycle theory, the shocks generating fluctuations are generally shifts in *real* aggregate demand for goods and services, notably in capital investment. Keynes would be appalled to see his cycle model described as one in which ‚fluctuations in output arise largely from fluctuations in nominal aggregate demand' (BALL, MANKIW, AND ROMER 1988, p. 2)."

Wenn z.B. ein Unternehmer wegen verschlechterter Absatzerwartungen auf ein geplantes Investitionsprojekt verzichtet, dann kann dieser reale Schock auch durch eine 10 %ige Preissenkung der ursprünglich zur Anschaffung vorgesehenen Maschinen und Anlagen nicht verhindert werden.

Schließlich und drittens hebt TOBIN den für KEYNES sehr wichtigen, von den Vertretern der *NKE* aber kaum beachteten Unterschied zwischen der Situation der Vollbeschäftigung und der Unterbeschäftigung hervor, deren zentrale Unterschiede er wie folgt beschreibt (1992, S. 19):

„The old Keynesian view favours two regimes. In one, the Keynesian regime, aggregate economic activity is constrained by demand but not by supply. If there were additional effective demands for goods and services, they could be and would be satisfied. ‚Demand creates ist own supply.'... The second regime, which Keynes called ‚classical', is supply-constrained. Extra demand could not be satisfied at the economy's existing capacity to produce. The needed workers or other inputs are not available at affordable wages and rents. ... Should capacity increase, ... prices and incomes will automatically generate just enough additional purchasing power to buy the extra output. ‚Supply creates ist own demand.' Keynesians believe that the economy is sometimes in one regime, sometimes in the other."

Viertens erinnert TOBIN daran, daß KEYNES über die möglichen destabilisierenden Wirkungen flexibler Preise und Löhne besorgt war und deswegen stabile Preise und Löhne für wünschenswert hielt. Die möglichen destabilisierenden Effekte betonen auch GREENWALD/STIGLITZ (1993), die sich selber der *NKE* zuordnen, das Problem der Rigidität von Löhnen und Preisen jedoch weder für das zentrale Problem halten noch von der Flexibilität dieser Variablen sich die Lösung der Beschäftigungsprobleme versprechen. Vielmehr versuchen sie zu zeigen, daß – wie Keynes es befürchtete – flexible Löhne und Preise sogar die Schwankungen von Produktion und Beschäftigung verschärfen können (vgl. 1993, S. 25).

Im Falle eines Rückgangs der nominalen Nachfrage wurden nämlich sinkende Preise, die ihrerseits sinkende Löhne erfordern, damit die Angebotskurve sich nach unten verschiebt, einen kumulativen Prozeß auslösen; denn bei gesunkenen Preisen und Lohnsätzen würde die nominale Nachfrage erneut absinken. Es ergäbe sich ein nominaler negativer Multiplikatorprozeß. Dieser würde zwar bei Konstanz exogener Nachfragekomponenten zu einem neuen Gleichgewicht führen, es ist jedoch fraglich, ob es im Zuge eines solchen kumulativen deflationären Prozesses konstante nominale Nachfragegrößen gibt, da z.B. auch die Steuereinnahmen des Staates sinken.

Für GREENWALD/STIGLITZ stellt die zusätzliche Unsicherheit, die im Zuge eines solchen Deflationsprozesses entsteht, das entscheidende Argument dar, deren Konsequenz CH. SCHULTZE (1986, S. 17) so formuliert hat:

„... the dynamic consequences of wage and price flexibility may generate more rather then less instability. Keynes himself took that view, Don Patinkin (1948 – J.K.) long ago emphazised this possibility."

Dieser Argumentation wird häufig entgegengehalten, der zunehmende reale Wert der Nettoforderungen, also der Realkasseneffekt, werde diesen deflationären Prozeß über kurz oder lang abfedern. GREENWALD/STIGLITZ (1993, S. 36) wenden sich gegen das Vorgehen, sich auf den Realkasseneffekt zu verlassen.

„Indeed, in most new Keynesian models the mechanism by which wage and price flexibility would *eventually* restore the economy to full employment is the old real balance effect. The enormous attention that the real balance effect has received over the years hardly speaks well for the profession. Quantitatively, it is surely an *n*th order effect; one calculation put in that, even at the fastest rate at which prices fell in the Great Depression, it would take more than two centuries to restore the economy to full employment. And in the short run even ist sign is ambiguous, as intertemporal substitution effects may (depending on expectations) more than offset the wealth effects."

Auch FRANK HAHN (1995, S. 47) wendet sich gegen die Vorstellung, flexible Preise und Löhne würden immer zu einem neuen Gleichgewicht führen:

„Here I note that there is no guarantee for convergence, leave alone convergence to a steady state. So, if nothing else, the process will generate extra uncertainty."

Diese Überlegungen führten KEYNES zu der Ansicht, die von den „Old Keynesians" geteilt wird, daß es besser ist, die Preise und Löhne konstant zu lassen und die Geld- und Fiskalpolitik mit der Aufgabe zu betrauen, für eine Stabilisierung der gesamtwirtschaftlichen Nachfrage zu sorgen; denn diese ist nicht nur der primäre Ansatz zur Erklärung der Arbeitslosigkeit, sondern auch zu ihrer Vermeidung oder Bekämpfung. Diese Aussage gilt selbstverständlich nur für Volkswirtschaften, deren Produktionspotential nicht voll ausgelastet ist und deren Produktion durch die Nachfrage beschränkt ist.

III.2.3.5. Die Position der Postkeynesianer

Mit den dargestellten Positionen der „Old Keynesians" stimmen auch fast alle Postkeynesianer überein, so daß man sie in einer Gruppe zusammenfassen könnte, wie dies TOBIN 1997 ansatzweise tut. Die Postkeynesianer haben sich schon zur Blütezeit des Keynesianismus von den damals (d.h. in den 50er und 60er Jahren) dominierenden Keynesianern dadurch abgesetzt bzw. abgehoben, daß sie den steuerungsoptimistischen „hydraulischen" Keynesianismus einer mechanistisch angewendeten *IS/LM*-Analyse ablehnten. Diese Gruppe ist sehr heterogen. HARCOURT (1988, S. 924) bezeichnet Postkeynesianismus als ein

> „portmanteau term which is used to contain the work of a heterogenous group of economists who nevertheless are united not only by their dislike of mainstream neoclassical theory and the IS/LM general equilibrium version of ‚Keynesian' theory but also by their attempts to provide coherent alternative approaches to economic analysis."

Konsequenter als KEYNES ziehen die Postkeynesianer einen Trennungsstrich zur neoklassischen Ökonomie und zu deren von Keynes noch unbefragt übernommenen Teilen, wie dem fallenden Grenzertrag der Arbeit. Einige von ihnen versuchen, die von Keynes gelassene Lücke bei der Erklärung der Güterpreise durch einen Rückgriff auf die klassische Nationalökonomie zu füllen, die die Güterpreise durch die Höhe der Produktionskosten erklärt, auf die ein Zuschlag erfolgt, um den „normalen Profit" sicherzustellen, und verzichten so auf die neoklassische Preiserklärung durch Angebot und Nachfrage.

Gegen die „hydraulische" *IS/LM*-Analyse gerichtet betonen die Postkeynesianer vor allem die Bedeutung der Unsicherheit, die ihrerseits dem Geld eine herausgehobene Bedeutung zuweist; denn Geld stellt als liquides Wertaufbewahrungsmittel eine Verbindung zwischen Gegenwart und Zukunft her. Je unsicherer die Zukunftserwartungen sind, desto eher werden die Vermögensbesitzer ceteris paribus geneigt sein, Teile dieses Vermögens in liquider Form – darunter auch in Geld – zu halten.

Hiervon ausgehend haben die Postkeynesianer eine breite Palette von Erklärungsansätzen herausgearbeitet, auf die ich hier im einzelnen nicht eingehen kann (vgl. dazu HARCOURT, 1988, der drei Hauptgruppen und einige herausragende Einzelpersonen – insbesondere KALDOR – unterscheidet). Trotz (oder wegen) dieser Vielfalt ist der Einfluß der Postkeynesianer auf die heutige makroökonomische Theorie trotz vieler treffender Einsichten und Ansätze gering. Dafür gibt es mehrere Gründe. Insbesondere verführt ihre Ablehnung einer mechanistischen *IS/LM*-Analyse die Postkeynesianer dazu, auf eine vollständige, empirisch überprüfbare (und zu diesem Zwecke *VGR*-konforme) Kreislaufanalyse zu verzichten. Dies kommt z.B. sehr deutlich in dem Buch von ARESTIS (1992) mit dem anspruchsvollen Titel „The Post-Keynesian Approach to Economics. An Alternative Analysis of Economic Theory and Policy" zum Ausdruck. ARESTIS präsentiert (S. 111) „The Post-Keynesian Model", in dem die Gesamtnachfrage in nur zwei Blöcke zusammengefaßt wird: „Discretionary expenditure„ (dies umfaßt die privaten und staatlichen Investitionen, die Ausgaben für dauerhafte Konsumgüter und die Exporte) und alle anderen Einkommen. Welche Vorteile diese Blockbildung haben soll, bleibt unklar, ihre Nachteile sind evident. An späterer Stelle hat die fehlende Vollständigkeit bedenkliche Konsequenzen: ARESTIS (S. 255) beginnt mit dem Hinweis auf die saldenmechanische Notwendigkeit, daß ein Defizit der öffentlichen Haushalte einen Überschuß beim Unternehmenssektor oder bei den anderen Sektoren impliziert. Er stellt dann aber nur Überlegungen und Vermutungen über den Unternehmenssektor und einen Teil desselben, nämlich den oligopolistischen Sektor an. Von letzterem behauptet er (S. 256):

„Oligopolistic investment is immune to monetary policy changes, given the self-financing nature of this sector and also its insensitivity to interest rate movements. Oligopolists will expand their plant and equipment to maintain their market share regardless of the going rate of interest."

Da man den oligopolistischen Sektor in der volkswirtschaftlichen Gesamtrechnung nicht wiederfindet, bleibt offen, wie man diese Behauptungen empirisch überprüfen kann. Diese Überprüfbarkeit aber ist wichtig, wenn man – wie ARESTIS (z.B. S. IX) – die neoklassische Theorie wegen ihrer unrealistischen Annahmen angreift.

Auch DAVIDSON (1994) macht sich nicht die Mühe – obwohl sein Buch den Untertitel „A Foundation for Successful Economic Policies for the Twenty-first Century" trägt –. Aussagen über die empirische Bewährung der von Ihm – in enger Anlehnung an KEYNES – verwendeten Hypothesen zusammenzutragen. Bezeichnenderweise fehlen bei ihm – außer für die außenwirtschaftlichen Beziehungen – Ausführungen darüber, wie aufgrund seiner Theorie erfolgreiche Wirtschaftspolitik aussehen könnte.

III.3. Verschärfung der Arbeitslosigkeit durch technischen Fortschritt?

III.3.1. Freisetzungseffekte des technischen Fortschritts

Die Frage, ob und in welchem Umfang der technische Fortschritt das Arbeitslosigkeitsproblem verschärft, hat schon seit Beginn der Industrialisierung die Öffentlichkeit und die Wirtschaftswissenschaft beschäftigt; dennoch bestehen entgegengesetzte Meinungen bis heute fort. Um dieses Problem zu behandeln, gehe ich davon aus, daß die in einer Volkswirtschaft in einer Periode bekannte Produktionstechnik es möglich macht, ein gegebenes Sozialprodukt durch alternative Kombinationen von Arbeit und Kapital herzustellen. Unter dieser vereinfachenden Annahme kann die Produktionstechnik durch die folgende, in der Produktionstheorie häufig verwandte Abbildung veranschaulicht werden: In Abb. III.20 werden auf den Koordinaten der Kapitaleinsatz und der Arbeitseinsatz abgetragen und dann eine Isoquante (X_0 in t_0) eingetragen; an dieser Kurve können die Kombinationen von Arbeit und Kapital abgelesen werden, mit deren Hilfe das Sozialprodukt X_0 hergestellt werden könnte.

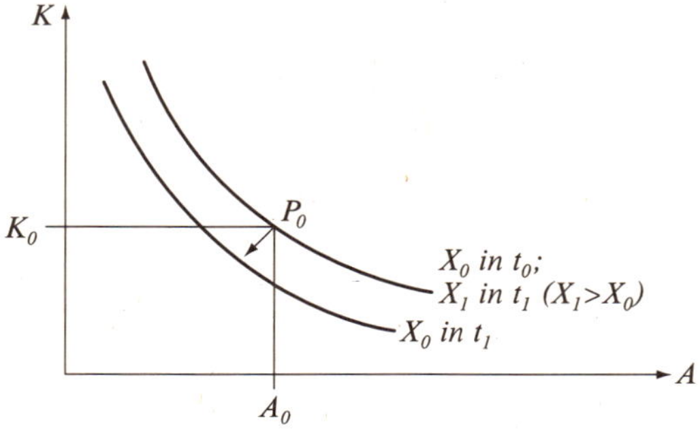

Abb. III.20: Produktionstechnische Alternativen

In der Ausgangsperiode werde das Sozialprodukt X_0 mit dem Kapitaleinsatz K_0 und dem Arbeitseinsatz A_0 hergestellt mit der in der Periode t_0 verfügbaren Technik. Technischer Fortschritt drückt sich in dieser Zeichnung so aus, daß die Isoquante zum Ursprung hin verschoben wird, wodurch angezeigt wird, daß die Produktmenge X_0 in der Periode t_1 nunmehr mit weniger Einsatz von Kapital *und* von Arbeit hergestellt werden kann. Zugleich kann mit den Kombinationen von Kapital und Arbeit, die der ursprünglichen Isoquante zugeordnet sind, in Periode t_1 das höhere Sozialprodukt X_1 hergestellt werden. Beide Darstellungsweisen des technischen Fortschritts sind gleichwertig: Man kann technischen Fortschritt dadurch definieren, daß die gleiche Produktmenge mit weniger Faktoreinsatz hergestellt werden kann, oder dadurch, daß mit gleichem Faktoreinsatz eine höhere Produktmenge erzeugt werden kann.

Die beiden – gleichwertigen – Darstellungen des technischen Fortschritts machen jedoch auch zugleich deutlich, daß der technische Fortschritt *Chance und Risiko* darstellt. Er eröffnet die Chance, mit dem gleichen Einsatz von Arbeit und Kapital ein höheres Sozialprodukt herzustellen und damit das Versorgungsniveau der Bevölkerung zu verbessern. Der technische Fortschritt enthält aber auch das Risiko, daß diese Chance nicht genutzt wird, sondern daß die gleiche Produktmenge wie bisher mit weniger Arbeit und weniger Kapital hergestellt wird, so daß insgesamt Arbeitskräfte freigesetzt werden.

Bezieht man den mit technischem Fortschritt verbundenen Strukturwandel ein, so kann man berücksichtigen, daß durch den technischen Fortschritt immer in bestimmten Regionen, Branchen und Qualifikationsstufen Arbeitskräfte freigesetzt werden. Wird jedoch die Chance des technischen Fortschritts wahrgenommen, so werden an anderer Stelle zusätzliche Arbeitskräfte benötigt, und der Gesamteffekt des technischen Fortschritts auf die Arbeitsnachfrage hängt davon ab, ob die Freisetzung von Arbeitskräften auf der einen Seite kompensiert wird durch Neueinstellungen an anderen Stellen. Da es auf diesen Saldo zwischen Freisetzung und Kompensierenden Neueinstellungen ankommt, wird die Frage, ob der technische Fortschritt das Arbeitslosigkeitsproblem verschärft oder nicht, auch unter dem Stichwort „Nettofreisetzung oder Kompensation“ diskutiert.

Um das Verhältnis von Freisetzungen zu Wiedereinstellungen bestimmen zu können, muß als erstes analysiert werden, welche der verschiedenen möglichen Kombinationen von Arbeit und Kapital die Unternehmer realisieren werden. Diese Frage sei zunächst aus der Sicht des einzelnen Unternehmens, also *mikroökonomisch* betrachtet: Für ein Unternehmen sind Lohnsatz und Zinssatz gegeben, wobei der Zinssatz die Kosten für den Einsatz von Sachkapital wiedergibt, also die Finanzierungskosten für eine Einheit des Kapitalbestandes (der Preis der Investitionsgüter wird gleich Eins gesetzt und tritt explizit nicht in Erscheinung). Es wird wie üblich unterstellt, daß der Unternehmer die Minimalkostenkombination verwirklicht, also die bei gegebenen Faktorpreisen kostengünstigste Faktorkombination. Diese Kombination wird durch den Tangentialpunkt der Isoquante an die niedrigste, für die gegebenen Produktmenge x_{io} erreichbare Isokostenlinie gegeben (s. Abb. III.21).

Die negative Steigerung der Isokostenlinie wird durch das Verhältnis von Lohnsatz zu Zinssatz, kurz das Lohn-Zins-Verhältnis gegeben[1]. Wenn nun der technische Fortschritt zu einer Parallelverschiebung der Isoquanten zum Ursprung hin führt, so verändert sich der Einsatz von Arbeit und von Kapital im gleichen Verhältnis, solange das Lohn-Zins-Verhältnis konstant bleibt. Der Rückgang von Arbeit und Kapital ist am stärksten, wenn der Unternehmer die von ihm produzierte Gütermenge nicht verändert; der Rückgang wird Null, wenn der technische Fortschrift genutzt wird, um mit *un*verändertem Faktoreinsatz die nun mögliche höhere Gütermenge zu produzieren. In diesem Fall werden weder Arbeit noch Kapitalgüter freigesetzt.

Kompliziert werden diese Zusammenhänge dadurch, daß der technische Fortschritt überwiegend nicht die eben angenommene Eigenschaft hat, sondern arbeitsparend ist. Ein solcher Fortschritt ist in Figur III.22 eingezeichnet.

Durch diese Art des technischen Fortschritts, bei der gleichzeitig mit der Verschiebung zum Ursprung hin eine Dehnung der

---

1 Dies zeigen die folgenden Gleichungen:

(1) $\text{Kosten} = l \cdot A + i \cdot p \cdot K \qquad p = 1$

(2) $i \cdot K = \text{Kosten} - l \cdot A$

(3) $K = \frac{\text{Kosten}}{i} - \frac{l}{i} \cdot A$

Daraus folgt für eine gegebene Kostensumme:

(4) $\frac{dK}{dA} = -\frac{l}{i}.$

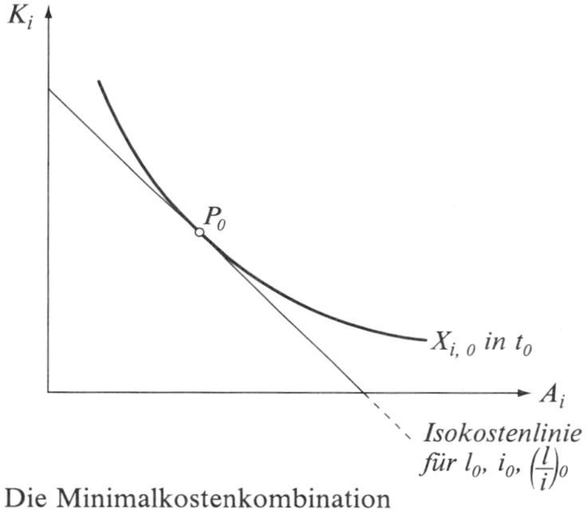

Abb. III.21: Die Minimalkostenkombination

Isoproduktkurven erfolgt, wird bei unveränderter Produktionsmenge viel Arbeit freigesetzt, aber nur wenig Kapital, wenn nicht gar bei genügend starker Drehung der Isoproduktkurve mehr Kapital eingesetzt wird als zuvor. Dieser Mehreinsatz von Kapital mit dem Ziel, die gleiche Produktmenge wie zuvor mit einem neuen Produktionsverfahren zu erstellen, wird als Rationalisierungsinvestition bezeichnet. Dabei ist zu beachten, daß in Fig. III.22 nur die

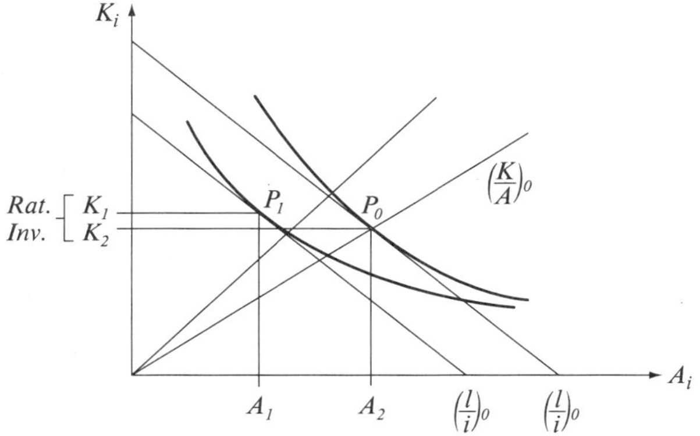

Abb. III. 22: Arbeitsparender technischer Fortschritt

Nettoinvestitionen in Erscheinung treten, nicht dagegen die Ersatzinvestitionen, die ebenfalls eine Rationalisierungskomponente enthalten können.

Infolge des arbeitsparenden technischen Fortschritts, dessen Ursachen hier nicht analysiert werden sollen, wird von den Unternehmen bei unverändertem Lohn-Zins-Verhältnis mit einer höheren Kapitalintensität produziert.

Die bis hierher auf mikroökonomischer Ebene gewonnenen Erkenntnisse sind nun auf die makroökonomische Ebene zu übertragen. Dabei ist zu berücksichtigen, daß Lohnniveau und Zinsniveau im Gegensatz zum technischen Fortschritt nicht als exogene Größen angesehen werden können; denn der technische Fortschritt führt dazu, daß die Arbeitsproduktivität steigt. Dadurch erhöht sich jedoch auch der Spielraum für Reallohnerhöhungen, und in mittelfristiger Betrachtung kann davon ausgegangen werden, daß dieser Spielraum auch ausgenutzt wird und die Reallöhne im Trend ansteigen. Anders ist es beim Zinsniveau: Gerade wegen des arbeitsparenden technischen Fortschritts steigt die Produktion je Kapitaleinheit kaum; auch die historische Erfahrung lehrt, daß langfristig gesehen der reale Zinssatz im Großen und Ganzen konstant bleibt. Übernimmt man diese vereinfachende Annahme für unsere Analyse, so wird für jeden Unternehmer die Isokostenlinie steiler. Die Unternehmer werden daher verstärkt Arbeit durch Kapital substituieren, also mit einer noch höheren Kapitalintensität produzieren.

III.3.2. Kompensierende Beschäftigungseffekte

Die Freisetzungseffekte des arbeitsparenden technischen Fortschritts werden also durch die von ihn ermöglichte Reallohnsteigerung weiter vergrößert. Ihnen stehen kompensierende Effekte gegenüber, wenn die Unternehmer mehr als ihre bisherige Produktmenge erzeugen. Aus der nachstehenden Abb. III.23 läßt sich ablesen, wie groß die Produktmenge sein müßte und gleichzeitig der Kapitaleinsatz, damit die vorher eingesetzte Menge an Arbeit auch weiterhin – trotz der erhöhten Kapitalintensität – beschäftigt wird.

In Abb. III.23 ist außer der durch den arbeitsparenden technischen Fortschritt bei gleichzeitiger Linksdrehung zum Ursprung hin verschobenen Isoquante für das Sozialprodukt X_0 bei der Pro-

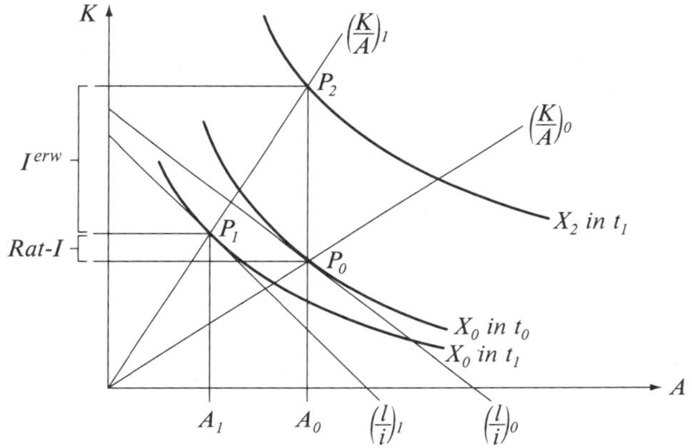

Abb. III.23: Freisetzung und Kompensation bei arbeitsparendem technischen Fortschritt und steigendem Lohnniveau

duktionstechnik in t_1 auch jene Isoquante eingezeichnet, zu der ein Sozialprodukt gehört, für dessen Produktion beim Lohn-Zins-Verhältnis $(^l/i)_1$ die Arbeitsmenge A_0 eingesetzt wird.

Ob es zu einer solchen Ausweitung der Produktionsmengen kommt, hängt von mehreren Bestimmungsgründen ab. Die bei einer Entwicklung gemäß Abb. III.22 auftretenden Rationalisierungsinvestitionen haben kurzfristig einen positiven Effekt auf das Produktionsniveau einer Volkswirtschaft, weil die Investitionsgüter, die zu Rationalisierungszwecken eingesetzt werden, zunächst produziert werden müssen. Dieser Beschäftigungseffekt ist jedoch nur kurzfristig und hält nur solange vor, wie die entsprechenden Investitionsgüter hergestellt werden. Sind dagegen diese Anlagen installiert, geht die Beschäftigung zurück; denn es ist ja die Zielsetzung von Rationalisierungsinvestitionen, Arbeit durch Kapital zu ersetzen.

Daher gilt mittel- und langfristig: Wenn der technische Fortschritt *nur* zu neuen, kapitalintensiven Produktionsverfahren und somit nur zu Rationalisierungsinvestitionen ohne eine Erhöhung der Produktion in der Volkswirtschaft führt, dann geht die Beschäftigung zurück, und die Chancen des technischen Fortschritts werden nicht genutzt.

Es gibt jedoch die andere Möglichkeit: Die durch Rationalisierungsinvestitionen freigesetzten Arbeitskräfte können an anderer

Stelle durch Erweiterungsinvestitionen neue Arbeitsplätze finden. Der technische Fortschritt ruft solche Erweiterungsinvestitionen insbesondere durch Produktinnovationen hervor. Bringt ein Unternehmer neue Produkte auf den Markt, so sind seine Absatzerwartungen bezüglich dieses neuen Produktes nicht von der allgemeinen gesamtwirtschaftlichen Angebots-Nachfragekonstellation abhängig, sondern seine Absatzerwartungen gründen sich auf die Überzeugung, mit dem neuen Produkt neue Absatzmärkte erschließen zu können. Der innovierende Unternehmer wird dann neue Produktionskapazitäten schaffen, als Erweiterungsinvestitionen tätigen und zusätzlich Arbeitskräfte einstellen.

Die Empirie stützt überwiegend diese Vermutung eines positiven Beschäftigungseffekts von Produktinnovationen. ROTTMANN/RUSCHENSKI (1997) fassen ihre Ergebnisse so zusammen (S. 67):

> „Produktinnovationen haben einen deutlich positiven Effekt auf die Beschäftigung, dagegen geht von Prozessinnovationen eine negative, jedoch statistisch nicht signifikante Wirkung aus."

Für das Verhältnis von Freisetzung und kompensierender Wiedereinstellung kommt es also entscheidend auf das Verhältnis von Erweiterungs- zu Rationalisierungsinvestitionen an. Dabei kann das erforderliche Ausmaß von Erweiterungsinvestitionen dadurch vermindert werden, daß es durch Arbeitszeitverkürzung nicht mehr notwendig ist, den gesamten bisherigen Arbeitseinsatz in Stunden in den Produktionsprozeß einzubringen, um das bisherige Beschäftigungsniveau zu halten. Eine Arbeitszeitverkürzung, die keine negativen Rückwirkungen auf das Ausmaß der Erweiterungsinvestitionen in einer Volkswirtschaft hat, kann also das Problem der Freisetzung von Arbeitskräften durch technischen Fortschritt mildern (zur Arbeitszeitverkürzung siehe auch Kap. V).

Das Verhältnis von Freisetzung zur kompensierenden Wiedereinstellung beschäftigte die Nationalökonomie von Anfang an. Schon RICARDO (1821) schrieb im 31. Kapitel seiner „Principles" mit dem Titel „On Machinery", daß die Kompensation der Freisetzungen aufgrund technischen Fortschritts nicht immer gewährleistet ist, sondern daß bei einer sehr raschen und weit verbreiteten Einführung neuer Maschinen durchaus Arbeitslosigkeit resultieren kann. Einschränkend fügt er an (1821, S. 395):

> „To elucidate the principle I have been supposing that improved machinery is *suddenly* discovered and extensively used; but the truth is that these discoveries are gradual ..."

Solche – gesamtwirtschaftlich gesehen – graduellen, schrittweisen und kontinuierlichen Verbesserungen der Produktionstechnik begleiten den Prozeß der kapitalistischen Entwicklung von Anbeginn bis heute und führen ständig zu Freisetzungen von Arbeitskräften in den einen Produktionsprozessen und ihre Wiedereinstellung in anderen. Das Ausmaß, in dem eine Volkswirtschaft die damit verbundenen Umstellungsprozesse bewältigt und dadurch das Entstehen von struktureller Arbeitslosigkeit vermeidet, hängt von vielen Faktoren ab; einige von diesen habe ich im Abschnitt III.1.3. über „Strukturelle Arbeitslosigkeit" behandelt. So stellt sich auch hier die Frage, inwieweit den unterschiedlichen Auswirkungen des technischen Fortschritts in den einzelnen Arbeitsmarktsegmenten durch Änderungen der sektoralen oder qualifikationsmäßigen Lohnstruktur Rechnung getragen werden kann. Auf diese Problematik bin ich bereits in Abschnitt III.1.3.4. eingegangen.

Weitere Faktoren werden in theoretischen und empirischen Untersuchungen zur Frage des Zusammenhangs von technologischem Wandel und Beschäftigung diskutiert. Auf diese Untersuchungen kann hier nicht eingegangen werden – für einen Überblick s. Blattner (1986) u. Hagemann (1985).

Zusammenfassend sei festgehalten, daß die Fortentwicklung der Technik stets zu Freisetzungen führt, die durch kompensierende Mehrbeschäftigung an anderer Stelle ausgeglichen werden können. Von *technologischer Arbeitslosigkeit* sollte man daher nur dann sprechen, wenn sich Beschleunigungen im technischen Wandel ereignen, welche die Kompensationsanforderungen drastisch erhöhen und die Kompensationsmöglichkeiten der Volkswirtschaft übersteigen. Die empirischen Untersuchungen zu dieser Frage kommen für die BR Deutschland zu dem Ergebnis, daß eine derartige Beschleunigung des technischen Wandels in den Jahren nach 1973 gegenüber der vorangehenden Nachkriegszeit nicht festgestellt werden kann: So kommt Klauder vom Nürnberger „Institut für Arbeitsmarkt und Berufsforschung„ zu folgendem Ergebnis (1986, S. 1): „Für die derzeitige Arbeitslosigkeit kann nicht der technische Fortschritt verantwortlich gemacht werden. Sie ist vielmehr Folge von Wachstumseinbrüchen und Wachstumsschwäche bei einem gleichzeitigen erheblichen Anstieg des Erwerbspersonenpotentials."

Diese Feststellung ist auch wichtig für die wirtschaftspolitische Diskussion, in der manchmal die Forderung nach einem Abbremsen des technischen Wandels zwecks Bekämpfung von Arbeitslosigkeit erhoben wird (vgl. dazu unten, Abschnitt V.2).

III.4. Arbeitslosigkeit durch internationale Arbeitsteilung?

Im Zusammenhang mit der zunehmenden internationalen wirtschaftlichen Verflechtung, die in den 90er Jahren unter dem Stichwort „Globalisierung" verstärkt diskutiert wird, gewinnt angesichts der zunehmenden dauerhaften Arbeitslosigkeit die Frage an Bedeutung, ob durch die internationale Arbeitsteilung in den Industriestaaten und insbesondere in Deutschland die Arbeitslosigkeit erhöht wird. Diese Frage wird zum einen auf die Gesamtwirtschaft, zum anderen auf bestimmte, besonders betroffene Teilbereiche der Wirtschaft bezogen.

Für die Gesamtwirtschaft wird angesichts der zunehmenden Integration von Niedriglohnländern, zu denen seit 1989/90 die osteuropäischen Staaten hinzugetreten sind, vielfach die Befürchtung geäußert, Produktionsstätten in Deutschland seien angesichts der hohen Stundenlöhne nicht wettbewerbsfähig. Diese Befürchtung kann sich auf die Gegenwart, aber auch auf die Zukunft beziehen. Bezüglich der Situation Deutschlands in den 90er Jahren kann eindeutig festgestellt werden, daß die deutschen Unternehmen nach wie vor wettbewerbsfähig sind. Dies läßt sich daran ablesen, daß die Exportüberschüsse Deutschlands seit dem Rückgang nach der Vereinigung zwischen Ost- und Westdeutschland wieder kontinuierlich ansteigen. Wegen der Negativsalden in der Dienstleistungs- und Übertragungsbilanz befindet sich die deutsche Leistungsbilanz allerdings in einem geringen Defizit, das im Laufe der Jahre jedoch kontinuierlich reduziert werden konnte. Offensichtlich können in Deutschland produzierte Erzeugnisse in großem Umfang auf dem Weltmarkt abgesetzt werden, und sie können sich auch auf dem Binnenmarkt gegen importierte Güter behaupten; andernfalls konnte der Exportüberschuß nicht bestehen bleiben und schon gar nicht zunehmen.

Die gegenwärtige Wettbewerbsfähigkeit garantiert nicht ihr Fortbestehen in der Zukunft. Vielmehr kann die deutsche Wettbewerbsfähigkeit nur erhalten bleiben, wenn es gelingt, durch die Schaffung von entsprechend hochproduktiven Arbeitsplätzen die hohen Löhne zu erwirtschaften, an die die deutschen Arbeitnehmer gewöhnt sind. Hierfür ist es erforderlich, daß Deutschland weiterhin in den von Hochtechnologien geprägten Sektoren der Wirtschaft mit der internationalen Entwicklung mithält oder sie sogar anführt. Die Säulen der deutschen Exportwirtschaft sind Branchen, die generell als Hochtechnologiebranchen eingeordnet werden, wie der Fahrzeugbau, die Chemische Industrie, der Maschinenbau und die Elektrotechnik.

Eine Gefährdung der künftigen deutschen Wettbewerbsfähigkeit kann darin gesehen werden, daß Deutschland in den Spitzentechnologien wie Biotechnologie, Mikroelektronik und Multimediatechnik weltweit keine Spitzenstellung einnimmt. Vielmehr dominieren dort die USA und Japan. Die deutsche Industrie hat es jedoch bisher verstanden, die Ergebnisse der Spitzentechnologien, soweit erforderlich und sinnvoll, für die Entwicklung ihrer Hochtechnologiebranchen zu nutzen, und es gibt keine Gründe zu vermuten, daß es ihr an dieser Fähigkeit in Zukunft mangeln wird. Allerdings bedarf dies ständiger Anstrengungen und ständiger Innovationen.

Die Wettbewerbsfähigkeit der in Deutschland erfolgenden Produktion ist bislang gewahrt worden, obwohl ständig an den verschiedensten Stellen Arbeitsplätze ins Ausland verlagert werden, insbesondere in der Form, daß Vorleistungen, die bisher in Deutschland produziert wurden, nun im Ausland produziert werden. Diese Verlagerung von Arbeitsplätzen löst jedoch Gegenkräfte aus, durch die die Nachfrage nach in Deutschland produzierten Gütern erhöht wird. Die Verlagerung von Arbeitsplätzen ins Ausland führt nämlich dazu, daß dort zusätzliche Devisen erwirtschaftet werden, entweder indem die verlagerte Produktion – wie im Falle der Vorleistungen – exportiert wird, sei es, daß die nunmehr ins Ausland verlagerte Produktion dort bisher importierte Güter ersetzt. In beiden Fällen verfügt die ausländische Wirtschaft über mehr Devisen. Diese benutzt sie dafür, um ausländische Erzeugnisse zu kaufen. Dies gilt gerade für die Niedriglohnländer, die versuchen, ihre Wirtschaft aufzubauen. Von dem Bemühen um Wirtschaftswachstum profitiert besonders Deutschland als ein Land, das in großem Umfange Investitionsgüter exportiert.

Die Relevanz dieser Überlegung läßt sich daraus ablesen, daß Deutschland gegenüber allen Entwicklungsländern und auch gegenüber allen osteuropäischen Staaten einen Exportüberschuß aufweist. Eine Ausnahme bilden 1997 allein China und Taiwan.

Verläßt man die gesamtwirtschaftliche Ebene und betrachtet besonders von der Arbeitslosigkeit durch internationale Arbeitsteilung betroffene Gruppen, so stehen die niedrigproduktiven Arbeitsplätze im Vordergrund, auf denen international handelbare Güter produziert werden. Die Tendenz, daß in einem Hochlohnland die dem internationalen Handel ausgesetzten niedrigproduktiven Arbeitsplätze im Zeitablauf abgebaut werden, ist unbestreitbar und läßt sich in Deutschland bereits seit Jahrzehnten beobachten. So ist bereits in den 60er und 70er Jahren in Deutschland die Textil-, Bekleidungs- und Schuhindustrie drastisch geschrumpft. Diese Tendenz wird sich weiterhin fortsetzen, woraus sich für Deutschland insbesondere ein Qualifizierungsproblem ergibt: Wenn die niedrigproduktiven Arbeitsplätze ins Ausland verlagert werden, dafür aber das Ausland verstärkt Hochtechnologieprodukte aus Deutschland kauft, dann ergibt sich eine Verschiebung in der Struktur der Arbeitsplätze. Diese führt zu Arbeitsmarktproblemen für niedrigqualifizierte Personen, sofern diese nicht im Dienstleistungsbereich einen Arbeitsplatz finden. Um zu vermeiden, daß sich aus diesem Strukturwandel eine zunehmende Arbeitslosigkeit geringqualifizierter Arbeitskräfte ergibt, ist es erforderlich, die Qualifikationsbemühungen zu verstärken. Dazu gehört auch, daß es gelingen muß, für möglichst viele Jugendliche Lehrstellen zu finden, und zwar möglichst in Branchen, in denen ihre Qualifikationen auch nach Abschluß der Ausbildungszeit benötigt werden.

Illusorisch wäre es, der Tendenz zur Abwanderung niedrigproduktiver Arbeitsplätze durch stärkere Spreizung der Lohnstruktur entgegenwirken zu wollen: Auf absehbare Zeit sind die Lohnunterschiede zwischen den Niedriglohnländern und Deutschland so hoch, daß sie durch eine mit dem deutschen Sozialsystem und der Grundkonzeption der sozialen Marktwirtschaft vereinbare Lohndifferenzierung nicht beseitigt werden können.

Zusammenfassend kann die Frage, ob sich durch die internationale Arbeitsteilung künftig eine Erhöhung der Arbeitslosigkeit ergeben kann, dahingehend beantwortet werden, daß diese Gefahr dann besteht, wenn es der deutschen Wirtschaft nicht gelingt, insbesondere im Bereich der Hochtechnologien innovativ und kreativ zu bleiben, und wenn die Wirtschaftspolitik bei der Aufgabe versagt, für eine möglichst breite und umfassende Qualifizierung des deutschen Erwerbspersonenpotentials zu sorgen. Bislang konnten diese Aufgaben hinreichend bewältigt werden, so daß die Arbeitslosigkeit in Deutschland nicht das Ergebnis der zunehmenden internationalen Arbeitsteilung ist, sondern sich aus Gründen ergibt, die im Inland zu suchen sind, und die in den vorangehenden Abschnitten des Kapitels III erörtert worden sind.

III.5. Ergebnisse empirischer Analysen der Ursachen von Arbeitslosigkeit

Die Kontroverse zwischen der keynesianischen und der neoklassisch-monetaristischen Erklärung der niveaubedingten Arbeitslosigkeit und die Kontroverse darüber, ob die in der Realität zu beobachtende Arbeitslosigkeit ganz oder nur teilweise durch strukturelle Faktoren erklärt werden kann, bilden den Ausgangspunkt zahlreicher empirischer Untersuchungen.

Für Deutschland gelangt die sehr detaillierte statistisch-empirische Analyse von FRANZ/KÖNIG (1986) zu folgenden Aussagen über die Ursachen für die Zunahme der Arbeitslosigkeit seit dem 1. Ölpreisschock (Herbst 1973):

a) Eine wichtige Ursache für die Zunahme der Arbeitslosigkeit liegt auf der Angebotsseite, nämlich in der Zunahme der Bevölkerung im erwerbsfähigen Alter und der höheren Erwerbsbeteiligung der Frauen.
b) Strukturelle Faktoren sind *keine* wichtige Ursache für die Zunahme der Arbeitslosigkeit („Our paper finds no convincing evidence that structural factors are a major reason for the rise in German unemployment", S.S242). Dieses Ergebnis wird durch den SVR bestätigt, der für 1991 die Zahl der strukturbedingt Arbeitslosen auf 0,5 Mio. Personen schätzt (Jahresgutachten 1994/95, Tz 433).
c) In den 70er Jahren sind die realen Lohnstückkosten gestiegen und haben die Angebotsbedingungen verschlechtert; andererseits hat der anschließende Rückgang der realen Lohnstückkosten nicht verhindert, daß die Beschäftigung im Verarbeitenden Gewerbe weiter gefallen ist.
d) Für die 80er Jahre treten Nachfragefaktoren als Ursachen für die Verdoppelung der Arbeitslosenquote deutlich hervor.
e) Ein auffälliges, noch nicht genügend analysiertes Problem stellt die große Zahl der Überstunden dar, die in der westdeutschen Wirtschaft trotz hoher Arbeitslosigkeit geleistet werden. Sie deuten darauf hin, daß bestimmte institutionelle Regelungen (Kündi-

gungsschutzgesetz) die Kündigung von Arbeitskräften schwierig und teuer machen, so daß die Unternehmer bei Neueinstellungen zurückhaltend sind.

Eine ähnliche Gewichtung der Ursachen findet auch BRUNO (1986) in einer Untersuchung der OECD-Länder, die zu dem Ergebnis führt, daß die Erhöhung der Arbeitslosigkeit in den frühen 80er Jahren in erster Linie auf dem Rückgang der Nachfrage nach Arbeit beruht. Diese wiederum beruhe wesentlich auf einer Verlangsamung der Investitionstätigkeit, die mit der Gewinnkompression zusammenhänge. Dies aber sei mehr eine Folge der gedrückten Nachfrage als eine direkte Folge zu hoher Reallöhne (1986, S.S37). Bei einer isolierten Untersuchung der einzelnen Länder findet BRUNO eine Bestätigung dieser Ergebnisse (1986, S.S45), und er betont die Rolle der kontraktiven Globalsteuerung für den Nachfragerückgang.

Auch BEAN/LAYARD/NICKELL (1986) finden in ihrer Multi-Länder-Studie, daß sowohl Reallohnniveau als auch die Nachfrageentwicklung die Arbeitslosigkeit beeinflußt haben, und bezeichnen den Rückgang der Nachfrage, relativ zum Produktionspotential, als eine wichtige unmittelbare Ursache für den Anstieg der Arbeitslosigkeit, insbesondere in der Europäischen Gemeinschaft. Auch Angebotsfaktoren hätten, das sei klar, eine signifikante Rolle gespielt.

Die Nachfrageentwicklung erweist sich also in allen drei repräsentativen Studien als eine – wenn nicht in den letzten Jahren als *die* – wichtige Ursache der Arbeitslosigkeit. Daneben spielt auch das Reallohnniveau eine Rolle.

Literaturhinweise zu Kap. III

Die Literatur zu KEYNES und den Keynesianismus ist kaum zu überblikken. Sie ist anläßlich des 50. Jahrestages des Erscheinens der „General Theory" durch mehrere Sammelbände angereichert. Eine sehr gute, relativ kurze Darstellung der Grundideen und des Theoriegebäudes von KEYNES bietet der Aufsatz von LANDMANN (1976). Person und Werk schildert SCHERF (1986) in einem schmalen Band.

Dem Arbeitsmarkt wird in vielen Lehrbüchern der Makroökonomie ein eigenes Kapitel gewidmet (z.B. in BURDA/WYPLOSZ, 1994, Kapitel 5) oder er wird bei der Präsentation des vollständigen keynesianischen Modells eingeführt (z.B. in FELDERER/HOMBURG, 1994, § 40). Immer aber wird nur ein neoklassischer Arbeitsmarkt dargestellt, ohne die Bedingungen für seine Gültigkeit genügend hervorzuheben (vollständige Konkurrenz und die Dominanz des Substitutionseffektes). Dementsprechend werden in diesen Lehrbüchern keynesianische Modelle, die den Arbeitsmarkt einschließen, immer in der Tradition der neoklassischen Synthese dargestellt.

In speziellen Lehrbüchern oder Monographien zum Arbeitsmarkt werden zwar andere Akzente gesetzt, aber die graphische oder algebraische Darstellung des Arbeitsmarktes bleibt im neoklassischen Fahrwasser. Auch Autoren, die der Neoklassik durchaus kritisch gegenüber stehen, äußern zwar ihre Kritik, gelangen aber nicht zur Präsentation eines Arbeitsmarktes, der den Grundideen der Theorie von KEYNES gerecht wird. Als sehr lesenswerte Bücher dieser Art empfehle ich ROTHSCHILD, „Theorien der Arbeitslosigkeit" (2. Aufl., 1994) sowie SESSELMEIER/BLAUERMEL, „Arbeitsmarkttheorien. Ein Überblick" (2. Aufl., 1997). Einen großen und wichtigen Schritt in Richtung auf ein zur Dominanz unvollständiger Konkurrenz passendes Arbeitsmarktmodell vollziehen LAYARD/NICKELL/JACKMANN (1991) in Chapter 8 ihrer sehr empfehlenswerten Monographie „Unemployment. Macroeconomic Performance and the Labour Market". Sie verwenden dort das in Abschnitt II.2.2.5. dargestellte „Referenzmodell" des Arbeitsmarktes.

Beide Monographien widmen den Problemen der strukturellen Arbeitslosigkeit und den Begründungsansätzen für rigide Löhne große Aufmerksamkeit. Dies gilt noch mehr für das umfangreiche Lehrbuch von W. FRANZ mit dem Titel „Arbeitsmarktökonomik" (3. Aufl., 1996). W. FRANZ untermauert seine Analysen durch zahlreiche Ergebnisse statistischer und ökonomischer Untersuchungen, deren Vorgehensweise von ihm erläutert wird.

Die aktuellen Schwerpunkte der wissenschaftlichen Diskussion über die Probleme des Arbeitsmarktes und der Arbeitslosigkeit lassen sich zwei inhaltsreichen Sammelbänden entnehmen, nämlich dem von GAHLEN/HESSE/RAMSER herausgegebenen Band „Arbeitslosigkeit und Möglichkeiten der Überwindung" (1996) sowie dem von W. FRANZ herausgegebenen Band „Mikro- und makroökonomische Aspekte der Arbeitslosigkeit" (1992). Für eine kurze Darstellung der Arbeitsmarkttheorien sei auf ABB/AUER/MINZ (1992) verwiesen.

Einen detaillierten, differenzierten und empirisch fundierten Vergleich der Funktionsweise des deutschen und der US-amerikanischen Arbeitsmarktes findet man in dem Sammelband „Institutional Frameworks and Labor Market Performance. Comparative Views on the U.S. and German Economies", den BUTTLER/FRANZ/SCHETTKAT/SOSKICE 1995 herausgegeben haben.

Eine knappe und pointierte Darstellung der konkurrierenden beschäftigungstheoretischen Positionen in der modernen makroökonomischen Theorie bieten SOLOW (1980), KALMBACH (1985) sowie – aus neoklassischer Sicht – BERTHOLD (1988).

Eine eigene ökonomisch und politökonomisch begründete Erklärung der Arbeitslosigkeit liefert VOGT (1983); sie hat zu heftigen Auseinandersetzungen mit anderen „kritischen Ökonomen“ geführt. Die Kritik und VOGTS Gegenkritik ist in R. HICKEL (1986) veröffentlicht.

Eine kurze und verständliche Darstellung seiner Position zu den Ursachen der Arbeitslosigkeit formuliert GIERSCH (1977) in seinem Beitrag „Konjunkturelle, strukturelle und internationale Aspekte des Arbeitslosenproblems“.

Den besten Einstieg in die Diskussion um die „Neue Makroökonomie“ bieten die Artikel von GREENWALD/STIGLITZ (1993) und TOBIN (1993) im „Journal of Economic Perspectives“ sowie die Einleitung von MANKIW/ROMER (1991) zu ihrem Sammelband. Die in den 70er Jahren dominierenden Ansätze der „Neuen keynesianischen Makroökonomie (*NKE*) und die „New Classical Makroeconomics (*NCE*)“ werden in den Kapiteln X und XI in FELDERER/HOMBURG (1994) ausführlich behandelt.

Zu einzelnen Komponenten bzw. Erklärungsansätzen der Arbeitslosigkeit sei noch auf folgende Literatur verwiesen:

1. Die klassische Kritik an dem Versuch, die gesamte Arbeitslosigkeit als (freiwillige) Such-Arbeitslosigkeit zu deklarieren, findet sich in dem Artikel „Arbeitslose, gibt's die?“ von ROTHSCHILD (1978)
2. Die Ursachen der strukturellen Arbeitslosigkeit i.e.S. liegen auf der Nachfrageseite im Strukturwandel der Güterproduktion. Dessen Ursachen werden von HÜBL/SCHEPERS ausführlich in ihrem Buch „Strukturwandel und Strukturpolitik“ (1983 a) und kurzgefaßt in ihrem WISU-Beitrag „Ursachen des sektoralen Strukturwandels“ (1983 b) behandelt.
3. Die Gründe für die Wachstumsschwäche in den westeuropäischen Industriestaaten seit Mitte der 70er Jahre analysiert u.a. BOMBACH (1985).

IV. Inflation und Beschäftigungsgrad

In diesem Kapitel werden die verschiedenen Ansätze zur Erklärung der schleichenden Inflation dargestellt, die in der Nachkriegszeit zu einem dauerhaften Prozeß geworden ist. Es gilt daher, die Dauerhaftigkeit des Inflationsprozesses zu erklären und z.B. die folgende Frage zu beantworten: Weshalb führt ein einmaliger inflationärer Impuls – z.B. der Ölpreisschock vom Herbst 1973 – nicht nur zu einer einmaligen Erhöhung des Preisniveaus, sondern zu stets neuen Preissteigerungen, also zu einer dauerhaft höheren Inflationsrate?

Für die Erklärung der schleichenden Inflation und ihrer Dauerhaftigkeit stehen sich – wie bei der Erklärung der niveaubedingten Arbeitslosigkeit – der keynesianische und der neoklassisch-monetaristische Ansatz gegenüber. Kennzeichnend für den letzteren ist die deutliche Zweiteilung in die neoklassisch fundierte Erklärung der Arbeitslosigkeit durch den Arbeitsmarkt und in die monetaristisch fundierte Erklärung der Inflation durch die Geldsphäre. Dies entspricht der alten neoklassischen Trennung zwischen realer Sphäre, in der die relativen Preise die Zuordnung (Allokation) der Ressourcen auf die einzelnen Produktionsprozesse regulieren, und der monetären Sphäre, in der die Geldmenge das Preisniveau bestimmt. Die Zweiteilung wird auch als „(neo-)klassische Dichotomie" bezeichnet.

In der keynesianischen Theorie dagegen stand zunächst auch hier die Güternachfrage am Anfang der Erklärung. Die Erfahrung mit der schleichenden Inflation lehrte jedoch, daß für die Inflationserklärung das Anbieterverhalten auf dem Güter- und Arbeitsmarkt eine zentrale Rolle spielt. Die Entscheidungssituation der Anbieter von Gütern ist nämlich komplexer, als bisher in Kap. III. dargestellt. Die Unternehmer müssen nicht nur überlegen, mit welcher Nachfrage sie rechnen können, sondern sie müssen entscheiden, in welchem Umfange sie auf eine von ihnen erwartete Änderung der Güternachfrage mit Mengenänderungen oder mit Preisänderungen reagieren. Dabei müssen sie auch Vorstellungen darüber haben, wie sich das Lohnniveau entwickeln wird; sie müssen mithin Annahmen über das Verhalten der Anbieter von

Arbeit treffen sowie über die Reaktion der Arbeitgeber auf entsprechende Lohnforderungen.

Dieses komplexe Beziehungsgeflecht bedeutet eine *Abschwächung* der Hierarchie der Märkte, da die Entscheidungen auf dem Arbeitsmarkt nun ein größeres Gewicht erhalten.

In *beiden* Theorieansätzen wird das Verhalten der Wirtschaft gegenüber inflationären Impulsen stark davon geprägt, in welcher Situation sich der Güter- und der Arbeitsmarkt in der Ausgangssituation befinden. Dieser Zusammenhang zwischen Inflationsentwicklung, Kapazitätsauslastung und Beschäftigungssituation bleibt jedoch in fast allen Darstellungen der Inflationstheorie im Hintergrund. In diesem Kapitel wird dagegen herausgearbeitet (und durch die Gliederung betont), welche Beschäftigungssituation die verschiedenen Inflationstheorien implizit oder explizit bei ihrer Inflationserklärung unterstellen. Dabei sind zwei Situationen zu unterscheiden: Vollbeschäftigung (in einem speziellen, für die Inflationserklärung geeigneten Sinne) und Unterbeschäftigung. Diese kann mit konstanter Arbeitslosenquote oder als Stagflation (Inflation bei *stag*nierender Produktion) mit zunehmender Arbeitslosigkeit verbunden sein.

Die Erklärungen von Inflation bei Vollbeschäftigung werden zuerst dargestellt, weil diese Problemlage relativ einfach zu erklären ist und von der Wirtschaftstheorie zeitlich vor den anderen analysiert worden ist.

In allen Erklärungssätzen zu den beiden Konstellationen – auch bei den Ansätzen, die die Ursache der Inflation im realen Sektor suchen – spielt die Entwicklung der Geldmenge indirekt oder direkt eine Rolle. Daher behandle ich im ersten Abschnitt dieses Kapitels die Bestimmungsgründe der Geldmenge und die Frage, inwieweit die Zentralbank deren Entwicklung steuern kann.

Da in der Inflationstheorie strukturbedingte Komponenten ziemlich geringe Bedeutung haben, werden sie *nach* der Darstellung der beiden „großen" konkurrierenden Erklärungsansätze nur kurz und der Vollständigkeit halber angesprochen.

Den Abschluß des Kapitels bildet Abschnitt IV.5., in dem alle Wechselwirkungen zwischen Inflation und Arbeitslosigkeit einbezogen werden; die empirische Grundlage der Diskussion bilden Phillipskurven für mehrere wichtige Industrieländer, für deren Interpretation die vorher erörterten Theorien der Arbeitslosigkeit und der Inflation um weitere Gesichtspunkte ergänzt werden müssen. Abschließend kann dann eine Antwort auf die in Kap. II.

offen gelassene Frage versucht werden, of Preisstabilität als eine Voraussetzung für dauerhafte Vollbeschäftigung oder als konkurrierendes Ziel anzusehen ist.

IV.1. Geldmengenentwicklung und -steuerung

IV.1.1. Definition und Bestimmungsgrößen der Geldmenge (M_1, M_2, M_3)

In der internationalen Diskussion und auch in den Statistiken über das Geldwesen ist es üblich geworden, zwischen den Geldmengen M_1, M_2 und M_3 zu unterscheiden. Auch die Deutsche Bundesbank benutzt diese Dreiteilung und stellt in ihren Monatsberichten die Bestimmungsgrößen dieser unterschiedlichen Geldmengen in einer Tabelle dar, die von folgender Grundidee ausgeht: Wenn eine Geschäftsbank einem Unternehmen, einem privaten Haushalt oder einem öffentlichen Haushalt einen Kredit von DM 100,– gewährt und diese Summe seinem Konto gutschreibt, so schlägt sich dies in entsprechend erhöhten Sichteinlagen beim Bankensystem nieder. Nehmen wir nun an, der kreditnehmende Unternehmer bezahle mit dem ihm nunmehr zur Verfügung stehenden Sichtguthaben Rechnungen für gekaufte Maschinen und zahle Löhne an seine Arbeiter aus usw. Infolgedessen landen die DM 100,– auf den Konten anderer Personen, die dieses ihnen zugewachsene Geldvermögen in unterschiedlicher Form halten dürften, wodurch die konsolidierte Bilanz des Bankensystems z.B. die nachstehenden Änderungen erfährt:

Änderungen in der Bilanz des Bankensystems (einschl. Bundesbank)

Kredite:	+100	Bankguthaben von Ausländern	+ 5			
		Banknoten (a)	+ 5	M_1	M_2	M_3
		Sichteinlagen	+ 10	M_1	M_2	M_3
		Terminguthaben (unter 4 Jahren)	+ 10		M_2	M_3
		Sparguthaben mit gesetzl. Künd.-frist	+ 15			M_3
		Sparbriefe u.a.	+ 55			Geldkapital

(a) Außerhalb des Bankensystems umlaufend (im In- und Ausland)

Die auf der Passivseite des Bankensystems erscheinenden Positionen werden also unterschiedlichen Abgrenzungen der Geldmenge zugeordnet, oder sie gelten als Geldkapital. Geldmengenerhöhung und Geldkapitalbildung sind mithin unterschiedliche *Formen* der Geldvermögenshaltung. Die Reihenfolge der aufgeführten Positionen erfolgt nach dem Grad der Liquidität bzw. der „Geldnähe" (vgl. dazu DUWENDAG u.a., 1993, 1. Kap.). Dabei kann die Grenze zwischen Geldmenge und Geldkapital nur durch Konvention festgelegt werden.

Im Detail sind die Bestimmungsgründe der Geldmengenentwicklung in Tab. 3 dargestellt, die in etwas übersichtlicherer Form die Tab. I.1 der Monatsberichte der Deutschen Bundesbank wiedergibt. Teil A von Tab. 3 zeigt, daß das Ausmaß der Geldschöpfung durch Kreditgewährung unter den deutschen institutionellen Gegebenheiten vor allem von dem Ausmaß der Kreditgewährung der Kreditinstitute (Geschäftsbanken, Sparkassen etc.) abhängt, während die direkte Kreditvergabe der Deutschen Bundesbank, die an private Nichtbanken nicht erlaubt ist, eine geringe Rolle spielt. Wieviele Kredite gewährt werden, hängt nicht nur vom Kreditangebot der Kreditinstitute ab (siehe dazu den nächsten Abschnitt), sondern auch von der Kreditnachfrage der Privaten (darunter insbesondere die Unternehmen) und der öffentlichen Haushalte. Da die privaten Unternehmen vor allem Kredite für Investitionszwecke nachfragen, wird ihre Kreditnachfrage vor allem von der Höhe der geplanten Investitionen und damit von der jeweiligen, auch konjunkturell bestimmten Wirtschaftslage bestimmt.

Ob sich die Geldschöpfung durch Kreditgewährung in einer Geldmengenerhöhung oder in erhöhter Geldkapitalbildung niedergeschlagen hat, ist in Tab. 3 aus Teil B zu ersehen; diese Aufteilung wird durch die Entscheidungen der Geldvermögensbesitzer bestimmt[1]. Zu beachten ist, daß die Zentralbankeinlagen inländischer öffentlicher Haushalte von der Bundesbank keiner der beiden Hauptkategorien Geldkapital oder Geldmenge zugeordnet

1 Seit 1995 wird neben M_3 von der Bundesbank auch eine erweiterte Geldmenge M_3 berechnet. Durch die Erweiterung werden kurzfristige Euroeinlagen bei Auslandsfilialen und -töchtern deutscher Banken, kurzfristige Bankschuldverschreibungen und Anteile an Geldmarktfonds im Besitz von inländischen Nichtbanken einbezogen (vgl. Monatsbericht, Jan. 1995, S. 27ff.)

Tabelle 3: Bestimmungsgründe der Geldmengenentwicklung (in Mrd DM)

	1987	1990	1993	1995	1995 Bestand
A. Kreditgewährung (einschl. Wertpapierkauf)					
1. Kredite an inländische Nichtbanken (NB)					
a. Deutsche Bundesbank	−2,9	−0,2	−5,9	−2,3	9,5
b. Kreditinstitute an:					
Unternehmen und Privatpersonen	+61,2	+180,6	+243,3	+223,0	3369,4
Öffentliche Haushalte	+28,7	+41,6	+97,5	+89,8	1067,5
2. Nettoerwerb von Auslandsforderungen					
a. Deutsche Bundesbank	+41,2	+11,0	−35,8	+17,6	123,3
b. Kreditinstitute	+12,0	+37,4	+29,1	−49,2	867,7
Geldschöpfung durch Kreditgewährung insgesamt:	+140,2	+270,4	+328,3	+278,9	5437,4
B. 1. Geldkapitalbildung inländischer Nichtbanken bei den Kreditinstituten					
a. Termingelder > 4 Jahre	+43,1	+33,1	+32,9	+69,1	726,1
b. Spareinlagen. mit Kündigungsfrist > 3 Monate sowie Sparbriefe	+19,5	+37,4	+9,0	+15,4	523,8
c. Inhaberschuldverschreibungen	−2,0	+76,9	+31,1	+74,8	1002,6
d. Kapital und Rücklagen	+10,0	+14,0	+23,4	+22,4	308,8
B. I. insgesamt	+70,6	+161,4	+96,4	181,7	2561,3
B. 2. Geldmengenerhöhung					
a. Bargeldumlauf	+11,9	+11,6	+11,5	+11,6	237,5
b. Sichteinlagen inländischer NB (außer B.3)	+15,1	+32,8	+43,8	+49,7	578,6
a + b = Geldmenge M1	**+27,0**	**+44,5**	**+55,2**	**+61,2**	**816,1**
c. Termineinlagen inländischer NB (<4 Jahre)	+8,5	+73,1	+66,0	−77,0	441,6
a + b + c = Geldmenge M2	**+35,5**	**+117,6**	**+121,2**	**−15,8**	**1257,7**
d. Spareinlagen inl. NB mit gesetzl. Kündigungsfrist	+27,0	−50,7	+65,0	+101,9	749,7
a + b + c + d = Geldmenge M3	**+62,5**	**+66,9**	**+186,2**	**+86,1**	**2007,4**
B. 3. Sonderposten (Einlagen des Bundes im Bankensystem)	+3,5	+12,3	+13,1	−0,8	2,2
B. 4. Sonstige Einflüsse	+3,4	+31,1	+31,4	+11,9	866,5
B (1, 2, 3, 4) insgesamt	+140,0	+271,7	+327,1	+278,9	5437,4

Quelle: Deutsche Bundesbank, Monatsbericht September 1996, Tab. II.1 und Tab. II.2, S. 8*ff

werden. Dies liegt daran, daß diese Einlagen zwar formal völlig liquide Sichteinlagen darstellen, aber zum erheblichen Teil in Zeiten der Hochkonjunktur mit der Zielsetzung gebildet worden sind oder gemäß dem „Gesetz zur Förderung der Stabilität und des Wachstums" von 1967 aufgrund einer Verordnung der Bundesregierung gebildet werden mußten, um stillgelegt zu werden. Sie stehen daher für Zahlungen nicht zur Verfügung.

Obwohl die Geldschöpfung durch Kreditgewährung vor allem durch Kreditgewährung der Kreditinstitute erfolgt, hat die Zentralbank die Möglichkeit, auf das Ausmaß der Geldschöpfung steuernd einzuwirken. Diese Steuerung ist jedoch indirekt, indem sie die Kreditschöpfungsmöglichkeiten der Kreditinstitute durch geldpolitische Maßnahmen einschränkt oder erweitert. Die Zentralbank kann zwar den Umfang der Kreditgewährung nicht vorschreiben; sie kann aber versuchen, die Kreditinstitute an einer „geldpolitischen Leine" zu führen.

IV.1.2. Die Bedeutung des Zentralbankgeldes für die Steuerung der Geldmenge

Für die indirekte geldpolitische Steuerung stehen der „Deutschen Bundesbank", auf deren Wirken ich mich hier beschränken möchte, die – aus allen einführenden Lehrbüchern bekannten – geldpolitischen Instrumente zur Verfügung. Diese beeinflussen die mengenmäßige Versorgung der Wirtschaft (insbesondere der Kreditinstitute) mit Zentralbankgeld oder sie verändern die Kosten, zu denen die Kreditinstitute sich bei der Bundesbank Zentralbankgeld besorgen können (Diskont-, Lombard-, Swapsätze). Diese geldpolitischen Instrumente werden hier als bekannt vorausgesetzt; die meisten von ihnen sind in Tab. 4 aufgeführt.

Die in einer Volkswirtschaft vorhandene Menge an Zentralbankgeld (Zentralbankgeldmenge) ist keine Teilmenge der Geldmengen M_1, M_2 oder M_3, die aus Forderungen der Nichtbanken an den Gesamten Bankensektor (Geschäftsbanken + Zentralbank) bestehen. Vielmehr setzt sich die Zentralbankgeldmenge aus den beiden folgenden Komponenten zusammen:

a) Forderungen von Nichtbanken an die Zentralbank (Teilmenge von M_1)
b) Forderungen der Geschäftsbanken an die Zentralbank (kein Teil von M_1).

Die unter a) genannten Forderungen der Nichtbanken an die Zentralbank bestehen vor allem aus Banknoten (einschließlich Münzen), aber auch aus Guthaben mancher größerer Unternehmen bei der Zentralbank, in Deutschland meistens bei einer der Landeszentralbank-Filialen.

Die unter b) genannten Forderungen der Geschäftsbanken (mit diesem Ausdruck sind immer alle Kreditinstitute gemeint) bestehen vor allem aus deren Sichtguthaben bei der Zentralbank, die sie dort aufgrund der Mindestreserve-Bestimmungen halten müssen, sowie aus ihren Kassenbeständen.

Die Nichtbanken benötigen das Zentralbankgeld (Banknoten und Münzen) vor allem für die wirtschaftlichen Transaktionen des täglichen Lebens. Für die Geschäftsbanken dagegen ist das Zentralbankgeld eine unverzichtbare Grundlage ihres Kreditgeschäfts, und damit ist das Zentralbankgeld eine Grundlage für die Schaffung von zusätzlichem Geld (M_1, M_2, oder M_3). Dieser Zusammenhang läßt sich anhand der Bilanz einer Geschäftsbank darstellen, auf der die folgenden Geschäfte verbucht werden:

1. Die Bank des Kunden A gewährt ihm einen Kredit über DM 100,– und schreibt sie ihm gut. 2. Der Kunde A bezahlt eine Rechnung seines Lieferanten B, der daraufhin 3. seinem Angestellten C sein Gehalt in Höhe von DM 50,– auf sein Konto bei derselben Bank überweist. 4. Der Angestellte hebt den überwiesenen Betrag von der Bank ab.

Durch die Kreditgewährung an A erfolgt eine Giralgeldschöpfung in gleicher Höhe, die durch die Überweisungen auf das Konto des B und des C nicht berührt wird. Durch das Abheben von DM 50,– wird jedoch die Hälfte des geschöpften Giralgeldes wieder vernichtet und die Bank verliert Zentralbankgeld in gleicher Höhe. Außerdem muß sie für die verbleibenden Sichteinlagen unverzinsliche Guthaben bei der Zentralbank gemäß dem Mindestreservesatz halten (derzeit 2 % bzw. 1,5 % der Sicht- bzw. Spareinlagen); ein Teil der ihr verbliebenen Guthaben bei der Zentralbank wird durch die Mindestreservehaltung blockiert.

Schließlich muß jede Bank damit rechnen, daß ein Teil des gewährten Kredits dazu verwendet wird, Rechnungen von Leuten zu bezahlen, die bei einer anderen Bank Kunden sind. Die Bank verliert dann Forderungen an die Zentralbank an die andere Bank (sofern sie nicht gegenüber dieser Bank direkte Forderungen [„Nostroguthaben"] besitzt).

Für die Beschränkung der Kreditschöpfungsmöglichkeiten des

Tabelle 4: Bestimmungsgründe der Veränderung der Zentralbankgeldmenge (in Mrd. DM)

		1990	1991	1992	1993	1994	1995
A.	**Zentralbankgeldschöpfung (+) bzw. -vernichtung (-) durch andere als geldpolitische Maßnahmen**						
1.	Devisenankäufe (+) bzw. -verkäufe (-)	+9,9	+1,1	+63,6	−16,6	+6,3	+9,0
2.	Rückgang (+) bzw. Anstieg (-) der Nettoguthaben inländ. Nichtbanken bei der Buba	−16,7	+9,2	+15,5	-9,2	+6,4	+0,1
3.	sonstige laufende Transaktionen	−14,4	−18,4	−23,8	−18,9	−28,8	−25,8
4.	Gewinnausschüttung an den Bund	+10,0	+8,3	+14,5	+13,1	+18,3	+10,2
B.	**Geldpolitische Maßnahmen der Buba**						
1.	Freisetzung (+) bzw. Absorption (-) von Zentralbankgeld durch Senkung bzw. Erhöhung der Mindestreservesätze	−0,2	−0,1	−0,9	+32,6	+29,5	+19,6
2.	Ausweitung (+) bzw. Kürzung (-) der Refinanzierungslinien	+25,2	−7,6	−15,5	+0,1	−0,1	+0,0
3.	Wertpapierpensionsgeschäfte	+13,3	+29,8	−16,0	+46,6	−27,2	−12,6
4.	sehr kurzfristige Ausgleichsoperationen	+1,0	+0,8	−2,7	+3,6	−3,2	0,0
5.	sonstige Offenmarktgeschäfte	−0,4	+1,6	+3,3	-26,5	+11,9	+9,6
C.	**Zentralbankgeldschöpfung (+) bzw. -vernichtung (-) auf Initiative der Geschäftsbanken**						
1.	Veränderung der Lombardkredite (Zunahme: +)	+2,3	−2,3	−1,4	+1,1	−0,7	+0,5
2.	Rückgriff auf unausgenutzte Refinanzierungslinien (Abbau: +)	−0,5	−2,0	+2,0	−4,2	+2,7	+0,3
D.	**A. + B. + C.**	29,5	20,4	38,6	21,7	15,1	10,9
E.	**das zusätzliche Zentralbankgeld wurde verwendet für:**						
1.	Zunahme des Bargeldumlaufs	14,2	13,4	24,1	14,2	13,5	10,2
2.	Automatische Stillegung durch Mindestreservesoll bei geg. Sätzen	15,4	6,8	14,6	7,3	1,5	−0,4
ΣE							

Quelle: Monatsberichte der Deutschen Bundesbank, September 1996, Tab. II.3., S. 12*.

gesamten Geschäftsbankensystems durch die Zentralbankgeldmenge spielt jedoch nur die Mindestreserveverpflichtung eine Rolle sowie die durchschnittliche Neigung der Bankkunden, zusätzliche Sichtguthaben in Zentralbankgeld umzuwandeln. Diese Neigung wird durch die Bargeldquote (*b*) ausgedrückt, die angibt, welchen Teil ihres Geldes die Kunden als Bargeld halten. Für den vereinfachten Fall, daß für alle Guthaben der Nichtbanken bei den Geschäftsbanken der gleiche Mindestreservesatz (*r*) gilt, ergibt sich der folgende maximale Kredit- und Geldschöpfungsspielraum der Geschäftsbanken[1]:

$$\text{(IV.1)} \qquad M^{max} = \frac{1}{b + r\,(1 - b)} \cdot M_{ZB}.$$

Der Spielraum ist umso größer, je kleiner Bargeldquote (*b*) und Mindestreservesatz (*r*) sind. Der Quotient auf der rechten Seite wird als Geldschöpfungsmultiplikator bezeichnet. Dieser Multiplikator gibt die maximale Kredit- und Geldschöpfungsmöglichkeit der Geschäftsbanken bei einem gegebenen Bestand an Zentralbankgeld (M_{ZB}) an; damit ist nicht gesagt, daß dieser Spielraum von den Geschäftsbanken stets voll ausgeschöpft wird.

Wie Gleichung (IV.1) zeigt, kann die Zentralbank die Kreditschöpfungsmöglichkeiten der Banken über die Mindestreservebestimmungen und vor allem über die Zentralbankgeldmenge beschränken. Die zweite Möglichkeit zur Beschränkung setzt allerdings voraus, daß die Bundesbank die Zentralbankgeldmenge steuern kann. Um dies zu klären, habe ich aus der Tab. I.3 der Monatsberichte die Tab. 4 für ausgewählte Jahre zusammengestellt. Dort sind in den Zeilen I.1–I.5 die Zentralbankgeldschöpfung bzw. -vernichtung durch alle Geschäftsvorgänge wiedergegeben, die keine geldpolitische Zielsetzung haben. Dieser Teil der Tabelle zeigt: Zentralbankgeld entsteht dadurch, daß die Zentralbank Aktiva erwirbt, die sie mit Zentralbankgeld, also mit Forderungen an sich selbst, bezahlt. Sie schafft damit Zentralbankgeld, betreibt Zentralbankgeldschöpfung; denn vorher war das Zentralbankgeld nicht vorhanden.

In großem Umfang erwirbt oder verkauft die Bundesbank vor allem Forderungen an ausländische Notenbanken (Devisen) und

1 Für die Ableitung der Gleichung (IV.1) s. A. STOBBE (1987), S. 186.

an den Staat. Eine wichtige Rolle spielten in einigen Jahren auch die „Ertragsbuchungen“ der Bundesbank, vor allem in den Jahren 1980 (und 1981), als die Bundesbank bereits hohe Nettozinserträge erhielt (die eine Zentralbankgeldvernichtung zur Folge haben), aber noch keine entsprechenden Gewinnabführungen an den Bundeshaushalt vornehmen mußte.

In Abschnitt II der Tab. 4 sind die geldpolitischen Maßnahmen aufgeführt, die einen direkten Einfluß auf die Höhe der Zentralbankgeldmenge haben. Die Tabelle zeigt, daß in den ausgewählten Jahren die Bundesbank versucht hat, mit ihren geldpolitischen Maßnahmen die extremen Ausschläge in der Zentralbankgeldschöpfung durch die Geschäftsvorgänge unter I. teilweise zu kompensieren.

In Abschnitt III sind zwei weitere Quellen der Zentralbankgeldschöpfung aufgeführt: Die Geschäftsbanken können in einem von der Bundesbank festgelegten Umfang Lombardkredite aufnehmen oder sich durch Verkauf (Rediskontierung) von Handelswechseln oder von bestimmten (ankaufsfähigen) Geldmarktpapieren bei der Bundesbank Zentralbankgeld verschaffen.

Die Summe aller Geschäfte, die zur Zentralbankgeldschöpfung oder -vernichtung führen, ist unter IV angegeben.

Ein großer Teil der zusätzlich geschaffenen Zentralbankgeldmenge wird für eine Erhöhung des Bargeldumlaufes und für ein erhöhtes Mindestreservesoll auf Inlandsverbindlichkeiten verwendet, das sich bei unveränderten Sätzen aus einer Zunahme der mindestreservepflichtigen Einlagen bei den Banken ergibt. In manchen Jahren erreicht die Zentralbankgeldschöpfung nicht den Betrag, der für diese beiden Zwecke benötigt wird.

Das Zentralbankgeld, das den Geschäftsbanken zur freien Verfügung bleibt, ist in Rubrik VI angegeben. Die Bundesbank kann die Veränderung dieser freien Liquiditätsreserven jedoch durch zwei weitere Instrumente unmittelbar beeinflussen, nämlich durch Änderung der Rediskontkontingente und der zugesagten „Linien“ ankaufsfähiger Geldmarktpapiere.

Insgesamt zeigt Tab. 4, daß die Entwicklung der Zentralbankgeldmenge nicht in der Hand der Bundesbank allein liegt, sondern davon abhängt, welche Geschäfte die Bundesbank mit Geschäftsbanken oder Nichtbanken abschließen kann oder abschließen muß (wie im Fall der Devisenankäufe bei festen Wechselkursen). Schließlich hängt die Entwicklung der Zentralbankgeldmenge auch von den Entscheidungen der Kunden darüber ab, in welcher

Form sie ihr Geldvermögen halten wollen und welchen Anteil Bargeld, Sicht-, Termin- und Sparguthaben oder andere, dem Geldkapital zugeordnete Forderungen erreichen.

Während Monetaristen die Entscheidungen der Zentralbank als das Primäre betrachten und daher die Zentralbankgeldmenge als die von der Zentralbank zur Verfügung gestellte Geldbasis bezeichnen, interpretiert die Deutsche Bundesbank dagegen gemäß Tab. 4 die Zentralbankgeldmenge als Indikator der bereits erfolgten monetären Expansion, die sich im Bargeldumlauf und im Mindestreservesoll niederschlägt. Dabei wird nicht behauptet, daß die Zentralbank auf die monetäre Expansion keinen Einfluß habe, sondern nur, daß die Zentralbankgeldmenge nicht die geldpolitischen Instrumente widerspiegelt, sondern deren Wirkung, nämlich die insgesamt erfolgte monetäre Expansion.

Die Entscheidung der Bundesbank für die zweitgenannte Interpretation geht aus SCHLESINGER (1988, S. 12) und aus dem Monatsbericht 1985 (S. 16/17) der Deutschen Bundesbank selbst eindeutig hervor. Dort schreibt die Bundesbank: „Demgegenüber ist die Zentralbankgeldmenge aus der Sicht der Bundesbank ... das Ergebnis des Geldschöpfungsprozesses, an dem neben der Notenbank zu jedem Zeitpunkt auch die Kreditinstitute und Nichtbanken beteiligt sind."

Der Begriff der monetären Expansion, die durch die Ausdehnung der Zentralbankgeldmenge gemessen werden soll, bleibt unscharf. Möglichkerweise ist die Geldmenge M_3 in den Augen der Bundesbank der Meßstab für diese monetäre Expansion; denn alle Bestandteile von M_3 gehen in die Zentralbankgeldmenge ein, wenn auch mit unterschiedlichen Gewichten: Der Bargeldumlauf geht mit einem Gewicht von 1 ein. Die weiteren Bestandteile dagegen haben entsprechend den Mindestreservesätzen ein weitaus geringeres Gewicht. Die monetäre Expansion ist also offenbar etwas anderes als die Expansion der Geldmenge selbst. Es handelt sich anscheinend um die monetäre Expansion, die zu mehr Nachfrage führt bzw. mit mehr Nachfrage verbunden ist. Seine Argumentation ist jedoch nicht überzeugend im Hinblick auf die extrem unterschiedliche Gewichtung von Bargeld und Sichtguthaben, da beide Arten von Geld zur Erledigung laufender Transaktionen verwendet werden.

Als Ergebnis von Abschnitt IV.1. bleibt festzuhalten: Weder die Entwicklung der Geldmenge (M_1, M_2, M_3) noch der Zentralbankgeldmenge hängt allein von den Entscheidungen der Zentralbank ab; die Handlungen der Banken und Nichtbanken wirken auch auf sie ein. Die Zentralbank verfügt jedoch über geldpolitische Instrumente, um diese Handlungen zu beeinflussen, so daß insgesamt die Zentralbanken im allgemeinen die Ausdehnung der Geldmenge nach oben begrenzen können. Schwieriger ist es für sie, eine raschere Ausdehnung der Geldmenge herbeizuführen. Karl Schiller, der ehemalige Bundeswirtschaftsminister, kleidete dies Problem in folgendes Bild: „Man kann die Pferde zwar zur Tränke führen, man kann sie aber nicht zwingen zu saufen."

IV.2. Inflationsursachen im realen Sektor (keynesianische Inflationserklärung)

IV.2.1. Dauerhafte Inflation bei Vollbeschäftigung: Nachfragesogtheorie

Die ersten Ansätze zur Erklärung dauerhafter Inflation gehen von der Situation der *Vollbeschäftigung* aus; dies gilt sowohl für die von Keynes entwickelte Nachfragesog-Erklärung als auch für die quantitätstheoretische Erklärung aus der Geldmengenexpansion. Vollbeschäftigung wird dabei daran gemessen, daß eine Ausdehnung der Produktion durch Änderungen gesamtwirtschaftlicher Aggregate nicht mehr möglich ist. Das bedeutet für den Arbeitsmarkt: Die *niveaubedingte Arbeitslosigkeit ist gleich Null.* Strukturelle Arbeitslosigkeit kann dagegen durchaus bestehen; sie wird weder durch globale Nachfragevariationen noch durch Geldmengenexpansion beeinflußt.

KEYNES entwickelte 1940 seine *Nachfragesoginflationstheorie* (Demand Pull) für den Sonderfall der damaligen britischen Kriegswirtschaft. Wegen des Kriegszustandes konnte die Produktion von Konsumgütern nicht ausgedehnt werden, während gleichzeitig Produktion und Beschäftigung in der Rüstungsindustrie stark anstiegen und zu steigenden verfügbaren Einkommen der privaten Haushalte führten.

In einer solchen Situation muß die steigende Nachfrage der privaten Haushalte nach Konsumgütern (C^N) bei unverändertem Angebot (C^A) zu steigenden Preisen der Konsumgüter führen. Dies verdeutlicht Abb. IV.1.

Die höhere Nachfrage bewirkt einen Preisschub; sie erklärt noch keinen dauerhaften inflationären Prozeß. Dieser ergibt sich

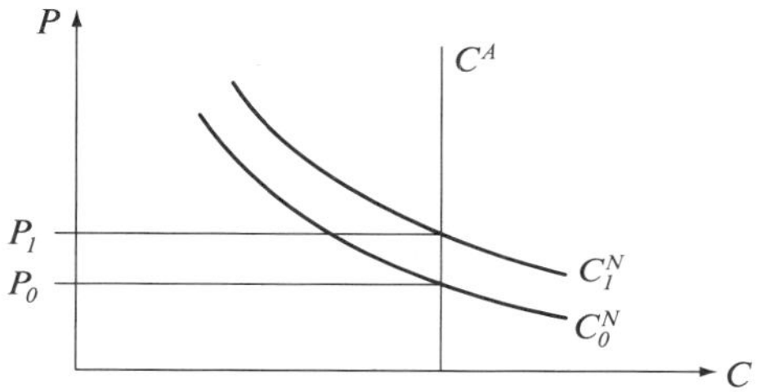

Abb. IV.1: Preisentwicklung bei konstantem Güterangebot

erst, wenn die Löhne wegen der gestiegenen Preise heraufgesetzt werden; denn dann steigt die Nachfrage nominal erneut an (die Nachfragekurve C^N verschiebt sich nach oben); daraus resultiert ein erneuter Preisanstieg, der wiederum – wegen des Nachfragesogs auf dem Arbeitsmarkt – zu steigenden Löhnen führt usw. Man erhält somit eine Preis-Lohnspirale.

Aus dieser Überlegung läßt sich eine allgemeine Inflationserklärung ableiten: Ein dauerhafter inflationärer Prozeß ist zu erwarten, wenn trotz steigender Preise die Nachfrage ständig das Angebot übersteigt. Eine solche Situation ist in Abb. IV.2 in dem üblichen keynesianischen Gütermarkt-Diagramm dargestellt.

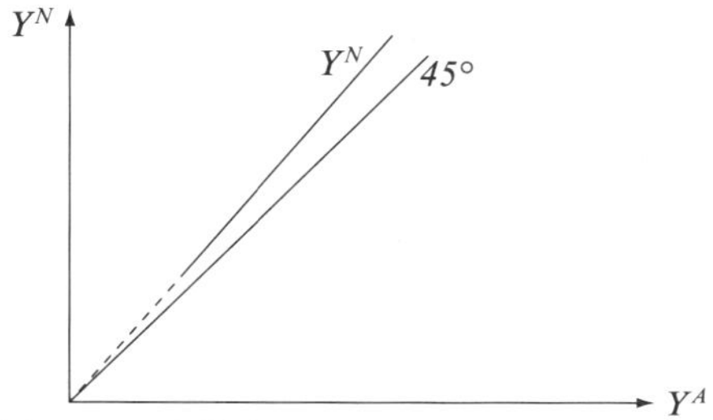

Abb. IV.2: Nachfragesog-Inflation

Produziertes Sozialprodukt (Y^A) und nachgefragtes Sozialprodukt (Y^N) sind in jeweiligen Preisen – also nominal – abgetragen. Das reale Sozialprodukt ist annahmegemäß konstant.

Die Gesamtnachfrage setzt sich aus den Nachfragekomponenten gemäß Gleichung IV.2 zusammen:

(IV.2) $Y^N = C_{pr} + I_{pr} + A_{st} + Ex - Im$

Für eine dauerhafte Preis-Lohn-Spirale müssen alle Größen zusammengenommen proportional zum Preisniveau ansteigen. Dies ist möglich, indem jede einzelne Nachfragekomponente proportional ansteigt, so daß jede Nachfragekomponente real konstant bleibt. Das gleiche Ergebnis tritt ein, wenn die unterproportionale Entwicklung einer Nachfragekomponente durch eine überproportionale Entwicklung einer oder mehrerer anderer kompensiert wird.

Stets ist in einem solchen Inflationsprozeß die Nachfrage größer als das Angebot; insofern erklärt die Nachfragesog-Theorie die schleichende Inflation aus *überhöhten Kaufansprüchen* an das Sozialprodukt: Die Nachfragegruppen wollen insgesamt mehr Güter kaufen, als produziert werden. Der Nachfrageüberschuß ergibt sich aus der Summe privater und staatlicher Nachfrage. Ob eine oder mehrere oder alle Gruppen „zuviel" nachfragen, ist eine Frage, die einen wirtschaftspolitischen Werturteilsmaßstab erfordert. Die Antwort hängt davon ab, welche Entwicklung man für richtig bzw. für „gerecht" hält. Ein Vergleich der zeitlichen Entwicklung reicht für diese Bewertung nicht aus.

Die geschilderte Inflationserklärung setzt voraus, daß die Nachfragegruppen in der Lage sind, ihre Nachfrage nominal stets gemäß der Preisentwicklung auszuweiten. Dementsprechend müssen entweder ihre Einkommen oder ihre Kreditmöglichkeiten mit der Inflation mitsteigen. Da insbesondere die Investitionen zu einem erheblichen Teil aus Krediten finanziert werden, muß mithin die Inflation durch eine entsprechend großzügige Geldpolitik „monetär alimentiert" werden. Eine wachsende Geldmenge ist daher eine notwendige Bedingung für eine dauerhafte Nachfragesog-Inflation, aber keine hinreichende: Erforderlich ist das Wachstum der Nachfrage!

Die Konsumgüternachfrage kann dauerhaft nur ansteigen, wenn das Lohnniveau entsprechend dem Preisniveau ansteigt, die Arbeitnehmer also einen Inflationsausgleich erkämpfen.

Die in der Nachfrage-Sog-Erklärung angenommene Erhöhung der Löhne – zum Ausgleich für steigende Preise – führt nicht nur zum erhöhten nominalen Lohneinkommen, sondern zugleich auch zu erhöhten Lohnkosten je Stück L/X), sobald die Nominallöhne (l) rascher steigen als die Arbeitsproduktivität X/A):

(IV.3) $$\frac{L}{X} \equiv \frac{l \cdot A}{X} \equiv \frac{l}{X/A}$$

Ein genügend rascher Inflationsprozeß ist mithin mit steigenden Lohnkosten verbunden; diese stellen ein Prozeßergebnis dar, das dann seinerseits den Inflationsprozeß weitertreibt, wenn die Unternehmen die gestiegenen Lohnkosten in steigenden Preisen weiterwälzen.

Kostendruck kann jedoch auch als eigenständige Komponente oder exogene Größe auftreten (cost-push). Dies gilt vor allem für Kostensteigerungen aufgrund von Preissteigerungen importierter Roh-, Betriebs- und Hilfsstoffe. Vorstellbar sind auch autonome Lohnsteigerungen oder autonome Gewinnerhöhungen. So hat BENT HANSEN (1951) als Ausgangspunkt eine Faktorlücke gewählt, ist also von einer Situation der Übernachfrage nach Arbeit ausgegangen, und hat daraus eine Lohn-Preis-Spirale abgeleitet.

Die wichtigste wirtschaftspolitische Schlußfolgerung aus der Nachfragesog-Inflationserklärung lautet: Da eine Übernachfrage die Ursache der Inflation ist, muß die Inflation durch Nachfragedrosselung via Geld- und Fiskalpolitik bekämpft werden.

Die entscheidende Schwäche dieser Theorie besteht darin, daß das Preisniveau nur solange ansteigt, wie ein Nachfrageüberschuß besteht. Daraus folgt: Sobald dieser Nachfrageüberschuß verschwunden ist, gibt es keine positive Inflationsrate mehr. In einer konjunkturellen Rezession müßte daher die Inflationsrate gegen Null gehen. In der Nachkriegszeit ist dies jedoch nicht mehr der Fall; die Theorie umfaßt offenbar nicht alle Inflationsursachen und kann Inflation bei Unterbeschäftigung nicht erklären.

IV.2.2. Dauerhafte Inflation bei Unterbeschäftigung: Theorie der Anbieterinflation (Verteilungskampfinflation)

Die Grundstruktur dieser Theorie, in der die Nachfrage- und Kostenaspekte einbezogen werden und die von den meisten Keynesianern vertreten wird, läßt sich durch drei Hypothesen kennzeichnen:

a) In modernen Industriegesellschaften verfügen die Anbieter von Gütern und von Arbeit über Marktmacht, und sie nutzen diese Macht, um über Preis- bzw. Lohnsteigerungen ihre Verteilungsansprüche durchzusetzen.

b) Diese Ansprüche steigen in einer wachsenden Wirtschaft kontinuierlich an, so daß die Verteilungsansprüche größer als das Sozialprodukt bleiben, obwohl dieses wächst, und damit unvereinbar miteinander sind und bleiben.

c) Der hierdurch angefachte dauerhafte Verteilungskampf führt zu schleichender Inflation, auch bei Unterbeschäftigung; diese endet erst, wenn der Verteilungskampf beendet oder verlagert wird.

IV.2.2.1. Marktmacht der Anbieter

Marktmacht der Anbieter liegt dann vor, wenn die Anbieter die Macht haben, ihre Preisvorstellungen weitgehend durchzusetzen. Die Anbieter haben je nach Marktstruktur diese Macht, wenn sie entweder ihre Preise selbständig festsetzen können oder wenn sie bei gemeinsamer Festsetzung – in Verhandlungen mit Nachfragern – ihre Interessen weitgehend durchsetzen können.

Die Anbietermacht ist im erstgenannten Falle am stärksten; denn in diesem Falle handelt jeder Nachfrager für sich allein. Diese Situation ist auf vielen Gütermärkten gegeben. Dort wählen die Güterproduzenten auf der von ihnen angenommenen Preis-Absatz-Funktion den für sie günstigsten Preis aus, der ihre Gewinne maximiert. Die Nachfrager können auf die Preissetzung mit Variation der gefragten Gütermenge reagieren, sie haben aber keinen direkten Einfluß auf die Preissetzung selbst.

Auf solchen Märkten ist die Marktmacht der Anbieter umso größer, je mehr sie den Preiswettbewerb untereinander einschränken. Nach dem deutschen Kartellrecht ist zwar die Bildung von Preiskartellen im allgemeinen verboten, die Unternehmen haben jedoch Ersatzlösungen gefunden, um den Preiswettbewerb dennoch einzuschränken. Ich nenne die folgenden Methoden, ohne auf sie hier näher eingehen zu können:

- Preisführerschaft
- stillschweigende Übereinkommen, die zu Parallelverhalten führen, z.B. zur Überwälzung zusätzlicher Lohnkosten aufgrund von Tariflohnerhöhungen
- Frühstückskartelle

Diese Ersatzlösungen sind weit verbreitet und haben z.T. eine uralte Tradition. Schon Adam Smith beklagte die Frühstückskartelle und stellte fest:

„Leute von demselben Gewerbe kommen selten auch nur zu Lustbarkeiten und Zerstreuungen zusammen, ohne daß ihre Unterhaltung mit einer Verschwörung gegen das Publikum oder einem Plane zur Erhöhung der Preise endigt“ (A. SMITH, 1786, Bd. 1, S. 171–172).

Diese Vermutung von ADAM SMITH wird heute von Wirtschaftsführern bestätigt. So schreibt EDZARD REUTER (1994, S. 44):

„Zugleich sei [...] deutlich gesagt, was wir nicht sein wollen, nämlich ganz ordinäre Kartelle. Dazu haben sich bekanntlich gemeinsame Frühstücks-Veranstaltungen viel besser bewährt.“

Auf dem *Arbeitsmarkt* ist der Preiswettbewerb durch die Zulassung von Gewerkschaften – um die im 19. Jahrhundert heftige politische Kämpfe ausgefochten wurden – weitgehend abgeschafft. Dies ist wichtig für den Inflationsprozeß; denn eine dauerhafte schleichende Inflation erfordert Marktmacht der Anbieter auf den Gütermärkten *und* auf dem Arbeitsmarkt und das daraus resultierende ständige Wechselspiel von Preissteigerungen und Lohnsteigerungen. Nur durch dieses Wechselspiel ergibt sich ein dauerhafter Anstieg der Preise und Löhne, die sich gegenseitig emporschaukeln. Darauf haben als erste GALBRAITH (1957), ACKLEY (1958) und LERNER (1958) hingewiesen. Von Lerner stammt auch der Ausdruck „Verkäuferinflation“.

Durch die genannte Einschränkung des Preiswettbewerbs haben mithin Arbeitnehmer und Unternehmer im Prinzip die Marktmacht, Preis- und Lohnsteigerungen durchzusetzen, um damit ihre Verteilungsansprüche zu verwirklichen. Die daraus resultierende Inflation ist nur dann ein andauernder Prozeß, wenn die Verteilungsansprüche in einer wachsenden Wirtschaft fortwährend das verteilbare Sozialprodukt übersteigen. Dazu ist es erforderlich, daß die Ansprüche ebenfalls ansteigen. Wie ist ein solcher Anstieg der Ansprüche zu erklären?

IV.2.2.2. Verteilungsansprüche der Gruppen

Für die Erklärung der zeitlichen Entwicklung des Anspruchsniveaus der Gruppen bzw. ihrer Mitglieder erweist es sich als zweckmäßig, auf Ergebnisse der experimentellen Psychologie zurückzugreifen; dort hat sich gezeigt, daß die untersuchten Personen zwischen drei Leistungsniveaus unterscheiden:

- das „ideale Leistungsniveau", das die bestmögliche Leistung verkörpert und in vielen Fällen objektiv bestimmbar ist,
- das „erreichte Leistungsniveau", das der zuletzt erzielten Leistung entspricht,
- das „Anspruchsniveau" als jenes Leistungsniveau, das subjektiv erreichbar erscheint und zwischen dem idealen und bisher erreichten Leistungsniveau liegt (vgl. N. MÜLLER, 1976, S. 66).

Ein Beispiel aus dem Sport mag diese Unterschiede verdeutlichen. Beim Scheibenschießen entspricht das ideale Leistungsniveau der maximal erreichbaren Zahl von 600 Ringen. Das erreichte Leistungsniveau mag bei 570 Ringen liegen und ein Schütze mag sich als Anspruchsniveau 585 Ringe gesetzt haben.

Das Anspruchsniveau entspricht also nicht dem Maximum, nach dem in der ökonomischen Theorie die Wirtschaftssubjekte zu streben pflegen. Es ist aber realistischer, davon auszugehen, daß die „Vorstellungen und Bemühungen der ökonomischen Handlungsträger eher auf erreichbare Leistungsniveaus (Anspruchsniveaus) als auf ideale Leistungsniveaus gerichtet sind" (N. MÜLLER, 1976, S. 67).

Nach dieser Feststellung des Begriffes „Anspruchsniveau" ist nun zu fragen, an welchen Maßstäben sich die Ansprüche der am Verteilungskampf beteiligten Personen orientieren. In einer wachsenden Wirtschaft mit ständig steigendem Sachkapitalbestand könnte der Maßstab für die Unternehmer in der Kapitalrendite bestehen, also in der Verzinsung des eingesetzten Kapitals. Wenn dies der Fall ist, dann beanspruchen die Unternehmer bei steigendem eingesetzten Kapital (K) auch eine steigende Gewinnsumme (G), damit die Kapitalrendite (G/K) nicht absinkt. Damit aber ist eine ständige Steigerung der Gewinnansprüche bereits unvereinbar. Da

$$\frac{G}{K} \equiv \frac{G}{K_r \cdot p} \equiv \frac{X}{K_r} \cdot \frac{G}{X \cdot p}$$

ist, darf bei konstanter Kapitalproduktivität (X/K) die Gewinnquote, d.h. der Anteil der Gewinne am Sozialprodukt, nicht zurückgehen, wenn die Kapitalrendite konstant bleiben soll. Ein teilweiser Verzicht auf den erreichten Anteil am Sozialprodukt ist daher ausgeschlossen. Verschärfend auf den Verteilungskampf würde eine Abnahme der Kapitalproduktivität im Zeitablauf einwirken. Eine solche Entwicklung würde eine Zunahme der Gewinnquote erforderlich machen, um die Kapitalrendite zu halten.

Für die zeitliche Entwicklung der Ansprüche der *Arbeitnehmer* bieten sich zwei Maßstäbe an, die Arbeitsproduktivität und das Reallohnniveau als Grundlage des Lebensstandards. Wenn die Arbeitnehmer ihre Ansprüche in der Entwicklung der Arbeitsproduktivität orientierten, ergäbe dies eine einfache und direkte Begründung für das ständige Ansteigen der Ansprüche in einer wachsenden Wirtschaft, in der üblicherweise auch die Arbeitsproduktivität steigt. Die Arbeitsproduktivität ist jedoch eine abstrakte und nur rechnerisch zu ermittelnde Größe, so daß es fraglich ist, ob sie für den einzelnen Arbeitnehmer als Maßstab dient. Nimmt man jedoch den Reallohn als Garant des Lebensstandards als Maßstab, dann muß auf andere Weise erklärt werden, wieso die Arbeitnehmer den Anspruch auf ständig steigenden Lebensstandard erheben. Dafür, daß ihr Anspruch ständig steigt, spricht, daß – wie N. MÜLLER schreibt (1976, S. 72/73) –

> „... die Angehörigen der Wohlstandsgesellschaft trotz beträchtlich gestiegenem Versorgungsniveau längst nicht jenen Grad an Zufriedenheit an den Tag legen, den man aufgrund der Gossenschen Gesetze eigentlich erwarten würde".

In der Literatur werden fünf Gründe für dieses Verhalten genannt; die ersten beiden finden sich bei N. MÜLLER (1976, S. 73 bzw. 72):

a) Das erste Argument stellt auf die Gewöhnung ab:

   > „Die Wirtschaftssubjekte ... haben sich an die fortgesetzte Verbesserung der eigenen Einkommenssituation gewöhnt und erwarten generell ..., daß auch die Zukunft Aufbesserungen von ähnlicher Größenordnung bringen wird."

b) Als zweites Argument nennt N. Müller, das steigende Anspruchsniveau sei „Ausdruck eines geänderten Selbstvertrauens der Menschen in ihre Fähigkeiten, gesetzte Ziele zu erreichen". Daher geben sich die Menschen nicht mit dem gegenwärtigen Einkommen zufrieden, sondern verfolgen höhere Einkommensziele.
c) Während sich das vorangehende Argument auf die Ansprüche aus eigener Leistung bezieht, sieht STREISSLER (1973, S. 21) den Hauptgrund für steigende Anspruchsniveaus in der schwindenden Bereitschaft der Menschen, die vorgefundenen Einkommensunterschiede zu akzeptieren. Er sieht daher die *zentrale Ursache* der heutigen weltweiten Inflation in dem Versuch,

„... Einkommensdifferentiale rascher zu beseitigen, als sie von alleine dahinschmelzen“.

Streißler meint also, die Einkommensunterschiede wären in langfristiger Betrachtung geringer geworden. Wenn dies zutrifft, haben dazu vermutlich zwei Entwicklungen beigetragen: Der Anteil der großen Vermögenseinkommen am Volkseinkommen ist heute wesentlich geringer als früher, und die Knappheitsrente von Berufen mit hoher, insbesondere akademischer Ausbildung ist deutlich gesunken. Diese langfristige Entwicklung möchten nach Ansicht von Streißler die Menschen beschleunigen, weil sie die Unterschiede immer weniger zu akzeptieren bereit sind. Streißler bezeichnet dies als Ausdehnung des Gleichheitsgrundsatzes von der politischen auf die ökonomische Sphäre.

d) Duesenberry sieht (lt. N. Müller, 1976, S. 72) die Ursache für die steigenden Anspruchsniveaus „in dem positiven Wertakzent, mit dem in der modernen Gesellschaft alle Bestrebungen zum Erreichen eines höheren Lebenshaltungsniveaus versehen sind“.
e) Als letztes Argument möchte ich auf die Möglichkeit hinweisen, daß die steigenden Einkommensansprüche auch damit zusammenhängen, daß in einer wachsenden Wirtschaft ständig neue Produkte entwickelt und angeboten werden, die immer mehr Haushalte unter dem Einfluß intensiver Werbung gerne besitzen möchten.

Die genannten Gründe machen es zumindest plausibel, daß die Anspruchsniveaus in einer wachsenden Wirtschaft ansteigen. Damit nun die Haushaltseinkommen bzw. Gewinne mitwachsen können, gibt es zwei Lösungsansätze: Die leistungsorientierte Lösung besteht darin zu versuchen, selbst mehr zu leisten. Das hieße für den Arbeitnehmer, durch Überstunden oder Höherqualifikation eine Einkommensverbesserung anzustreben. Der Unternehmer kann eine verbesserte Gewinnsituation z.B. durch Maßnahmen der Kostensenkung anstreben.

Die anspruchsorientierte Lösung besteht darin, daß man bei unveränderter Eigenleistung mehr von den anderen (der Gesellschaft) fordert. Diese Lösung ist eine geeignete Grundlage der Anbieterinflationstheorie; denn sie führt dazu, daß die Arbeitnehmer und Unternehmer versuchen, ihre miteinander unvereinbaren Einkommensansprüche durch ständige Erhöhung von Löhnen bzw. Preisen durchzusetzen. Da die Lohn- und Preiserhöhungen zugleich die Einkommensverteilung beeinflussen, kann man sie auch als Maßnahmen des Verteilungskampfes bezeichnen.

Für eine vollständige Analyse der Anbieterinflation kann man sich nicht auf die Gruppen beschränken, die ihre wirtschaftliche Macht in der beschriebenen Weise einsetzen, denn solche Gruppen, die eine schwache Marktposition haben, bemühen sich – z.T. mit großem Erfolg – auf dem politischen Wege eine entsprechende Verbesserung ihrer Einkommenssituation zu erreichen. Ein gutes Beispiel dafür sind die Landwirte, die aufgrund ihrer großen Zahl und aufgrund der relativ geringen Beeinflußbarkeit ihrer Produktionsmengen eine schwache Marktposition hatten, bis sie die Preisbildung dem Markt entzogen und politischen Gremien übertragen konnten[1].

IV.2.2.3. Stabile Inflationsrate oder akzelerierende Inflation? Ableitung der Phillipskurve

Eine der zentralen Fragen, von deren Beantwortung die Bewertung und die Abwägung zwischen den Zielen „Hohe Beschäftigung" und „Preisstabilität" abhängt, bezieht sich auf die zeitliche Entwicklung der Inflationsrate: Muß eine gegebene Inflationsrate sich notwendigerweise beschleunigen oder kann sie im Zeitablauf

1 Es gelang den Bauern, ihre Einkommenswünsche politisch durchzusetzen, weil mehrere der von N. MÜLLER (1976, S. 109) für eine parlamentarische Demokratie genannten Voraussetzungen für politischen Einfluß von Gruppen, die sich an deren Spielregeln halten, erfüllt waren:
- ihre Organisationsfähigkeit, die von der Größe der Interessengruppen und ihrer Homogenität abhängt, ist groß;
- diese Gruppe läßt sich bei Wahlen gut mobilisieren und hat in vielen Landstrichen ein großes quantitatives Gewicht;
- die Landwirte haben die Möglichkeit, andere Wähler, die nicht zur Gruppe gehören, für sich zu mobilisieren, weniger aufgrund von Marktmacht, Geldmitteln, Zugang zu Massenmedien, sondern mehr aufgrund traditioneller Vorstellungen von der volkswirtschaftlichen Bedeutung der Landwirtschaft und deren Wohlergehen;
- Informationsvorteile, die sich aus persönlichen Kontakten, z.B. zu Ausschußmitgliedern oder zu Mitgliedern von Ministerien ergeben, liegen bei der sicherlich nicht schlechten Kooperation zwischen Bauernverbänden und Landwirtschaftsministerien wohl auch vor.

stabil bleiben? Von welchen Faktoren hängt es ab, ob die eine oder die andere Entwicklung eintritt?

In einem formalisierten Modell, das auf den Überlegungen der Anbieterinflationstheorie beruht, soll diesen Fragen nachgegangen werden, da verbale Ausführungen nicht ausreichen. Das verwendete Modell stellt die einfachste Version einer keynesianischen Analyse der Inflation in Abhängigkeit vom Beschäftigungsstand dar und ist an ROTHSCHILD (1974) angelehnt. Das Modell besteht aus zwei Gleichungen, in denen *w* für Wachstumsrate steht, *l* für den Lohnsatz, *U* für die Arbeitslosenquote. *X/A* bezeichnet die Arbeitsproduktivität.

$$w_l = \alpha_0 \cdot w_{X/A} + \alpha_1 \cdot w_{p-1} + \alpha_2 \cdot (U^* - U) \tag{IV.4}$$

$$w_p = \beta_0 (w_l - w_{X/A}) \tag{IV.5}$$

Die Werte der Verhaltensparameter α und β sind positiv oder gleich Null. Mit Gleichung (IV.4) wird ausgesagt, daß die Höhe der durchgesetzten Lohnsteigerungsrate von drei Faktoren abhängt: Der Arbeitslosenquote als Indikator der Machtverteilung auf dem Arbeitsmarkt (je weiter sie unterhalb einer „lohnzuwachsneutralen" Arbeitslosenquote U^* liegt, desto höhere Lohnsteigerungen werden durchgesetzt), der erwarteten Inflationsrate, für die von den Arbeitnehmern ein voller ($\alpha_1 = 1$) oder ein teilweiser ($0 < \alpha_1 < 1$) Lohnausgleich durchgesetzt wird, und von der Zunahme der Arbeitsproduktivität, an der die Arbeitnehmer voll ($\alpha_0 = 1$) oder teilweise ($\alpha_0 < 1$) beteiligt werden. Gleichung (IV.5) besagt, daß die Unternehmen Lohnkostensteigerungen voll ($\beta_0 = 1$) oder teilweise ($\beta_0 < 1$) auf die Preise überwälzen. Der Einfachheit halber verzichte ich wie ROTHSCHILD darauf, das Ausmaß dieser Überwälzung in Abhängigkeit vom Beschäftigungsgrad zu variieren. Aus den beiden Verhaltensgleichungen ergibt sich durch einsetzen von (IV.4) in (IV.5) eine Differenzengleichung 1. Ordnung:

$$w_p - \alpha_1 \beta_0 w_{p-1} = \beta_0 (\alpha_0 - 1) w_{X/A} + \alpha_2 \beta_0 (U^* - U) \tag{IV.6}$$

Eine derartige Gleichung hat folgende Lösungen (s. ASSENMACHER, 1995, S. 348f.), wobei die rechte Seite von (IV.6) im Folgenden als *R* bezeichnet wird und *C* eine unbekannte Konstante darstellt.

(IV.7) $\alpha_1 \beta_0 = 1 : w_{p,t} = R \cdot t + C$

(IV.8) $\alpha_1 \beta_0 \neq 1 : w_{p,t} = (\alpha_1 \beta_0)^t C + R / (1 - \alpha_1 \beta_0)$

Gleichung (IV.7) gilt für den Fall voller Weiter- bzw. Rückwälzung von Lohnkosten- und Preissteigerungen. In diesem Fall bleibt die Inflationsrate nur konstant, wenn die rechte Seite von (IV.6) gleich Null ist; denn dann ist $w_{p,t} = C$. Dafür müssen $\alpha_0 = 1$ und $U^* = U$ sein oder die Abweichungen von diesen Bedingungen müssen sich zufällig gerade kompensieren. Von dieser zufälligen Konstellation abgesehen ist eine konstante Inflationsrate also nur bei Realisierung von U^* möglich.

Die in Gleichung (IV.8) erfaßten Fälle können in zwei Gruppen eingeteilt werden. In der ersten ist $\alpha_1\beta_0 < 1$. Dies bedeutet, daß eine oder beide Akteursgruppen die Mehrbelastung nicht voll weiter- bzw. zurückwälzen können. In diesen Fällen wird der Ausdruck $(\alpha_1\beta_0)^t$ in Gleichung (IV.8) im Zeitablauf immer kleiner, so daß die Inflationsrate langfristig zu folgendem Grenzwert strebt:

(IV.9) $\lim (t \to \infty)\, w_p = R / (1 - \alpha_1 \beta_0)$

Eine konstante Inflationsrate ist mithin bei jeder Größe von R und bei jeder Arbeitslosenquote möglich. Die Höhe dieser gleichgewichtigen Inflationsrate hängt negativ von der Höhe der Arbeitslosenquote ab.

In der Gruppe mit $\alpha_1\beta_0 > 1$ entfernt sich jede Inflationsrate immer weiter weg vom Gleichgewichtswert; es gibt keine stabile Inflationsrate.

Will man die verschiedenen Fälle in Form einer Phillipskurve darstellen, so ergibt sich nur im Fall $\alpha_1\beta_0 < 1$ eine langfristig fallende Phillipskurve (s. Abb. IV.3); sie ist genau genommen linear und schneidet die Abzisse, wenn $K = 0$, d.h. wenn $U = U^*$.

Stabile, nicht akzelerierende Inflationsraten ergeben sich also in der keynesianischen Inflationsanalyse nur dann bei jeder beliebigen Arbeitslosenquote, wenn Lohn- und Preissteigerungen zusammen nicht voll überwälzt werden ($\alpha_1\beta_0 < 1$). Bei voller Weiter- bzw. Rückwälzung gibt es eine stabile Inflationsrate nur bei U^*. Für die Existenz einer fallenden Phillipskurve, auf der stabile Inflationsraten abgetragen sind, ist also die Größe der Parameter α_1 und β_0 entscheidend.

Bezüglich des Parameters β_0 ist zu berücksichtigen, daß eine

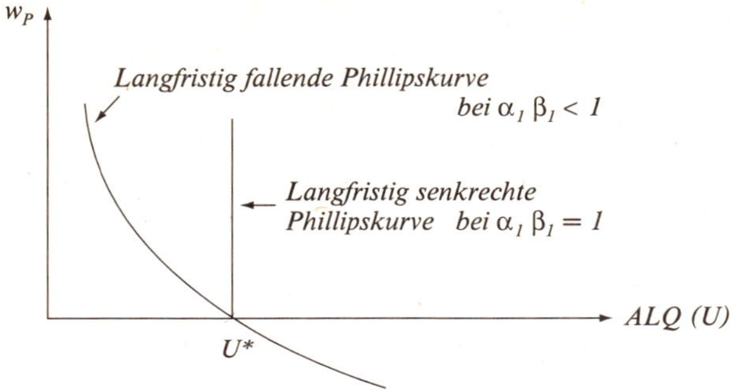

Abb. IV.3: Langfristige Phillipskurven bei voller oder teilweiser Lohn- und Preisüberwälzung

dauerhaft stabile Inflationsrate mit einer konstanten Einkommensverteilung verbunden sein muß. Andernfalls ginge entweder die Lohnquote oder die Gewinnquote gegen Null.

Aus der Definitionsgleichung (IV.10) für die Lohnquote

(IV.10) $$L/Y \equiv (l \cdot A)/(p \cdot X) \equiv l/(p \cdot X/A) \equiv l_r/(X/A)$$

ergibt sich, daß diese Quote nur konstant bleibt, wenn gilt:

(IV.11) $$w_l = w_p + w_{X/A} \text{ oder } w_l - w_p = w_{X/A}$$

Im Rahmen des Rothschild-Modells ist diese Bedingung nur erfüllt, wenn $\beta_0 = 1$ gilt.

Der Fall $\alpha_1\beta_1 < 1$ ist also an den Parameterwert $\alpha_1 < 0$ gebunden. wie groß α_1 ist, kann nur durch empirische Analysen ermittelt werden.

Für Westdeutschland haben A'WALELA/HORN/ZWIENER (1989) für die Jahre 1976–87 und HEILEMANN/SAMAROV (1990) Lohngleichungen für die Periode 1952–1985 geschätzt. In beiden Untersuchungen liegt der Wert für α_1 deutlich unter Eins. In einer Untersuchung von HORN/SCHEREMET/ZWIENER (1997) für 10 europäische Staaten für die Jahre 1970–1996 ergeben sich sehr unterschiedliche Werte für α_1, die außerdem noch zwischen den Phasen zunehmender und abnehmender Inflationsraten variieren. Für Westdeutschland liegt α_1 als Maßstab der kurzfristigen

Reaktion bei steigenden Inflationsraten bei 0,88, bei sinkenden dagegen bei 1,27 (s. dort, Tab. 3.4). Letzteres bedeutet, daß bei sinkenden Inflationsraten die Zuwachsrate der Nominallöhne noch stärker gesunken sind, so daß die Reallöhne anstiegen. Eine Problematik solcher Berechnungen besteht darin, daß Löhne und Preise sich gegenseitig beeinflussen, so daß es schwierig ist, eine der beiden Wirkungsrichtungen ökonometrisch zu isolieren (s. zu diesen Schwierigkeiten und zu alternativen Schätzansätzen MANNING, 1993).

Die in Abb. IV.3 eingezeichnete Phillipskurve vernachlässigt die strukturbedingte Arbeitslosigkeit, die ihren Abstand von der Ordinate mitbestimmt, sowie die Existenz von strukturbedingten Inflationssockeln (s. Abschnitt IV.4.1. unten). Ihre zentrale wirtschaftspolitische Aussage lautet: Sofern es nicht gelingt, die Lage der Phillipskurve zu beeinflussen, läßt sich entweder eine niedrige Arbeitslosenquote oder eine niedrige Inflationsrate realisieren, nicht aber beide zugleich.

IV.2.2.4. Der Einfluß verschiedener Arten der Erwartungsbildung

In der vorgestellten Variante des Rothschild-Modells hängt die Lohnentwicklung u.a. von der Inflationsrate der Vorperiode ab; die Basis des Inflationsausgleichs ist also eine vergangene Größe. Realitätsnäher wäre es, die (noch unbekannte) Inflationsrate während des Geltungsjahres des Tarifabschlusses zu verwenden. Über diese Inflationsrate müssen die Tarifparteien Erwartungen bilden. Damit stellen sich zwei Fragen: Wie bilden sich Erwartungen? Welchen Einfluß haben unterschiedliche Arten der Erwartungsbildung auf die Entwicklung der Inflationsrate?

Für die Analyse der Erwartungsbildung werden zwei Grundansätze verwendet: a) Man vermutet, die erwarteten Werte einer Variable werden nur aus realisierten Vergangenheitswerten dieser Variablen abgeleitet (*autoregressive Erwartungen*). b) Man vermutet, für die Erwartungsbildung werden auch alle anderen, als relevant erachteten Informationen einbezogen (*rationale Erwartungen*).

Bei der Präzisierung der autoregressiven Erwartungsbildung wird berücksichtigt, daß die Akteure schon in früheren Perioden Erwartungen gebildet und sich dabei öfter geirrt haben. Aus diesen Fehlern versuchen sie zu lernen und ihre Irrtümer zu korrigieren (error-correction – Ansatz). Da sie ihre Erwartungen dadurch an die tatsächlichen Werte anpassen, spricht man auch von adaptiven Erwartungen. Diese Hypothese kommt in folgender Gleichung zum Ausdruck

$$\text{(IV.12)} \quad E\,(w_{pt+1})_t = E\,(w_{p,t})_{t-1} + \alpha\,[w_{p,t} - E\,(w_{p,t})_{t-1}]$$

mit $0 < \alpha < 1$.

Der in der aktuellen Periode t gebildete Erwartungswert E der Inflationsrate der nächsten Periode ergibt sich also aus dem in der Vorperiode gebildeten Erwartungswert der jetzigen, inzwischen bekannten Inflationsrate, korrigiert um einen Teil des Erwartungsfehlers, d.h. der Differenz zwischen realisierter und erwarteter Inflationsrate dieser Periode.

Außerhalb des Bereichs der adaptiven Erwartungen liegen zwei Grenzfälle autoregressiver Erwartungen:

Bei $\alpha = 0$ findet keine Fehlerkorrektur statt, sondern es wird an der Erwartung nichts geändert, wie sehr auch immer die realisierten von den erwarteten Werten abweichen (statische Erwartungen).

Bei $\alpha = 1$ reduziert sich Gleichung (IV.12) auf $E\,(w_{p,t+1})_t = w_{p,t}$. Für die kommende Periode wird der realisierte Wert der jetzigen Periode erwartet (extrapolative Erwartungen). Dieser Fall läßt sich als vollständige Fehlerkorrektur interpretieren.

Die Grundidee der Hypothese rationaler Erwartungen stammt von MUTH (1961). MUTH geht von der plausiblen Vorstellung aus, daß die Wirtschaftssubjekte bei ihrer Erwartungsbildung ihre Informationen über ihnen relevant erscheinende Größen sowie über die ökonomische Umwelt, in der sie sich bewegen, berücksichtigen. Für die Verarbeitung der Informationen müssen die Wirtschaftssubjekte über eine Theorie verfügen, die ihnen sagt, wie die Größen, über die sie sich informiert haben, auf die zu prognostizierende Größe einwirken.

Als erste haben neoklassich-monetaristisch orientierte Ökonomen die Hypothese rationaler Erwartungen von MUTH aufgegriffen und dabei unterstellt, daß alle Akteure die von ihnen vertretene Theorie für zutreffend halten und dementsprechend ihre Informationen verarbeiten. Ein entsprechendes Vorgehen der Keynesianer ist in der Literatur nicht zu finden. Diese Ökonomen wissen, daß viele Akteure – inbesondere solche in Unternehmen und in wirtschaftspolitisch einflußreichen Positionen – eher der monetaristisch-neoklassischen Denkweise zuneigen.

Die Beschaffung von Informationen verursacht häufig Kosten; es ist daher rational, nur insoweit Informationskosten auf sich zu nehmen, wie der erwartete Ertrag aus der verbesserten Information diese Kosten übersteigt.

Die auf MUTH aufbauende Theorie rationaler Erwartungen behauptet nun darüber hinaus, daß die Akteure im Durchschnitt zutreffende Erwartungen haben. Sie sind im Durchschnitt sehr gut informiert und kennen die „wahre" Theorie. Individuelle Erwartungsfehler gleichen sich aus. Daher gilt die Gesamtheit der Akteure:

(IV.13) $E\,(w_{p,\,t+1})_t = w_{p,\,t+1}$

Daraus folgt der Umkehrschluß:

(IV.14) $w_{p,\,t+1} = E\,(w_{p,\,t+1})_t$

Für den einzelnen Akteur gilt dagegen:

(IV.15) $w_{p,\,t+1} = E_i\,(w_{p,\,t+1})_t + \varepsilon_i$

Dabei bezeichnet ε_i den (zufallsverteilten) Erwartungsfehler des Akteurs *i*.

Nach dieser kurzen Darstellung verschiedener Arten von Erwartungsbildung ist nun zu prüfen, ob die Berücksichtigung von Erwartungen die Ergebnisse der hier dargestellten Variante des Rothschild-Modells verändert.

Diese Prüfung erfolgt zuerst für autoregressive Erwartungen, also für extrapolative, adaptive und statische Erwartungen.

Bei extrapolativen Erwartungen $[E\,(w_{pt})_{t-1} = w_{pt-1}]$, die ROTHSCHILD in seinem Modell verwendet hat, ändert sich am Modellergebnis nichts. Dies gilt auch für den Fall adaptiver Erwartungen. Sie haben zur Folge, daß der Anpassungsprozess an die stabile Inflationsrate länger dauert. Nur in dem unrealistischen Fall statischer Erwartungen, in dem die Akteure immer dieselbe Inflationsrate erwarten (unabhängig von der realisierten Inflation), ändert sich das Modellergebnis: Es gibt immer eine Tendenz zu einer stabilen Inflationsrate, selbst wenn $\alpha_1\beta_0 = 1$ gilt. Dies liegt darin, daß in der Lohngleichung an die Stelle von w_{p-1} eine Konstante tritt; daher erscheint in Gleichung (IV.6) auf der linken Seite nur w_p.

Abgesehen von statischen Erwartungen stellt sich bei $\alpha_1\beta_0 < 1$ die zugehörige stabile Inflationsrate erst nach einem langen Anpassungsprozess ein. Dies kann bei rationalen Erwartungen anders sein.

Die Auswirkungen rationaler Erwartungen hängen davon ab, welche Theorie die Akteure anwenden, wenn sie die relevanten verfügbaren Informationen verarbeiten. Halten sie das hier präsentierte erweiterte Rothschild-Modell für die richtige Erklärung des Inflationsprozesses, erwarten sie folglich das Ergebnis dieses Modells und vernachlässigen den Anpassungsprozeß. Daher stellt sich das Modellergebnis, also die stabile Inflationsrate gemäß Gleichung (IV.9) im Falle von $\alpha_1\beta_0 < 1$ sofort ein. Diese Behauptung läßt sich überprüfen, indem man in der Lohngleichung anstelle von w_{p-1} die stabile Inflationsrate gemäß (IV.9) einsetzt und die notwendigen Einsetzungen und Umformungen vornimmt.

In diesem Fall, in dem die Akteure ihrer „rationalen" Erwartungen gemäß der jeweiligen verwendeten Theorievariante bilden, stellt sich das Modellergebnis ein. Man nennt solche Erwartungen modellkonsistent. Zu klären bleibt: Was geschieht, wenn die Erwartungen nach einer anderen Theorie gebildet werden, also modellinkonsistent? Um diese Frage zu beantworten, nehmen wir an, daß die Marktteilnehmer bei $U < U^*$ eine ständig steigende Inflationsrate erwarten: An die Stelle von w_{p-1} tritt in der Lohngleichung der Wert $w_{p-1} + 0{,}01$. Rechnet man unter dieser Annahme für $\alpha_1\beta_0 < 1$ das Modellergebnis aus, so erhält man für alle Arbeitslosenquoten erneut eine stabile Inflationsrate. Diese liegt allerdings etwas höher als bei modellkonsistenten Erwartungen.

Insgesamt zeigt sich, daß die Art der Erwartungsbildung auf das Modellergebnis im Grundsatz keinen Einfluß hat (außer bei statischen Erwartungen). Beeinflußt wird allerdings die Geschwindigkeit, mit der die Gleichgewichtslösung erreicht wird.

IV.2.2.5. Geldpolitik, Stabilisierungskrisen und Arbeitslosigkeit

Die Lohn- und Preisgleichungen des Rothschild-Modells, in denen das Anbieterverhalten auf den Arbeits- und Geldmärkten zum Ausdruck kommt, erklären die Inflationsrate bei alternativen, exogen gegebenen Arbeitslosenquoten. Sie enthalten aber keine Aussagen darüber, welche Bedingungen gelten müssen, damit während des Anpassungsprozesses an die stabile Gleichgewichtslösung die jeweilige Arbeitslosenquote konstant bleibt.

Die wichtigste Bedingung lautet: Mit dem Preisniveau muß auch die nominale Nachfrage mitsteigen, damit die zu der jeweiligen Arbeitslosenquote gehörende Produktion auch abgesetzt werden kann. Dafür wiederum ist es erforderlich, daß die Geldmenge entsprechend steigt, u.a. um die nominale Erhöhung der Investitionsgüternachfrage über nominal steigende Kredite zu ermöglichen.

Dieser Geldmengenanstieg ist eine notwendige Bedingung für einen dauerhaften Inflationsprozeß, auch wenn er aus Sicht der Anbieterinflationstheorie nicht seine Ursache ist.

Dieser notwendige Anstieg der Geldmenge ist andererseits der Hebel, über den die Zentralbank den Inflationsprozeß abbremsen kann. Nimmt man an, daß diese nur eine bestimmte maximale Inflationsrate toleriert, so dreht sich die Wirkungsrichtung um: Die Geldpolitik bestimmt die Inflationsrate und damit die Arbeitslosenquote: Sie setzt jene Quote durch, die mit der tolerierten Inflationsrate vereinbar ist.

Wenn in der Ausgangssituation die Inflationsrate höher ist, als von der Notenbank toleriert wird, so setzt diese eine restriktive Geldpolitik ein, die zu einem Anstieg der Arbeitslosigkeit, also zu einer Stabilisierungskrise führt.

Eine derartige Stabilisierungskrise ist nur dadurch zu vermeiden, daß die Anbieter ihr Verhalten ändern. Solche Änderungen können sich auf alle Parameter beziehen, die gemäß Gleichung (IV.9) die Höhe der dauerhaft eintretenden Inflationsrate bestimmen. Dafür müssen möglichst alle Akteure ihre Preis- und Lohnforderungen reduzieren. Die Gewerkschaften haben bei zunehmender Arbeitslosigkeit immer größere Schwierigkeiten, hohe Lohnforderungen zu begründen und durchzusetzen. Sie sehen sich daher gezwungen, ihre Ansprüche auf Einkommenssteigerung zu reduzieren. Es mag auch sein, daß beide Gruppen zu der Einsicht gelangen, daß sie durch den Verteilungskampf über Löhne und Preise in langfristiger Sicht im allgemeinen keine Verbesserung ihrer Verteilungsposition erreichen können.

Ein Problem der Verhaltensänderung zur Beendigung der Anbieterinflation besteht darin, daß jede Gruppe von der anderen erwartet, sie solle *zuerst* auf ihre Forderungen verzichten. Ein solches Verhalten wird besonders häufig von den Gewerkschaften verlangt, obwohl diese in der Bundesrepublik mit einem Verzicht auf Lohnsteigerungen nicht immer gute Erfahrungen gemacht haben.

Besonders eindeutig war die Entwicklung im Jahre 1968/69. Die bei den Tarifabschlüssen 1968 gezeigte Zurückhaltung bei den Tariflohnabschlüssen, bei denen die IG Metall z.B. eine 18monatige Laufzeit konzedierte, hinderte die Unternehmen nicht, während des Booms von 1969 ihre Preise heraufzusetzen und dadurch eine damals so bezeichnete „Gewinnexplosion" herbeizuführen, die dann im Herbst 1969 wilde Streiks hervorrief.

Trotz dieser Erfahrungen ist zu erwarten, daß die Inflation bei zunehmender Arbeitslosigkeit immer niedriger wird.

IV.3. Neoklassisch-monetaristische Inflationstheorie

Während die keynesianische Inflationstheorie die Ursache der schleichenden Inflation im realen Sektor sucht und ein Ansteigen der Geldmenge nur als Nebenbedingung betrachtet, sieht die neoklassisch-monetaristische Inflationstheorie in der Geldmengenentwicklung die Ursache der schleichenden Inflation. Sie greift für ihre Analyse auf den ältesten inflationstheoretischen Ansatz zurück, nämlich die Quantitätstheorie.

IV.3.1. Inflation bei Vollbeschäftigung

IV.3.1.1. Die ältere Quantitätstheorie

Die Quantitätstheorie geht von der Quantitätsgleichung aus, die eine Definitionsgleichung darstellt.

(IV.16) $M \cdot v \equiv p \cdot X \equiv Y$

In Gleichung (IV.16) ist v die Einkommenskreislaufgeschwindigkeit des Geldes. Sie gibt an, wie oft eine Einheit der Geldmenge M pro Periode für Einkommenszahlungen benutzt wird. Gleichung (IV.16) ist notwendigerweise stets erfüllt. Eine Theorie läßt sich aus ihr gewinnen, wenn man Hypothesen über mindestens eine ihrer Variablen aufstellt. Die ältere Quantitätstheorie trifft drei Aussagen: (a) Die Einkommenskreislaufgeschwindigkeit des Geldes (v) ist konstant. (b) Das Sozialprodukt (X) wird ebenfalls durch Änderungen der Geldmenge nicht beeinflußt. (c) Die Geldmenge ist exogen, die anderen Variablen sind endogen.

Diese drei Aussagen werden in der älteren Quantitätstheorie jedoch weder theoretisch abgeleitet noch empirisch begründet, sondern stellen schlicht Annahmen dar: Durch die ersten beiden

Annahmen ist sichergestellt, daß Geldmenge und Preisniveau immer in einem festen Verhältnis zueinander stehen; mit der dritten wird behauptet, daß Änderungen der Geldmenge die Ursache für Änderungen des Preisniveaus sind.

Die erste Annahme setzt ein konstantes Kassenhaltungsverhalten der Wirtschaftssubjekte voraus; die zweite ist nur in einer vollbeschäftigten Wirtschaft akzeptabel, und die Gültigkeit der dritten Annahme hängt vom Währungssystem ab. Inwieweit diese Annahmen zutreffen, soll jedoch nicht für die nicht mehr aktuelle ältere, sondern für die neuformulierte Quantitätstheorie erörtert werden.

IV.3.1.2. Geldnachfrage und Kassenhaltung in der neuformulierten Quantitätstheorie

MILTON FRIEDMAN, der in der Nachkriegszeit die „monetaristische Gegenrevolution" gegen die Keynes'sche Revolution einleitete, legte 1956 eine „Neuformulierung der Quantitätstheorie" vor. Er interpretierte diese Theorie als Theorie der Geldnachfrage und beschränkte sich daher darauf, an die Stelle der einfachen Annahme einer Konstanz der Einkommenskreislaufgeschwindigkeit und damit ihres Kehrwerts, des Kassenhaltungskoeffizienten (definiert als Verhältnis von Geldmenge zu nominalen Sozialprodukt), die Hypothese zu setzen, für die Einkommenskreislaufgeschwindigkeit *(v)* als Ausdruck der Geldnachfrage bestünde eine zeitlich stabile Bestimmungsgleichung. Aus seinen theoretischen Überlegungen leitete er die folgende Bestimmungsgleichung für diese Größe ab (s. 1956, S. 86, Gleichung 13):

(IV.17) $v = v\,(r_n, r_r, w_p{}^e, X^p, p, \text{Vermögen, Präferenzen}).$

In dieser Gleichung bezeichnen r_n die nominale Verzinsung von festverzinslichen Wertpapieren, r_r die von Aktien, $w_p{}^e$ die erwartete Inflationsrate und X^p das permanente, also das dauerhaft erwartete Realeinkommen; das Vermögen schließt das Humankapital ein.

Friedman nahm dann Berechnungen für die USA vor, aus denen hervorging, daß v prozyklisch schwankt, also groß ist in der Hochkonjunktur; aber diese Schwankungen halten sich in engen, durch die Gleichung (IV.17) prognostizierbaren Grenzen. Spätere Untersuchungen ergeben jedoch teilweise ein anderes Bild. So konzediert der monetaristische Autor LAIDLER (1981, S. 4):

„However the last decade has produced a good deal of evidence to suggest that the relationship has shifted in an unpredictable way in a number of countries".

Für Westdeutschland erhält man die kontinuierlichste Entwicklung der Einkommenskreislaufgeschwindigkeit für die Geldmenge M_3. Langfristig, d.h. von den frühen 50er Jahren bis zu den frühen 80er Jahren, geht diese Einkommenskreislaufgeschwindigkeit zurück. In manchen Jahren nimmt sie jedoch sogar zu, in anderen Jahren überdurchschnittlich rasch ab. Vergleicht man außerdem die Variablilität der Einkommenskreislaufgeschwindigkeit mit der Variabilität der Geldmenge M_3 selbst, so stellt man fest, daß bei der Einkommenskreislaufgeschwindigkeit die Standardabweichung der jährlichen Änderungsraten von ihrem langfristigen Durchschnitt (der sich auf – 1,89% beläuft) 2,4% beträgt, bei der Geldmenge M_3 selbst (die im Durchschnitt um 10% stieg) mit 3,1% nur etwas größer ist. Der Zusammenhang zwischen den beiden Änderungsraten ist negativ; im allgemeinen wird also die Wirkung einer Änderung beim Geldmengenwachstum durch eine entgegengesetzte Änderung der Einkommenskreislaufgeschwindigkeit abgeschwächt.

Durch diese Neuformulierung ist die erste der drei Annahmen der älteren Quantitätstheorie durch eine theoretisch abgeleitete und empirisch (in Grenzen) überprüfbare Hypothese ersetzt. Es bleibt jedoch die Aufgabe, auch die beiden anderen Annahmen durch Hypothesen zu ersetzen.

IV.3.1.3. Exogenität der Geldmenge

Damit die Geldmenge sich exogen entwickelt und somit von außen dem Wirtschaftsprozeß vorgegeben wird, müssen *zwei* Bedingungen erfüllt sein: Erstens muß die Zentralbank die Geldmenge unabhängig von der realen Entwicklung in der Volkswirtschaft steuern wollen und zweitens muß sie diesen ihren Willen auch durchsetzen können. Ob die Zentralbank diese starke und autonome Stellung hat oder ob nicht umgekehrt die wirtschaftliche Aktivität des privaten und öffentlichen Sektors eine entsprechende Geldmengenentwicklung durchsetzt, darüber stritten bereits im 19. Jahrhundert die Currency-Schule und die Banking-Schule, wobei erstere die Exogenität der Geldmenge behaupteten, letztere sie bestritten.

Die erste Bedingung wäre eindeutig bei der Befolgung von Friedmans *Geldmengenregel* erfüllt, die Friedman wiederholt vorgeschlagen hat und derzufolge die Geldmenge mit konstanter Rate wachsen soll. Eine entsprechende Regel bestimmt aber in keinem Lande das Geldmengenwachstum. Vielmehr wird überall das Geldmengenziel jährlich neu und dabei häufig in veränderter Höhe festgesetzt. Die Deutsche Bundesbank z.B. legt dieses Ziel aufgrund der erwarteten Änderungen der Umlaufgeschwindigkeit, des Produktionspotentials und seiner Auslastung sowie aufgrund der „unvermeidlichen Inflationsrate" fest; die Inflationsrate beeinflußt also das Geldmengenwachstum!

In den USA ist, wie in Kap. V berichtet werden wird, eine deutliche Reaktion der Geldmengenziele auf die konjunkturelle Entwicklung festzustellen. Selbst in Großbritannien, wo noch am ehesten eine rigorose monetaristische Politik von 1979 bis 1986 verfolgt wurde, folgen die Geldmengenziele keiner festen Geldmengenregel. Hinzu kommt, daß die Geldmengenziele keineswegs immer eingehalten werden.

In Bezug auf die zweite Bedingung zeigen die Erfahrungen in den drei genannten Ländern, daß die Zentralbanken eine restriktive Geldpolitik weitgehend durchsetzen können. Ob sie bei einer Geldpolitik in expansiver Richtung genauso erfolgreich sind, läßt sich weniger leicht sagen, weil historische Beispiele für eine entsprechend nachhaltig verfolgte expansive Geldpolitik seltener sind. Im einzelnen wird auf die Erfahrung mit der Geldpolitik in Kapitel V eingegangen.

Wegen der Nichterfüllung der ersten Bedingung kann jedoch die Frage, ob die Geldmenge exogen und damit eindeutig Ursache der Inflationsentwicklung sei, auf diese Weise nicht positiv beantwortet werden.

Monetaristische Autoren benutzen daher vielfach einen anderen Weg, um die Wirkungsrichtung zwischen Geldmenge einerseits und nominalem Sozialprodukt und Preisniveau andererseits zu klären[1]. Dieser Weg besteht in einer statistischen Analyse des zeit-

---

1 Dabei spielte in den frühen Beiträgen der insbesondere von Brunner und Meltzer hervorgehobene eigenständige monetaristische „Transmissionsmechanismus der relativen Preise" eine große Rolle, durch den die Änderungen der Geldmenge auf den realen Sektor einwirken (s. z.B. BRUNNER, 1970). Die spätere Diskussion hat jedoch gezeigt, daß dieser Mechanismus sich *prinzipiell* nicht von dem unterscheidet, der in der

lichen Verlaufs dieser Variablen und ihrer Wachstumsraten mit der Zielsetzung herauszufinden, bei welcher von ihnen zuerst die Wachstumsraten sich beschleunigen, verlangsamen oder ihr Vorzeichen ändern. Solche Untersuchungen ergeben in weitgehender Übereinstimmung, daß die Geldmenge einen zeitlichen *Vorlauf* vor den beiden anderen Variablen hat; gegenüber dem nominalen Sozialprodukt beträgt er am häufigsten ungefähr ein Quartal. Aus diesem Ergebnis schließen viele Monetaristen, die Geldmengenänderungen seien die *Ursache* für die Änderungen der beiden anderen Variablen. Diese Schlußfolgerung ist jedoch logisch nicht zwingend; darauf hat TOBIN (1970) in seinem Artikel „Money and Income: Post hoc, ergo propter hoc?" schon im Titel hingewiesen und außerdem gezeigt, daß auch nicht-monetaristische Modelle mit dem beobachteten Verlauf der Geldmenge vereinbar sind. Durchschlagend aber ist schon das logische Argument; denn es kann durch solche statistischen Vergleiche von Zeitverläufen nicht ausgeschlossen werden, daß beide Variable die Folge einer dritten, nicht beobachteten sind. So können der Steigerung der Geldmenge und des nominalen Sozialprodukts die Entscheidungen der Nachfrager *vorausgehen*, Aufträge zu erteilen und sich – vor allem für Investitionen – die notwendigen Kredite einräumen lassen u.v.a.m.

IV.3.1.4. Ausschließlich kurzfristige Mengenreaktionen

FRIEDMAN (1968) vollendet seine Wiederbelebung der Quantitätstheorie, gegen die sich Keynes so vehement gewandt hatte, und vervollständigt damit die neoklassisch-monetaristische Inflationstheorie, indem er analysiert, wie das reale Sozialprodukt auf Geldmengenänderungen reagiert. Er ersetzt damit die dritte o.a. Annahme der älteren Quantitätstheorie durch eine theoretisch fundierte Hypothese, die sich so zusammenfassen läßt: Kurzfristig

---

keynesianischen Theorie angenommen wird (wohl aber gibt es Meinungsunterschiede über empirisch beobachtbare Substitutionselastizitäten). LAIDLER (1981) führt daher den o.a. Transmissionsmechanismus nicht mehr als Charakteristikum der monetaristischen Theorie auf. Davon unabhängig gibt es eine lebhafte Diskussion über die Bedeutung verschiedener Transmissionskanäle (neben Zinssätzen bzw. relativen Preisen der Finanzaktiva kommen auch der Marktwert der Unternehmen und Wechselkurse in Frage). Für einen Überblick s. MISHKIN (1995).

reagieren auf eine Erhöhung der nominalen Nachfrage sowohl die Preise als auch die Mengen. Langfristig dagegen erfolgt nur eine Preiserhöhung.

Friedman sagt nicht, ob dieses Ergebnis für Unterbeschäftigungs- oder Vollbeschäftigungssituationen gilt, sondern er beschränkt sich auf die Feststellung, daß sie für die von ihm in die Wirtschaftswissenschaft eingeführte „natürliche Arbeitslosenquote" gelte. Er knüpft mit diesem Begriff an die von WICKSELL stammende Unterscheidung zwischen natürlichem und tatsächlichem Zinssatz an. WICKSELL bezeichnete jenen Zinssatz als natürlich, bei dem Gleichgewicht zwischen Investitionen und Ersparnis erreicht wird. In Anlehnung an diese Begriffsbildung nennt FRIEDMAN jene Arbeitslosenquote natürlich, bei der – allerdings in einem speziellen Sinne – Gleichgewicht auf dem Arbeitsmarkt herrscht: FRIEDMAN mißt dieses Gleichgewicht nämlich daran, daß die Lohnsteigerungen verteilungsneutral verlaufen, indem die Reallöhne mit der (trendmäßigen) Wachstumsrate der Arbeitsproduktivität steigen. FRIEDMAN selbst spricht etwas vager von „einer ‚normalen', säkularen Rate ..., die unbegrenzt aufrecht erhalten werden kann, solange Kapitalbildung, technischer Fortschritt etc. ihren langfristigen Trend beibehalten" (1968, S. 321).

Aus Gleichung (IV.11) – s. oben – geht dieser Zusammenhang hervor: Steigen Reallöhne und Arbeitsproduktivität in gleichem Umfang, bleibt die Lohnquote konstant. Die Lohnkosten je Produkteinheit steigen in diesem Fall im Ausmaß des Preisniveaus:

(IV.18) Lohnkosten je Produkteinheit ≡

$$\frac{L}{X} \equiv \frac{l \cdot A}{X} \equiv \frac{\frac{l}{p} \cdot p}{X/A} \equiv \frac{l_r}{X/A} \cdot p.$$

FRIEDMAN stellte nun die These auf, die Höhe dieser natürlichen Arbeitslosenquote entspräche genau derjenigen (1968, S. 144), die

> „sich aus dem Walrasianischen Gleichgewichtssystem ergäbe, vorausgesetzt, die aktuellen Strukturcharakteristika der Arbeits- und Gütermärkte sind eingebaut, und zwar einschließlich Marktunvollkommenheiten, Zufallsvariablilität von Angebot und Nachfrage, Kosten der Informationsbeschaffung über freie Stellen und Arbeitsreserven, Mobilitätskosten u.s.w.".

Diese nicht sehr präzise Definition ist schon deswegen ungenau, weil das von Friedman herangezogene „Gleichgewichtssystem unter Berücksichtigung der tatsächlichen Strukturcharakteristika“ noch gar nicht entwickelt ist. FRANK HAHN (1995, S. 54) bemerkt dazu kritisch: „Theories of the natural rate are amongst the class of shaky and vastly incomplete theories“.

Darüber hinaus bleibt die Behauptung zu begründen und empirisch zu überprüfen, daß die Lohnentwicklung gerade dann verteilungsneutral sei, wenn die tatsächliche Arbeitslosigkeit genau den – nur vage beschriebenen – Strukturcharakteristika der Arbeits- und Gütermärkte entspricht, andere Ursachen also keine Rolle spielen. Die Behauptung impliziert, daß genau in dieser Situation die Machtverhältnisse zwischen Arbeitgebern und Arbeitnehmern so gelagert sind, daß verteilungsneutrale Lohnsteigerungen vereinbart werden.

Die „natürliche Arbeitslosigkeit“ umfaßt zum einen die strukturbedingte Arbeitslosigkeit. Es ist jedoch zu beachten, daß auch die Struktur der Gütermärkte angesprochen wird und daß zu den Marktunvollkommenheiten auf den Arbeitsmärkten auch die kollektive Lohnbildung gerechnet werden kann.

Zur Erläuterung wird in Abb. IV.4 ein neoklassischer Arbeitsmarkt dargestellt, wie er Friedmans Ausführungen zugrundeliegt.

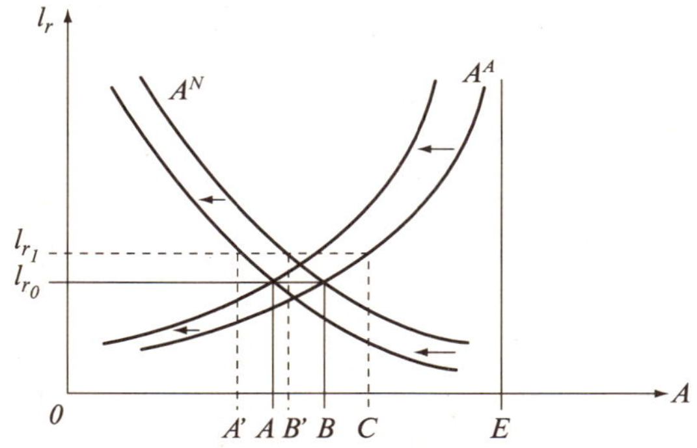

Abb. IV.4: Natürliche Arbeitslosigkeit

In Abb. IV.4 sind in neoklassischer Manier Angebot *(A^A)* und Nachfrage *(A^N)* nach Arbeit vom Reallohn abhängig. Eingezeichnet sind jeweils zwei Kurven, wobei bei den weiter links gelegenen Kurven der strukturbedingt nicht mit der jeweils anderen Marktseite vereinbare Teil des Arbeitsangebots bzw. der

Arbeitsnachfrage abgezogen ist. E gibt den Bestand an Erwerbspersonen an.

Bei l_{r0} sind Angebot und Nachfrage an Arbeit ausgeglichen. Die Beschäftigung erreicht jedoch nicht die Menge $\overline{OB}$, weil ein Teil des Angebots und der Nachfrage strukturell verschieden ist; diese Anbieter bzw. Nachfrager kommen nicht zum Zuge. Die Arbeitslosigkeit $\overline{AB}$ ist strukturbedingt; sie ist „natürlich“. Davon abgesehen herrscht Vollbeschäftigung; denn alle Personen, die bei l_{r0} arbeiten wollen, können arbeiten. $\overline{BE}$ gibt daher die Stille Reserve an freiwillig nicht arbeitenden Erwerbspersonen wieder.

Im Falle $l_r = l_{r0}$ stimmen strukturbedingte und natürliche Arbeitslosigkeit überein. Anders wird dies jedoch, wenn durch die „Macht“ der Gewerkschaften der Reallohn bei l_{r1} liegt. Die Zahl der Beschäftigten sinkt auf $\overline{OA'}$. Die strukturbedingte Arbeitslosigkeit läßt sich jetzt entweder an den Arbeitsangebots- oder den Arbeitsnachfragekurven ablesen. Wählt man letztere, so entspricht die strukturbedingte Arbeitslosigkeit der Strecke $\overline{A'B'}$. Diese ist genauso groß wie $\overline{AB}$, weil die strukturbedingte Arbeitslosigkeit nicht mit dem Reallohn variiert.

Hinzu kommt die lohn*niveau*bedingte Arbeitslosigkeit in Höhe von $\overline{B'C'}$. Gehört sie zur natürlichen Arbeitslosigkeit? Wenn man sie einbezieht, dann ist Friedmans Definition der natürlichen Arbeitslosigkeit umfassender als der Begriff der strukturbedingten Arbeitslosigkeit. Für diese Interpretation spricht, daß Friedman Abweichungen der tatsächlichen von der natürlichen Arbeitslosigkeit stets auf globale wirtschaftspolitische Maßnahmen zurückführt. Ebenso argumentiert PHELPS (1972, S. 43):

> „This unemployment rate ist „natural“ in the sense that it emerges from inescapable economic frictions and is thus not the artifact of some convention in monetary management. However, the actual unemployment rate is not implied to be bound to the natural level: Disequilibrating policies are always open to the fiscal and monetary authorities.“

Auch CLAASSEN (1980, S. 220ff.) definiert in seinem monetaristisch orientierten Lehrbuch die natürliche Arbeitslosigkeit als Summe von struktureller und friktioneller Arbeitslosigkeit *unter Einschluß* von bestimmten Formen lohnniveaubedingter Arbeitslosigkeit. Dieser Interpretation schließen sich auch FELDERER/HOMBURG (1994, S. 245) an und definieren die natürliche Arbeitslosenquote als „jene, die sich aufgrund der Marktkräfte ergibt und nicht dauerhaft von der Geld- und Fiskalpolitik beeinflußt werden kann". Diese Definition läßt sich ferner aus DORNBUSCH/FISCHER (1995) herauslesen. Dort entsteht diese Quote gemäß S. 247 „wegen der normalen Arbeitsmarktfriktionen [...] und (ist) dann gegeben, wenn sich der Arbeitsmarkt im Gleichgewicht befindet". Gemäß S. 616 resultiert die friktionelle Arbeitslosigkeit aus der Struktur des Arbeitsmarktes ..., die das Verhalten der Arbeitnehmer und Arbeitgeber beeinflußt".

Für die Inflationserklärung ist vor allem die in Gleichung (IV.18) gezeigte Tatsache wichtig, daß bei Realisierung der „natürlichen Arbeitslosenquote" die Lohnkosten im gleichen Umfange steigen wie die Preise; eine in der Ausgangssituation bestehende Inflationsrate bleibt daher erhalten, wenn man davon ausgeht, daß die mit der Inflationsrate steigenden Lohnkosten wieder zu entsprechenden Preissteigerungen in der nächsten Periode führen. Die natürliche Arbeitslosenquote ist also mit einer konstanten Inflationsrate verbunden. Wird dagegen diese Arbeitslosenquote unterschritten, dann ergibt sich eine sich beschleunigende Inflation; m.a.W. die Inflationsrate akzeleriert.

Diese Beschleunigung der Inflationsrate bei Unterschreiten der natürlichen Arbeitslosigkeit läßt sich am besten mit Hilfe einer von FRIEDMAN (1976, S. 275) verwendeten Abbildung erklären, in der von strukturbedingter Arbeitslosigkeit abgesehen wird.

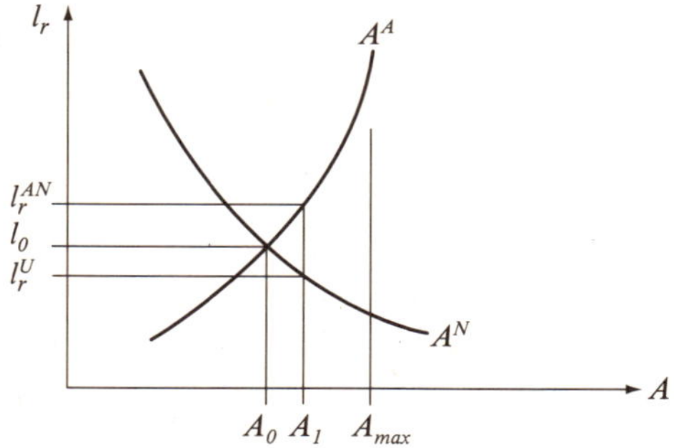

Abb. IV.5: Kurzfristige Beschäftigungseffekte bei natürlicher Arbeitslosigkeit

In der Ausgangssituation beim Reallohn l_0 und der Beschäftigung A_0, die sich bei natürlicher Arbeitslosigkeit ergibt, ist der Arbeitsmarkt im Gleichgewicht. Der Reallohn hat jenes Niveau erreicht, bei dem Angebot und Nachfrage nach Arbeit ausgeglichen sind; dabei wird das Angebot an Arbeit durch die Präferenzen der Arbeitnehmer bestimmt, d.h. aus ihrer Abwägung zwischen Nutzen der Arbeitszeit und Nutzen der Freizeit, und die Nachfrage nach Arbeit wird durch die Grenzertragskurve der Arbeit bestimmt. Es liegt mithin keine nachfrage- oder lohnniveaubedingte Arbeitslosigkeit vor.

Was geschieht nun, wenn bei einer solchen Ausgangssituation die Geldpolitik versucht, durch expansive Maßnahmen die nominale Nachfrage zu erhöhen und damit die Beschäftigung? Wenn die Unternehmer in dieser Situation mehr produzieren möchten, so müssen sie höhere Löhne zahlen, sei es für Überstunden, sei es für neu einzustellende Arbeitskräfte; denn zu dem herrschenden Reallohn ist eine Mehrarbeit nicht erreichbar. Die Unternehmer bieten daher den Arbeitskräften höhere Nominallöhne an, und die Arbeitnehmer interpretieren die höheren Nominallöhne zugleich als eine höhere reale Entlohnung. Dadurch ergibt sich der höhere erwartete Reallohn l_r^{AN}. Bezüglich der Preisentwicklung ergibt sich jedoch folgendes: Die zusätzlichen Arbeiter produzieren mit einem niedrigeren Grenzprodukt; d.h. die Unternehmer produzieren mit steigenden Grenzkostenkurven. Außerdem verschieben sich diese Grenzkostenkurven nach oben, da die Unternehmer höhere Nominallöhne zahlen müssen. Folglich werden die Lohnkosten aus zweifachem Grunde steigen: Erstens wegen der höheren Löhne und zweitens wegen des steigenden Grenzkostenverlaufs. Daher sehen sich die Unternehmer gezwungen, ihre Preise stärker zu erhöhen, als sie die Nominallöhne heraufgesetzt haben. Damit ergibt sich für den einzelnen Unternehmer, bezogen auf den Preis seiner Produkte, der niedrigere Reallohn l_r^U.

Mit den einzelnen Preisen steigt nun auch das Preisniveau, und die Arbeitnehmer sehen sich getäuscht in ihrer Erwartung höherer Reallöhne. Nur diese Täuschung aber ermöglichte die höhere Beschäftigung, wie FRIEDMAN (1968, S. 323) betont:

„Tatsächlich sind es das gleichzeitige ex-post-Absinken der Reallöhne aus der Sicht der Arbeitgeber und der ex-ante-Anstieg der Reallöhne aus der Sicht der Arbeitnehmer, die einen Beschäftigungszuwachs ermöglichten."

Sobald die Arbeitnehmer feststellen, daß sie sich getäuscht haben, werden sie erneute Lohnsteigerungen verlangen, wodurch die Lohnkosten und damit die Inflationsrate erneut ansteigen.

Dieses Spiel wird sich jedoch nur solange wiederholen, bis die Arbeitnehmer feststellen, daß die Nominallohnsteigerungen stets Reallohnsenkungen darstellen. Sobald sie dies merken, werden sie sich durch die höheren Nominallohnangebote nicht mehr täuschen lassen, sondern ihr Arbeitsangebot wieder auf die Menge zurückführen, die in der Ausgangssituation bestanden hatte. Die Geldmengenexpansion hat keine dauerhafte Erhöhung des realen Sozialprodukts zustande gebracht.

Der Versuch, durch Geldpolitik die Beschäftigung zu erhöhen, führt also vorübergehend zu mehr Produktion; dafür muß aber eine akzelerierende Inflationsrate in Kauf genommen werden. Diese Entwicklung ist jedoch nur vorübergehend, langfristig stellt sich das alte Beschäftigungsniveau wieder ein. Nur die Inflationsrate hat nun ein höheres Niveau erreicht, auf dem es dann bei Wiedergewinnung der natürlichen Arbeitslosenquote verharrt.

FRIEDMAN meint, auf diese Weise die Existenz einer langfristig stabilen fallenden Phillipskurve widerlegt zu haben. Seine Argumentation zeigt jedoch: Bei der natürlichen Arbeitslosenquote gibt es keine unfreiwilligen Arbeitslosen, die zum herrschenden Reallohn zu arbeiten bereit wären und deren Einstellung nicht an Unterschieden in der Qualifikationsstruktur von Angebot und Nachfrage nach Arbeit scheitern würde. Es gibt mithin keine vom Niveau der Nachfrage verursachte Arbeitslosigkeit. Es herrscht also – abgesehen von der strukturbedingten Arbeitslosigkeit – Vollbeschäftigung, bei der allerdings eine Reihe von potentiellen Erwerbspersonen in der stillen Reserve verharrt, weil ihnen das Reallohnniveau nicht hoch genug ist.

Es ist nicht erstaunlich, daß in einer Situation, in der es keine durch Nachfragemangel bedingte Arbeitslosigkeit gibt, eine dauerhafte Erhöhung der Beschäftigung durch erhöhte Nachfrage nicht erreicht werden kann. Insofern ist das Ergebnis der Analyse von FRIEDMAN nicht strittig, wenn es auf die Situation einer Vollbeschäftigung bezogen wird, die genau der Definition der Vollbeschäftigung in KEYNES „General Theory“ (1939, S. 26) entspricht:

„An alternative, though equivalent criterion (for full employment – J. K.) is a situation in which aggregate employment is inelastic in reponse to an increase in the effective demand for its output“

In einer solchen Situation können nur die Preise steigen, nicht aber Produktion und Beschäftigung. Diese hatte KEYNES (1936) in Kapitel 20, Abschnitt III, bereits explizit ausgeführt.

In Abb. IV.6 wird nun das Ergebnis der Überlegungen von FRIEDMAN auf das von PHILLIPS verwendete Diagramm übertragen.

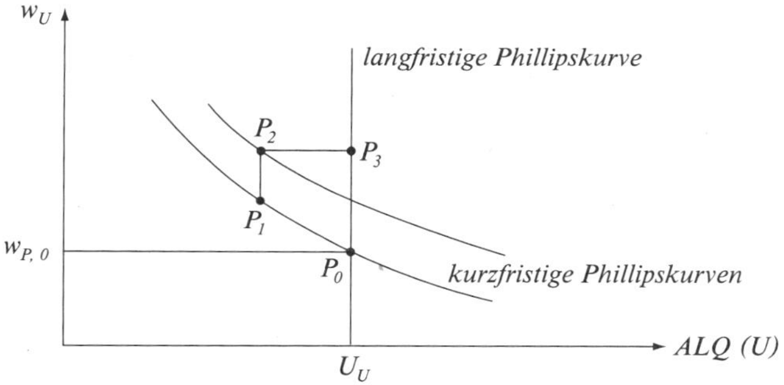

Abb. IV.6: Kurz- versus langfristige Phillipskurve

In der Ausgangssituation sei der Punkt P_0 und damit die natürliche Arbeitslosenquote U_n realisiert. $w_{p,0}$ repräsentiert die zugehörige, konstante Inflationsrate. Wird nun diese Situation durch expansive Geldpolitik gestört, ist die kurzfristige Reaktion auf der kurzfristigen Phillipskurve abzulesen: Die Arbeitslosenquote geht zurück, die Inflationsrate steigt (P_1). In der nächsten Periode bemerken die Arbeitnehmer, daß ihr Reallohn nicht gestiegen, sondern gesunken ist. Ihre daraufhin gestellten und durchgesetzten Lohnforderungen führen zu erhöhter Inflationsrate; die kurzfristige Phillipskurve verschiebt sich nach oben. In der dritten Periode durchschauen die Arbeitnehmer das „Spiel" und erkennen, daß sich ihr Reallohn nicht steigern läßt. Die Beschäftigung kehrt zur Ausgangssituation zurück; die erreichte Inflationsrate bleibt erhalten. Die langfristige Phillipskurve ist senkrecht.

Eine klare Begründung, weshalb die Inflationsrate nicht wieder zurückgeht, findet sich bei PHELPS (1967), der ebenfalls die nur kurzfristige Existenz der fallenden Phillipskurve (für $\alpha_1\beta_0 < 1$) nachzuweisen versucht. PHELPS geht von folgender Überlegung aus (1967, S. 255):

„It is reasonable to suppose that the participants in product and labour markets will learn to expect inflation ... the Phillips Curve will gradually shift up:"

Die Verschiebung nach oben begründet PHELPS mit der folgenden Bestimmungsgleichung für die Inflationsrate (1967, S. 261)

(IV.19) $$w_p = f(U_n - U) + w_p^e$$

Die tatsächliche Inflationsrate ergibt sich also aus der Addition von erwarteter Inflationsrate (w_p^e) und Abweichung der tatsächlichen von der natürlichen Arbeitslosenquote (U_n). Diese Addition stellt sicher, daß die tatsächliche Inflationsrate immer über der erwarteten liegt, solange $U < U_n$ ist. Diese Abweichung führt dann gemäß Gleichung (IV.20) zur Revision der Inflationserwartungen (PHELPS, 1967, S. 263):

(IV.20) $$dw_p^e = \mu \ (w_p - w_p^e)$$

Das Hinausschießen der tatsächlichen über die erwartete Inflationsrate führt mithin zum Anstieg letztere. Die Gleichungen (IV.19) und (IV.20) bewirken, daß die Inflationsrate solange steigt, wie $U < U_n$ ist. Steigt nun die Arbeitslosenquote wieder auf U_n an, wie in Abb. IV.6 gezeigt, dann geht die Inflationsrate nicht wieder zurück, sondern verbleibt auf dem Niveau.

Die für dieses Ergebnis entscheidende Gleichung (IV.19) wird von PHELPS (1967) nicht aus Lohn- und Preisgleichungen abgeleitet. Nimmt man diese Ableitung unter Rückgriff auf die entsprechenden Gleichungen des Rothschild-Modells vor, dann erhält man die Phelps'sche Gleichung (IV.19), wenn man der Einfachheit halber die steigende Arbeitsproduktivität außer Betracht läßt ($w_{X/A} = 0$) und in der Lohngleichung $w_{p,t-1}$ durch w_p^e ersetzt sowie $\alpha_1 = 1$ postuliert. Dann erhält man als Lohngleichung:

(IV.21) $$w_l = w_p^e + \alpha_2 \ (U_n - U)$$

Die Arbeitnehmer versuchen also bei $U < U_n$ trotz konstanter Arbeitsproduktivität einen vollen Inflationsausgleich und zusätzlich einen steigenden Reallohn durchzusetzen. Wegen der markup-Preisbildung der Unternehmer mit $\beta_0 = 1$ gelingt dies nicht; vielmehr steigt die Inflationsrate immer schneller an; denn es gilt unter diesen Annahmen die Gleichung (IV.20) von PHELPS.

Die Gleichung (IV.19) wird als „expectation augmented Phillips-Curve" bezeichnet. Ihre Ableitung aus dem Rothschild-Modell zeigt jedoch, daß für die Generierung einer senkrechten Phillipskurve nicht das Hinzufügen von Erwartungshypothesen entscheidend ist, sondern die Annahme, daß die Arbeitnehmer stets einen vollen Inflationsausgleich durchsetzen, also $\alpha_1 = 1$ ist (vgl. CORNWALL/CORNWALL, 1996/97, S. 527f.).

IV.3.1.5. Keine Mengenreaktion bei rationalen Erwartungen

Die Wiederbelebung der Quantitätstheorie durch FRIEDMAN beläßt der Geldpolitik mittels Geldmengenvariationen eine – wenn auch nur vorübergehende – Wirkung auf das reale Sozialprodukt. Die (neo-)klassische Dichotomie zwischen Geld- und Gütersphäre wird nicht voll rehabilitiert. Ihre Wiederherstellung geschieht erst durch einen weiteren, über FRIEDMAN hinausgehenden Schritt, nämlich durch die Verknüpfung der neoklassisch-monetaristischen Theorie mit der Hypothese „rationaler Erwartungen", die in Abschnitt IV.2.2.4 bereits verwendet wurde. Unterstellt man, daß alle Wirtschaftssubjekte die monetaristische Inflationstheorie für die richtige halten und entsprechende modellkonsistente Erwartungen über die Wirkung von Geldmengenerhöhungen haben, so werden sie diese Wirkung sofort erwarten und dementsprechend nur mit Preisen und Löhnen reagieren, nicht aber mit Mengen.

Diese Überlegung kulminierte in der Politikeffizienzhypothese (Policy-Ineffectiveness-Proposition), die besonders in Aufsätzen von SARGENT/WALLACE (1975) und LUCAS (1972) entwickelt wurde. Diese Weiterentwicklung des Monetarismus zum „Monetarismus Mark II" (TOBIN) wird nicht von allen Monetaristen akzeptiert; so beharrt der prominente britische Monetarist DAVID LAIDLER (1981, S. 25) auf den kurzfristigen Reaktionen von Produktion und Beschäftigung. Inzwischen hat sie generell an Zustimmung verloren. So stellte schon R. GORDON (1981, S. 506) fest:

> „This ... revolution dominated macroeconomic discussions in the late 1970s, ... But by the end of the decade it became apparent that the revolution had misfired, and doubts began to appear even in survey articles by adherents of the new framework."

Dafür, daß die Mengen zumindest kurzfristig sehr kräftig auf Änderungen im Tempo der monetären Expansion reagieren, sprechen die Angaben für Deutschland, die ich in Schaubild 5 zusammengestellt habe. Dort werden die Änderungsraten der Geldmenge M_3, der Entwicklung der Inflationsrate und des realen BIP gegenübergestellt.

Schaubild 5 zeigt deutlich, daß auf die Änderungen von M_3 zunächst vor allem die Mengen reagieren. Eine Verlangsamung der monetären Expansion trifft also zunächst an erster Stelle Produktion und Beschäftigung, während die Inflationsrate weniger heftig und außerdem verzögert reagiert.

Außerdem zeigt ein langfristiger Vergleich, daß eine rasche monetäre Expansion keineswegs eine hohe Inflationsrate hervorrufen muß: Von 1961 bis 1966 wuchs die Geldmenge M_3 ungefähr so rasch wie von 1970 bis 1978, aber die Inflationsrate war deutlich niedriger. Die rasche monetäre Expansion war statt dessen mit hohem realen Wachstum verbunden, für das sie den Spielraum geschaffen hat.

IV.3.2. Inflation bei Unterbeschäftigung als vorübergehendes Phänomen

Die neoklassisch-monetaristische Inflationstheorie konzentriert sich auf den Fall der „natürlichen Arbeitslosigkeit", also der Vollbeschäftigung in dem zu Anfang des Abschnittes IV.2.1 definierten Sinne. Für eine darüber hinausgehende Beschäftigung sind ihre Aussagen eindeutig: Sie prognostiziert eine sich ständig beschleunigende Inflation.

Für den Fall der *Unter*beschäftigung sind nach dieser Theorie fallende Inflationsraten zu erwarten. In jedem Fall aber ist Inflation bei Unterbeschäftigung ein vorübergehendes Phänomen, und zwar nicht, weil bei Unterbeschäftigung keine dauerhafte Inflation möglich wäre, sondern weil der Zustand der Unterbeschäftigung nach neoklassisch-monetaristischer Auffassung nur vorübergehend bestehen kann: Wegen der **Grundprämisse** der **„Stabilität des privaten Sektors"** kehrt jede Volkswirtschaft nach Verarbeitung eines exogenen Schocks wieder zur Gleichgewichtssituation bei Vollbeschäftigung zurück.

Aufgrund dieser Stabilitätshypothese sind Inflationen bei Unterbeschäftigung, wenn sie mehrere Jahre andauern, nur als Ergebnis wiederholter exogener Schocks verbunden mit Informationsmängeln oder falschen Erwartungen zu erklären.

Schaubild 5: Geldmenge M_3, Inflationsrate des BIP und reales Wachstum in Deutschland (ab 1991 Gesamtdeutschland)*

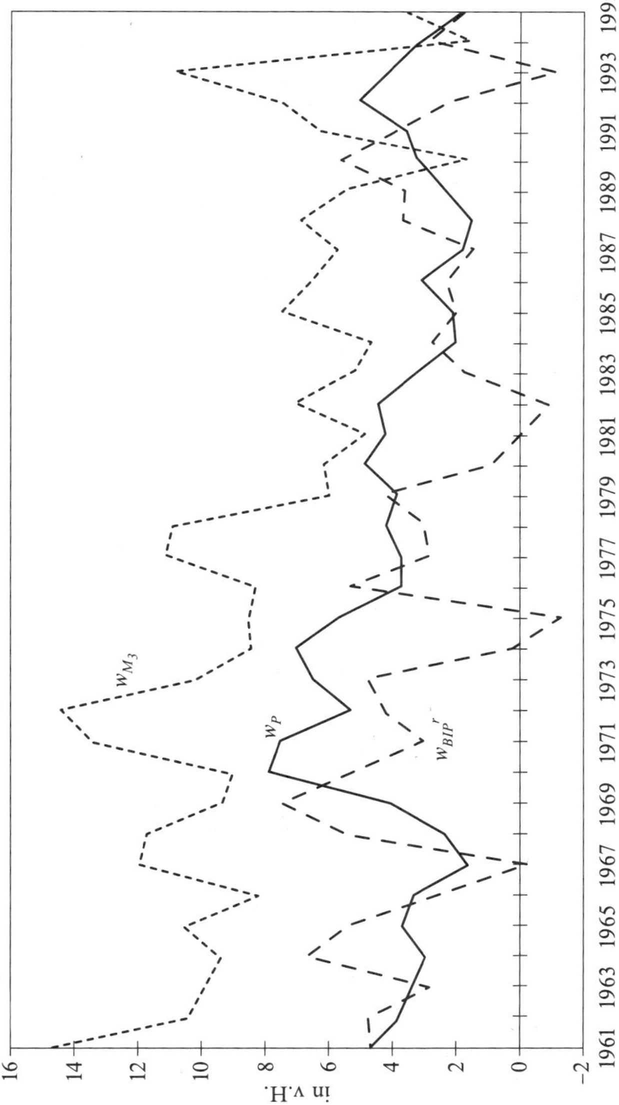

Quelle: SVR, Jahresgutachten 1997/98, Tabelle 26*, Tabelle 46*, Tabelle75*;
* (Werte für 1990 geschätzt)

IV.4. Inflationseinflüsse außerhalb des Lohn-Preis-Mechanismus

Die Diskussion in den beiden vorangehenden Abschnitten IV.2. und IV.3. beschränkte sich darauf, den Einfluß der Lohn- und Preisbildung, des Beschäftigungsgrads und der Geldmengenentwicklung auf die Inflationsrate zu analysieren. Ausgeklammert blieben vor allem Einflüsse aufgrund von Strukturverschiebungen sowie Einflüsse aus dem Ausland. Während erstere einen bestimmten Inflationssockel begründen können, erhöhen (oder senken) letztere als importierte Inflation (bzw. Stabilität) die heimische Inflationsrate. Mit diesen beiden Einflußfaktoren beschäftigt sich dieser Abschnitt IV.4.

IV.4.1. Theorien strukturbedingter Inflationssockel

In diesem Abschnitt werden kurz zwei Beiträge zur Inflationstheorie angesprochen, die zeigen, daß aufgrund von strukturellen Verschiebungen in einer wachsenden Wirtschaft eine bestimmte Mindestinflation (ein Inflationssockel) zu erwarten ist. Beide Ansätze gehen von einer Asymmetrie im Preissetzungsverhalten der Unternehmer aus.

IV.4.1.1 Nachfrageverschiebungsinflation

Diese von CH. SCHULTZE (1960) entwickelte „Demand-Shift-Inflation" zeigt, daß sich aus Strukturverschiebungen auf der Nachfrageseite eine bestimmte Mindestinflation ergibt, wenn die Unternehmer unterschiedlich auf Nachfrageerhöhungen und Nachfragesenkungen reagieren.

Diese Theorie unterstellt mithin eine Asymmetrie im Preissetzungsverhalten: Bei steigender Nachfrage werden die Preise erhöht, bei sinkender Nachfrage dagegen *nicht* gesenkt. Wenn diese Hypothese zutrifft, so steigen auch bei gesamtwirtschaftlichem Gleichgewicht von Angebot und Nachfrage die Preise, wenn sich in einer wachsenden Wirtschaft Verschiebungen der Nachfragestruktur ergeben; denn diese führen dazu, daß in einigen Branchen die Nachfrage zurückgeht, in anderen steigt.

Die Bedeutung dieses Beitrages zur Inflationserklärung hängt davon ab, wie stark die strukturbedingten Nachfragerückgänge in einer Volkswirtschaft sind und in welchem Ausmaß die Unternehmer tatsächlich das behauptete Preissetzungsverhalten an den Tag legen.[1]

IV.4.1.2. Preissteigerungen aufgrund sektoral unterschiedlicher Produktivitätsentwicklung

In einem Ansatz wird eine Asymmetrie im Preissetzungsverhalten bei Kostenveränderungen unterstellt: Steigende Kosten werden von den Unternehmern auf die Preise überwälzt, sinkende Kosten führen dagegen nicht zu Preissenkungen. Wenn nun vor allem aufgrund von Unterschieden in der technischen Entwicklung die Produktivität in den einzelnen Sektoren unterschiedlich rasch ansteigt, während sich die Lohnentwicklung nach der gesamtwirtschaftlichen Produktivitätsentwicklung richtet, so kommt es zu sektoralen Unterschieden in der Entwicklung der Lohnkosten je Produkteinheit (vgl. oben, Gleichung IV.3).

Zwei Fälle sind zu unterscheiden: Wenn im gesamtwirtschaftlichen Durchschnitt die Nominallöhne im gleichen Umfange steigen wie die Arbeitsproduktivität, dann steigen die Lohnkosten in allen Bereichen, in denen die Entwicklung der Arbeitsproduktivität hinter dem Durchschnitt zurückbleibt, und sie fallen in allen Bereichen, in denen die Arbeitsproduktivität rascher wächst. Wenn dagegen das gesamtwirtschaftliche Lohnniveau rascher steigt als die Arbeitsproduktivität, um z.B. einen Inflationsausgleich zu gewährleisten, so sinken die Lohnkosten nur in den Branchen, in denen die Arbeitsproduktivitätssteigerung soweit über dem Durchschnitt liegt, daß sie sogar die Lohnsteigerung übertrifft.

Wenn im 1. Fall in Sektoren mit sinkenden Lohnkosten die Preise nicht sinken, wohingegen Sektoren mit steigenden Lohnkosten dies zum Anlaß für entsprechende Preissteigerungen nehmen, so ergibt sich aus den Unterschieden in der Produktivitätsentwicklung ein zusätzlicher Inflationsschub. Seine Bedeutung ist um so größer, je deutlicher ausgeprägt das asymmetrische Preissetzungsverhalten ist und je stärker die Produktivitätsentwicklung

1 Eine Befragung des IfO-Instituts ergab, daß 1993 der Anteil der Unternehmen, die bei Nachfragerückgängen die Preise senkten, sogar höher war als der Anteil der Firmen, die auf Nachfragesteigerungen mit Preiserhöhungen reagierten (s. KÖHLER, 1996).

differiert. Im 2. Fall kann sich dieser Inflationsschub nur ergeben, wenn in wenigstens einem Sektor die Lohnkosten sinken (ihr relatives Zurückbleiben reicht nicht aus).

IV.4.2. Importierte Inflation

In den 70er Jahren erlebten alle Industriestaaten eine starke Inflationsbeschleunigung, vor allem in den Jahren 1974 und 1979/80, gefolgt jeweils von einer Abschwächung des Inflationstempos. Über die Ursache der zweimaligen gleichzeitigen, drastischen Inflationsbeschleunigung besteht Einigkeit: Alle Länder wurden von den beiden „Ölpreisschocks" getroffen, die von den drastischen Ölpreisverteuerungen durch das OPEC-Kartell im Herbst 1973 und während des Jahres 1979 ausgelöst wurden und in einer Vervierfachung des Rohölpreises in US-$ im Laufe des Herbst 1973 und einer nochmaligen Verdopplung des Rohölpreises von Anfang 1979 bis zum Anfang 1980 bestanden. Gleichzeitig stiegen auf den Weltmärkten auch die Preise für Mineralölprodukte in ähnlichem Ausmaß.

Die Erhöhung der Mineralölpreise in US-Dollar schlug auf die DM-Einfuhrpreise durch, wobei die Entwicklung der Wechselkurse den Preisanstieg 1973/74 dämpfte (der Erdöleinfuhrpreis in DM erfuhr „nur" eine Verdreifachung), 1979/80 dagegen leicht verstärkte. Zur Erhöhung der Einfuhrpreise für Grundstoffe trugen auch weltweite Preissteigerungen bei anderen Grundstoffen (vor allem bei Nichteisenmetallen) bei.

Diese weltweiten Preissteigerungen wurden direkt mit den Mineralöl- und sonstigen Grundstoffeinfuhren in die einzelnen Länder übertragen, die als Vorprodukte in die Produktion eingehen und diese verteuern. Es handelt sich also um einen Schub *importierter Inflation*, importiert mittels des direkten internationalen Preiszusammenhanges. Darüber hinaus werden inflationäre Entwicklungen in einem Land auf die anderen durch zwei weitere Mechanismen übertragen: Der *Nachfrage- und Einkommensmechanismus* beruht darauf, daß die inflationäre Entwicklung im Ausland zu höheren Exporten und verminderten Importen führt, weil die inländischen Unternehmen im Ausland und im Inland relativ preisgünstiger anbieten können, so daß die Exportmengen steigen, die Importmengen dagegen fallen. Dieser Effekt bewirkt mithin einen inflationären Nachfragesog; er kann nur vermieden werden, wenn die inländische Währung sich im Ausmaß der Differenz zwischen der inländischen und ausländischen Inflationsrate aufwertet. Der zweite Mechanismus, auch als *Liquiditätseffekt* bezeichnet, setzt ebenfalls voraus, daß der Wechselkurs die Differenz zwischen den Inflationsraten nicht ausgleicht. Dann führt – bei genügend hohen Nachfrageelastizitäten – die eben beschriebene Veränderung der Export- und Importmengen zu höheren Exportwerten und niedrigeren Importwerten. Infolgedessen steigen die Devisenerlöse, die bei Ankauf durch die Notenbank zu einer höheren inländischen Geldmenge führen. Bei festen Wechselkursen ist die Notenbank zu einem solchen Ankauf verpflichtet; bei flexiblen Wechselkursen kann sie entscheiden, ob sie Devisenkäufe tätigt oder ob sie zusieht, wie das erhöhte Angebot an ausländischen Devisen zu einer Aufwertung der inländischen Währung führt.

Alle diese Wege des Inflationsimports haben dazu beigetragen, daß die Inflationsbeschleunigungen in den Jahren 1974 und 1979/80 weltweit aufgetreten sind[1]. In vielen Ländern haben sie vorhandene Inflationstendenzen verstärkt. Für Deutschland schätzt das DIW (1988, S. 111), daß z.B. 1980 und 1981 über 40% der Preissteigerung der für die Endnachfrage produzierten Güter auf importierte Inflation zurückzuführen sei. Dabei sind Schwierigkeiten der Abgrenzung zu beachten, denn die Preissteigerungen bei den importierten Vorprodukten pflanzen sich im Inland fort, und sie eröffnen Preiserhöhungsspielräume, die sonst nicht bestanden hätten.

IV.5. Zur Interpretation der Zusammenhänge zwischen Inflation und Arbeitslosigkeit

In diesem Abschnitt soll – ausgehend von der tatsächlichen Entwicklung von Arbeitslosigkeit und Inflation in wichtigen Industriestaaten – der Zusammenhang zwischen diesen beiden Ziel-

1 Je kleiner eine Volkswirtschaft ist, desto mehr ist sie mit der Weltwirtschaft verflochten und desto bedeutsamer wird die importierte Inflation. Im „Skandinavischen Inflationsmodell" ist die Weltinflationsrate sogar der Hauptbestimmungsgrund für die inländische Inflationsrate, obwohl – neben dem „außenhandels-exponierten Sektor" – auch ein abgeschirmter „geschützter" Sektor (Baugewerbe, Dienstleistungen) besteht. Vgl. zu diesem Ansatz STRÖBELE, 1994, Abschnitt 2.5.3.

verfehlungen erneut untersucht werden. Dazu soll auch die Möglichkeit berücksichtigt werden, daß nicht nur die Höhe der Arbeitslosigkeit einen Einfluß auf die Höhe und Entwicklung der Inflationsrate hat, sondern daß diese auf den Beschäftigungsstand zurückwirkt und daß beide die Folge einer dritten Größe sind. Hier legen es bestimmte, in den nachstehenden Phillips-Kurven deutlich werdende Übereinstimmungen nahe, nach der Rolle weltweit wirkender Einflüsse (vor allem Angebotsschocks) zu fragen.

IV.5.1. Das empirische Bild

IV.5.1.1. Statistische (unbereinigte) Phillipskurven

In Schaubild 6 sind für vier ausgewählte Industriestaaten Phillipskurven wiedergegeben, in denen der Zusammenhang zwischen Arbeitslosenquote und Inflationsrate – ähnlich wie bei der Phillipskurve für Deutschland (s. Schaubild 3, S. 41) – kaum zu erkennen ist. Wie die voranstehenden Abschnitte gezeigt haben, hängen

Schaubild 6: Phillipskurven ausgewählter Industriestaaten

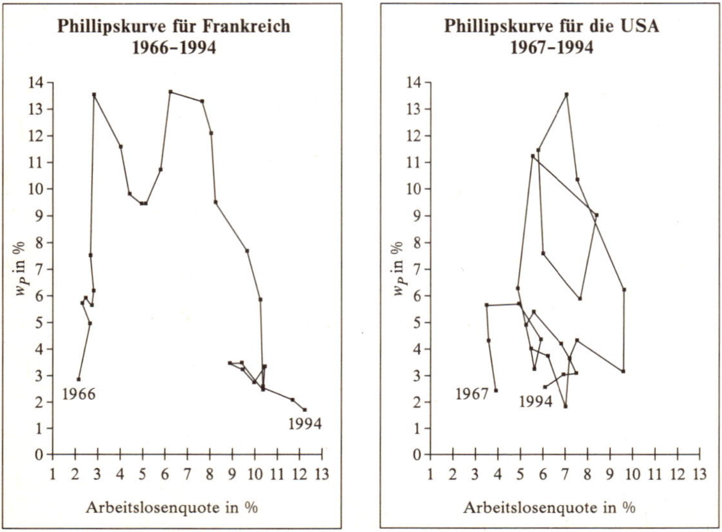

beide Größen nicht nur voneinander ab, sondern von sehr vielen Faktoren, deren Einfluß von den konkurrierenden Theorien unterschiedlich eingeschätzt wird. Hinzu kommt die Abhängigkeit der nationalen Inflationsraten vom internationalen Inflationstempo (s. dazu IV.4.2). Schon deshalb war es unwahrscheinlich, daß die statistisch ermittelten Werte der Inflation und der Arbeitslosigkeit sich zu einer zeitlich stabilen Phillipskurve verbinden lassen. Auch lassen die gegensätzlichen Inflationserklärungen unterschiedliche Verläufe der Phillipskurve erwarten:

- Aus den keynesianischen Überlegungen zur Inflationserklärung folgt, daß mit zunehmender Beschäftigung die Inflationsrate tendenziell steigt. Höhere Inflationsraten müßten deshalb mit niedrigeren Arbeitslosenquoten verbunden sein und umgekehrt.
- Aus monetaristischer Sicht dagegen gilt:
  - Auf Dauer kann die Arbeitslosigkeit, wenn nicht ihr strukturbedingter Anteil zurückgeht, nicht sinken.

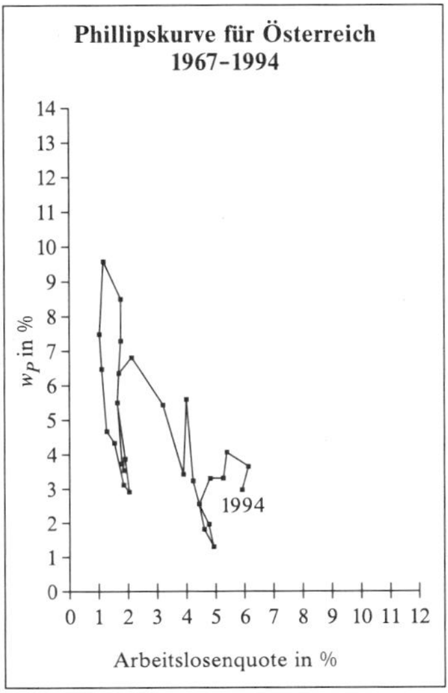

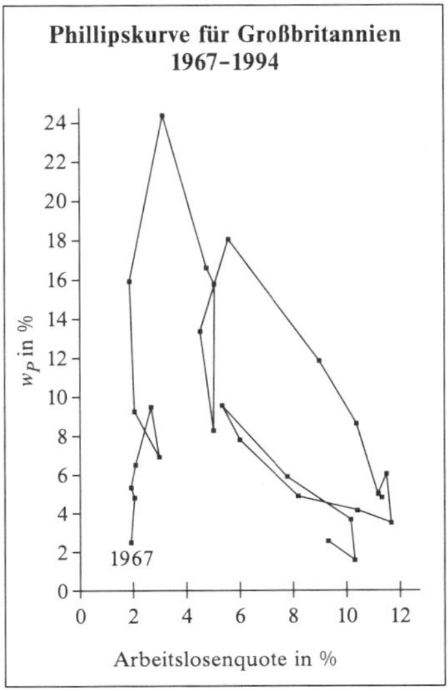

Quellen der Ursprungsdaten: Verbrauchspreise: SVR, Jahresgutachten Tabelle 16*
Arbeitslosenquote bezogen auf alle Erwerbspersonen: SVRJahresgutachten, Tabelle 1* und Tabelle 2*

- Wegen der dem privaten Sektor innewohnenden Tendenz zur „natürlichen Arbeitslosenquote" müßten die jährlichen Kombinationen von Inflationsrate und Arbeitslosigkeit um deren „natürlichen" Wert schwanken, wenn dieser sich nicht im Zeitablauf verschiebt.

Die im Schaubild 6 wiedergegebenen Phillipskurven sowie diejenige für Deutschland sehen sehr unterschiedlich aus. Sie lassen sich in vier Gruppen einteilen:

a) Eine fallende Phillipskurve, deren Lage im Großen und Ganzen von 1967 bis 1994 fast unverändert bleibt, gibt es nur in Österreich.
b) Eine Wanderung der verwirklichten Kombinationen von Arbeitslosenquote und Inflationsrate nach rechts und nach oben in Form einer Abfolge von Phillipsschleifen ist deutlich in den USA und Großbritannien bis 1980, in Deutschland bis 1981 zu erkennen. Die anschließende Entwicklung entspricht wieder mehr einer fallenden Phillipskurve.
c) In Frankreich (die Phillipskurven für die Niederlande und Italien sehen sehr ähnlich aus) findet man – insbesondere seit 1973/74 – eine deutliche Rechtsverschiebung; vorher war vor allem eine Verlagerung nach oben zu beobachten.

IV.5.1.2. Gründe für die Phillips-Schleifen

Die Phillips-Schleifen, die in einigen Staaten wiederholt deutlich zu erkennen sind, resultieren aus dem schon mehrfach angesprochenen Vorlauf der Mengen- vor den Preisreaktionen: Zu Beginn der restriktiven Politik reagieren vor allem die Mengen, geringfügig auch die Preise (USA und Deutschland 1974 auf 1975). Erst im nächsten Jahr (1976) schlagen die Nachfrageeinbußen voll auf die Inflationsraten durch; wenn die nominale Nachfrage nicht genauso stark zurückgeht wie die Inflationsrate, steigen Produktion und Beschäftigung bereits wieder an und die Arbeitslosenquote sinkt (USA 1976). In der anschließenden Phase der Nachfrageexpansion sinkt die Arbeitslosenquote weiter, die Inflationsrate steigt zunächst langsam und dann schneller wieder an.

Je nachdem, wie lange diese Phasen dauern und wie ausgeprägt die Mengen- bzw. Preisreaktionen sind, führt die Bewegung auf einer Phillips-Schleife zum Ausgangspunkt zurück, oder der Endpunkt einer Schleife liegt bei anderen Werten der Inflationsrate und der Arbeitslosenquote. Für die USA liegt bis 1980 jede Phillips-Schleife deutlich oberhalb der vorangehenden; für Deutschland ist die Bewegung nach rechts deutlich ausgeprägt. In den 80er Jahren hat sich ein zu Phillips-Schleifen passender Rückgang der Arbeitslosigkeit nur in den USA ergeben.

IV.5.1.3. Von Angebotsschocks bereinigte Phillipskurven

In der vorangehenden theoretischen Analyse wurde stets mit Nachfrageveränderungen argumentiert, die auf Arbeitslosigkeit und Inflation einen entgegengesetzten Einfluß ausüben. Jedoch wirken auch Angebotsschocks auf diese beiden Größen ein und verändern sie in derselben Richtung (vgl. BLANCHARD, 1989).

Prototypen von Angebotsschocks waren die beiden Ölpreisschocks vom Herbst 1973 und Herbst 1979. Sie führten weltweit zur Inflationsbeschleunigung. Diese rief allgemein, aber mit deutlichen nationalen Differenzierungen, gegen die Inflation gerichtete wirtschaftspolitische Maßnahmen hervor, die überall zu einem Rückgang der Inflationsraten und vielfach zu einer dauerhaften Erhöhung der Arbeitslosenquote führten (Großbritannien erlebte allerdings noch 1975 eine „Lohnexplosion", die zu einer Rekord-Inflationsrate von knapp 25% führte und die Rückführung des Inflationstempos um zwei Jahre hinausschob).

Die Antiinflationspolitik wurde überall überwiegend mit Hilfe restriktiver Geldpolitik betrieben, die zu einer vorübergehenden Drosselung der gesamtwirtschaftlichen Nachfrage führte und die nach (unterschiedlich deutlicher) Beruhigung des Inflationstempos wieder gelockert wurde.

Diese exogenen Angebotsschocks „stören" die Wirkungszusammenhänge zwischen Arbeitslosigkeit und Inflation. Sinnvoll ist daher die Ermittlung von Phillipskurven, die um die Auswirkungen von exogenen Faktoren bereinigt sind und die endogenen Wirkungszusammenhänge widerspiegeln. Eine solche *bereinigte Phillipskurve* ist von W. FRANZ (1984) für Westdeutschland ökonometrisch ermittelt worden; Franz erhält dabei eine zeitlich stabile langfristige Phillipskurve mit fallendem, wenn auch steilem Verlauf.

Dieses Ergebnis, das auf eine Konkurrenz zwischen den Zielen „hohe Beschäftigung" und „Preisstabilität" hinweist, stimmt mit den Resultaten überein, zu denen BRUNO/SACHS (1985) in ihrer gründlichen empirischen Untersuchung der „Economics of Worldwide Stagflation" gelangen. Sie schreiben im abschließenden Kapitel ihres Buches (1985, S. 273):

„Our analysis has shown that the Keynesian aggregate demand framework and the basic notions of aggregate trade-offs (in particular the unemployment-inflation trade-off) are still highly relevant for theory and policy. However, aggregate demand considerations have to be embedded and reinterpreted within a broader scheme in which aggregate supply shifts now play a much larger role and in which open-economy considerations and the mutual interdependence of economics are explicitly taken into account."

Auch für die USA ergeben entsprechende Berechnungen stabile, langfristige Phillipskurven mit fallendem Verlauf. BLINDER faßt ihr Ergebnis so zusammen (1989, S. 120):

„... the Phillips-curve once modified to allow for supply price shocks has been one of the best-behaved empirical regularities in macroeconomics ... A long list of studies supports this conclusion."

Ein solches Ergebnis bedeutet, daß es viele Arbeitslosenquoten gibt, die mit konstanter Inflation vereinbar sind. Die monetaristische Position, wonach diese Vereinbarkeit nur bei einer einzigen, nämlich der „natürlichen" Arbeitslosenquote besteht, läßt sich so nicht halten. Man kann allerdings argumentieren, die natürliche Arbeitslosenquote habe sich im Zeitablauf verschoben. Eine Begründung für entsprechende Verschiebungen ist allerdings schwierig zu liefern. Für Großbritannien kommen BLANCHARD/SUMMERS (1988) sogar zu dem Ergebnis, die strukturellen Faktoren, von denen die natürliche Arbeitslosigkeit bestimmt wird, hätten sich entgegengesetzt zur tatsächlichen Quote verschoben. Die monetaristische Position ist daher mit der Empirie nicht in Übereinstimmung zu bringen.

IV.5.2. Analyse mit Hilfe des Konzepts der NAIRU

Für die Klärung der Frage, ob sich nach Unterschreiten bestimmter kritischer Arbeitslosenquoten die Inflation beschleunigt, ist das Konzept der „Arbeitslosenquote mit nichtakzelerierender Inflation" entwickelt worden, die im englischen Fachjargon als NAIRU abgekürzt wird (Non-Accelerating-Inflation Rate of Unemployment). Gemäß der neoklassisch-monetaristischen Theorie stimmt diese „inflationsstabile Arbeitslosenquote“ mit der natürlichen Arbeitslosenquote überein, während in der keynesianischen Theorie jede Arbeitslosenquote unterhalb der natürlichen Arbeitslosenquote (NALQ) eine NAIRU sein kann (sofern $\alpha_1 \beta_0 < 1$). Allerdings werden in der US-amerikanischen Literatur NALQ und NAIRU häufig synonym verwendet (s. z.B. das Symposium im „Journal of Economic Perspectives“, Vol. 11, 1997).

Genaugenommen analysieren monetaristische und keynesianische Theorie unterschiedliche Situationen, so daß ihr Ergebnis in *einer* Abbildung verdeutlicht werden kann:

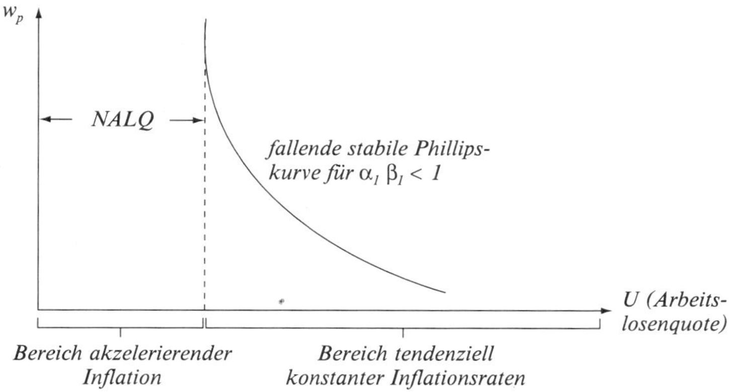

Abb. IV.7: Bereiche stabiler und akzelerierender Inflation

Eine einzige NAIRU, die mit der (jeweiligen) NALQ übereinstimmt, gäbe es also nur, wenn die Arbeitslosenquote stets um die NALQ oszillierte. Empirische Untersuchungen sprechen dagegen. So ermitteln AKERLOF/DICKENS/PERRY (1996) für die USA einerseits eine Arbeitslosenquote, bei deren Unterschreiten die Inflationsrate sich zu beschleunigen beginnt. Andererseits stellen sie (u.a. mittels Simulationsrechnungen) fest, daß oberhalb dieser Quote dauerhaft stabile Inflationsraten zu erwarten sind. Sie formulieren als ihr Ergebnis (1996, S. 26):

„With downward wage rigidity, however, higher sustained rates of unemployment accompany very low rates of sustained inflation, and a unique NAIRU does not exist.“

Schaubild 7: Veränderungen der Inflationsrate und Arbeitslosenquote in Deutschland (ab 1992 Gesamtdeutschland)

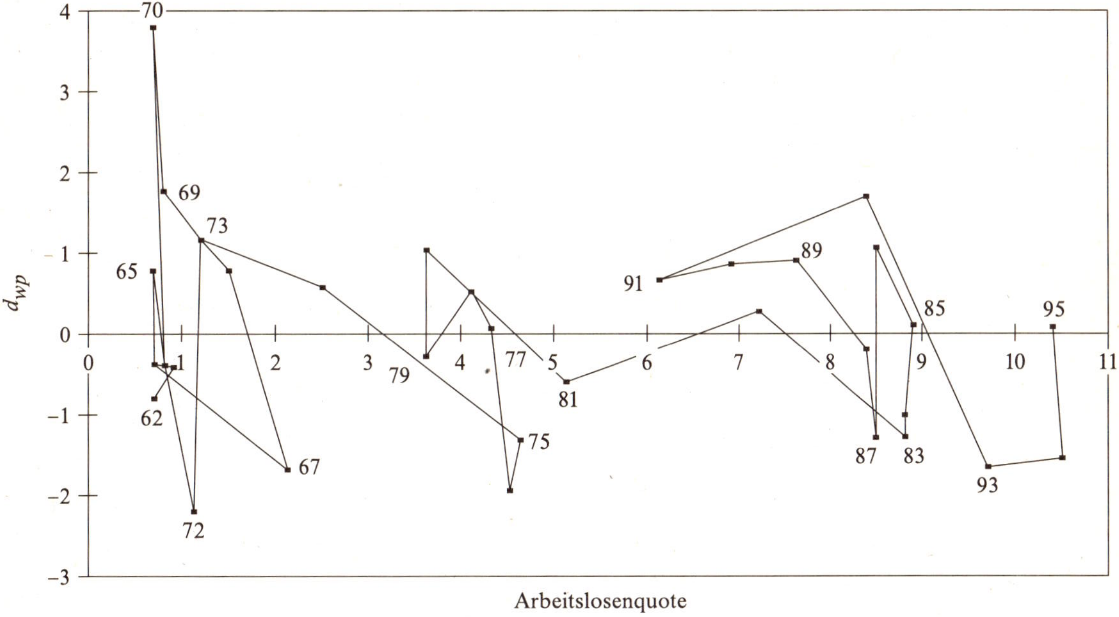

Quelle der Ursprungsdaten: Sachverständigengutachten (SVR) 1997/98 Tabelle 21*, Tabelle75*

Für Deutschland zeigt die Darstellung der realisierten Kombinationen von Arbeitslosenquote und Veränderungen der Inflationsrate in Schaubild 7, daß die Höhe der NAIRU im Zeitablauf mäßig angestiegen ist und daß es keine feststehende NAIRU gibt. Da es schwer vorstellbar ist, den Anstieg der mit stabiler Inflationsrate verbundenen Arbeitslosenquote auf die Zunahme strukturbedingter Arbeitslosigkeit zurückzuführen, spricht viel für die Meinung von GALBRAITH (1997), es sei „time to ditch the NAIRU."

Wenn trotz dieser Empirie die monetaristische Position aufrecht erhalten werden soll, daß NALQ und NAIRU im Grundsatz übereinstimmen, dann muß begründet werden, wieso beide Quoten im Zeitablauf immer größer geworden sind. Einen neuen Ansatz dazu liefert das Phänomen der Hysterese.

IV.5.3. Ansteigen von NALQ und NAIRU durch Hysterese

Der Begriff „Hysterese" (nach dem griechischen Wort für zurückbleiben, nachwirken) ist in jüngster Zeit aus der Elektrotechnik in die Ökonomie übernommen worden. Dort bezeichnet er Fälle, in denen sich die Gleichgewichtslösung ändert, wenn die tatsächliche Situation von dieser abweicht. Das System kehrt dann nicht zum alten Gleichgewicht zurück, sondern zu einer neuen Gleichgewichtslösung, die von Stärke, Richtung und Dauer der Abweichung abhängt. Die jeweilige Gleichgewichtskonstellation ist daher abhängig von dem bisherigen Entwicklungspfad. Angewandt auf das Problem langfristig steigender Arbeitslosigkeit behauptet der Hysterese-Ansatz: Steigt die tatsächliche Arbeitslosigkeit für einige Zeit über die NALQ oder NAIRU hinaus, so erhöht sich die mit ihnen verbundene Arbeitslosenquote. KÖSTERS/BELKE (1992) führen dafür drei Gründe aus der Literatur an:

a) Soweit die Outsider keinen (dämpfenden) Einfluß auf die Lohnentwicklung haben, führt ihre Zunahme bei steigender Arbeitslosigkeit nicht zu einem Abbremsen der Lohn- und Preisentwicklung. Die Inflationsrate bleibt trotz höherer Arbeitslosenquote erhalten, die NAIRU nimmt zu. Gegen dieses Argument ist einzuwenden, daß in empirischen Untersuchungen für Europa fast immer ein Einfluß der Arbeitslosenquote auf die Lohnsteigerungsraten ermittelt worden ist.

b) Je höher die Arbeitslosenquote steigt, desto größer wird die Zahl der Langzeitarbeitslosen. Deren Humankapital entwertet sich, sie werden schwerer vermittelbar und üben keinen lohndämpfenden Einfluß aus.
c) Wenn die höhere Arbeitslosigkeit durch einen Rückgang der Investitionen ausgelöst wird, dann verlangsamt sich der Aufbau von neuen Produktionskapazitäten. Im anschließenden Boom kann daher wegen Kapazitätsengpässen die Produktion nicht entsprechend der Nachfrage ausgedehnt werden; statt dessen werden die Preise rascher erhöht. Dieses Argument vernachlässigt, daß die Produktion auch durch Überstunden und längere Maschinenlaufzeiten ausgeweitet werden kann.

Am überzeugendsten ist der Hinweis auf die zunehmende Langzeit-Arbeitslosigkeit. Ihr sollte mit Umschulung und Fortbildung entgegengewirkt werden.

Es ist daher nicht überraschend, daß für die in Kap. II behandelte These, wonach Preisstabilität die Voraussetzung für dauerhafte Vollbeschäftigung sei, aus der Empirie keine Bestätigung gefunden werden kann; denn es hat – wie Schaubild 7 für Deutschland zeigt – hohe und niedrige Arbeitslosenquoten sowohl bei sich verlangsamender als auch bei sich beschleunigender Inflation gegeben. Selbst bei annähernder Preisstabilität (Inflationsrate unter 1,5%) lag die Arbeitslosenquote 1959, 1960 und 1967 zwischen 1,5% und 2,5%, 1986 dagegen bei 8 $^1/_2$%. Damit ist die These aber auch nicht widerlegt; denn die Preisstabilität war stets nur vorübergehend, nicht von Dauer!

Literaturhinweise zu Kapitel IV

a) Lehrbücher und Übersichten zur Inflationstheorie

Die nachstehend genannten deutschsprachigen Darstellungen der Inflationstheorie informieren alle gut und mehr oder weniger ausführlich über die einzelnen Ansätze der Inflationstheorie. Ihre Gliederungen und Zuordnungen sind allerdings manchmal wenig überzeugend sowie häufig traditionell. Dies gilt besonders für die (nicht sachgerechte) Trennung von Anbieterinflation und Verteilungskampfinflation. Außerdem tragen sie der Notwendigkeit nicht genügend Rechnung, die schleichende Inflation als dauerhaften Prozeß zu erklären. Eine Ausnahme bildet das Lehrbuch von RÜDIGER POHL (1981), in dem deutlich zwischen „Ursachen von Preisniveausteigerungen“ und dem „Prozeß der Inflation“ unterschieden wird. POHLS Lehrbuch ist allerdings recht anspruchsvoll.

Nur unter diesen Vorbehalten verweise ich auf folgende Lehrbuchdarstellungen der Inflationstheorie:

OTTMAR ISSING (1995), Einführung in die Geldtheorie. 10. Auflage, München (Vahlen), Kap. VII: Inflationstheorie.

RICHARD MÜLLER/RICHARD RÖCK (1993), Konjunktur-, Stabilisierungs- und Wachstumspolitik. 4. Auflage, Stuttgart etc. (Kohlhammer), Kap. 5: Inflationstheorien.

WOLFGANG STRÖBELE (1994), Inflation. Einführung in die Theorie und Politik. 3. Auflage, München/Wien (Oldenbourg).

Eine gründliche und lesenswerte Darstellung der Inflationstheorie und ihrer Probleme bietet die Monographie von MENKHOFF (1986), der allerdings eine wenig überzeugende Aufteilung in „ökonomische“ und „nichtökonomische“ Erklärungsansätze vornimmt, statt diese in eine Theorie der Anbieterinflation zu integrieren.

b) Literatur zu IV.1.: Geldmengenentwicklung und -steuerung

Die wichtigste Veröffentlichung aus der Dt. Bundesbank zum Abschnitt IV.1. sind der Aufsatz von H. SCHLESINGER (1988), der Artikel „Zur längerfristigen Entwicklung und Kontrolle des Geldvolumens“ im Monatsbericht der Dt. Bundesbank vom Januar 1985, sowie die Monographie der Dt. Bundesbank über „Die Geldpolitik der Bundesbank“ (1995). Einen guten Überblick über „Das geldpolitische Konzept der Dt. Bundesbank“ bietet der gleichnamige Artikel von GÖRGENS/RUCKSIEGEL (1995). Über den Geldschöpfungsmultiplikator informieren alle Lehrbücher der Makroökonomie und der Geldtheorie.

Über die Interpretations- und Definitionsprobleme bei den Begriffen Geldmenge und Geldkapital sowie bei den Tabellen der Dt. Bundesbank über die Bestimmungsgründe der Veränderungen von Geldmenge und Zentralbankgeldmenge informieren am ausführlichsten DUWENDAG u.a. (1993) im 1. und 2. Kapitel. Die Instrumente der Geldpolitik werden dort in Abschnitt 7.3. kurz behandelt, wesentlich ausführlicher bei DICKERTMANN/SIEDENBURG (1975).

c) Literatur zu IV.2.: Inflationsursachen im realen Sektor keynesianische Inflationserklärung)

In den unter a) zitierten Lehrbüchern wird der Begriff keynesianische Inflationserklärung meistens auf die Nachfragesogtheorie von KEYNES (1940) beschränkt. Der hier verwendete weitergefaßte Begriff ist unüblich, aber sachgerecht, da er die von Keynesianern entwickelte Anbieterinflationstheorie einbezieht und den Gegensatz zur monetaristischen Erklärung aus Ursachen im monetären Bereich ins Zentrum rückt. Der hinter der Anbieterinflation stehende Verteilungskampf und seine ökonomischen, politischen und gesellschaftlichen Aspekte werden in den Monographien von GOSSNER (1985), JOHN (1982), MÜLLER (1976), STREISSLER (1973) und TYLECOTE (1981) deutlich herausgearbeitet. Eine ausführliche Darstellung der Anbieter- und der Verteilungskampfinflation findet sich bei DÖRHAGE (1989).

Eine Stagflationserklärung aus dem Zusammentreffen von ungebremster Anbieterinflation und – aus welchem Grunde auch immer – geringfügig oder nicht mehr wachsender nominaler Nachfrage entwirft bereits STREISSLER (1972) in einem kurzen Beitrag, in dem er die politischen und gesellschaftlichen Aspekte dieser Konstallation hervorhebt (STREISSLER subsumiert die Anbieterinflation allerdings unter Kostendruckinflation).

Die Literatur zur Phillipskurve ist fast unübersehbar geworden, wie schon der sehr hilfreiche Überblicksartikel von SANTOMERO/SEATER (1978) zeigt. Den besten Einstieg in die keynesianische Analyse der (modifizierten) Phillipskurve bietet nach wie vor der kurze Aufsatz von ROTHSCHILD (1974) mit dem Titel „Die Phillips-Kurven-Diskussion. Eine Übersicht", dem das Modell in Abschnitt IV.2.2.3. entnommen ist. Eine gedrängte Darstellung des Phillips-Kurven-Zusammenhanges bieten KUGLER/HANUSCH (1994).

Die Theorie rationaler Erwartungen, die zunächst nur mit der monetaristischen Kritik an der herkömmlichen Phillips-Kurven-Diskussion verbunden war, wird ausführlich u.a. von HÄBERLE (1982), Abschnitt 1B), SHEFFRIN (1983, insbes. 1–20) und SCHÖLER (1985) dargestellt. Eine generelle Kritik an der Argumentation mit rationalen Erwartungen äußert BUITER (1986).

d) Literatur zu IV.3.: Monetaristische Inflationserklärung

Die zentrale Fundstelle für die monetaristische Inflationserklärung bildet FRIEDMANs Artikel „The Role of Monetary Policy" aus dem Jahre 1968, der in deutsch in einem von K. BRUNNER u.a. herausgegebenen Sammelband zur Geldtheorie abgedruckt ist. Dort zeigt FRIEDMAN, daß bei Bestehen natürlicher Arbeitslosigkeit ein rascheres Geldmengenwachstum vorübergehend zu mehr Beschäftigung, auf Dauer aber nur zu höherer Inflationsrate führt.

Eine anschauliche, knappe Darstellung der monetaristischen Inflationstheorie findet sich in Abschnitt 2.3. des Lehrbuchs von STRÖBELE (1994, S. 68–90).

Eine breiter angelegte Darstellung des Monetarismus und seiner Gegenpositionen zum Keynesianismus bietet Kap. IX in FELDERER/HOMBURG (1994). Mit der für den Monetarismus zentralen Hypothese der „natürlichen Arbeitslosigkeit" setzen sich die Beiträge in dem von ROD CROSS (1995) herausgegebenen Sammelband „The Natural Rate of Unemployment. Reflexions on 25 Years of the Hypothesis" auseinander. Besonders lesenwert sind darin die Beiträge von HAHN (1995) und TOBIN (1995).

Heftige Kritik am Monetarismus übt KALDOR (1982). Zusammen mit TREVITHICK formuliert er die keynesianische Gegenposition im Artikel „Geldtheorie und Geldpolitik V: Aus keynesianischer Sicht" im HdWW, Band 3 (1981), S. 412–423.

Die Zusammenführung von Monetarismus und Theorie rationaler Erwartungen wird in Kap. X von FELDERER/HOMBURG (1994) dargestellt. Dabei wird versucht, die Denkweise dieser „Neuen klassischen Makroökonomie" zu veranschaulichen. Eine wissenschaftstheoretisch fundierte Kritik an der aus diesem Theoriegebäude abgeleiteten Politikineffizienzhypothese äußert ALAN BLINDER (1987/1989) in seinem Artikel über „Keynes, Lucas and Scientific Progress."

e) Literatur zu IV.4.: Inflationseinflüsse außerhalb des Lohn–Preis–Mechanismus

Die Transmissionskanäle der importierten Inflation werden in Abschnitt 2.5 (S. 93–108) von STRÖBELE (1994) dargestellt.

V. Beschäftigungsorientierte mittelfristige Konzepte und Strategien

V.1. Ansatzpunkte und Zuständigkeiten

V.1.1. Systematisierung der Konzepte und Strategien

Angesichts der in den OECD-Ländern seit Beginn der 80er Jahre herrschenden Massenarbeitslosigkeit werden in der Öffentlichkeit die beschäftigungspolitischen Möglichkeiten heftig und kontrovers diskutiert; gleichzeitig wird der Inflationsbekämpfung weiterhin ein hoher Stellenwert zugemessen. Eine Systematisierung der vertretenen Positionen wird dadurch erschwert, daß wirtschaftspolitische Konzepte und tatsächlich verfolgte Strategien häufig voneinander abweichen: Die Strategien berufen sich zwar auf *ein* Konzept, stellen jedoch häufig eine Mischung aus Bestandteilen unterschiedlicher Konzepte dar.

In der wirtschaftspolitischen Diskussion steht der Gegensatz zwischen angebots- und nachfrageorientierter Wirtschaftspolitik im Vordergrund, obwohl er nur einen Teil der Meinungsunterschiede bezeichnet und zu Fehlinterpretationen verleitet.

Es müssen jedoch weitere Aspekte einer beschäftigungsorientierten Strategie angesprochen werden, die sich unmittelbar aus dem folgenden definitorischen Zusammenhang zwischen dem Beschäftigungsgrad b, der Zahl der Erwerbstätigen (E), dem Erwerbspersonenpotential (E_{pot}), der Produktivität pro Stunde (X/h) und der durchschnittlichen Arbeitszeit je Erwerbstätigen (h/E) ergeben:

(V.1) $$b \equiv \frac{E}{E^{pot}} \equiv \frac{E}{E^{pot}} \cdot \frac{h}{h} \cdot \frac{X}{X} \equiv \frac{X}{E^{pot} \cdot h/E \cdot X/h}$$

Für die Entwicklung des Beschäftigungsgrades folgt aus (V.1), wenn alle Variable stetige, differenzierbare Funktionen in der Zeit sind:

(V.2) $$w_b = w_x - w_{X/h} - w_{h/E} - w_{E^{pot}}$$

Der Beschäftigungsgrad wird also durch ein Wachstum des realen Sozialprodukts erhöht, durch erhöhte Stundenproduktivität und verlängerte Arbeitszeit gesenkt und ebenso durch eine Vergrößerung des Erwerbspersonenpotentials.

ROHWER (1982, S. 157) leitet aus Gleichung (VI.2) vier beschäftigungspolitische Strategien ab:

- Wachstumsstrategie: Erhöhung der gesamtwirtschaftlichen Produktion.
- Produktivitätsstrategie: Abbremsen der Erhöhung der gesamtwirtschaftlichen Stundenproduktivität.
- Arbeitszeitstrategie: Verminderung der durchschnittlichen Jahresarbeitszeit je Erwerbstätigen.
- Erwerbspersonenstrategie: Verminderung der Zahl der Erwerbspersonen.

Von diesen Ansatzpunkten für eine Erhöhung des Beschäftigungsgrads werden besonders die Wachstumsstrategie und die Arbeitszeitstrategie diskutiert. Hinter den Auseinandersetzungen um die „richtige" Wachstumsstrategie und das Für und Wider einer Arbeitszeitverkürzung steht der Gegensatz zwischen der keynesianischen und der monetaristisch-neoklassischen Position, der in den theoretischen Erklärungen von Arbeitslosigkeit und Inflation eine zentrale Rolle spielt; dabei wird in der wirtschaftspolitischen Diskussion die monetaristisch-neoklassische Position durch die „Angebotsökonomie" ergänzt und erweitert.

V.1.2. Zuständigkeiten für die Beschäftigungspolitik

Neben den bereits bekannten Gegensätzen werden diese beiden gegensätzlichen Positionen auch durch einen grundsätzlichen Meinungsunterschied über die *Zuordnung (Assignement) von* gesamtwirtschaftlichen *Zielen* und wirtschaftspolitischen *Entscheidungsträgern* bzw. deren Instrumentarium gekennzeichnet.

Der **neoklassisch-monetaristische Ansatz** ordnet jedem Politikbereich ein bestimmtes Ziel zu (vgl. Sachverständigenrat, 1997, Tz 10):

- Die Finanzpolitik soll gesamtwirtschaftliches Wachstum durch Verbesserung der Angebotsbedingungen ermöglichen. Eine Politik der Arbeitsverkürzung wird als defensiv abgelehnt, weil dadurch die Produktionsmöglichkeiten der Volkswirtschaft eingeschränkt werden und weil die Unternehmen möglichst wenig in ihren Handlungsspielräumen eingeengt werden sollen. Außerdem wird die Lohnpolitik für die Beschäftigung verantwortlich gemacht: Der neoklassischen Theorie gemäß kann die Lücke zwischen Arbeitsangebot und Arbeitsnachfrage durch Lohnzurückhaltung geschlossen werden. Dadurch soll u.a. der Anreiz für die Unternehmen verringert werden, Arbeit durch Kapital zu ersetzen. Das bedeutet aber auch, daß die Arbeitsproduktivität langsamer steigen soll. Insofern wird hier die Produktivitätsstrategie einbezogen, wenn auch die Dämpfung ihres Anwachsens auf das eben beschriebene Mittel beschränkt wird.

- Die Geldpolitik hat für die Preisstabilität zu sorgen.[1] Da sie zumindest langfristig keine realen Auswirkungen habe, stehe sie einer angebotsorientierten Finanzpolitik nicht entgegen.
- Die Lohnpolitik soll „der Beschäftigungsentwicklung Rechnung tragen". M.a.W.: Sie ist für die Beschäftigung verantwortlich.

Diesem Ansatz steht das **keynesianische Konzept** der Beschäftigungspolitik gegenüber: Der Gegensatz besteht jedoch nicht darin, daß für das keynesianische Konzept die Angebotsbedingungen unwesentlich sind; denn in diesem Konzept muß eine Wachstumsstrategie zur Erhöhung der gesamtwirtschaftlichen Produktion Angebot *und* Nachfrage beachten. Der Unterschied besteht vielmehr darin, daß Geld-, Fiskal- und Lohnpolitik zusammen für Wachstum und Beschäftigung und auch für Preisstabilität verantwortlich sind, wenn auch mit unterschiedlichen Gewichten.

- Die *Geldpolitik* ist in erster Linie für die Preisstabilität verantwortlich; sie muß aber gleichzeitig so gestaltet werden, daß die Wachstums- und Beschäftigungsziele, die von den anderen Politikbereichen verfolgt werden, nicht beeinträchtigt werden. Dies erfordert eine schwierige Gratwanderung, die der Geld-

1 Der Auffassung, die Notenbanken hätten nur die Preisentwicklung zu beachten, hält die Bank für Internationalen Zahlungsausgleich (1996, S. 7) entgegen: „Bisweilen wird nicht hinreichend verstanden, daß die Währungsbehörden ungeachtet einer Verpflichtung auf mittelfristige Preisstabilität durchaus eingreifen können, um eine konjunkturelle Abschwächung zu mildern.

politik durch eine Einkommenspolitik erleichtert werden muß, die die Inflationsgefahr schon bei der Entstehung von Einkommen einzudämmen versucht.

- Die *Fiskalpolitik* ist angebots- und nachfrageorientiert vor allem an den wachstums- und beschäftigungspolitischen Zielen auszurichten; sie darf aber nicht durch die Geldpolitik konterkariert werden, die auch für diese Ziele mitverantwortlich ist. Da die aktuelle Massenarbeitslosigkeit auch durch noch so geschickte Geld-, Fiskal- und Lohnpolitik in absehbarer Zeit nicht alleine durch die Wachstumsstrategie abgebaut werden kann, müssen die Strategie der Arbeitszeitverkürzung und evtl. die Erwerbspersonen-Strategie gleichzeitig verfolgt werden.
- Die *Lohnpolitik* muß – evtl. eingebettet in eine umfassendere Einkommenspolitik (s. V.5.2.2) – dafür sorgen, daß der Erfolg antiinflationärer Geldpolitik nicht von der Anbieterseite beeinträchtigt und die Geldpolitik zu beschäftigungsgefährdender Restriktion gezwungen wird.

V.1.3. Zur Bedeutung koordinierter Wirtschaftspolitik

Die Bedeutung, die einer Koordinierung der wirtschaftspolitischen Akteure zugemessen wird, hängt wesentlich davon ab, wie die Zuständigkeiten gesehen werden. Wenn jeder Akteur nur für ein Ziel verantwortlich ist und nur diese Zielgröße beeinflußt, bedarf es keiner Koordination. Geht man jedoch davon aus, daß die meisten wirtschaftspolitischen Maßnahmen auf alle oder mehrere Zielgrößen gleichzeitig einwirken (wenn diese auch unterschiedlich stark betroffen werden), dann erweist sich ein koordiniertes Vorgehen der wirtschaftspolitischen Akteure als notwendig. Zugleich wird deren Aufgabe schwieriger, weil sie mehr Ziele als nur ihr Hauptziel im Auge behalten müssen.

Wichtig ist vor allem die Koordinierung der Geld- und Fiskalpolitik sowie der Geld- und Lohnpolitik. Für den ersten Bereich zeigt z.B. NORDHAUS (1994) deren Erfolge in den USA bei der Beseitigung der von REAGAN ausgeweiteten Budgetdefizite (s. dazu Abschnitt V.4.2).

Die Notwendigkeit der Koordination der Geld- und Lohnpolitik folgt aus dem Ergebnis einer Untersuchung des DIW (1995, S. 516), wonach

„das Entstehen von Arbeitslosigkeit in allen Industrieländern regelmäßig das Ergebnis eines Konflikts von Geld- und Lohnpolitik ist, in dessen Verlauf sich – via steigende Zinsen – die Bedingungen für neue Investitionen rasch und dramatisch verschlechtern."

Eine Koordinierung von Geld- und Lohnpolitik könnte nicht nur das Entstehen von Arbeitslosigkeit teilweise verhindern, sondern ist auch Voraussetzung für ihre erfolgreichere Bekämpfung; denn dafür muß die Lohnpolitik eine inflationsfreie Beschäftigungsexpansion ermöglichen, die von der Geldpolitik in die Wege geleitet wird. In den Worten von Flassbeck (1995, S. 82):

„Entscheidend für die Bekämpfung der Arbeitslosigkeit ist die Koordination der Lohn- und Geldpolitik. ... Letztendlich kann in einem marktwirtschaftlichen System nur die Geldpolitik die Impulse setzen, die den Unternehmen die Möglichkeit eröffnen, die immer wieder drohende Stagnation der Entwicklung durch Investitionen zu überwinden, neue Arbeitsplätze zu schaffen und das Einkommen aller am Wirtschaftsleben Beteiligten zu erhöhen."

Die Kommission der Europäischen Gemeinschaften (1985, S. 21ff.) propagierte schon in ihrem Jahreswirtschaftsbericht 1985/86 eine „Kooperative Strategie für mehr Beschäftigung", in Europa allerdings weitgehend ohne Erfolg.

V.2. Verringerung des Erwerbspersonenpotentials und des Produktivitätsanstiegs

Vor der Behandlung der beiden Strategien, die im Zentrum der wirtschaftspolitischen Debatten stehen, nämlich der Wachstums- und der Arbeitszeitstrategien, sollen hier die beiden anderen Strategien kurz angesprochen werden.

V.2.1. Verringerung des Erwerbspotentials

Bei dieser Strategie geht es darum, den Anteil der erwerbswilligen Personen an der Bevölkerung im erwerbsfähigen Alter, also die Erwerbsquote, zu reduzieren.

Um dieses Ziel zu erreichen, kann man zum einen versuchen, Personen zu veranlassen, überhaupt nicht erwerbstätig werden zu wollen; zum anderen können Maßnahmen zur Verkürzung der

Lebensarbeitszeit der Erwerbspersonen ergriffen werden. Der erstgenannte Ansatz ist wegen des hohen Stellenwertes der Erwerbsarbeit in den heutigen Industriestaaten nicht sehr vielversprechend. Mehr Aussicht auf Erfolg haben Maßnahmen, den Anfang des Erwerbslebens hinauszuschieben (z. B. durch Erhöhung des Anteils von Studierenden an den heranwachsenden Jahrgängen), das Ende des Erwerbslebens vorzuziehen (z. B. durch günstige Vorruhestandsregelungen) oder Unterbrechungen zu erleichtern (z. B. durch Erziehungsgeld, großzügigere Beurlaubungsregelungen etc.).

Angesichts der zunehmenden Alterung der Gesellschaft sind in Deutschland allerdings Regelungen eingeführt worden, die einen späteren Eintritt in den Ruhestand begünstigen, um die Finanzierung des Rentensystems zu erleichtern.

Um die Beschäftigungswirkungen einer Verminderung des Erwerbspersonenpotentials einschätzen zu können, müssen die Rückwirkungen auf die übrigen Bestimmungsfaktoren des Beschäftigungsgrads gemäß Gleichung (V.2) betrachtet werden. Bei der Arbeitszeit und der Stundenproduktivität dürfte sich wenig ändern. Anders liegen die Dinge bei der Wachstumskomponente w_x: Der Verzicht auf Erwerbsarbeit ist (fast) immer mit einem Verzicht auf Einkommen verbunden. Daher fällt die Nachfrage geringer aus. Jedoch dürfte dieser Rückgang nur unterproportional sein, so daß insgesamt der Beschäftigungsgrad durch die Verringerung des Erwerbspersonenpotentials ansteigen dürfte.

V.2.2. Verlangsamung des Produktivitätsanstiegs

Der Anstieg der Arbeitsproduktivität je Stunde kann auf drei Wegen abgebremst werden:

a) Direkte Beeinflussung des produktivitätssteigernden technischen Fortschritts durch Verringerung der Innovations- und Investitionsförderung sowie durch Verlangsamung und Erschwerung von Genehmigungsverfahren für neue Produktionsstätten und -methoden.

b) Abbau der Rationalisierungsanreize, die von steigenden Lohnkosten ausgehen. Dieser Weg würde beschritten, wenn diese (neoklassischen) Vorschläge gefolgt würde, das allgemeine Lohnniveau zu senken.

c) Förderung von niedrig produktiven Dienstleistungsbereichen durch höhere Lohnspreizung oder durch gezielten Abbau von Lohnnebenkosten in diesen Bereichen.

Eine generelle Verlangsamung des technischen Fortschritts hätte für ein Land wie Deutschland, das vor allem Produkte moderner Hochtechnologien exportiert, vermutlich auf Dauer Exporteinbußen zur Folge, wodurch der Wachstumsfaktor w_x negativ beeinflußt wird. Der Weg über Lohnsenkungen könnte weitere Nachfrage- und Produktionseinbußen bewirken. Hierzu ist auf die Diskussion in Abschnitt III.2.2.4 in Zusammenhang mit der neoklassischen Synthese zu verweisen. Die Gesamtwirkung auf den Beschäftigungsgrad ist schwer vorherzusagen; sie kann auch negativ sein.

V.3. Wachstumsstrategien: Ansätze und Rückwirkungen

Auf der konzeptionellen Ebene lassen sich die Wachstumsstrategien zwei konkurrierenden Ansätzen zuordnen:

- Angebotsorientierte Strategien. Diese beruhen auf der neoklassisch-monetaristischen Theorie und halten Nachfrageaspekte für mittel- und langfristig irrelevant.
- Keynesianische Strategien. Sie beruhen auf der keynesianischen Theorie. Für sie steht daher die Nachfrage auch mittel- und langfristig im Vordergrund. Probleme auf der Angebotsseite (Strukturwandel, Inflation, Kapazitätsengpässe etc.) werden berücksichtigt.

Diese beiden Wachstumsstrategien werden in den Abschnitten V.4 und V.5 anhand ihrer Konzeption und anhand ausgewählter Anwendungsfälle dargestellt.

Wenn Wachstumsstrategien erfolgreich angewendet werden, erhöht sich in Gleichung (V.2) die Komponente w_x. Der Gesamteffekt auf den Beschäftigungsgrad hängt jedoch davon ab, welche Rückwirkungen auf die anderen drei Einflußfaktoren auftreten.

Der Gesamteffekt fällt geringer aus, wenn die Mehrproduktion zum Teil durch Verlängerung der durchschnittlichen Arbeitszeit erfolgt, z.B. durch Ausweitung der Überstunden. Deshalb treten viele Befürworter einer keynesianischen Wachstumsstrategie, die sich der Grenzen einer solchen Strategie bewußt sind, für eine Politik der Arbeitszeitverkürzung ein, damit diese auch einen Beitrag zur Verbesserung der Beschäftigungssituation leistet (s. zur Arbeitszeitverkürzung Abschnitt V.6).

Sehr wichtig für den Gesamteffekt ist desweiteren die Rückwirkung auf die Arbeitsproduktivität: Die Erfahrung lehrt, daß bei steigender Produktion die Arbeitsprozesse intensiviert werden und die Arbeitsproduktivität steigt.

Für Westdeutschland zeigt die aus Klauder (1990, S. 87) entnommene Abb. V.1 den Zusammenhang zwischen dem Wirtschaftswachstum und der Produktivität je Erwerbstätigen. Für die von Klauder ausgewählten Zeitabschnitte zeigt sich ein unterproportionaler Anstieg der Arbeitsproduktivität je Erwerbstätigen (zu dem auch Veränderungen der Arbeitszeit beitragen) bei zunehmendem Wirtschaftswachstum. Dieser Anstieg reduziert den Beschäftigungseffekt rascheren Wachstums um etwas mehr als die Hälfte. Da die wachstumsunabhängige Produktivitätssteigerung im Zeitablauf abgenommen hat, ist die Beschäftigungsschwelle, von der an positives Wachstum mit positiver Beschäftigungsentwicklung verbunden ist, deutlich zurückgegangen.

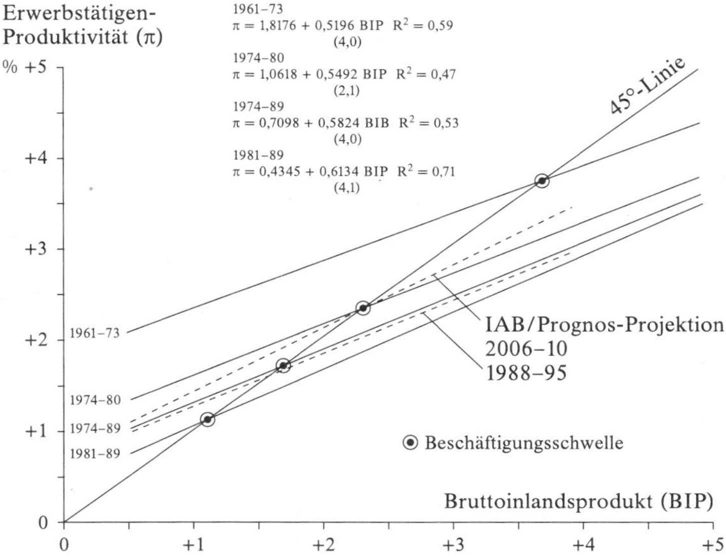

Abb. V.1: Produktivität je Erwerbstätigen und Wirtschaftswachstum (entnommen aus Klauder, 1990, S. 87)

Dieser Rückgang der Beschäftigungsschwelle wird auch von anderen Untersuchungen für Deutschland bestätigt (HOF, 1994; WEEBER, 1995; SCHALK u.a.; 1997); das häufig zu hörende Schlagwort des „jobless growth" ist daher irreführend: Gäbe es genügend rasches Wachstum jenseits der Beschäftigungsschwelle, stiege auch die Beschäftigung.

Für die Stärke des Beschäftigungseffekts zusätzlichen Wachstums ist jedoch allein die Steigung der Regressionsgeraden relevant. Diese hat sich bis 1989 kaum verändert und zeigt, daß etwas mehr als die Hälfte des Wachstumseffekts auf die Beschäftigung verloren geht. Dies gilt vermutlich unabhängig davon, wodurch die Beschleunigung des Wachstums hervorgerufen wurde. Dieser „Verlust" ist kein Argument gegen Wachstumsanstrengungen, denn auch die anderen Strategien haben entsprechende negative Rückwirkungen.

V.4. Angebotsorientierte Wachstumskonzepte und -strategien

V.4.1. Das Konzept der Angebotsökonomie (Supply-Side-Economics) in den USA

In den USA haben die Supply-Side-Economics ihren Ursprung weniger in wissenschaftlichen Publikationen und Theorien als vor allem im politischen Bereich; sie wurden dort unter Präsident Reagan auch zum Credo der offiziellen Wirtschaftspolitik, die allerdings nach kurzer Zeit so stark von dem Konzept abwich, daß sie nur als Mischung von angebots- und nachfrageorientierten Elementen interpretiert werden kann.

Die angebotsorientierte Konzeption sieht ihre wichtigste Zielsetzung darin, die private Leistungsbereitschaft zu erhöhen und dadurch mehr Produktion, mehr Beschäftigung und mehr Wachstum zu erreichen. Ihre Maßnahmen, wie sie in der politischen Diskussion vor dem Regierungsantritt von Reagan propagiert wurden (als wichtigste Autoren sind IRVING KRISTOL und GEORGE GILDER zu nennen) lassen sich in drei Punkte zusammenfassen:

1. Absenkung der Inflation durch restriktive Geldpolitik. Aufgrund der monetaristischen Theorie, die von den Angebotsökonomen übernommen wird, folgen daraus nur geringe und vorübergehende negative Beschäftigungswirkungen. Darüber hinausgehend wurde sogar die Hoffnung geweckt, daß eine energische restrik-

tive Geldpolitik die Inflationserwartungen so rasch herunterdrückt, daß die Senkung der Inflationsrate ohne steigende Zinssätze und damit ohne Einbußen bei Investitionen und Beschäftigung erfolgen kann.

2. Einschränkung des öffentlichen Sektors zugunsten der Privatwirtschaft und der Privatinitiative. Zu diesem Zwecke sollen vor allen Dingen vier Bündel von Maßnahmen ergriffen werden:

a) Abbau von Steuern und Abgaben, insbesondere solche auf zusätzliche Leistungen von Arbeitnehmern und vor allem von Unternehmern.

b) Abbau von Sozialleistungen, weil diese die Leistungsanreize verringern.

c) Allgemeine Senkung der Staatsausgaben; diese soll jedoch insbesondere durch Abbau von Sozialleistungen erfolgen, aber auch durch die Reprivatisierung öffentlicher Unternehmungen, insbesondere solcher, die mit Verlusten arbeiten. Von der Senkung der Staatsausgaben sollten nur die Verteidigungsausgaben ausgenommen sein, die deutlich steigen sollten. Insgesamt sollte der Quotient Bundesausgaben zu Bruttosozialprodukt in vier Jahren von 24% auf 20% gesenkt werden (MOORE, 1982, S. 280).

d) Verringerung und Beseitigung des Staatsdefizits, dessen Finanzierung die Kapitalmärkte belastet. Diese Beseitigung sollte durch die Senkung der Staatsausgaben erfolgen, verbunden mit einer Konstanthaltung oder sogar Erhöhung der Steuereinnahmen; denn die Angebotsökonomen erwarteten von den Senkungen der Steuersätze eine derartige Erhöhung der Leistungsbereitschaft und Leistungen, daß über eine Erhöhung der Einkommen die insgesamt gezahlten Steuern nicht sinken, vermutlich jedoch steigen würden.

3. Erhöhung der Spielräume der Unternehmer zwecks erhöhter Investitionstätigkeit: Die Spielräume der Unternehmer sollen in zwei Richtungen erweitert werden:

- Gegenüber den Arbeitnehmern durch eine Schwächung der Macht der Gewerkschaften und deren Monopolsituation auf Teilmärkten (in den USA besonders durch das System der Closed Shops). Von entsprechenden Maßnahmen wird auch eine Mäßigung der Lohnpolitik erwartet, wodurch es leichter wird, das Ziel der Preisstabilität zu erreichen.
- Gegenüber dem Staat durch den Abbau von Investitionshemmnissen in Gestalt von Genehmigungsvorschriften aller

Art, vor allem bezüglich der Umweltverträglichkeit, des Arbeitsschutzes, der Arbeitssicherheit usw.

Insgesamt hoffte man, die mittels (2) und (3) geschaffenen zusätzlichen Leistungsanreize würden die Produktions- und Investitionstätigkeit derart anregen, daß die sowieso nur kurzfristigen restriktiven Wirkungen der Geldpolitik mehr als ausgeglichen werden. Die bisherige Strategie der Inflationsbekämpfung verlangte, so schreibt KRISTOL (1981, S. 35), eine Stabilisierungskrise; genau dies aber wolle die Angebotspolitik vermeiden. Deshalb füge sie „der traditionellen dualen Strategie der Inflationsbekämpfung durch langsameres Wachstum des Geldangebots und der Staatsausgaben" die Steuersenkungen hinzu. Deren expansive Wirkung soll die kontraktive Wirkung der Geldpolitik und der Lenkung der Staatsausgaben überkompensieren.

Gestützt durch dieses Konzept versprachen Reagan und sein „Schatzkanzler" Regan zu Beginn ihrer Amtszeit den Ausgleich des Bundeshaushaltes bis 1984 sowie 13 Mio. zusätzliche Arbeitsplätze, fast 3 Mio. mehr, als ohne das Programm entstehen würden (REAGAN, 1981, S. 8). Im nächsten Abschnitt wird gezeigt, daß sie diese Versprechen nicht halten konnten.

V.4.2. Die praktizierte Wirtschaftspolitik der Reagan-Administration

Als Präsident Reagan nach seiner Wahl im Januar 1981 die Regierung übernahm, befand sich die US-amerikanische Wirtschaft am Ende einer langen Prosperitätsphase. Die Entwicklung unterschied sich vor allem bei der Zunahme der Beschäftigung deutlich von der Entwicklung in Europa. Von 1960 bis 1973 wuchs die Zahl der zivilen Erwerbstätigen jährlich um 2% (in Europa nur um 0,3%) und von 1973 bis 1980 um 2,2% (in Europa stagnierte in diesen Jahren die Beschäftigtenzahl). Dieses „Beschäftigungswunder" schwächte sich allerdings im letzten Amtsjahr des Präsidenten Carter deutlich ab. Die Beschäftigtenzahl stieg nur noch um 1/2%, während das reale Sozialprodukt sogar leicht zurückging (– 3% – siehe Tab. 5). Gleichzeitig hatte sich die Inflationsrate weiter beschleunigt und erreichte 1980 ihren Höchststand mit 13,5% (mitbedingt durch die Ölpreissteigerungen, wie der Vergleich mit dem impliziten Preisindex des Sozialprodukts zeigt, aus dem importierte Inflationssteigerungen herausgerechnet sind).

Dieser bedenklichen Entwicklung trat Präsident Reagan mit seinen *„supply side economics“* entgegen. Entsprechend dem in Abschnitt 4.1. geschilderten Konzept setzte er die Geldpolitik zur Bekämpfung der Inflation ein, während Produktion und Beschäftigung durch eine Fülle angebotsorientierter Maßnahmen angeregt werden sollten.

Die restriktive Geldpolitik, die schon unter Präsident Carter begonnen hatte, wurde konsequent und verschärft fortgesetzt, allerdings nur bis Herbst 1982. Die Einschränkung des öffentlichen Sektors und die Verringerung der Belastung der Privaten wurde von mehreren Seiten in Angriff genommen: erhebliche *Steuersenkungen* wurden insbesondere bei der Einkommensteuer durchgesetzt, und zwar eine lineare Kürzung aller Steuersätze in drei Stufen um insgesamt 25% (die erste Stufe trat am 1. 10. 1981, die letzte am 1. 7. 1983 in Kraft). Von einer solchen linearen Kürzung aller Steuersätze profitieren die hohen Einkommen absolut und relativ am meisten. Dieser Effekt wurde damit gerechtfertigt, daß die vorherigen Steuersätze leistungs- und investitionshemmend gewesen seien. Die ungleiche Wirkung der Steuersenkungen wurde noch dadurch verstärkt, daß zusätzlich sofort der Höchststeuersatz auf Kapitaleinkünfte von 70% auf 50% und damit auf den entsprechenden Satz für Einkünfte aus unselbständiger Arbeit gesenkt wurden. Außerdem wurden die Abschreibungsbedingungen verbessert, u.a. durch Übertragbarkeit für Steuergutschriften für Investitionen auf andere Unternehmen, so daß insgesamt erhebliche Begünstigungen der Großverdiener und großen Vermögensbesitzer erfolgten, während für die wenig Verdienenden relativ wenig Vorteile heraussprangen, zumal gleichzeitig für Arbeitnehmer die Sozialabgabensätze leicht erhöht wurden.

Auf der *Ausgabenseite* wurde ein erheblicher Abbau der Sozialleistungen in Angriff genommen, von denen insbesondere Sozialhilfeempfänger, Kranke, Kinder (Schulspeisung) betroffen waren. Da gleichzeitig die Verteidigungsausgaben erhöht wurden, ergab sich im ersten Regierungsjahr Reagans nur eine geringfügige Senkung des Staatsdefizits, obwohl die Einkommensteuersenkung in diesem ersten Jahr noch kaum eine Rolle spielte. Anschließend erhöhte sich das Staatsdefizit kräftig.

Zur Stärkung der privaten Unternehmerinitiativen wurde eine Reihe von Investionshemmnissen abgebaut, indem Genehmigungsvorschriften gelockert wurden (z.B. im Umweltbereich). Außerdem sollten durch die angestrebte Auflösung von Naturparks neue Bereiche für Rohstoffgewinnung u.ä. freigegeben werden.

Tabelle 5: Daten zur Wirtschaftsentwicklung in den USA

		Präsident Reagan										**Präsident Bush**			
		1973–80	1980	1981	1982	1983	1984	1985	1986	1987	1988	1989	1990	1991	1992
I	1) Inflationsrate (Verbraucherpreisindex)	9,2	10,4	8,9	5,8	4,8	4,0	3,9	3,2	4,2	4,2	4,9	5,2	4,3	3,0
	2) Wachstum der Geldmenge M1	.	6,6	6,5	9,8	9,9	6,0	12,3	16,8	3,5	4,9	1,0	4,1	8,7	14,2
II	Wachstumsrate des BSP real	2,2	–0,5	1,8	–2,2	3,9	6,2	3,2	2,9	3,1	3,9	2,5	0,8	–1,2	2,1
III	1) Beschäftigte Arbeitnehmer (Änderung in %)	2,0	0,3	1,2	–1,2	1,2	4,4	2,4	2,5	2,6	2,3	2,0	0,5	–0,9	0,6
	2) Beschäftigung insgesamt (Änderung in %)	.	0,5	1,1	–0,9	1,3	4,1	2,0	2,3	2,6	2,3	2,1	0,5	–0,9	0,6
	3) Arbeitslosenquote (in % aller Erwerbspersonen)	6,6	7,2	7,6	9,7	9,6	7,5	7,2	7,0	6,2	5,5	5,3	5,5	6,7	7,4
IV	1) Abgabenquote (Steuern u. Sozialabgaben zu BSP)	.	31,9	32,4	31,6	31,2	31,2	31,7	31,7	32,5	31,5	32,6	32,7	32,7	32,6
	2) Staatsdefizit (-) in % des BSP	–1,0	–1,4	–1,1	–3,5	–4,1	–3,0	–3,2	–3,5	–2,6	–2,1	–1,7	–2,7	–3,3	–4,4
V	**Anteile am BSP**														
	1) Privater Konsum	.	63,4	62,9	64,8	65,6	64,5	65,0	65,6	66,5	64,9	64,5	64,5	68,2	68,5
	2) Private Investitionen	.	15,4	16,1	14,1	14,7	17,6	16,5	16,3	15,5	17,6	17,4	16,6	12,8	13,1
	3) Staatsausgaben	.	20,4	20,2	20,3	19,8	19,5	20,4	20,6	20,5	19,4	19,4	19,7	19,2	18,7
VI	1) Wachstumsrate der Lohnkosten je BIP-Einheit	7,4 (a)	10,2	7,8	7,9	1,8	2,6	3,2	2,8	3,9	4,3	2,7	5,0	4,3	2,6
	2) (Impliziter) Preisindex des BIP (%-Zuwachs)	.	9,2	9,7	6,4	3,9	3,7	3,0	2,6	3,2	3,3	4,1	4,1	4,0	2,6

(a): Durchschnitt der jährlichen Zuwachsraten

Quellen der Ursprungsdaten: III.1: SVR, Jahresgutachten, Tabelle 2 des Anhangs
III.2, V, VI.2: Council of Economic Advisers, Economic Indicators
IV.1: SVR, Jahresgutachten, Tabelle 3* und Tabelle 4*
übrige Zeilen: OECD, Economic Surveys, United States sowie OECD Wirtschaftsausblick

Die mit großer Überzeugungs- und Tatkraft in Gang gesetzte neue Wirtschaftspolitik brachte im ersten Jahr einen vorübergehenden Aufschwung bei sinkender Inflationsrate; das reale Sozialprodukt wuchs um 2,6%. Dann aber schlugen die Wirkungen der restriktiven Geldpolitik durch, verstärkt durch die Verunsicherung aufgrund der angekündigten Reduzierung der Staatsausgaben. Die Geldpolitik führte nämlich zu extrem hohen Zinssätzen; deren negativer Einfluß auf die Investitionen war um so heftiger, als gleichzeitig die Inflationsbekämpfung sehr erfolgreich war und die Inflationsrate auf 6,2% in 1982 und 3,2% in 1983 herabdrückte. Verstärkt durch die weltweit schwache Wirtschaftsentwicklung ergab sich ein tiefer konjunktureller Einbruch, der sich in den Jahreszahlen in der Schrumpfung des realen Sozialprodukts um 2,1% und dem Rückgang der beschäftigten Arbeitnehmer um 1,6% deutlich niederschlägt (s. Tab. 8). Ebenso deutlich aber waren die Auswirkungen auf den Staatshaushalt. Die Rezession führte nämlich dazu, daß die Staatsausgaben im Verhältnis zum Sozialprodukt kräftig anstiegen. Neben den Verteidigungsausgaben erhöhten sich auch die Sozialausgaben trotz der gesenkten Sozialleistungssätze und trotz Senkung der Einkommensgrenzen, oberhalb derer keine Ansprüche mehr bestehen, da aufgrund der verschlechterten wirtschaftlichen Entwicklung die Zahl der Leistungsempfänger emporschnellte. So stiegen zwar von 1981 auf 1982 die Verteidigungsausgaben um 25 Mrd. Dollar (16,5%), die Transferzahlungen aber um 34,5 Mrd. Dollar (12,0%). Außerdem erhöhten sich die Nettozinszahlungen aufgrund der gestiegenen Zinsen und der gestiegenen Verschuldung um 11,7 Mrd. Dollar (+ 13,5%). Statt des Abbaus des Staatsdefizits erfolgte also eine gewaltige Zunahme, die vor allem wegen der weiterhin steigenden Verteidigungsausgaben (von 182 bis 1986: + 85 Mrd. US-$ = + 44%; in Preisen von 1982: + 30%) nicht rückgängig gemacht werden konnte (gemessen am Staatsdefizit in % des BSP – s. Tab. 5). Diese Entwicklung betraf insbesondere den Bundeshaushalt, der im Haushaltsjahr 1986 mit 220 Mrd. Dollar ein erneutes Rekorddefizit erreichte.

Neben dem Ziel des Budgetausgleichs, das offensichtlich auf die ferne Zukunft verschoben worden ist, wurde auch das Prinzip der restriktiven Geldpolitik über Bord geworfen. Dies geschah bereits im Herbst 1982 unter dem Eindruck der rezessiven Entwicklung, wobei diese Entscheidung durch den Erfolg bei der Inflationsbekämpfung erleichtert wurde. Die US-amerikanische Wirtschaft erlebte daraufhin kurzfristig einen sehr kräftigen Aufschwung, der sich besonders in sehr stark ansteigenden Ausrüstungsinvestitionen niederschlug und 1984 immerhin einen Anstieg der Sozialproduktion um 6,8% bewirkte, inzwischen aber wieder abgeflacht ist. Immerhin gelang es im Laufe dieser Aufschwungsphase, die Arbeitslosenquote wieder auf das Niveau von 1980 zu senken. Allerdings verblieben zwei Hypotheken für die zukünftige Entwicklung, nämlich das hohe Haushaltsdefizit des öffentlichen Haushaltes und das extrem hohe Defizit der Leistungsbilanz, das sich aus der kräftigen Aufwertung des Dollars in den ersten Jahren der Präsidentschaft von Reagan erklären läßt und dessen strukturelle Konsequenzen es fraglich erscheinen lassen, ob mit dem inzwischen erfolgten Rückgang des Dollarkurses das Außenhandelsdefizit wieder ohne große Anstrengungen verschwinden wird.

Die Kurswechsel in der Wirtschaftspolitik machen die pragmatische Orientierung der US-amerikanischen Angebotsökonomen deutlich; sie zeigen zugleich, daß hinter der neuen Wirtschaftspolitik kein konsistentes theoretisches Konzept steht. So zögert IRWIN KRISTOL, einer der Begründer der supply side economics, der Anfang 1980 noch die Reduktion des Geldmengenwachstums gefordert hatte, nicht, diese monetaristisch begründete Position zu verlassen, nachdem er die negativen Wirkungen der Geldpolitik auf Wachstum und Beschäftigung erkannt hat. Schon im Herbst 1981, als die Wirtschaft der USA in den konjunkturellen Abschwung gerät, wendet sich KRISTOL im Wallstreet Journal vom 27. Oktober gegen die Fortsetzung der restriktiven Geldpolitik, weil für ihn das Wachstumsziel im Vordergrund steht, und er schreibt ein Jahr später (im Wallstreet Journal vom 14. 10. 1982): „Monetarism is no longer a key component of Reagonomics whatever anyone in whatever high place says." Auch das Ziel des Budgetausgleichs ordnet KRISTOL dem Wachstumsziel unter; er begrüßt die expansiven Wirkungen des Bundeshaushalts und überläßt das Problem der Haushaltssanierung der nächsten Regierung.

Wenn es darum geht, die wirtschaftliche Entwicklung in den USA zu interpretieren und zu den wirtschaftspolitischen Maßnahmen in Beziehung zu setzen, so beziehen sich die Meinungsunterschiede vor allem darauf, welchen Anteil die angebotsorientierten Maßnahmen an der positiven wirtschaftlichen Entwicklung seit Herbst 1981 haben. Angebotsorientierte Ökonomen – wie zum Beispiel die Mehrheit des Sachverständigenrats – stellen diese Maßnahmen in den Vordergrund, wenn auch im Jahresgutachten 1983/84 zugegeben wird (Tz 29): „Die wirtschaftliche Aufwärtsbewegung in den Vereinigten Staaten trägt gewisse Züge eines von fiskalischen Nachfrageimpulsen angetriebenen Aufschwungs der Konsumnachfrage und – deutlich verzögert – der von dem zunehmenden Auslastungsgrad der Kapazitäten der Konsumgüterindustrie abhängigen Investitionen.“

Gegen die Dominanz der angebotsseitigen Maßnahmen spricht jedoch die Tatsache, daß die wirtschaftliche Entwicklung sehr stark von den geld- und fiskalpolitischen Entwicklungen geprägt wurde. So schlug die rezessive Entwicklung bis zum Herbst 1982 erst dann in eine kräftige, von der expansiven Fiskalpolitik angetriebenen Aufwärtsentwicklung um, als die restriktive Geldpolitik im Herbst 1982 deutlich gelockert wurde.

Auch scheint die durch verschiedene angebotsorientierte Maßnahmen angestrebte Förderung der Leistungsbereitschaft der Arbeitnehmer doch eher überflüssig; denn bei einer Arbeitslosenquote über 7% gibt es genügend Leistungswillige, die nicht erst einer zusätzlichen Prämierung ihrer Leistung bedürfen. Ferner ist es fraglich, ob die Umverteilung der Nettoeinkommen die gewünschte Wirkung hat. Diese Umverteilung verhinderte nämlich nicht, daß die privaten Investitionen 1982 ganz drastisch zurückgingen, so daß in diesem und im folgenden Jahr ihr Anteil am Sozialprodukt niedriger als je zuvor lag (siehe Tab. 5). Ganz im Gegensatz zu den Vorstellungen der Angebotsökonomen wurde die Nachfrage vom privaten Konsum und von den Staatsausgaben gestützt, die ihre Anteile am Sozialprodukt erhöhten.

Als Argument dafür, daß „die amerikanische Wirtschaft auf das Reagan-Programm nicht mit einem schnellen Wirtschaftswachstum reagiert hat, sondern statt dessen in eine bemerkenswerte ökonomische Krise hineingeriet ...“ (MOORE, 1982, S. 295), wird auch darauf verwiesen, daß die Senkung der Steuersätze der Einkommensteuer nicht auf einmal vorgenommen wurde, sondern über einen Zeitraum von drei Jahren verteilt. Moore argumentiert so: „Das gesamte Steuerpaket wird also erst im Jahr 1984 wirksam. Folglich werden Investoren und Steuerzahler – wenn irgend möglich – risikoreiche Maßnahmen in die Zukunft verschieben, in eine Zeit also, in der sie einen größeren Teil ihrer Einnahmen vor der Steuer retten können.“ (MOORE, ebenda). Das Gegenteil ist allerdings richtig. Gerade Sachinvestitionen werfen in den ersten Jahren keine Gewinne ab und schmälern dank der günstigen Abschreibungsregelungen den zu versteuernden Gewinn und verschieben die Steuerpflichtigkeit des Einkommens in die Zeit der niedrigen Steuersätze; Wertpapiere dagegen bringen sofort hohe Zinsen. Gerade die zeitliche Verteilung der Steuersenkungen hätte also die Investition in Sachanlagen begünstigen müssen.

Es spricht daher viel dafür, daß sich die wirtschaftliche Entwicklung der USA in den 80er Jahren am ehesten aus der Sicht der keynesianischen Theorie erklären läßt, in der die Nachfrageentwicklung im Mittelpunkt der Analyse steht, ohne daß die Rolle der Angebotsbedingungen geleugnet wird. Dies gilt für die schwere Rezession, in die die US-amerikanische Wirtschaft von der restriktiven Geldpolitik, verstärkt durch die *angekündigte* restriktive Fiskalpolitik, gestürzt wurde; die Hoffnung der Angebotsökonomen, die Verbesserung der Angebotsbedingungen würde deren negative Auswirkungen rasch kompensieren, erfüllte sich nicht[1]. STANLEY FISHER zieht daraus den Schluß (1985, S. 55): „The main lesson is that there is no cheap way out of an entrenched inflation. The cure for inflation during this period (1979–86 J. K.) used the old-time medicine of recession.“ Es trat mithin genau jene Entwicklung ein, die die Angebotsökonomen meinten vermeiden zu können (s. das Zitat von Kristol oben, Abschnitt V.4.1.).

Die keynesianische Theorie erklärt auch den Aufschwung. So bezeichnet KRUPP im Jahresgutachten (1983/84, Tz 30) des Sachverständigenrates die US-amerikanische Entwicklung im Jahre 1983 als

> „ein Beispiel für einen Aufschwung, der einerseits von der unstreitigen Verbesserung der Angebotsbedingungen getragen wird, andererseits aber auch von staatlichen Nachfrageimpulsen. ... Offensichtlich hat das staatliche Defizit nicht ... die Privaten dadurch behindert, daß er sie mit seinem hohen Kapitalbedarf am Kapitalmarkt verdrängt ... Vielmehr haben die vom Staat ausgehenden Nachfrageanstöße auch die notwendigen Anregungen für eine kräftige Entwicklung im privaten Bereich gegeben.“

Mit wissenschaftstheoretisch korrekter Einschränkung bekennt sich auch SAMUELSON (1984, S. 10) zu dieser Interpretation:

---

1 Manche Anhänger der „Supply-Side-Economics“ versuchen, dieser Erfahrung Rechnung zu tragen, indem sie die positiven Wirkungen der verbesserten Angebotsbedingungen in eine fernere Zukunft verschieben und sich mit solchen „traditional supply side-verities“ von den „new supply-side extremists“ absetzen (so MARTIN FELDSTEIN, der frühere Vorsitzende des Council of Economic Advisers von Präsident Reagan, 1986, S. 29).

„A Hamlet-like student, poised in neutral equilibrium between eclectic post-Keynesianism, monetarism, and rational expectationism, would have to be pushed in the direction of post-Keynesianism by the brute factual experiences of America in the 1980s.

That is my message. That is my finding. Economics is not an exact science, so I cannot prove the correctness of this result in the way that one proves the Pythagorean Theorem or confirms the constancy of the speed of light."

Kritisiert wird von Keynesianern (z.B. TOBIN, 1986, S. 12) die schädliche anfängliche Kombination von expansiver Fiskalpolitik und restriktiver Geldpolitik, weil das daraus resultierende Zinsniveau ausländisches Geldkapital anlockte, die Nachfrage nach Dollar erhöhte und damit den Dollar-Kurs. Dadurch wurden die US-Exporte gebremst, die Importe begünstigt und es ergab sich ein massives Leistungsbilanzdefizit.

V.4.3. Angebotsorientierte Konzepte in Deutschland

Im Gegensatz zu den USA wurde die Angebotsökonomie in Deutschland zuerst von Wirtschaftswissenschaftlern propagiert und erst später von Wirtschaftspolitikern aufgegriffen. Eine entscheidende Rolle spielte dabei der Sachverständigenrat (bzw. seine Mehrheit). Im Jahresgutachten 1977/78 hat der SVR in Tz 241 das Say'sche Theorem wiederbelebt, demgemäß sich „im Zusammenspiel der Vielen das Angebot seine Nachfrage schafft" (zitiert in Abschnitt III.2.2.5). Anschließend wendet er dieses Theorem auf die aktuelle Wirtschaftslage an (Tz 242):

„Gegenwärtig ist nicht für jeden, der zu arbeiten wünscht, ein Platz am Markt. Weil nicht genügend Angebot rentabel erscheint, mangelt es auch an Einkommen und an wirksamer Nachfrage. Als autonome Ursache des Beschäftigungsproblems kommt die Angebotsseite insbesondere dann ins Spiel, wenn Investitionsrisiken, Anpassungshemmnisse im Strukturwandel und hohe Produktionskosten das Ertragskalkül so stark belasten, daß zu viele darauf verzichten, ihre Produktionsanlagen zu erweitern und zusätzliche zu schaffen. [...] Eine Nachfrageausweitung durch den Staat ist vor dem Hintergrund dieser Diagnose jedoch keine Therapie, die eine grundlegende Besserung der Beschäftigungslage verspricht, jedenfalls so lange nicht, wie die Angebotsprobleme ungelöst bleiben."

Der langjährige Vorsitzende des SVR, Olaf Sievert, hat diese Position unter der Überschrift „Die Position des SVR" verschärft und präzisiert: Als erstes behauptet er: „Nichts, buchstäblich nichts ist in den vergangenen Jahren aufgetan worden zur Stützung der These ..., daß es nämlich aus Sättigungsgründen, aus Gründen der demographischen Entwicklung usf. an der Neigung zum Geldausgeben und damit an Nachfrage fehlen werde" und stellt deshalb verwundert fest: „Daß aus Furcht vor Nachfragemangel noch nach neuen Aufgaben, etwa für den Staat, gesucht wird – man möchte es nicht für möglich halten" (SIEVERT, 1980, S. 22).

Dann aber konzediert er – nach dieser Darlegung recht überraschend: „Auch der SVR leugnet die Möglichkeit einer Keynes'schen Unterbeschäftigungssituation nicht von vorneherein" (ebenda). Diese erklärt er aber nun mit einem anderen Phänomen, aufgrund dessen das „Zusammenspiel der Vielen" nicht funktioniert; denn er glaubt nicht, „daß eine keynessche Unterbeschäftigungssituation anhalten wird, ohne daß Rigidität der Löhne im Spiel ist, und zwar Rigidität in der Reallohn/Produktivitätsrelation" (ebenda).

Bei rigiden Löhnen kann es also Nachfragemangel geben. Dieser aber, so meint er, kann nur kurzfristig kontraktiv sein (ebenda, S. 25): „Reduktion staatlicher Defizite ist wachstumspolitisch gesehen expansive Politik, mag sie auch konjunkturell, also nachfrageseitig gesehen, kontraktiv sein".

Dabei stellt sich das Problem, das Sievert nicht sieht oder übergeht, wie aus kurzfristig falschen Schritten, die eine Wirtschaft weiter in die Rezession treiben, mittelfristig eine wachstumspolitisch expansive Politik werden kann. Dazu wäre es erforderlich, daß der zunächst kontraktive Effekt irgendwann in sein Gegenteil umschlägt. Warum und unter welchen Bedingungen dies geschieht, müßte geklärt werden.

Die Darlegungen des Sachverständigenrats (und seines Vorsitzenden) konzentrieren sich auf das Lohnniveau und auf die Haushaltsdefizite, die aus kreditfinanzierten Staatsausgaben resultieren. Bei den Löhnen stellt er den Lohnkosteneffekt und bei den Haushaltsdefiziten die Finanzierungsfrage in den Vordergrund, während die Nachfrageseite bei beiden vernachlässigt wird.

Die für die Angebotsökonomie wesentliche Komponente der höheren Leistungsanreize wird am sorgfältigsten vom Wissenschaftlichen Beirat beim Bundeswirtschaftsministerium (1981) herausgearbeitet und für eine angebotsorientierte Wirtschaftspolitik geworben. Der Beirat hält eine angebotsorientierte Wirtschaftspolitik zur „Revitalisierung der Volkswirtschaft" für erforderlich. Diese umfaßt vier Bereiche. Sie soll:

a) Hemmnisse für die wirtschaftlichen Aktivitäten und insbesondere für die Investitionen abbauen.
b) Optionen für Prozeß- und Produktinnovationen eröffnen oder offenhalten;
c) die Risikobereitschaft wieder am Markt belohnen;
d) die „Leistungsmotivation, die bei deutschen Arbeitnehmern vorausgesetzt werden kann, wieder voll am Markt zur Geltung kommen" lassen.

Im Bereich (a) sollen steuerliche Investitionsanreize gegeben und institutionelle Investitionshemmnisse beseitigt werden, das erste durch höhere Abschreibung und weniger Zurückhaltung oder Widerstand gegen technischen Fortschritt und Innovationen, das zweite durch Beschleunigung der Genehmigungsverfahren und durch deren Modifikation mit dem Ziel, das Ergebnis der Verfahren besser voraussehbar zu machen.

Im Bereich (b) soll die staatliche Förderung mehr indirekt und weniger projektbezogen erfolgen in einer Weise, die auch den kleinen und mittleren Unternehmen zugute kommt.

Um im Bereich (c) die Risikobereitschaft am Markt stärker zu belohnen, fordert der Beirat die *Entzerrung* von drei Relationen:

- Die Entzerrung der Relation Reallohn zur Realverzinsung des Sachkapitals. Dazu soll eine Lohnpause im öffentlichen Dienst das Signal setzen.
- Entzerrung der Güterpreisstruktur, die zu sehr durch Zölle, Subventionen, steuerliche Vergünstigungen, Mieterschutz usw. usf. verzerrt sei.
- Entzerrung der Lohnstruktur zugunsten hochqualifizierter im Vergleich zu ungelernten Arbeitskräften.

Mit dem Wort Entzerrung suggeriert der Beirat, ohne dies zu präzisieren und zu belegen, daß die bestehenden Relationen verzerrt sind und daher entweder nicht den Relationen entsprechen, die sich durch die Marktprozesse allein ergäben, oder nicht mit einem (wie auch immer definierten) Gleichgewicht vereinbar sind.

Im Bereich (d) soll die Leistungsmotivation wieder ein größeres Gewicht bekommen; denn die Leistungsbereitschaft habe abgenommen, das Anspruchsdenken dagegen zugenommen. Um diesen Trend umzukehren, schlägt der Beirat eine Verringerung der marginalen Steuerbelastung vor sowie eine Senkung der Differenz zwischen Brutto- und Nettolohn durch weniger Sozialabgaben und mehr Selbstbeteiligung. Von diesen Maßnahmen erwartet der Beirat eine Zunahme der Leistungsbereitschaft und damit von Produktion und Beschäftigung und übersieht dabei zweierlei: Erstens können die meisten Arbeitnehmer über ihre Arbeitszeit nicht selbst entscheiden, und diejenigen, die es können, würden möglicherweise eher weniger als mehr arbeiten, wenn ihre Nettovergütungen ansteigen (vgl. KOCH, 1985). Zweitens ist es nur dann sinnvoll, mehr zu leisten und länger zu arbeiten, wenn die daraus resultierende Mehrproduktion auch absetzbar ist.

Bringt man die Darlegungen des SVR und des Wissenschaftlichen Beirats zusammen, so spiegeln sie in der Summe das Konzept der US-amerikanischen Supply-Side-Economics wider. Allerdings fehlt das dortige Vertrauen in die **Laffer-Kurve**, aus dem die Erwartung gespeist wird, daß drastische Steuersatzsenkungen die Steuereinnahmen eher erhöhen als vermindern. Eine Analyse der in Deutschland seit Herbst 1980, nachdem die keynesianisch inspirierte Wachstumspolitik abgebrochen wurde (s. unten, Abschnitt V.5, Einl.), getroffenen angebotsorientierten Maßnahmen und ihrer Wirkungen wäre von begrenzter Aussagekraft, da der SVR in seinem Jahresgutachten 1997/98 nach einer erneuten Darstellung der angebotsorientierten Konzeption (Tz 292–301) meint, die daraus als notwendig resultierenden Maßnahmen seien in Deutschland „nur sehr zögerlich in Gang gesetzt“ (Tz 311) worden. Der Rat lehnt es daher ab, die enttäuschende wirtschaftliche Entwicklung in Deutschland der Angebotspolitik anzulasten.

V.4.4. Monetaristisch ausgerichtete Angebotspolitik in Großbritannien während der Thatcherära

Das erste Land, in dem eine entschiedene Abkehr von der vorangehenden, sehr pragmatischen, aber doch keynesianisch orientierten Wirtschaftspolitik erfolgte, war Großbritannien; dort wurde nach dem Wahlsieg der konservativen Partei unter der Führung von Mrs. Thatcher im Frühjahr 1979 eine konzeptionelle Wende der Wirtschaftspolitik eingeleitet.

Betrachtet man einige Kennzahlen der wirtschaftlichen Entwicklung von 1973 bis 1979, so ist dieser Wahlsieg nicht verwunderlich. Zwar nahm Großbritannien bei der Arbeitslosenquote mit einem Durchschnitt von 4,4% einen mittleren Platz ein, aber die durchschnittliche jährliche Wachstumsrate des Bruttosozialprodukts lag sehr niedrig (1,3%). Die Verbraucherpreise stiegen dagegen sehr rasch (im Durchschnitt dieser Jahre fast um 16% – diese Zahl wurde nur noch von Italien übertroffen), 1978 allerdings nur noch um 8,3%. Das Staatsdefizit, d.h. das Finanzierungsdefizit sämtlicher öffentlicher Haushalte, also der Gebietskörperschaften und der Sozialversicherung, erreichte, bezogen auf das Bruttosozialprodukt, bereits damals ein sehr hohes Niveau. Und die Leistungsbilanz war im Durchschnitt dieser Jahre negativ. Verglichen mit den übrigen westlichen Industriestaaten bestand also kein Grund, mit den wirtschaftspolitischen Erfolgen der bisherigen Politik zufrieden zu sein.

Nach ihrem Wahlsieg konnte die neue Regierung ihr wirtschaftliches Konzept in die Tat umsetzen. Dieses Konzept kombiniert monetaristische und angebotstheoretische Gedanken und enthält alle drei für die US-amerikanische Supply-Side-Economics genannten Punkte. Allerdings spielt in Großbritannien die Eindämmung des Staatsdefizits eine wichtigere Rolle, so daß ich sie gesondert aufführen möchte. Die sich dann ergebenden *vier* Punkte sind in folgender Weise miteinander verknüpft. An *erster* Stelle steht eine Reduzierung des Geldmengenwachstums, um die Inflation zu beseitigen. Um die dafür notwendige Kontrolle über die Geldmenge zu gewinnen, heißt der *zweite* Punkt Verringerung des Staatsdefizites, das in Großbritannien bei unzureichender Finanzierung über den Kapitalmarkt damals direkt von der Zentralbank finanziert werden mußte. Dieses Ziel soll durch Kürzung der Staatsausgaben erreicht werden. Diese dient zugleich dem *dritten* Ziel: Einschränkung des öffentlichen Sektors zugunsten des Privatsektors. Dafür wurden zahlreiche Maßnahmen ins Auge gefaßt: Reprivatisierung von Unternehmen im Staatsbesitz, verringerte Subventionen an den verstaatlichten Wirtschaftssektor, der für seine Kostendeckung auf marktgerechte Preise verwiesen wurde, Verringerung der Regulierung und Vorschriften für den privaten Sektor, Verringerung des Verwaltungsaufwandes im öffentlichen Sektor und Verkleinerung des Verwaltungsapparates. Damit der private Sektor den neu gewonnenen Spielraum auch ausnutzt, sind *viertens* angebotsorientierte Maßnahmen zur Unterstützung des „Spiels der Marktkräfte“ zu treffen bzw. Belastungen wie Preis- und Dividendenbeschränkungen, Beschränkung der Kreditvergabe durch Banken und des Devisenaustausches aufzuheben und die Macht der Gewerkschaften einzuschränken. Zu den Stützungsmaßnahmen gehören Steuervergünstigungen für Kleinunternehmen und besondere unternehmerische Tätigkeiten sowie vor allem eine spektakuläre Verlagerung der Besteuerung von Einkommensteuern auf indirekte Steuern: Der Mehrwertsteuersatz wurde wenige Monate nach Regierungsantritt von 8 auf 15% heraufgesetzt und der Spitzensteuersatz der Einkommensteuer von 83 auf 60% gesenkt, der Basissteuersatz von 33 auf 30%. Diese hohen Steuersätze galten als erhebliche Belastung der Leistungsbereitschaft.

Die mit der Einkommensteuersenkung verbundene Erhöhung der Mehrwertsteuer war notwendig, um das Ziel des Abbaus des Staatsdefizits zu erreichen (das ja bereits ein hohes Niveau erreicht hatte); sie kollidierte aber mit dem Ziel, die Inflationsrate zu senken, da die Mehrwertsteuer auf die Konsumgüterpreise überwälzt wurde, so daß die Inflationsrate zunächst anstieg – im Jahresdurchschnitt 1980 betrug sie immerhin 18% und erreichte erst 1982 wieder den Wert, den sie vor dem Regierungsantritt von Mrs. Thatcher hatte.

Hinter diesem Programm standen zwei Grundideen: Erstens die für den Monetarismus zentrale These, daß die Geldmenge die Inflationsrate bestimmt und daß Inflation ein kontinuierliches und zufriedenstellendes Wirtschaftswachstum verhindert, und zweitens die Idee, daß das Zurückbleiben Großbritanniens in der Nachkriegszeit hinter allen anderen westlichen Industriestaaten etwas mit dem großen Umfang des öffentlichen Sektors und der Belastung der Privatwirtschaft durch hohe Abgaben sowie der ungünstigen Gewerkschaftsstruktur und -politik zu tun haben müsse.

Die neue britische Regierung betonte von Anfang an, daß ihre neue wirtschaftspolitische Konzeption als ein mittelfristiges Programm zu betrachten sei und daß die damit angestrebte Umstrukturierung der britischen Volkswirtschaft zunächst erhebliche Probleme mit sich bringen werde, so daß die Segnungen des neuen Kurses erst nach Ablauf einiger Jahre voll zum Ausdruck kommen könnten.

In welchem Ausmaß konnten bisher die Ziele erreicht werden? Dem ersten Ziel, nämlich der Senkung der Inflationsrate (gemessen am Verbraucherpreisindex) kam die Regierung erst näher, nachdem 1982 die Inflationsbeschleunigung durch die drastische Mehrwertsteuererhöhung überwunden war. 1983 sank die Infla-

Tabelle 6: Wirtschaftsentwicklung Großbritanniens während der Thatcher-Regierung

Finanzjahr (Beginn 1.4.)	Geldmengenziele (jährliche Zuwachsraten in %) M3		Public Sector Borrowing Requirements[a] (PSBR) in % des BIP		Gesamte Staatsausgaben in % des BIP[c]
	Ziel[b]	Ergebnis	Ziel[b]	Ergebnis	
	1	2	3	4	5
1979/80	7–11	16,2	4 1/2	4,8	40,9
1980/81	7–11	19,4	3 3/4	5,6	43,0
1981/82	6–10	12,8	4 1/4	3,4	44,2
1982/83	8–12	11,2	3 1/2	3,2	44,5
1983/84	7–11	9,4	2 3/4	3,2	44,7
1984/85	6–10	11,9	2 1/4	3,1	45,1
1985/86	5–9[d]	16,9	2	1,6	44,0
1986/87	11–15[d]	19,0	1 3/4	0,9	42,4
1987/88	–	20,9	–	–0,9	40,7
1988/89	–	21,3	–	–3,6	37,9

Jahr	Inflationsrate[e]	Wachstumsrate des realen BIP	Zahl der Erwerbstätigen in Mio[g]		Arbeitslosenquote[f]
			insgesamt	Arbeitnehmer	
	6	7	8	9	10
1978	8,3	3,5	25,00	23,78	5,9
1979	13,4	2,8	25,98	23,16	5,0
1980	18,0	–2,2	25,31	22,95	6,4
1981	11,9	–1,3	24,32	21,85	9,8
1982	8,6	1,7	23,89	21,38	11,3
1983	4,6	3,7	23,60	21,05	12,4
1984	5,0	2,3	24,23	21,23	11,7
1985	6,1	3,8	24,53	21,41	11,2
1986	3,4	4,3	24,60	21,38	11,2
1987	4,1	4,8	25,07	21,58	10,3
1988	4,9	5,0	25,86	22,22	8,6
1989	7,8	2,2	26,75	22,74	7,2

(a) Einschließlich des Kreditbedarfs der öffentlichen Unternehmen
(b) Jeweils zu Beginn des Finanzjahrs gültige Ziele
(c) Zahlen für Kalenderjahre
(d) Im Laufe des Jahres 1985 aufgehoben
(e) Index der Verbraucherpreise
(f) Bezogen auf alle Erwerbspersonen, standardisierte Quoten, Definitionsänderung ab 1984
(g) Saisonbereinigter Stand zur Jahresmitte

Quellen: Spalten 1–4: Wegner, 1986, Tab.2 sowie Bank of England Quarterly Review
Spalten 5,6,7,10: OECD, Wirtschaftsausblick no 59, Juni 1996, Tabellen im Anhang
Spalten 8,9: CSO-Economic Trends, Annual Supplements

tionsrate unter 5% und verharrte 1984 auf diesem Niveau, stieg allerdings bis zum Rücktritt von Mrs. Thatcher im Jahre 1989 wieder auf 7,8 % (s. Tab. 6).

Verglichen mit der Inflationsrate der 70er Jahre ist dies ein beachtlicher Erfolg; daß die Inflationsrate nicht weiter gesenkt werden konnte und sogar wieder anstieg, hängt wohl auch mit der „Reallohnstarrheit" zusammen, auf die auch WEGNER (1986, S. 12f.) verweist, also mit der fehlenden Bereitschaft der Gewerkschaften, in den Lohnforderungen von einer niedrigeren erwarteten Inflationsrate auszugehen. Die verzögerte Inflationsdrosselung beruht auch darauf, daß die neue Regierung ihre Geldmengenziele nicht erreichen konnte (s. Tab. 6). Dies führte zu mehrfachem Wechsel der Zielgröße, bis schließlich im Oktober 1985 die Kontrolle der Geldmenge aufgegeben wurde; statt dessen sollte mit der Geldpolitik der Pfundkurs gesteuert werden und über diesen die Inflationsrate. Daher urteilen FRÖHLICH/SCHNABEL (1991, S. 31): „Das monetaristische Experiment scheiterte, weil es der Regierung zu keinem Zeitpunkt gelang, das Wachstum der Geldbestände wirksam unter Kontrolle zu halten."

Die mangelhafte Steuerung der Geldmengenentwicklung durch die Bank von England hat viele Ursachen (s. WEGNER, 1986, S. 7). Die wichtigste aber besteht darin, daß die Geldmenge in Großbritannien ganz eindeutig keine exogene Größe war, sondern u.a. von der Kreditnachfrage des öffentlichen Sektors (einschließlich der öffentlichen Unternehmen) bestimmt wurde, die von der britischen Zentralbank gedeckt werden mußte, sofern sie nicht am Kapitalmarkt befriedigt werden kann. Der Mißerfolg bei der Geldmengensteuerung ist daher mitbedingt durch die Verfehlung des zweiten Ziels: Es gelang nicht, die Staatsausgaben einschließlich der Transferausgaben real zu senken. Ganz im Gegenteil stiegen sie weiter an und beanspruchten einen ungefähr gleichbleibenden Anteil des Bruttoinlandsprodukts. Deutlich gesenkt wurde nur der Kreditbedarf der öffentlichen Unternehmen, zum Teil allerdings durch deren Verkauf, mit dem der dritte Punkt des Konzepts schrittweise verwirklicht wurde und wird. Auch von den geplanten angebotsorientierten Maßnahmen wurden viele in Angriff genommen, so die Liberalisierung der Devisen- und Finanzmärkte, der Abbau von Starrheiten auf dem Arbeitsmarkt und das Zurückdrängen des Einflusses von Arbeitnehmern und Gewerkschaften.

Langfristig hatten diese Maßnahmen einen positiven Effekt auf die britische Wirtschaft. Insbesondere verstärkten sie den Wettbewerb und erhöhten die Produktivität. In den ersten Jahren konnten sie die massiven *restriktiven* Wirkungen der Geld- und Fiskalpolitik nicht ausgleichen. Diese Wirkungen resultierten sowohl aus der *angekündigten* Senkung der Staatsausgaben, welche die langfristigen *Erwartungen* der Produzenten und Investoren entsprechend verringerte, als auch aus den restriktiven geldpolitischen Maßnahmen. Diese schlugen sich zwar nicht in der geplanten gedämpften Geldmengenausweitung nieder, wohl aber in exorbitant hohen Zinssätzen: Die „Clearing Banks Base Rate" stieg Ende 1979 auf 17% und fiel erst 1982 unter 11%, die Rendite von Wertpapieren mit 20jähriger Laufzeit stieg auf 14% (Ende 1981 sogar 15%) und belief sich erst ab Ende 1982 auf ca. 10% (OECD 1986, Schaubild 2, S. 14). Diese Zinssätze waren bis Ende 1982 niedrig im Verhältnis zur *aktuellen* Inflationsrate, nicht aber im Verhältnis zu der aufgrund der angekündigten monetaristischen Geldmengensteuerung *erwarteten* zukünftigen Inflationsrate.

Nimmt man zusätzlich noch die Aufwertung des Pfundes ins Bild (1980 lag der effektive Kurs um 16% höher als im Jahresdurchschnitt 1978), so überrascht nicht, daß 1980 und 1981 zusammengenommen das reale BIP um 3,5% zurückging. Dabei schrumpften die Anlageinvestitionen überproportional, während der Anteil der Güterkäufe des Staates von 20% auf über 23% anstieg (s. CSO – Economic Trends, Annual Supplements). Erst ab 1982 begann das BIP wieder zu steigen. Dieser Anstieg verhinderte jedoch nicht, daß noch bis 1983 die Beschäftigtenzahlen sanken und in den ersten vier Jahren der Thatcher-Regierung mehr als 2 Mio. Arbeitnehmer ihren Arbeitsplatz verloren. Bis zum Rücktritt von Mrs. Thatcher konnte dieser Rückgang nur zu drei Vierteln wieder ausgeglichen werden.

Die Arbeitslosenzahlen vervollständigen das Bild der Arbeitsmisere. Die Arbeitslosenquote verdoppelte sich bis 1983 auf 12,4% und ging bis 1989 nicht auf den Ausgangswert zurück, trotz wiederholten Manipulationen der Arbeitslosenstatistik.

Diese Entwicklung steht in deutlichem Kontrast zu den Erwartungen, die von Monetaristen geweckt worden waren; so hatte FRIEDMAN (1980, S. 61) prognostiziert, die Rückführung der Inflation auf eine einstellige Rate bis 1982 werde nur eine „modest reduction in output and employment" hervorbringen, die Wirkung auf die Investitionen und das Potential für künftiges Wachstum „will be highly favorable". Das tatsächliche Ergebnis entspricht mehr den keynesianischen Befürchtungen, die von einer fallenden Phillipskurve ausgehen. Daher urteilen ARTIS/LEWIS (1985, S. 206): „... whatever else the socalled ‚monetarist experiment' of the 1980s may have done, it has restored the Phillips curve."

Ungeachtet der angebotspolitischen Maßnahmen geriet Großbritannien während der anschließenden Amtszeit von John Major in eine schwere Krise, in deren Verlauf das reale BIP 1991 und 1992 erneut schrumpfte. Erst danach begann ein mehrjähriger Aufschwung.

V.4.5. Schlußfolgerungen aus den Erfahrungen mit monetaristisch/angebotsorientierten Strategien

Aus den dargestellten Erfahrungen läßt sich nur ein eindeutiger Schluß ziehen: Die Erwartungen der Monetaristen, man könne durch eine glaubhafte, nur an der Geldmenge orientierte Antiinflationspolitik die Inflation ohne nennenswerte Verluste bei Produktion und Beschäftigung beseitigen, hat sich nirgends erfüllt. Vielmehr traten überall - auch in Deutschland - erhebliche Beschäftigungsverluste ein. Sie veranlaßten die USA schon sehr bald und Großbritannien nach sieben Jahren, die empfohlene restriktive, geldmengenorientierte Politik aufzugeben. Die Deutsche Bundesbank hält offiziell an den Geldmengenzielen fest, hat aber immer wieder Unter- bzw. Überschreitungen der gesetzten Zielbandbreiten zugelassen.

Weniger eindeutig ist es, welche Schlüsse bezüglich der angebotsorientierten Bestandteile der gewählten Strategien gezogen werden können. Hier setzt sich offenbar die Ansicht durch, daß diese Maßnahmen nicht ausreichen, um die Beschäftigung zu erhöhen. Hinzu kommen muß eine günstige Entwicklung der Nachfrage. So schreibt die Deutsche Bundesbank (Monatsbericht, Dez. 1993, S. 53/54):

„Allerdings dürften in der gegenwärtigen Situation Verbesserungen auf der Angebotsseite zwar eine notwendige, aber keineswegs eine hinreichende Bedingung für eine Belebung der Investitionsneigung sein. Insbesondere eine nachhaltige Überwindung der Exportflaute ist hierzu vonnöten."

Auch verschiedene internationale Organisationen äußern sich in dieser Richtung. Die „Economic Commission for Europe" der UN schreibt (1988, S. 8):

„Supply side measures are a ‚necessary' condition for improving the prospects for sustained and non-inflationary growth, but they are not sufficent for faster growth and lower unemployment. If expectations of output growth are low, the effect of greater supply side efficiency on unemployment is likely to be small: to borrow a phrase from Keynes, the effect is like pushing on a string."

Dieser Richtschnur folgt auch das Weißbuch der Kommission der EG (1993), das ein kreditfinanziertes Investitionsprogramm für europäische Netze vorschlägt, mit dem zugleich Angebotsprobleme verringert werden sollen.

Die Kombination von Angebots- und Nachfragepolitik fordert auch das von GIERSCH initiierte und von 10 renommierten Ökonomen unterzeichnete „Salzburg Manifesto" (GIERSCH, 1996, S. XIII):

„… it can take a long time for measures on the supply-side of the economy to work in reducing unemployment. We therefore urge their prompt adoption along with supportive non-inflationary demand policies"

Selbst der Sachverständigenrat konzediert im Jahresgutachten 1997/98 (Tz 9): „Auch angebotsorientierte Wirtschaftspolitik muß die grundlegenden Kreislaufzusammenhänge beachten." Bei der Lektüre seiner „wirtschaftspolitischen Konzeption" (Tz 299ff., insb. Tz 301) und seiner Vorschläge (z.B. Tz 312 zur Steuerreform) erweist sich die Konzession doch eher als Lippenbekenntnis.

Andere Akzente setzt das DIW (1997, S. 471) nach einer Analyse der Entwicklung in den USA, in Japan, Großbritannien und Dänemark:

„Aus diesen Überlegungen läßt sich der Schluß ziehen, daß die Beschränkung der Wirtschaftspolitik auf eine Verbesserung der Angebotsbedingungen nicht das Erfolgsrezept für eine stärkere wirtschaftliche Dynamik sein kann. … Entscheidend für den amerikanischen Erfolg war, daß die vorsichtige finanzpolitische Gegensteuerung von einer konsequent expansiven Geldpolitik flankiert wurde. … Am Beispiel der USA wird deutlich, daß hohe Beschäftigungszuwächse und niedrige Haushaltsdefizite möglich sind, wenn die Wirtschaftspolitik eine insgesamt auf kräftige Expansion gerichtete Mischung findet, bei der die Lohnentwicklung inflationäre Übersteigerungen verhindert. Die ausschließliche Förderung der Angebotsbedingungen greift zu kurz."

Diese Betonung der Nachfrageseite entspricht der Gewichtung, die beiden Aspekten – Angebot und Nachfrage – in keynesianischen, beschäftigungsorientierten Wachstumsstrategien zugemessen wird, die Gegenstand des nächsten Abschnitts sind.

V.5. Keynesianische Wachstums- und Beschäftigungskonzepte und -strategien

In den keynesianisch inspirierten modernen Konzepten und Strategien steht – genauso wie in der „General Theory" von Keynes – das Problem der Beschäftigung im Mittelpunkt. Da in den meisten Industriestaaten nach dem 1. Ölpreisschock vom Herbst 1973 die Arbeitslosigkeit eine dauerhafte, im Umfang zwar schwankende, aber nicht wieder verschwindende Erscheinung geworden und seitdem geblieben ist, sind diese Konzepte und Strategien mittel- und langfristig orientiert.

Diese Orientierung steht im Gegensatz zu der kurzfristigen, konjunkturbezogenen antizyklischen Geld- und Fiskalpolitik, die früher mit der Theorie von Keynes verbunden wurde.

Die Betonung des Beschäftigungsproblems veranlaßt die meisten Verfechter einer keynesianischen Wachstumspolitik, für deren Kombination mit anderen beschäftigungsfördernden Maßnahmen, vor allem mit einer Politik der Arbeitszeitverkürzung (s. dazu den Abschnitt V.6.) einzutreten.

Als Beispiel für eine bereits realisierte mittel- und langfristige Strategie wird in Abschnitt V.5.1. die austrokeynesianische Wirtschaftspolitik Österreichs präsentiert. In Deutschland wurde eine derartige, von KRUPP (1985, S. 93) als „verstetigte Wachstums- und Strukturpolitik" bezeichnete Strategie nur in der kurzen Phase 1977 bis 1980 verfolgt. Sie bestand aus einer mittelfristig angelegten expansiven Fiskalpolitik („Programm für Zukunftsinvestitionen") und wurde zunächst auch durch eine expansive Geldpolitik unterstützt. Ab Mitte 1979 schlug die Geldpolitik jedoch einen zunächst schwach und dann stärker werdenden restriktiven Kurs ein, der mit der Zunahme der Inflationsrate zusammenhängt. Insgesamt war die Entwicklung von 1977–1980 auf dem Gebiet der Beschäftigung sehr erfolgreich: Der Rückgang der Zahl der abhängig Beschäftigten vom Höchststand im August 1973 mit 22,96 Mio. um 1,1 Mio. auf 21,85 Mio. im November 1975 (alles saisonbereinigte Zahlen) wurde durch einen Anstieg um 1,2 Mio. bis zum November 1980 mehr als kompensiert.

V.5.1. Die „austrokeynesianische" Wirtschaftspolitik Österreichs

Die wirtschaftliche Entwicklung Österreichs bis zum ersten Ölpreisschock 1973, vor allem aber danach, schneidet im internationalen Vergleich ausgesprochen gut ab. So lag die Inflationsrate zwar im Durchschnitt der Jahre 1975–1985 noch über der westdeutschen (5,3 % gegenüber 3,9 %), aber danach sank sie auf das westdeutsche Niveau. Gleichzeitig aber war die Arbeitslosenquote 1975, 1985 und in den 90er Jahren nur halb so hoch wie in Deutschland. Die Beschäftigungsentwicklung war deutlich besser als in Deutschland (nur 1985–1990 gab es einen leichten westdeutschen Vorsprung (s. Europäische Kommission, 1997, Tabellenteil).

Diese Vergleichszahlen lenken das Augenmerk auf die österreichische Wirtschaftspolitik. Insbesondere in Österreich selbst bemühte man sich schon zu Beginn der 80er Jahre, die Charakteristika der verfolgten Wirtschaftspolitik herauszuarbeiten. Das Hauptergebnis der Analyse läßt sich dahin zusammenfassen, daß in Österreich eine spezifische Variante keynesianischer Wirtschaftspolitik betrieben wird, deren theoretische Grundlage als „*Austrokeynesianismus*" bezeichnet werden kann. Dieser nimmt die Überlegungen von Keynes über die Instabilität der Investitions- und Produktionsentscheidungen der Unternehmen auf Grund der Unsicherheit der Zukunft (und damit zukünftige Ertragserwartungen) ernst. Deshalb

> „treten diskretionäre Maßnahmen gegenüber der Verstetigung der Rahmenbedingungen unternehmerischer Kalkulations- und Investitionsentscheidungen zurück; die Konstanz der Rahmenbedingungen wird durch die Trias: Produktivitätsorientierte Lohnpolitik (im Rahmen der Einkommenspolitik), Investitionsförderung durch steuerpolitische Maßnahmen und Hartwährungspolitik mit Hilfe der Wechselkurspolitik gewährleistet" (Tichy, 1983, S. 38).

Grundpfeiler dieser Verstetigungsstrategie sind mithin eine dauerhafte Investitionsförderung durch steuerliche Maßnahmen, eine Hartwährungspolitik, die die Preiserwartungen der Unternehmen stabilisiert, und eine produktivitätsorientierte Lohnpolitik, die – eingebettet in die sozialpartnerschaftlich organisierte Einkommenspolitik – die Lohnkostenerwartungen der Unternehmen und die Einkommenserwartungen der Arbeitnehmer stabilisiert.

Die steuerliche Investitionsförderung unterscheidet sich nur graduell, aber nicht grundsätzlich von den Maßnahmen anderer

Staaten (vgl. LEHNER, 1979; TICHY 1980), und sie ist genauso nachfrage- wie angebotsorientiert (letzteres vor allem dann, wenn die steuerliche Förderung strukturelle Aspekte berücksichtigt). Besonderheiten der österreichischen Wirtschaftspolitik aber stellen die Hartwährungspolitik und die Sozialpartnerschaft dar. Die Hartwährungspolitik besteht darin, daß die Geldpolitik den Wechselkurs des Schilling zur DM, der Währung des mit Abstand größten Handelspartners, stabilisiert, so daß wegen der Bedeutung der Importe aus Deutschland die österreichische Inflationsrate sich von der westdeutschen nicht allzuweit entfernen kann (Eine solche Politik steht nur einem kleinen Land offen.). Dies erleichtert wiederum die Verhandlungen über Löhne und Preise zwischen den Sozialpartnern; denn die Preiserhöhungsspielräume der Unternehmen sind begrenzt. Diese Verhandlungen finden im Rahmen der österreichischen „Wirtschafts- und Sozialpartnerschaft" statt, die auf der *freiwilligen* Kooperation von Arbeitgeberverbänden, Gewerkschaften und Landwirtschaftskammern beruht und nicht auf staatlichem Zwang. Wichtigstes Gremium für die Einkommenspolitik ist die „Paritätische Kommission".

„Die ‚Paritätische Kommission', in der die Wirtschaftspartner gleichgewichtig vertreten sind, verfügen demnach sowohl über einen Preis- wie einen Lohnunterausschuß, die über die jeweiligen Anträge für Preis- und Lohnerhöhungen zu entscheiden haben. Für das Verständnis des Wirkens der österreichischen Sozialpartnerschaft ist vor allem aber auch zu berücksichtigen, daß dieses System über den direkten Lohn-Preis-Bereich hinaus formell oder informell in eine Vielzahl von Bereichen der Sozial-, Geld-, Währungs- und Investitionspolitik eingreift und dadurch eine Vielzahl von Einfluß-, Verhandlungs- und auch Sanktionsmöglichkeiten gegeben sind" (NOWOTNY, 1985, S. 72).

Der Verstetigung der Rahmenbedingungen und der Erwartungen verringert den gesamtwirtschaftlichen Steuerungsbedarf. Dies zeigt sich u.a. daran, daß die Konjunkturschwankungen in Österreich wesentlich gedämpfter verlaufen als in den anderen westlichen Industriestaaten (TICHY, 1986, S. 69; BRANDNER/NEUSSER, 1992, S. 84). Daher wird die Fiskalpolitik, als Mittel im Kampf gegen verbleibende Nachfrageschwankungen eingesetzt, seltener überfordert. Nach 1973 mußte allerdings die Fiskalpolitik über viele Jahre hinweg stark expansiv bleiben, um die Arbeitslosenquote auf niedrigem Niveau zu halten.

Da sich ein kleines Land nicht von der weltwirtschaftlichen Entwicklung völlig abkoppeln kann, verdoppelte sich die Arbeitslosenquote von 1981 bis 1985, liegt aber weiterhin noch weit unter dem Niveau der meisten anderen Industriestaaten. Die durch die expansive Fiskalpolitik akkumulierten Staatsschulden des Bundes erforderten anschließend eine Dämpfung der expansiven Fiskalpolitik, weil das Ziel der Konsolidierung der Bundesfinanzen in den Vordergrund rückte. Dennoch ist zum 1. 1. 87 eine Reform des Lohn- und Einkommenssteuertarif beschlossen worden, die zu beträchtlichen Steuerausfällen führte. Dies war politisch möglich, da trotz langjähriger expansiver Fiskalpolitik Österreich auch in Bezug auf die Staatsverschuldung „besser da(steht) als das Gros der westlichen Industrieländer" (IFO-Institut, 1986, S. 26). 1997 lag die Defizitquote mit 2,5 % unter dem Maastricht-Referenzwert, während die Schuldenstandsquote mit 66,1 % leicht überschritten wurde.

V.5.2. Das Konzept einer verstetigten, angebotspolitisch abgesicherten und beschäftigungsorientierten Makropolitik

Wesentlicher Bestandteil dieses Konzepts ist eine verstetigte Geld- und Fiskalpolitik. Diese Verstetigung bedeutet eine Distanzierung von früheren Hoffnungen keynesianisch geprägter Autoren, es sei eine antizyklische Globalsteuerung möglich, mit der konjunkturelle Schwankungen durch aktive, an der jeweiligen aktuellen Situation orientierte geld- und fiskalpolitische Maßnahmen eingedämmt werden können.

Die Erfahrung hat gezeigt, daß solche Versuche nicht nur mit gravierenden Problemen aufgrund von Erkennungs- und Wirkungsverzögerungen zu kämpfen haben, sondern daß sie sich (dies gilt besonders für restriktive fiskalpolitische Maßnahmen in Phasen der Hochkonjunktur) im politischen Prozeß häufig nur schwer durchsetzen lassen.

Statt dessen soll das Verhalten der Geld- und Fiskalpolitik verstetigt werden, um eine dauerhafte beschäftigungsfördernde Wirkung auszuüben. Wie diese Richtschnur in den einzelnen Politikbereichen umzusetzen ist, wird im folgenden Abschnitt (V.5.2.1.) dargelegt. Dabei sind nicht nur die Geld- und Fiskalpolitik aufeinander abzustimmen, sondern diese Politikbereiche müssen auch mit der Lohnpolitik koordiniert werden, um Konflikte zwischen der Geld- und Lohnpolitik infolge inflationärer Spannungen zu verhindern (V.5.2.2.). Bei der Ausgestaltung der verstetigten Makropolitik sollten außerdem Angebots- und Strukturprobleme (V.5.2.3.) und die Notwendigkeit einer außenwirtschaftlichen Absicherung (V.5.2.4.) berücksichtigt werden. Die Probleme einer zeitweise expansiven Fiskalpolitik werden gesondert in Abschnitt V.5.3. behandelt.

V.5.2.1. Leitlinien der Verstetigung von Geld- und Fiskalpolitik

Schon der mittel- bis langfristige Charakter der gegenwärtigen Massenarbeitslosigkeit macht überkonjunkturell angelegte Maßnahmen erforderlich. Eine solche zeitliche Orientierung steht auch ganz im Einklang mit der Bedeutung, die KEYNES dem Stand der langfristigen Erwartungen für die Investitionen und damit für den Wachstumsprozeß beigemessen hat. Nur wenn die Unternehmen auf Dauer günstigere Absatzbedingungen erwarten, ist es für sie lohnend, ihre Kapazitäten zu erweitern und auf diesem Wege neue Arbeitsplätze zu schaffen. Die Schaffung neuer Arbeitsplätze ist aber wiederum eine Voraussetzung für eine nachhaltige Besserung der Beschäftigungslage, da die Zahl der Arbeitssuchenden die Zahl der noch vorhandenen unbesetzten Arbeitsplätze bei weitem (schätzungsweise um das 3–5fache) übersteigt.

Die Forderung nach verstetigter Makropolitik bedeutet zugleich den Verzicht auf antizyklische Geld- und Fiskalpolitik. Dieser Verzicht beruht auf den Erfahrungen mit den Versuchen, eine solche Politik zu installieren. Diese scheiterten entweder an den Schwierigkeiten, diese Maßnahmen genügend frühzeitig zu treffen, oder an Problemen der politischen Umsetzung des Konzepts.

Bei der Geldpolitik spielt die Orientierung an der Inflationsrate, die der Mengenentwicklung nachläuft, eine negative Rolle. So konstatieren KRUPP/CABOS (1996), daß sich die deutsche Geldpolitik in hohem Maße an der aktuellen Inflationsrate orientiert hat (S. 376) und daß diese „Orientierung der Geldpolitik an der aktuellen Inflationsrate als einem nachlaufenden Indikator nicht zur Verstetigung beiträgt; sie verstärkt die ohnehin vorhandenen Konjunkturschwankungen“ (S. 378).

Einer antizyklischen Fiskalpolitik stehen vor allem die Probleme der politischen Umsetzung im Wege; dies gilt erst recht bei föderativem Staatsaufbau. Besonders schwierig ist es politisch, in günstigen Konjunkturphasen, in denen die Steuern reichlich fließen, die antizyklisch notwendige Ausgabendisziplin durchsetzen.

Hieran ist in Deutschland z. B. die sozialliberale Regierung in den Jahren 1971–1973 gescheitert (vgl. SCHERF 1986 a – siehe zur Fiskalpolitik in jener Zeit auch HANSWILLEMENKE/RAHMANN 1997).

Für die USA führt die Diskussion zu keinem einheitlichen Ergebnis. KRUPP/CABOS bescheinigen der amerikanischen Geldpolitik eine stetigere Beeinflussung der Wirtschaftslage als der deutschen Geldpolitik; die Fiskalpolitik habe dagegen in den USA noch weniger verstetigend gewirkt als in Deutschland. Die inneramerikanische Diskussion ist in einem von GORDON (1986) herausgegebenen Sammelband dokumentiert, zu dem GORDON eine aufschlußreiche zusammenfassende Einführung geschrieben hat.

Eine Verbesserung der langfristigen Erwartungen der Unternehmer kann aber nur durch eine auf Dauer angelegte, an der trendmäßigen Entwicklung des Produktionspotentials (und nicht an der aktuellen Situation) orientierte Wirtschaftspolitik erreicht werden. Für die Geldpolitik bedeutet dies eine Orientierung der Geldmengenexpansion am trendmäßigen Produktionspotential; um eine entsprechende monetäre Expansion zu erreichen, muß darauf hingewirkt werden, das reale Zinsniveau in Zeiten der Wachstumsschwäche zu senken:

„Angesichts der im Konjunkturzyklus schwankenden Geldnachfrage bedeutet dies, daß die Bundesbank für im Konjunkturzyklus schwankende Zinsen sorgen muß, wobei ihr als Instrument im wesentlichen der Tagesgeldsatz zur Verfügung steht“
(KRUPP/CABOS, 1996, S. 364).

Für die Fiskalpolitik bedeutet Verstetigung:

- Die Staatsausgaben sollen möglichst kontinuierlich mit der Trendrate des Produktionspotentials ansteigen, unabhängig von der aktuellen, konjunkturabhängigen Situation auf der Einnahmenseite. Von dieser Regel sind nur die eingebauten Stabilisatoren (insbesondere Zahlungen an Arbeitslose) auszunehmen.
- Die Steuersätze sollen möglichst konstant bleiben und auf jeden Fall nicht mit der Konjunkturlage verändert werden. Dies hat zur Konsequenz, daß die Steuereinnahmen mit dem Konjunkturverlauf schwanken und daß konjunkturbedingte Budgetdefizite hingenommen werden müssen.

Durch eine verstetigte Geld- und Fiskalpolitik wird das Wachstum direkt und indirekt angekurbelt: Direkt durch die Stabilisierung der langfristigen Ertragserwartungen, indirekt durch die Verringerung der Konjunkturschwankungen. Diese indirekte Wirkung tritt ein, wenn die Abweichungen vom Trend asymmetrisch wirken und die negativen Auswirkungen einer Rezession auf die Wachstumsrate durch den Boom nicht ausgeglichen werden. Eine entsprechende Asymmetrie haben DeLong/Summers (1988) für die USA festgestellt.

Da die Rendite und Absatzerwartungen der privaten Unternehmer auf Dauer erhöht werden sollen, sind kurzfristige, befristete Ausgaben- oder Beschäftigungsprogramme ungeeignet. Vielmehr kommt es darauf an, wichtige Aufgaben dauerhaft in die Ausgabenplanung der öffentlichen Haushalte aufzunehmen. Wenn für diese Aufgaben, deren Bewältigung Jahrzehnte in Anspruch nehmen kann, in den öffentlichen Haushalten *und* in den mittelfristigen Finanzplänen erhebliche Ausgabenvolumina vorgesehen werden, wird den Unternehmen deutlich gemacht, daß hier dauerhafte Absatzmärkte erschlossen werden.

Wenn die zusätzlich in die öffentlichen Haushalte aufzunehmenden Ausgaben private Investitionen anregen, so stellt dies bereits ein angebotsorientiertes Element dar, da Investitionen stets auch potentielles Angebot bedeuten. Darüber hinaus kann die Fiskalpolitik auch auf der Einnahmenseite dafür sorgen, daß die Rahmenbedingungen für private Investitionen verbessert werden. Hierfür kommen u.a. Zinssubventionen, Investitionszuschüsse oder Abschreibungserleichterungen in Betracht, wobei an dieser Stelle nicht erörtert werden kann, durch welche Ausgestaltung die Mitnahmeeffekte – die wohl in keinem Fall vermieden werden können – möglichst gering gehalten werden (s. dazu Leibinger, 1985).

Selbst wenn eine gemäß diesen Vorstellungen in Gang gesetzte Fiskalpolitik zumindest am Anfang eine erhebliche Zunahme der kreditfinanzierten Staatsausgaben bedeutet, so würde durch die ausgelösten Multiplikatorprozesse (steigender Konsum durch steigende Einkommen) und evtl. auch durch Akzeleratorprozesse (steigende Investitionen aufgrund der gestiegenen gesamtwirtschaftlichen Nachfrage) im Laufe der Jahre ein immer größerer Teil der zusätzlichen Ausgaben sich durch steigende Steuereinnahmen selbst finanzieren. Solange die marginale Konsumquote kleiner als 1 ist, können – zumal da ein Teil der zusätzlichen Mehrnachfrage via Importe ins Ausland fließt – Multiplikatorprozesse allein allerdings nur eine teilweise Selbstfinanzierung bewirken.

Erst wenn die Akzeleratorprozesse beträchtliche Ausmaße erreichen, ist eine volle Selbstfinanzierung möglich.

Damit eine erhöhte Kreditaufnahme der öffentlichen Haushalte nicht durch steigende Zinsen in ihrer Nachfragewirkung beeinträchtigt wird, muß die dargestellte Fiskalpolitik durch eine sie unterstützende Geldpolitik begleitet werden. Wenn dies geschieht, ist die Gefahr einer Verdrängung privater Nachfrage (Crowding Out), die in Abschnitt V.5.3.1. ausführlich behandelt wird, weitgehend gebannt.

V.5.2.2. Koordination der Lohnpolitik mit der Geld- und Fiskalpolitik

Mit dieser Koordination, die angesichts der Tarifautonomie der Tarifparteien nur durch freiwillige (formelle oder informelle) Vereinbarungen erfolgen kann, soll verhindert werden, daß günstigere Beschäftigungssituationen ausgenutzt werden, um Lohnsteigerungen durchzusetzen, die über die Produktivitätssteigerungen und den Ausgleich einer hinnehmbaren Inflationsrate hinausgehen. Solche Lohnsteigerungen führen zu Lohnkostensteigerungen, die ihrerseits eine Inflationsbeschleunigung auslösen und daher die Notenbank veranlassen können, von der Linie der verstetigten Geldpolitik zu einer restriktiven Geldpolitik umzuschwenken.[1]

Eine entsprechende „zurückhaltende" Lohnpolitik wurde in den 60er und 70er Jahren unter den Begriff der Einkommenspolitik subsumiert. Diesen Begriff hat die OECD (1962, S. 23) geprägt und diese so charakterisiert: „What is meant by an income policy … is that the authorities should have a view about the kind of evolution of income which is consistent with price stability." Dabei ist Einkommenspolitik nicht nur Lohnpolitik, weil außer den Lohneinkommen auch die Gewinneinkommen mit der Preisentwicklung in Zusammenhang stehen und daher auch Maßnahmen zur Beeinflussung der Gewinne notwendig werden können. Daher sollen die „wirtschaftspolitischen Entscheidungsträger ver-

1 Die Bedeutung, die der einkommenspolitischen Absicherung keynesianischer Wirtschaftspolitik schon seit langem beigemessen wird, ist u.a. daran zu erkennen, daß in 5 der 9 Beiträge zur „Zukunft der Globalsteuerung" (KÖRNER/UHLIG 1986) deren Wichtigkeit betont wird, wobei 2 sich ausschließlich diesem Problemkreis widmen.

suchen, die bislang den Märkten überlassene Primärverteilung der Einkommen so zu steuern, daß davon keine Gefährdung makroökonomischer Ziele mehr ausgeht" (Cassel/Theme 1977, S. 53). Gemeint ist von diesen Zielen allerdings meist ausschließlich das Ziel der Preisstabilität.

Deutlich wird bei diesen beiden Definitionen, daß es sich bei der Einkommenspolitik um eine Beeinflussung der nominalen Einkommen handelt, in Ergänzung zu der Beeinflussung der Realeinkommen durch die Geld- und Fiskalpolitik, die Produktion und Beschäftigung verändern soll.

Während die OECD-Definition auch die Beeinflussung der Gewinneinkommen einbezieht, hat diese in der wirtschaftspolitischen Diskussion keine Rolle gespielt. Zwar wird beim Arbeitsmarkt eine einkommenspolitische Beeinflussung für vertretbar gehalten, weil die Tariflöhne in mehr oder minder zentralen Tarifverhandlungen ausgehandelt werden. Der wirtschaftspolitische Zugriff auf die viel stärker dezentralisierten Preisentscheidungen erscheint dagegen weit schwieriger und stärker marktsystemwidrig. Nimmt man noch die größeren Durchsetzungsschwierigkeiten einkommenspolitischer Maßnahmen, die über die Preise auf die Gewinneinkommen einwirken sollen, hinzu, so überrascht es nicht, daß FLANAGAN u.a. (1983) in ihrer detaillierten Studie über die europäischen Erfahrungen mit der Einkommenspolitik diese von vornherein mit „wage-restraint" (Lohndämpfung) gleichsetzen.

Es ist aber gerade diese einseitige Betonung der Lohnpolitik, an der die Einkommenspolitik immer wieder gescheitert ist; denn sie hat es den Gewerkschaften sehr schwierig gemacht, an der Einkommenspolitik längerfristig mitzuwirken. Ohne die Mitarbeit oder zumindest Tolerierung der betroffenen Interessengruppen aber kann eine Einkommenspolitik nicht dauerhaft erfolgreich sein. Diese kann aber nicht erwartet werden, wenn die Einkommenspolitik – statt Lohn- und Gewinneinkommen gleichmäßig zu treffen – zu einer Benachteiligung der Lohnbezieher und damit zu einer Änderung der Einkommens*verteilung* führt.

Ungeachtet mancher enttäuschender Erfahrungen muß jedoch eine keynesianische Beschäftigungspolitik in dem Sinne einkommenspolitisch abgesichert werden, daß nicht eine verbesserte Beschäftigungs- und Absatzsituation zu einer vermehrten Ausnutzung von Lohn- und Preiserhöhungsspielräumen führt. Es muß dabei darauf gesetzt werden, daß insbesondere die Arbeitnehmer und Gewerkschaften nach den Erfahrungen seit 1973 immer weniger riskieren werden, durch inflationär wirkende Lohnerhöhungen erneut eine inflationsbekämpfende, restriktive Geldpolitik der Zentralbank(en) zu provozieren.

Als Reaktion auf entmutigende Erfahrungen mit einkommenspolitischen Maßnahmen ist vorgeschlagen worden, durch geeignete steuerliche Maßnahmen einen ökonomischen Anreiz zu schaffen, bestimmte Schwellenwerte für Lohn- und Preissteigerungen nicht zu überschreiten. Der erste Vorschlag einer solchen „Taxbased Income Policy (TIP)" stammt von WALLICH/WEINTRAUB (1971). Er wird von LAYARD u.a. (1984) wieder aufgegriffen und propagiert. Der Einsatz von marktwirtschaftlichen Instrumenten, nämlich von handelbaren Zertifikaten für überdurchschnittliche Preissteigerungen, ist von LERNER/COLANDER (1980) in ihrem „Market Antiinflation Plan (MAP)" vorgeschlagen worden; er soll verschiedene Nachteile von TIP vermeiden (vgl. zu diesen CASSEL/THIEME 1977, S. 92ff.).

V.5.2.3. Berücksichtigung von Angebots- und Strukturproblemen

Im Gegensatz zu traditionellen keynesianischen Ansätzen kann eine problemadäquate keynesianische Beschäftigungspolitik nicht davon ausgehen, das Angebot werde sich einer expandierenden Nachfrage reibungslos anpassen. Mit einer solchen Anpassung ist umso weniger zu rechnen, als die Expansion der Nachfrage mit einer Änderung ihrer Struktur einhergeht, so daß einige Bereiche von der zunehmenden Nachfrage stärker profitieren als andere.

Das *erste* und wichtigste Problem auf der Angebotsseite ergibt sich daraus, daß nach allen Schätzungen nicht genügend Arbeitsplätze vorhanden sind, um auch nur die Hälfte der derzeitig Arbeitslosen unterzubringen. Deshalb muß die Beschäftigungspolitik darauf gerichtet sein, Investitionen anzuregen, durch die neue Arbeitsplätze geschaffen werden. M.a.W. müssen Erweiterungsinvestitionen induziert werden; denn Rationalisierungsinvestitionen führen zwar kurzfristig zu mehr Produktion und Beschäftigung (solange die entsprechenden Investitionsgüter produziert werden), anschließend aber bewirken sie, daß Arbeiter durch Kapital ersetzt werden, also Arbeitsplätze „wegrationalisiert" werden (s. oben, Abschnitt III.3.).

An dieser Stelle wird die notwendige Verzahnung von Angebots- und Nachfrageaspekten sehr deutlich: Erweiterungsinvestitionen werden nur vorgenommen, wenn die Unternehmen entsprechende Absatzerwartungen haben und damit rechnen, die durch die Erweiterungsinvestitionen mögliche Mehrproduktion auch absetzen zu können.

Eine Beschäftigungspolitik, die beide Aspekte berücksichtigt, kann sich nicht darauf beschränken, Investitionen durch Steuererleichterungen und andere, den Nettogewinn erhöhende Maßnahmen anzuregen. Vielmehr müssen gleichzeitig die Absatzerwartungen der Unternehmen durch die im vorangehenden Abschnitt dargestellte verstetigte Geld- und Fiskalpolitik verbessert werden.

Ein *zweites* Problem auf der Angebotsseite, das bei einer keynesianischen Nachfragesteuerung nicht vernachlässigt werden darf, liegt im Bereich des Strukturwandels, dessen Ausrichtung Gegenstand von Abschnitt III.1.3.2. war. Die staatliche Ausgabenstruktur, aber auch die angebotsseitigen Maßnahmen sollten sich nicht auf die Bereiche konzentrieren, in denen momentan Produktionskapazitäten unausgelastet sind, sondern zukunftsorientiert auf Bereiche gerichtet sein, die auch in Zukunft wettbewerbsfähig und auf Dauer lebensfähig sind. Gleichzeitig muß verhindert werden, daß sich die Nachfrageexpansion auf wenige Branchen beschränkt, deren vorhandene Produktivitätskapazitäten überfordert und dadurch Preissteigerungen hervorruft.

Insgesamt wird eine auf Dauer angelegte Geld- und Fiskalpolitik die Unternehmer dazu veranlassen, ihre Kapazitäten den durch sie hervorgerufenen Nachfrageentwicklungen anzupassen. Eine solche Reaktion fördert den Strukturwandel ebenso, wie eine erfolgreiche Beschäftigungspolitik die Widerstände gegen den Strukturwandel abzubauen hilft. Je mehr die Arbeitnehmer nämlich erwarten können, nach einer Freisetzung im Zuge des Strukturwandels an anderer Stelle einen neuen Arbeitsplatz zu finden, desto eher werden sie den Verlust des bisherigen Arbeitsplatzes akzeptieren.

Ein *drittes* Problem auf der Angebotsseite betrifft den Arbeitsmarkt und darin insbesondere die Qualifikation der Arbeitskräfte. Angesichts der sich ändernden Ansprüche der Arbeitgeber an die Qualifikation der Arbeitskräfte muß die Beschäftigungspolitik durch geeignete arbeitsmarktpolitische Qualifizierungsmaßnahmen Sorge tragen, daß der erhofften größeren Nachfrage nach Arbeitskräften auch das nach Qualifikation und anderen Merkmalen geeignete Arbeitskräfteangebot gegenübersteht. Die Notwendigkeit und Nützlichkeit solcher Maßnahmen wird von niemandem bestritten, es fehlt jedoch häufig an der Bereitschaft, die dafür nötigen finanziellen Mittel und Lehrstellen bereitzustellen.

Ein *viertes* Problem der Angebotsseite stellen die *Innovationen* dar. Sie stellen zwar häufig eine Reaktion auf Entwicklungen auf der Nachfrageseite dar, öfter aber sind sie das Ergebnis autonomer Bemühungen der Anbieter um neue Produkte und neue Produktionsverfahren. Insbesondere neue Produkte erwecken bei den Unternehmern die Erwartung neuer, zusätzlicher Absatzmöglichkeiten und veranlassen sie, entsprechende Produktionskapazitäten aufzubauen und dadurch Arbeitsplätze zu schaffen. Jede Beschäftigungspolitik wird daher eine Unterstützung ihrer Bemühungen von Seiten der Innovationen begrüßen, so auch eine keynesianisch orientierte, und eine Förderung der Innovationstätigkeit in seinen Maßnahmenkatalog einbeziehen.

Die ersten drei Probleme können bewirken, daß die Wirtschaft auf eine Expansion der Nachfrage nicht oder nur zum Teil mit der gewünschten Mengenexpansion der Produktion reagiert, stattdessen aber mit unerwünschten Preissteigerungen. Eine noch größere Gefahr für die Preisstabilität wird aber vielfach in einem bestimmten, befürchteten Verhalten der Gewerkschaften gesehen: Es wird nämlich erwartet, daß diese bei einer Verbesserung der Beschäftigungssituation alsbald beginnen, Lohnforderungen durchzusetzen, welche die Preisstabilität gefährden. Diesem Problem soll nach Ansicht fast aller Keynesianer durch Koordination der Geld- und Fiskalpolitik mit der Lohnpolitik Rechnung getragen werden, die im vorangehenden Abschnitt behandelt wurde.

V.5.2.4. Außenwirtschaftliche Absicherung

Je stärker eine Volkswirtschaft mit den internationalen Güter- und Finanzmärkten verflochten ist, desto eher werden die Impulse einer expansiven Beschäftigungspolitik nicht nur dem Inland, sondern auch dem Ausland zugute kommen. Bezüglich der Gütermärkte führen steigende inländische Einkommen zu höherer Nachfrage nicht nur nach im Inland produzierten Gütern, sondern auch nach ausländischen Erzeugnissen. Diese zusätzlichen Importe bedeuten ihrerseits einen expansiven Impuls für die ausländischen Volkswirtschaften, so daß auch diese gegebenenfalls mehr importieren. Das ändert nichts daran, daß eine inländische Expansion tendenziell die Importe erhöht und damit den Leistungsbilanzsaldo verschlechtert.

Gegen diese unerwünschte Auswirkung lassen sich zweierlei Maßnahmen ergreifen: Zum einen kann man im Rahmen der Fiskalpolitik durch Förderung von Innovationen sowie von Forschung und Entwicklung die Exportfähigkeit des Landes verbessern. Zum anderen kann versucht werden, durch internationale Kooperation andere Staaten zu einer gleichgerichteten Beschäftigungspolitik zu veranlassen, so daß diese ebenfalls mehr Güter importieren.

Gravierender als diese altbekannten Gütermarktzusammenhänge werden jedoch neuerdings die Konsequenzen der internationalen Verflechtung der Kapitalmärkte eingeschätzt. Sie führen nämlich dazu, daß die einzelstaatlichen Spielräume für eine eigenständige Zinspolitik mehr oder minder stark eingeengt werden. Je höher die internationale Geldkapitalmobilität ist, desto stärker reagieren die Geldkapitalbesitzer auf Zinsdifferenzen und desto mehr werden sie von einer im Rahmen keynesianischer Beschäftigungspolitik betriebenen Zinssenkung veranlaßt, ihr Geldkapital nicht mehr im Inland, sondern im Ausland anzulegen. Manche Autoren halten daher nationale Geldpolitik für „anachronistisch".

Dem ist jedoch entgegenzuhalten, daß die internationale Mobilität des Geldkapitals beschränkt ist; dies liegt teils an rechtlichen Bestimmungen, die für institutionelle Anleger – z.B. die Versicherungen – gelten, teils aber auch am Wechselkursrisiko, das bei einer Geldanlage in ausländischer Währung besteht. Es können daher beträchtliche Zinsdifferenzen zwischen verschiedenen nationalen Kapitalmärkten existieren; diese lösen zwar internationale Kapitalbewegungen aus, die aber begrenzt sind und nicht ausreichen, um die Zinsdifferenzen zu beseitigen. Auch begrenzte Kapitalbewegungen haben jedoch Konsequenzen für die Geldpolitik: Bei festen Wechselkursen muß die Zentralbank Devisen aus ihren Beständen verkaufen, wenn durch niedrige Zinsen im Inland Kapital abfließt und dafür Devisen vermehrt nachgefragt werden. Der Verkauf von Devisen vermindert jedoch die Geldmenge, wirkt also restriktiv. Die Notenbank kann versuchen, diesem Effekt durch andere, expansiv wirkende geldpolitische Maßnahmen entgegenzusteuern. Diese Möglichkeit schwindet, wenn ihre Devisenvorräte sich erschöpfen.

Bei flexiblen Wechselkursen können die durch niedrige Zinsen hervorgerufenen Kapitalabflüsse zu einer Abwertung der inländischen Währung führen. Diese ist zwar günstig für die Exporte und damit für Produktion und Beschäftigung, sie bringt jedoch die Gefahr importierter Inflation mit sich, da die ausländischen Güter in inländischer Währung teurer werden.

Auch die aus Kapitalbewegungen herzuleitenden Probleme werden geringer, wenn mehrere Staaten gemeinsam eine beschäftigungsfördernde Politik betreiben.

V.5.3. Zur Problematik expansiver Fiskalpolitik

Besonders weitreichender Kritik sind Vorschläge zu einer Finanzpolitik ausgesetzt, die eine Ausweitung kreditfinanzierter Staatsausgaben mit sich bringt. Ihr wird entgegengehalten, auf diese Weise werde die Gesamtnachfrage nicht erhöht, dafür aber dem Staat eine ständig steigende Zinslast aufgebürdet. Mit diesen beiden Kritikpunkten setzt sich dieser Abschnitt auseinander.

V.5.3.1. Unwirksamkeit expansiver Fiskalpolitik wegen Verdrängung privater Nachfrage (Crowding Out)

Um die Auswirkungen expansiver fiskalpolitischer Maßnahmen, die mit erhöhten kreditfinanzierten Staatsausgaben verbunden sind, abzuleiten, beschränkte man sich in der traditionellen keynesianischen Analyse auf die Berechnung ihrer Multiplikator-Wirkungen und evtl. ihrer Akzelerator-Effekte. Die Finanzierungsseite fand dagegen wenig Beachtung.

Auch weitere Punkte wurden vernachlässigt, die bei der Beantwortung der Frage zu berücksichtigen sind, ob fiskalpolitische Impulse im Endeffekt wirkungslos sind, weil sie durch die Zurückdrängung privater Nachfrage kompensiert werden. Insgesamt werden vier Formen solcher Verdrängung (Crowding Out) diskutiert:

- Reales Crowding Out:
  Produktionsfaktoren, die zur Produktion der vom Staat zusätzlich nachgefragten Güter benötigt werden, können nicht für die Produktion privater Güter eingesetzt werden.
- Finanzierungs-Crowding Out:
  Die zur Finanzierung zusätzlicher Staatsausgaben erforderlichen Kredite verdrängen potentielle private Kreditnehmer durch steigende Zinssätze.

- Wechselkurs-Crowding Out:
  In einer offenen Volkswirtschaft wird die private Nachfrage durch eine in Folge der Zinssteigerung bewirkte Aufwertung verdrängt.
- Erwartungs-Crowding Out:
  Die Erwartungen der Wirtschaftssubjekte werden durch die zusätzliche staatliche Verschuldung negativ beeinflußt, mit entsprechenden negativen Konsequenzen auf die private Nachfrage.

Zu diesen vier Wegen einer Verdrängung privater Nachfrage ist jedoch folgendes zu bemerken: Das *reale Crowding Out* kann nur dann auftreten, wenn für die zusätzliche staatliche Nachfrage keine unbeschäftigten Produktionsfaktoren vorhanden sind. In einer Situation hoher Arbeitslosigkeit gibt es allerdings sehr viele unbeschäftigte Arbeitskräfte und andere freie Produktionskapazitäten; sie sind der Anlaß für die expansiven fiskalpolitischen Maßnahmen. Auch bei hoher Arbeitslosigkeit kann jedoch in bestimmten Bereichen ein Mangel an freien Kapazitäten vorhanden sein. Dies gilt vor allen Dingen dann, wenn sich die zusätzlichen Staatsausgaben auf einzelne Branchen (insbesondere die Bauwirtschaft) konzentrieren. Wenn in solchen Bereichen das Angebot wenig flexibel auf die Mehrnachfrage reagiert, dann kommt es zu Preissteigerungen, in denen die expansive Wirkung verpufft. Wenn nun die staatliche Nachfrage weniger preiselastisch ist als die private, werden die privaten Nachfrager vom Markt verdrängt.

Dieser mögliche Nachteil, der durch eine andere Ausgestaltung der expansiven Fiskalpolitik vermieden werden kann, ist jedoch mit Sicherheit geringer als die Verluste an gesamtwirtschaftlicher Produktion, die mit der hohen Arbeitslosigkeit verbunden sind. Es ist daher „mehr als zweifelhaft, ob diese evtl. allokativen Probleme in Relation zur enormen volkswirtschaftlichen Vergeudung ungenutzter Produktionsmöglichkeiten in einer Rezession ins Gewicht fallen“ (WALTHER, 1979, S. 66).

Die Möglichkeit einer partiellen Verdrängung privater Nachfrage in Engpaßbereichen kann daher vor allem als Argument dafür dienen, eine expansive Fiskalpolitik nicht nur mit Variationen der Ausgaben, sondern auch auf der Einnahmenseite zu betreiben.

Ob ein *Finanzierungs-Crowding Out* stattfindet, hängt von der Elastizität des Angebots an Geldkapital ab, d.h. von der Bereitschaft der Geldvermögensbesitzer, die Papiere zu kaufen, mit deren Hilfe sich der Staat verschuldet, um die expansive Fiskalpolitik zu finanzieren. Hier wird nun häufig von der falschen Vorstellung ausgegangen, das Angebot an Geldkapital sei ein gegebener Strom und daher steige mit zusätzlicher Nachfrage nach Geldkapital notwendigerweise der Zinssatz an. STÜTZEL (1978) hat diese Vorstellung als Quellen-Theorie kritisiert und ihr als zutreffende Vorstellung die Fontäne-Theorie gegenübergestellt. Mit diesem Bild soll gesagt werden, das durch zusätzliche Kreditnachfrage des Staates angelockte Geldkapital falle – wie das Wasser in einem Springbrunnen – in das Geldangebotsbecken zurück und erhöhe das Geldangebot in der nächsten Periode. Die Begründung für diese Vorstellung liegt darin, daß der Staat die aufgenommenen Gelder nicht still legt, sondern wieder ausgibt, so daß sie an Unternehmen oder Haushalte zurückfließen und dadurch einen Multiplikatorprozeß auslösen, in dessen Verlauf die Einkommen und damit auch die Ersparnisse ansteigen. Die Unternehmen brauchen dann, um ihre Ausgaben zu finanzieren, weniger Kredite nachzufragen, bzw. die Haushalte können mehr Geldkapitel anbieten. Eine zusätzliche Nachfrage nach Geldkapital führt daher bei Wiederausgabe der aufgenommenen Mittel zu einer entsprechenden Erhöhung des Geldkapitalangebots oder zu einer Senkung der Geldkapitalnachfrage im Unternehmenssektor.

Diese Analyse der Fontäne-Theorie ist jedoch dann zu modifizieren, wenn das Geldangebot der Haushalte über das Bankensystem läuft, das für die Guthaben der Haushalte Mindestreserven bei der Zentralbank halten muß. In diesem Falle ist die Erhöhung von Geldkapitalangebot und -nachfrage an eine Erhöhung der Zentralbankgeldmenge gebunden, und eine Zinserhöhung ist dann zu befürchten, wenn die Zentralbank nicht genügend zusätzliches Zentralbankgeld zur Verfügung stellt. Diese Einschränkung ändert aber nichts an der grundlegenden Kritik der Fontänetheorie an der These, wegen eines unflexiblen Geldkapitalangebots müsse notwendigerweise eine Zinssteigerung erfolgen. Vielmehr tritt die Zinssteigerung nur dann auf, wenn die Zentralbank die expansive Fiskalpolitik nicht durch Bereitstellung der notwendigen zusätzlichen Zentralbankgeldmenge unterstützt. In aller Deutlichkeit formulieren dies TOBIN/BUITER (1980, S. 222): „In underemployment situations any crowding out that occurs through financial stringency is the work of the central bank."

Die Argumentation ist aus dem keynesianischen IS/LM-Modell geläufig: Ein höheres Sozialprodukt (das sich in unserem Fall aus der expansiven Fiskalpolitik ergibt) führt zu einer erhöhten Nachfrage nach Transaktionskasse, die bei gegebener Geldmenge nur bei einem höheren Zinssatz befriedigt werden kann.

Bei steigendem Zins geht nämlich die zinsabhängige Geldnachfrage zurück, so daß die vorhandene Geldmenge vermehrt zu Transaktionszwecken eingesetzt werden kann. Der steigende Zinssatz kann vermieden werden, indem die Geldmenge erhöht wird.

Die wirtschaftspolitische Konsequenz aus diesen Überlegungen ist: Eine expansive Fiskalpolitik ist dann in ihrer Wirksamkeit stark eingeschränkt, wenn die Zentralbank diese Politik nicht durch eine entsprechende Geldpolitik unterstützt, sondern ihr womöglich sogar durch eine restriktive Geldpolitik entgegenarbeitet. Das US-amerikanische Beispiel einer solchen gegenläufigen Geld- und Fiskalpolitik wurde in Abschnitt V.4.2. behandelt.

KEYNES hat das Argument des Finanzierungs-Crowding Out, wonach zusätzliche kreditfinanzierte Staatsausgaben nur andere kreditfinanzierte Nachfrage verdrängen, schon 1929 ad absurdum geführt, in dem er auf Folgendes hinwies: Die Argumente für das Finanzierungs-Crowding Out von zusätzlichen Staatsausgaben müssen auch analog für zusätzliche kreditfinanzierte private Investitionen gelten. Wäre dies aber der Fall, dann hätte es noch niemals einen Aufschwung nach einer Rezession geben können, weil dieser immer zum großen Teil durch zusätzliche kreditfinanzierte Investitionen der Unternehmer getragen wird.

Das *Wechselkurs-Crowding Out* steht in engem Zusammenhang mit der zinssteigernden Wirkung der expansiven Fiskalpolitik, die beim Finanzierungs-Crowding Out behauptet wird. Dieses Argument wird dahin erweitert, daß der steigende Zinssatz zu mehr Kapitalzuflüssen führt, damit bei flexiblen Wechselkursen eine Aufwertungstendenz hervorruft, die den Saldo von Exporten und Importen und dadurch die Nachfrage nach inländischen Gütern verringert. Gegen eine solche Aufwertungstendenz spricht jedoch die Tatsache, daß bei expansiver Fiskalpolitik ein Teil der Mehrnachfrage sich auf ausländische Produkte richtet, so daß die Importe zunehmen, der Leistungsbilanzsaldo sich verschlechtert und die Nachfrage nach Devisen steigt.

Auf jeden Fall ist das Wechselkurs-Crowding Out genauso wie das Finanzierungs-Crowding Out vom Verhalten der Geldpolitik abhängig; dies zeigt sich auch an folgendem: Bei festen Wechselkursen wird der Anstieg des inländischen Zinsniveaus abgebremst, wenn die Erhöhung des Zinssatzes zu Kapitalzuflüssen führt, die wegen der Umtauschpflicht der Zentralbanken die inländische Geldmenge erhöhen.

Am schwierigsten zu beurteilen ist das *Erwartungs-Crowding Out*, also die Gefahr der Verminderung der Nachfrage der Konsumenten und privaten Investoren aufgrund einer Verschlechterung ihrer Zukunftserwartungen. Hier wird behauptet, daß die Erwartung höherer Zinsen und späterer Steuererhöhungen aufgrund der erhöhten Staatsverschuldung die privaten Nachfrager verunsichern und damit zu einer Zurückhaltung bei ihrer Nachfrage veranlassen. Will man jedoch die Wirkung einer kreditfinanzierten expansiven Fiskalpolitik auf das Handeln der privaten Wirtschaftssubjekte beurteilen, so muß man außer den genannten Effekt auch den entgegengesetzten Effekt berücksichtigen, nämlich die Verbesserung der Zukunftserwartungen aufgrund der wirtschaftspolitischen Aktivität des Staates. Bezüglich der Investoren besteht das Problem also darin, „ob sie von einer unmittelbaren Unterauslastung der Kapazitäten und einer stagnierenden Nachfrage mehr oder weniger Angst haben als vor einem ‚fernen' Budgetdefizit und der ... Zunahme der Staatsverschuldung" (WALTHER, 1979, S. 68).

Der Saldo der positiven und negativen Einflüsse auf die Erwartungen wäre nur dann eindeutig negativ, wenn die Wirtschaftssubjekte ganz überwiegend von der expansiven Fiskalpolitik keine Wirkung erwarten und auf sie weder mit mehr Nachfrage noch mehr Produktion reagieren (trotz der zusätzlichen Staatsnachfrage!). Dies aber wäre nur dann der Fall, wenn die Haushalte und Unternehmen überwiegend Anhänger der monetaristisch-neoklassischen Position wären. Es ist jedoch sehr fraglich, ob dies der Fall ist, obwohl darauf hingewiesen werden muß, daß die Wirtschaftspresse in Deutschland überwiegend Positionen vertritt, die einer expansiven Fiskalpolitik höchstens kurzfristige reale Wirkungen konzedieren.

Die wirtschaftspolitische Konsequenz hieraus lautet, daß eine Regierung, die eine expansive Fiskalpolitik betreibt, diese auch glaubwürdig und nachdrücklich vertreten und verteidigen muß. Auch hierfür liefert das Vorgehen der Reagan-Administration ein anschauliches Beispiel (vgl. V.4.2.).

Die Kommentare zu der These, die zusätzliche Staatsnachfrage verdränge nur private Nachfrage, zeigen, daß diese These auf der theoretischen Ebene nicht entschieden werden kann. Wichtig sind daher die Ergebnisse *empirischer* Untersuchungen zu diesem Fragenkomplex. Für Deutschland zeigt sich dabei eindeutig (vgl. dazu Cäsar, 1985), daß die empirischen Untersuchungen entweder keine Verdrängung privater Nachfrage oder nur eine geringe Verdrängung feststellen können. Dies gilt selbst für eine Untersuchung mit Hilfe des ökonometrischen Modells des Kieler Instituts für Weltwirtschaft, das ein erklärter Anhänger der neoklassisch-monetaristischen Position ist (s. Tewes, 1982). Für die Zeit nach 1975 kann das Ifo-Institut (1992) ebenfalls kaum eine Verdrängung privater Nachfrage feststellen.

Eine Ausnahme bildet nur die Analyse der Deutschen Bundesbank mit Hilfe ihres ökonometrischen Modells. Heilemann (1983) und König (1983) haben jedoch gezeigt, daß in diesem Modell die Verdrängung privater Nachfrage durch zusätzliche kreditfinanzierte Staatsausgaben nur dadurch zustande kommt, daß die ursprüngliche Vergrößerung des Staatsdefizits in dessen Verkleinerung umschlägt. Dies geschieht dadurch, daß im Modell, abgesehen von den zusätzlichen Staatsausgaben, alle übrigen Staatsausgaben nominal konstant gehalten werden. Durch die zusätzlichen Staatsausgaben steigt aber das Preisniveau und dementsprechend die Steuereinnahmen, so daß zum Schluß wegen der nominalen Konstanz aller anderen Staatsausgaben das Staatsdefizit kleiner ist als am Anfang. Eine solche Reduzierung des Staatsdefizits hat – wie jedes keynesianische Modell vorhersagen würde – eine kontraktive Wirkung.

Für Deutschland kann also das Fazit gezogen werden, daß bisher in den Zeiten, in denen eine expansive Fiskalpolitik verfolgt wurde, eine Verdrängung privater Nachfrage nicht – oder nur in geringem Umfange – aufgetreten ist, und diese Verdrängung hätte sich durch eine bessere Strukturierung der Fiskalpolitik und eine bessere Abstimmung zwischen Geld- und Fiskalpolitik wohl auch noch verringern lassen.

V.5.3.2. Verengung des finanzpolitischen Handlungsspielraums durch steigende Zinslast

Im vorangegangenen Abschnitt ist die Problematik der mit kreditfinanzierten Staatsausgaben verbundenen Zunahme der öffentlichen Verschuldung bereits unter dem Stichwort „Erwartungs-Crowding Out" angesprochen worden. Hier geht es um ein weiteres mit der Verschuldungszunahme verbundenes Problem, nämlich das Risiko steigender Zinslast. Dabei interessiert nicht das steigende absolute Niveau der Zinsaufwendungen für die Staatsschuld; vielmehr ist sie in Relation zum Sozialprodukt zu sehen. Erst wenn die Zinsaufwendungen rascher steigen als das Sozialprodukt, steigt die relative Zinslast und damit die relative Belastung der Staatsbürger mit Steuern, aus denen die staatlichen Zinszahlungen zu finanzieren sind (Zinslastquote). Eine solche Entwicklung verengt zugleich den finanzpolitischen Handlungsspielraum, wenn eine Steigerung der Steuereinnahmen über das Wachstumstempo des Sozialprodukts hinaus politisch nicht durchsetzbar ist, so daß die Steuerquote (Steueraufkommen bezogen auf das Sozialprodukt) nicht erhöht werden kann und gleichzeitig die für die Zinszahlungen erforderliche Steuerquote ansteigt. Wovon hängt nun die Entwicklung der Zinslastquote Z/Y ab? Bei gegebenen Zinssatz steigt sie an, wenn die Defizitquote (d), also das Verhältnis Staatsschuld (D) zu BIP (Y), ansteigt. Die Entwicklung dieser Defizitquote hängt wiederum von zwei Faktoren ab: Der erste Faktor ist das Primärdefizit (d.h. das Budgetdefizit ohne Zinszahlungen) bzw. der Primärüberschuß. Steigt das Primärdefizit mit derselben Rate wie das BIP, führt dies zu keiner Änderung der Defizitquote.

Der zweite Faktor besteht in der Zinslastquote. Diese bleibt nur dann unverändert, wenn die Zinszahlungen ($i \cdot D$) mit der gleichen Rate wachsen wie das BIP. In diesem Fall ist $i = w_Y$ und die Zinslastquote bleibt konstant.

Wenn sich bei beiden Faktoren Veränderungen ergeben, so bestimmt sich die Änderung der Defizitquote (d) nach folgender Gleichung (für die Ableitung s. SPAHN, 1996, S. 257ff.):

$$\Delta d = b_P + (i - w_Y) \cdot d \qquad \text{(V.3)}$$

Hierbei bezeichnet b_P die Primärdefizitquote. Aus Gleichung (V.3) ist zu erkennen, daß bei genügend raschem Wachstum ($w_Y > i$) die Defizitquote selbst dann abgebaut werden kann, wenn der laufende Haushalt ein Primärdefizit aufweist und zugleich wegen $d > 0$ ein (größeres) Gesamtdefizit. So kann z.B. ein Land, das beim Beitritt zum EURO ein Budgetdefizit von 3 % des BIP und eine Schuldenstandsquote von 60 % hat, letztere Quote trotz eines Primärdefizits von 1 % verringern, wenn w_Y den Marktzinssatz um 2 %-Punkte überschreitet.

V.6. Arbeitszeitverkürzung als beschäftigungspolitische Maßnahme

V.6.1. Ausmaß, Zielsetzung, Rückwirkungen

Die Massenarbeitslosigkeit hat derzeit in Deutschland und in vielen anderen Industriestaaten ein Ausmaß erreicht, das die unter den Befürwortern einer keynesianischen Beschäftigungspolitik verbreitete Vorstellung verstärkt, das Problem der Arbeitslosigkeit müsse durch Einsatz vieler Instrumente angegangen werden; denn es gäbe kein Instrument, das für sich allein einen hohen Beschäftigungsstand herbeiführen könnte. Daher bedarf die verstetigte beschäftigungsorientierte Geld- und Fiskalpolitik der Unterstützung durch andere Maßnahmen. Welche Bedeutung dabei der Arbeitszeitverkürzung zukommt, zeigt in Tab. 7 die Entwicklung der Bestimmungsgrößen für die Änderung des Beschäftigungsgrades, die am Anfang dieses Kapitels aus definitorischen Beziehungen abgeleitet worden sind (s. Gleichung V.2).

Ohne Arbeitszeitverkürzung (im folgenden AZV) hätte das gestiegene Bruttoinlandsprodukt in fast allen Jahren mit einer geringeren Zahl von Erwerbstätigen produziert werden können. Dank der Arbeitszeitverkürzung waren dafür jedoch mehr Beschäftigte erforderlich, und der Rückgang der Beschäftigtenzahl konnte verhindert oder abgemildert werden.

Die gleiche Entwicklung der Beschäftigung hätte ohne AZV ein sehr viel rascheres Wachstum der Produktion erfordert. Es erscheint jedoch fraglich, ob sich selbst bei einer energisch auf mehr Wachstum gerichteten Politik solche Wachstumsraten erreichen lassen und ob unter ökologischen Gesichtspunkten ein entsprechendes Wachstum überhaupt vertretbar wäre. Dies spricht für eine Politik der AZV.

Bevor man eine solche Politik empfehlen kann, ist jedoch die Wirkung der AZV auf die Beschäftigung zu überprüfen. Die Zahlen legen zwar die Aussage nahe, ohne die AZV hätte in vielen Jahren nicht die Beschäftigung zugenommen, sondern die Arbeitslosigkeit. Eine solche Aussage ist jedoch erst zulässig, wenn geprüft worden ist, in welchem Umfang die Beschäftigungswirkung der AZV durch negative Rückwirkungen auf w_{Epd}, auf w_X und $w_{X/h}$ beeinträchtigt worden ist.

Die anschließenden Überlegungen beziehen sich auf die Verkürzung der Arbeitszeit pro Jahr durch Verkürzung der Wochenarbeitszeit oder durch Erhöhung der Zahl der Urlaubs- oder

Tabelle 7: Entwicklung der Erwerbstätigenzahl und des Erwerbspersonenpotentials in der Bundesrepublik Deutschland

Zeitraum	Durchschnittliche jährliche Wachstumsraten (in v.H.)				
	des realen BIP	der Produktivität je Stunde	der Arbeitszeit je Erwerbstätigem	der Zahl der Erwerbstätigen	des Erwerbs-personenpotentials
	1	2	3	4	5
Westdeutschland					
1951–55	9,5	7,0	–0,3	2,9	–
1956–60	9,5	6,5	–1,6	1,6	–
1961–65	5,0	5,3	–0,8	0,5	0,4
1966–70	4,2	5,5	–1,1	–0,1	–0,2
1971–75	2,1	4,3	–1,6	–0,6	0,3
1976–80	3,6	3,7	–0,5	0,4	0,4
1981–83	0,0	1,6	–0,2	–1,4	1,0
1984–86	2,6	2,9	–0,9	0,6	0,5
1987–89	3,0	2,8	–0,7	0,9	0,6
1990–92	4,0	2,5	–0,7	2,1	1,9
1993	–1,7	1,5	–1,6	–1,6	–
1994	2,3	4,5	–0,9	–1,2	–
Gesamtdeutschland					
1992	2,1	1,9	1,3	–1,7	–
1993	–1,1	1,4	–0,8	–1,8	–
1994	2,9	4,3	–0,4	–0,7	–
1995	2,0	3,0	–1,5	0,0	
1996	1,0	2,8	–0,3	–1,2	–
1997	2,9	3,5	0,1	–1,4	–

Quellen: 1950–60: K.H.Oppenländer, Auswirkungen des technischen Wandels auf Beschäftigtenzahl und Beschäftigungsstruktur. IFO-Studien, 29.Jg., 1983 (abgedruckt in Pätzold, 1985, S. 233).
1961–89: Spalten 1–4, Spalte 5 ab 1983: Zur Arbeitsmarktentwicklung 1984/85: Entwicklungstendenzen und Strukturen, MittAB 1/85, S. 24. Spalte 5 bis 1982: Manfred Thon, Neuberechnung des Erwerbspersonenpotentials für den Zeitraum 1970–82, MittAB 4/84, Tab. 6.
1990–92: Spalte 1–4: MittAB 4/92, Übersicht 3, S. 461; MittAB 4/94, S. 270. Spalte 5: IAB-Stellungnahme 1990, Übersicht 2.
1993–94: Westdeutschland: MittAB 4/94, S. 270.
1993–97: Gesamtdeutschland: DIW Wochenbericht 15–16/95, 42–43/95, 1/296, S. 31 ff und 1–2/98, S. 38ff.

Feiertage. Die unter dem Stichwort AZV ebenfalls diskutierte Verkürzung der Lebensarbeitszeit durch Verkürzung des Erwerbslebens (durch späteren Eintritt oder früheres Ausscheiden) ist als Beeinflussung des Erwerbspersonenpotentials Gegenstand von Abschnitt V.2.1. oben.

Als erstes sei der mögliche Einfluß der AZV auf das Erwerbspersonenpotential behandelt: Es ist z.B. nicht auszuschließen, daß bei verringerter Arbeitszeit Personen wieder arbeiten möchten, die vorher wegen anderweitiger Belastung aus dem Erwerbsleben ausgeschieden waren, z.B. zwecks Betreuung ihrer Kinder, die aber bei kürzerer Arbeitszeit eher die Möglichkeit sehen, diese Belastungen mit einer Erwerbsarbeit (insb. in Form der vermutlich ebenfalls weniger zeitaufwendigen Teilzeitarbeit) zu vereinbaren. Eine quantitative Abschätzung dieses Einflusses haben für die westdeutsche Wirtschaft GALLER/WAGNER (1983 a, b) versucht; sie ist verständlicherweise mit großen Unsicherheiten behaftet. Dieser mögliche Zuwachs an potentiellen Erwerbspersonen darf überdies nicht mit der Rückkehr von Arbeitsuchenden aus der „Stillen Reserve“ verwechselt werden, wohin sie sich – ohne als Arbeitslose in der Statistik aufgeführt zu werden – zurückgezogen hatten, weil sie keine Aussicht sahen, bei den herrschenden Arbeitsmarktbedingungen Arbeit zu finden (s. dazu auch die Erläuterungen oben, Abschnitt II.2.1.1.).

Damit verbleiben die möglichen Einflüsse der AZV auf die Arbeitsproduktivität und das Sozialprodukt. Diese sollen jetzt getrennt behandelt werden, wobei immer von einer tatsächlichen AZV ausgegangen wird – es wird also der Fall nicht behandelt, daß tariflich vereinbarte AZV voll durch vermehrte Überstunden ausgeglichen wird; denn in dem Fall läge keine effektive AZV vor, sondern nur eine Umschichtung von normal bezahlten zu Überstunden.

V.6.2. Einfluß der AZV auf die Arbeitsproduktivität (je Stunde)

Da der Kampf um kürzere Arbeitszeiten den Industrialisierungsprozeß seit langem begleitet (für einen kurzen historischen Überblick s. M. SCHNEIDER, 1984), soll zunächst kurz auf historische Erfahrungen hingewiesen werden: Im *19. Jahrhundert* mit täglichen Arbeitszeiten von teilweise mehr als 12 Stunden wurde die AZV vor allem aus gesellschaftlich-humanitären Gründen gefordert, also zwecks Abschaffung der inhuman langen Arbeitszeit.

Dabei ging man überwiegend – wohl zu Recht – davon aus, die Produktion je Arbeits*tag* werde nicht geringer, wenn ein Arbeiter pro Tag „nur" noch 11 statt 12 Stunden arbeitet; vielmehr werde die Stundenproduktivität des besser ausgeruhten Arbeiters ansteigen. Daraus ergab sich quasi selbstverständlich die Forderung nach einem unveränderten Lohn pro Tag, mithin nach einer Erhöhung des Stundenlohnsatzes im Ausmaß der induzierten Produktivitätssteigerung. Beschäftigungswirkungen der AZV konnten unter diesen Bedingungen nicht erwartet werden: Die gleiche Produktionsmenge konnte zu unveränderten Lohnstückkosten von einer unveränderten Arbeiterzahl produziert werden.

In der Zeit nach dem 2. Weltkrieg erfolgten weiterhin kontinuierlich Arbeitszeitverkürzungen, allerdings unter anderen Bedingungen und erst in jüngster Zeit mit dem Ziel einer Verbesserung der Beschäftigungslage. Es konnte z.B. bei der schrittweisen Verkürzung der Wochenarbeitszeit in der BR Deutschland (von 48 auf 40 Stunden) nicht mehr einfach von einer jeweiligen proportionalen Erhöhung der Stundenproduktivität ausgegangen werden. Andererseits gibt es Gründe für eine gewisse Produktivitätssteigerung; denn kürzere Arbeitszeiten

- ermöglichen höhere Arbeitsintensität
- induzieren organisatorische Verbesserungen
- veranlassen die Unternehmen, zusätzliche Rationalisierungsinvestitionen vorzunehmen:
  - um bei angespanntem Arbeitsmarkt den Arbeitskräftebedarf zu verringern
  - um wegen der erwarteten zusätzlichen Verteuerung der Arbeit diese beschleunigt durch Kapital zu ersetzen.

Ob allerdings die Erwartung einer zusätzlichen Verteuerung der Arbeit zutrifft, ist fraglich und hängt nicht von dem geforderten, sondern dem tatsächlich durchgesetzten Lohnausgleich ab. Da dieser zugleich die Kostenwirkungen der AZV beeinflußt, soll die Frage des Lohnausgleichs im nächsten Abschnitt im Zusammenhang erörtert werden. Die verschiedenartigen Reaktionen der Unternehmen führen nach den vorliegenden empirischen Untersuchungen dazu, daß eine AZV von 1 % eine Steigerung der Arbeitsproduktivität zwischen 0,3 und 0,6 % hervorruft (vgl. DIW, 1983, GÖRRES, 1982, S. 152, BARTH/ZIKA, 1996). Mithin entfällt durch die Produktivitätsanpassung gut bis knapp die Hälfte des rechnerisch möglichen Beschäftigungseffekts.

V.6.3. Kostenwirkungen der AZV

In der wirtschaftspolitischen Diskussion werden diese Wirkungen oft besonders hervorgehoben, so von den gegen Arbeitszeitverkürzungen eingestellten Arbeitgeberverbänden, die in ihnen ein öffentlichkeitswirksames Argument vermuten. Dieses Vorgehen wird ihnen durch die Forderung der Gewerkschaften nach „vollem Lohnausgleich", also nach einer Erhöhung der Stundenlöhne im vollen Ausmaß der AZV, leicht gemacht. Interpretiert wird dies als Forderung nach einer *zusätzlichen* Erhöhung in diesem Ausmaß, zusätzlich zu den üblichen, an der Entwicklung von Arbeitsproduktivität und Inflationsrate orientierten Lohnsteigerungen. Ursprünglich mag diese plakative Forderung auch so gemeint gewesen sein. In den Auseinandersetzungen um die 35-Stunden-Woche hat die IG Metall jedoch mit „vollem" Lohnausgleich nur noch gemeint, daß „nach einer Arbeitszeitverkürzung die nominellen Wochen- bzw. Monatslöhne und Monatsgehälter unverändert bleiben ..." – (Die AZV erfolgt also) „... zu Lasten sonst möglicher höherer Lohn- und Gehaltssteigerungen und zugunsten von Arbeitsplätzen und Einkommen jetzt Arbeitsloser" (IG Metall 1983, S. 14).

Eine AZV, bei der die Monatsverdienste unverändert bleiben, kann solange lohnkostenneutral sein, wie sie das Ausmaß der Produktivitätssteigerung nicht überschreitet. Wird z.B. die Arbeitszeit um 2,5 % gekürzt (dies entspricht einem Rückgang der wöchentlichen Arbeitszeit von 40 auf 39 Stunden) und die Arbeitsproduktivität je Stunde steigt ebenfalls um 2,5 %, dann werden die Lohnkosten je Produkteinheit durch die AZV nicht erhöht. In diesem Fall einer „produktivitätsorientierten AZV" erfolgt anstelle der dank gestiegener Arbeitsproduktivität möglichen Erhöhung der Monatsverdienste eine kostenneutrale AZV. Sie soll die Beschäftigungschancen der Arbeitslosen erhöhen; die Prüfung, ob sie dies tut, muß jedoch noch weiter fortgesetzt werden.

Da die westdeutschen Gewerkschaften stets nur eine produktivitätsorientierte und damit lohnkostenneutrale AZV durchgesetzt haben, beschränke ich mich auf diesen Fall.

Mit den bisherigen Überlegungen ist nur ein Teil der Kostenwirkungen einer AZV erfaßt. Darüber hinaus werden 3 Kostenkategorien für wichtig erachtet:

a) Arbeitszeitunabhängige Personalkosten und Kosten der Einstellung neuer Mitarbeiter
b) Kosten der erforderlichen organisatorischen Anpassung
c) Kapitalkosten.

zu a)
Wird die Arbeitszeit verkürzt, gehen nicht alle Personalkosten proportional zur AZV zurück; vielmehr gibt es Kosten der Personalbewirtschaftung und andere Gemeinkosten und Abgaben, die mehr von der Zahl der beschäftigten Personen als von ihrer Arbeitsdauer abhängen. Von dieser Erhöhung der Lohnkosten je Stück wird jedes Unternehmen betroffen, das ohne AZV Arbeitskräfte entlassen, also seinen Personalbestand verringert hätte. Bei Unternehmen, die aufgrund der AZV mehr Personen einstellen, ergeben sich Einarbeitungskosten (vgl. im einzelnen KUNZ/MÜLLER, 1977, S. 499).

zu b)
Die Einführung kürzerer Arbeitszeiten führt immer dann, wenn die Aufgaben der einzelnen Arbeitnehmer (z.B. des Lohnbuchhalters) nicht proportional zur Arbeitszeit variieren, zu organisatorischen Anpassungsnotwendigkeiten; diese treten verstärkt auf (insb. in Kleinbetrieben), wenn die AZV durch Neueinstellungen ausgeglichen werden soll; denn der neue Mitarbeiter eines 20-Mann-Betriebs kann nicht 5 % der Aufgaben eines jeden vorhandenen Mitarbeiters übernehmen. Weitere Anpassungen sind notwendig, wenn die Betriebszeit nicht an die verkürzte individuelle Arbeitszeit angeglichen werden kann, z.B. bei festliegenden Öffnungszeiten eines Kaufhauses.

Alle diese Anpassungsaufgaben können – wie die Vergangenheit mit ständigen AZV lehrt – bewältigt werden, sie können aber (zumindest vorübergehend) mit zusätzlichen Aufwendungen oder Leistungseinbußen verbunden sein.

zu c)
Die Kapitalkosten je Stück steigen mit Sicherheit nur dann, wenn die Laufzeit der Maschinen und Anlagen proportional zur AZV verringert wird und daher für zusätzlich eingestellte Arbeitnehmer neue Arbeitsplätze mit entsprechender maschineller Ausstattung eingerichtet werden müssen. Sie steigen also nicht, wenn noch unausgenutzte Produktionsanlagen vorhanden sind.

Eine proportionale Verringerung der Laufzeiten ist jedoch keineswege zwingend. Ganz im Gegenteil gilt: Je kürzer die individuelle Arbeitszeit, desto eher sind die Arbeitnehmer bereit, Verschiebungen in der Lage ihrer Arbeitszeit zu akzeptieren und dadurch individuelle und Betriebszeit zu entkoppeln. So ist z.B. bei einem 6-Stunden-Tag ein 2-Schicht-Betrieb eher zu vertreten als bei einem 8-Stunden-Tag, weil eine tägliche Arbeitszeit von 7^h–13^h und 13^h–19^h leichter zu akzeptieren ist als die traditionellen Schichtzeiten 6^h–14^h und 14^h–22^h! Für die derzeitig vollzogene bzw. diskutierte AZV auf 38,5 bzw. 35 Stunden gibt es eine Vielzahl von vorgeschlagenen und realisierten Modellen, die – ohne gleich zum 2-Schichten-Betrieb überzugehen – eine Entkopplung von individueller und betrieblicher Arbeitszeit erlauben. Wenn es den Unternehmen gelingt, mit ihren Arbeitnehmern entsprechende Vereinbarungen zu treffen, dann könnten im Zuge der AZV die Kapitalkosten je Stück sogar gesenkt werden. Deren Entwicklung hängt mithin stark von der Flexibilität und Kooperationsbereitschaft von Betriebsleitungen und -belegschaften ab.

Insgesamt kann über den Saldo der unter (a), (b) und (c) behandelten Kostenelemente nichts Genaues vorhergesagt werden; der Saldo kann positiv oder negativ sein. Deshalb werde ich im folgenden von diesen Kostenfaktoren absehen und davon ausgehen, daß AZV im Ausmaß der Produktivitätssteigerung nicht nur die Lohnstückkosten, sondern auch die gesamten Stückkosten unverändert läßt.

V.6.4. Beschäftigungseffekte produktivitätsorientierter AZV

Auf der Kostenseite wirft eine produktivitätsorientierte AZV keine Probleme auf, da Lohnstückkosten und Gesamtstückkosten im wesentlichen unverändert bleiben. Ihre Beschäftigungseffekte hängen davon ab, ob die Unternehmen ihre Produktionspläne aufgrund der AZV revidieren. Für den Fall unveränderter Produktionsplanung seien zwei Unterfälle beispielhaft dargestellt.

a) Wenn der Unternehmer ein konstantes Produktionsvolumen geplant hatte und weiterhin plant, hätte er bei steigender Arbeitsproduktivität und unveränderter Arbeitszeit Entlassungen vorgenommen, weil das konstante Produktionsvolumen nunmehr in weniger Arbeitsstunden hergestellt werden kann. Dank der AZV unterbleiben die Entlassungen, da die unveränderte Zahl von Arbeitskräften jetzt weniger Arbeitsstunden leistet.

b) Wenn der Unternehmer ein im Ausmaß der Produktivitätserhöhung steigendes Produktionsvolumen geplant hatte und weiterhin plant, hätte er bei unveränderter Arbeitszeit weder Entlassungen noch Neueinstellungen vorgenommen. Bei AZV muß er dagegen zusätzliche Arbeitskräfte einstellen, um die geplante Mehrproduktion realisieren zu können.

In *beiden* Unterfällen tritt ein Beschäftigungseffekt auf; eine Erhöhung der Beschäftigung ergibt sich in der Gesamtwirtschaft allerdings nur, wenn alle Unternehmen zusammengenommen unverändert eine Erhöhung des Produktionsniveaus planen und die entsprechenden Neueinstellungen vornehmen. Die entscheidende Frage lautet mithin: Veranlaßt die AZV die Unternehmen zu einer Revision ihrer Produktionsplanung oder nicht?

Für eine Planrevision wird folgender Zusammenhang angeführt: Wenn die beschäftigten Arbeitnehmer statt einer Lohnerhöhung im Ausmaß der Produktivitätssteigerung, die bei unveränderter Arbeitszeit ihre Monatsverdienste erhöht hätten, eine AZV vereinbaren, die ihre Monatsverdienste unverändert läßt, dann fällt die Steigerung der Lohnsumme der beschäftigten Arbeitnehmer weg; entsprechend muß damit gerechnet werden, daß ihre Konsumgüter-Nachfrage ebenfalls nicht steigt. Hatten die Unternehmer ohne AZV mit steigendem Konsum gerechnet und revidieren nun diese Erwartung nach unten, so hat die AZV *keinen* Beschäftigungseffekt in der Konsumgüterindustrie: Die Produktionsplanung wird im Ausmaß der AZV heruntergefahren, und die Unternehmer benötigen wegen der verringerten Produktion trotz der AZV keinen zusätzlichen Arbeitnehmer im Vergleich zur Situation ohne AZV.

Von dieser Planrevision würden auch die Zuliefererbetriebe betroffen; ob die Investitionsgüterindustrie tangiert würde, hängt von vielen Faktoren ab und läßt sich nicht generell festlegen (einige Überlegungen dazu finden sich bei VORKÖTTER, 1982, S. 142ff.). Nicht betroffen wäre die Exportgüterindustrie, deren Absatz nicht von der inländischen Nachfrage abhängt. Rückwirkungen wären auf die Staatsnachfrage denkbar, da die Steuereinnahmen zurückgehen bzw. weniger steigen als ohne Planrevision.

Die unterstellte Planrevision würde also nicht in allen Sektoren erfolgen und mithin nicht überall dazu führen, daß die AZV keinen Beschäftigungseffekt hat. Vor allem aber gibt es mehrere Argumente gegen eine Planrevision:

a) Viele private Haushalte, die in der Vergangenheit ihren Konsum kontinuierlich ausgeweitet haben, werden dies – wenn durch die AZV ihr Monatseinkommen unverändert bleibt – auf Kosten ihrer Sparquote auch weiterhin tun.
b) Mehr Freizeit löst neue Konsumanreize aus und ermöglicht mehr zeitaufwendigen Konsum (Tennis, Segeln etc. etc.).
c) Die AZV erfolgt – jedenfalls in Deutschland und vielen anderen Industriestaaten – mittels Tarifvereinbarungen und nicht einheitlich für alle Bereiche. Daher kann der einzelne Unternehmer nicht von einer AZV in *seiner* Branche auf einen allgemeinen Stillstand der Einkommensentwicklung der Arbeitnehmerhaushalte schließen. Es ist daher unwahrscheinlich, daß er seine Produktionspläne nach unten revidiert.
d) Die Überlegung, die zur Planrevision führt, gilt nur, wenn jeder einzelne Unternehmer davon ausgeht, daß alle anderen Unternehmer ihre Pläne ebenfalls revidieren. Würden nämlich die anderen Unternehmer keine Planrevision vornehmen, dann führte bei ihnen die AZV zu einem positiven Beschäftigungseffekt mit der Folge, daß die von ihnen ausgezahlte Lohnsumme genau so ansteigt wie ohne AZV; denn die insgesamt geleisteten Arbeitsstunden gehen ohne Planrevision nicht zurück. Der private Konsum könnte jedoch trotz dieser Entwicklung der Lohneinkommen langsamer steigen, weil die zusätzlich beschäftigten Personen auch während ihrer Nichterwerbstätigkeit konsumiert haben (finanziert aus Arbeitslosenunterstützung oder anderen Quellen). Da der einzelne Unternehmer nicht weiß, wie seine Konkurrenten handeln, ist sehr fraglich, ob er seine Produktionsplanung im Ausmaß der AZV reduziert.

Die unter (a)–(d) gebrachten Überlegungen passen dazu, daß Anfang der 80er Jahre in den Befragungen des IFO-Instituts über die „voraussichtlichen Reaktionen der Unternehmen auf eine Verkürzung der wöchentlichen Arbeitszeit um zwei Stunden (mittelfristige Effekte)“ eine Einschränkung der Produktion nur von einem Bruchteil der Unternehmen (z.B. 5 % im Verarbeitenden Gewerbe in 1983) genannt wurde (IFO, 1983, S. 22); dabei scheinen sie mehr an eine Verlagerung der inländischen Produktion ins Ausland gedacht zu haben als an eine Einschränkung der Produktion wegen verringerter Absatzmöglichkeiten.

Zu gleicher Zeit kam auch das DIW (1983) mittels ökonometrisch fundierter Simulationen zu einem positiven Beschäftigungseffekt des Einstiegs in die 35-Stunden-Woche. Auch die späteren Schritte in Richtung dieses Ziels erbrachten positive Beschäftigungseffekte (s. BARTH/ZIKA, 1996).

Die positiven Beschäftigungseffekte der AZV veranlassen die Arbeitgeberverbände in und nach den Tarifauseinandersetzungen des Jahres 1989, ein anderes Argument gegen die AZV zu verwenden: Sie akzeptieren stillschweigend deren positive Wirkung auf die Nachfrage nach erwerbstätigen Personen, behaupten jedoch, diese könne wegen fehlender Facharbeiter nicht in höhere Beschäftigung umgesetzt werden (s. HUSMANN/NEIFER-DICHMANN, 1993, S. 63; GEER, 1993, S. 78).

Dieses bei hoher Arbeitslosigkeit fragwürdige Argument verliert dann seine Relevanz völlig, wenn die positiven Beschäftigungseffekte der AZV hauptsächlich in der Vermeidung von Entlassungen bestehen.

V.6.5. Weitergehende oder differenzierte AZV

Wenn das Wachstum der Produktion deutlich hinter dem Produktivitätswachstum zurückbleibt, reichen die relativ kleinen Schritte stetiger AZV, wie sie bisher zu beobachten sind, nicht einmal aus, um Entlassungen zu vermeiden. In solchen Fällen, die besonders krass in einzelnen Branchen oder Unternehmen auftreten können, ist auch über AZV zu diskutieren, die über den Produktivitätsfortschritt hinausgeht.

Bei einer derartigen AZV können die Monats- bzw. Jahreseinkommen nicht aufrechterhalten werden. Von den Arbeitnehmern wird eine solche Arbeitszeitverkürzung daher nur akzeptiert, wenn die Bedrohung ihrer Arbeitsplätze genügend groß ist. Dies war z.B. 1992/93 bei der Volkswagen-AG der Fall, wo die Belegschaft eine 20 %-Reduktion ihrer Jahreseinkommen der Entlassung jedes fünften Beschäftigten vorzog.

Wegen des offenkundigen Beschäftigungseffekts dieser Lösung wurde diese Form der AZV in der wirtschaftspolitischen Diskussion überwiegend begrüßt. Ihre Akzeptanz ist bei den betroffenen Arbeitnehmern – außer in solchen spektakulären Einzelfällen – nur unter günstigen Bedingungen zu erreichen (s. dazu PROMBERGER u.a., 1996).

Weitgehende Zustimmung findet auch eine differenzierte AZV in Form der Förderung von Teilzeitarbeit, weil sie zum einen den differenzierten Arbeits- und Einkommenswünschen der Beschäftigten mehr entspricht als eine generelle AZV (s. dazu SCHMAL, 1997), vor allem aber offenbar den Arbeitgeberpräferenzen sehr entgegenkommt.

In den 90er Jahren konnten insbesondere die Niederlande die Arbeitslosenquote dadurch verringern, daß sie – bei sonst vergleichbarer Entwicklung des Arbeitsvolumens – den Anteil von Teilzeitbeschäftigten auf 38 % im Jahre 1996 erhöhten (s. dazu SCHMID, 1997; DIW, 1997).

Literaturhinweise zu Kap. V

a) Hinter den kontroversen wirtschaftspolitischen Konzepten und Strategien stehen die ebenso kontroversen *theoretischen Grundpositionen.* Einen guten und anregenden Einblick in diese Diskussion vermitteln die Beiträge in dem von PETER HAMPE (1984) herausgegebenen Sammelband „Friedman contra Keynes. Zur Kontroverse über die Konjunktur- und Beschäftigungspolitik".

b) Bei den drei in Kap. V. näher betrachteten Staaten (USA, Großbritannien, Österreich) habe ich die Darstellung auf die wirtschaftspolitisch interessantesten Phasen beschränkt. Über die aktuelle wirtschaftliche und wirtschaftspolitische Situation informieren u.a. die i.a. jährlich erscheinenden Länderberichte (Economic Surveys) der OECD, die Jahresgutachten des Sachverständigenrates, die Gemeinschaftsgutachten der sechs deutschen Konjunkturforschungsinstitute sowie unregelmäßig erscheinende Länderstudien im „IFO-Schnelldienst".

c) Einen unmittelbaren Eindruck von den Absichten und Erwartungen, die von den US-amerikanischen Angebotsökonomen verfolgt bzw. gehegt wurden, gewinnt man durch die Lektüre der i.a. kurzen Beiträge von GILDER, KRISTOL, LAFFER, REAGAN u.a. zu der Artikelserie „Supply-Side-Economics: Innovative Ideas" (1981) sowie durch den Beitrag von MOORE (1982). Scharfe Kritik an den gesellschafts-, sozial- und verteilungspolitischen Konsequenzen der Politik REAGANS übt bereits LEKACHMAN (1982). Die Umverteilung „von unten nach Oben" durch die Steuerreformen REAGANS wird von MCINTYRE (1991) dokumentiert.

d) Die angebotsorientierte Position wird in der westdeutschen Position am deutlichsten und kürzesten von SIEVERT (1980, 1982) und vom Wissenschaftlichen Beirat beim Bundesministerium für Wirtschaft (1981) präsentiert. Überwiegend zustimmende, aber auch kritische Beiträge sind in dem von VOGEL (1982) herausgegebenen Sammelband „Wirtschaftspolitik der achtziger Jahre. Leitbilder und Strategien" zusammengestellt. Für kritische Auseinandersetzungen mit der Angebotsökonomie verweise ich auf den von BUHBE u.a. (1984) herausgegebenen Band „Krisenverschärfung durch Angebotspolitik" sowie auf Artikel von BUHBE/V. LÜDE (1983), FRANK (1983), FLASSBECK (1982), FRANK (1985) und KALMBACH (1981). Eine eher „ausgewogene" Darstellung wird in den Artikeln von ISSING (1982) sowie KLAUS/MAUSNER (1983) versucht. Die theoretischen Grundlagen und prozeßpolitische Konsistenz der „Supply-Side-Policy" untersucht ausführlich WENDISCH (1984), Theorie und Praxis angebotsorientierter Stabilitätspolitik in gleicher Weise WELFENS (1985).

e) Die Konzeption der Wirtschaftspolitik der Regierung THATCHER, ihre Durchsetzung und ihre Ergebnisse sind vielfach dargestellt und analysiert worden. Den besten Überblick bietet der Aufsatz von WEGNER (1986); eine eher lehrbuchmäßige Darstellung findet sich bei GOWLAND (1985). Die politische Seite des radikalen Wechsels, den die Regierungspolitik der THATCHER-Regierung auch innerhalb der konservativen Partei bedeutet, analysiert HOLMES (1985). Das Programm der THATCHER-Regierung wird von einem ihrer hohen Beamten in COUZENS (1982) dargestellt. Arbeiten kritischer Beiträge wurden von BUITER und MILLER (1983), HENNINGS (1983), BARKER (1985), KALDOR (1985) und WORSWICK (1991) vorgelegt. Eine insgesamt zustimmende, ausführliche Darstellung des „THATCHER-Jahrzehntes" findet man in der Monographie von FRÖHLICH/SCHNABEL (1991).

f) Für die Diskussion über das theoretische Konzept hinter der österreichischen Wirtschaftspolitik, für das der Begriff „*Austrokeynesianismus*" geprägt wurde, sind besonders die Aufsätze in Heft 3/1982 der „Wirtschaftspolitischen Blätter, hrsg. von der Bundeskammer der gewerblichen Wirtschaft" und darin besonders TICHY (1982) wichtig, sowie außerdem TICHY (1983), NOWOTNY (1985 a, 1985 b) und FRISCH (1985). Eine Fundgrube für Informationen über die österreichische Wirtschaftspolitik ist das umfangreiche, von H. ABELE u.a. herausgegebene „Handbuch der österreichischen Wirtschaftspolitik" (Wien 1982).

g) Die „*Grundzüge einer modernen keynesianischen Beschäftigungspolitik*" sind aus einer großen Zahl von Veröffentlichungen abgeleitet, die sich auch in den 80er Jahren den angebotsorientierten, neoklassisch-monetaristisch fundierten Mainstream nicht angeschlossen haben. Den besten Einstieg bieten die Beiträge zu dem von KRUPP/ROHWER/ROTHSCHILD (1986) herausgegebenen Sammelband „Wege zur Vollbeschäftigung", sowie die von LANGHAU/KÖHLER (1985), KÖRNER/UHLIG (1986) und MATZNER/KREGEL/RONCAGLIA (1987) herausgegebenen Sammelbände. Wichtige Aufsätze sind darüber hinaus von KIRNER (1980), KRUPP (1983), MERTENS/REYER (1985), NOWOTNY (1985 b), LAYARD (1986), TOBIN (1987), MODIGLIANI (1995), FLASSBECK (1996) und OBERHAUSER (1997) publiziert worden. Ein entschiedenes, kurzgefaßtes Plädoyer für eine energische Beschäftigungspolitik in Europa formuliert DORNBUSCH

(1986). Auf europäischer Ebene ist besonders auf zwei Studien der „Macroeconomic Policy Group" des „Centre for European Policy Studies" in Brüssel hinzuweisen (LAYARD u.a., 1984 sowie MODIGLIANI u.a., 1986), die namhafte Wirtschaftswissenschaftler verfaßt haben. Die Argumente für eine *Verstetigung* der Geld- und Fiskalpolitik sind bei KRUPP (1983) gut herausgearbeitet. Untersuchungen, in der ein erhebliches Mitverschulden der Geld- und Fiskalpolitik an der unzulänglichen wirtschaftlichen Entwicklung in Europa nachgewiesen wird, stammen von FITOUSSI/PHELPS (1986) und JOHN MCCALLUM (1986). Die Notwendigkeit, Geld-, Fiskal- und Lohnpolitik besser zu koordinieren, betont u.a. KRUPP (1994).

h) Die Notwendigkeit und die Instrumente der Einkommenspolitik werden von WAGNER (1989), Kap. 5, und bei MENKHOFF (1986, Abschnitt 5.2.) behandelt. Ausführlich und kritisch setzen sich CASSEL/THIEME (1977) mit der Einkommenspolitik auseinander. Die Notwendigkeit einer Ergänzung einer keynesianischen Geld- und Fiskalpolitik durch Einkommenspolitik und einer entsprechenden Einsicht der Gewerkschaften wird ausführlich begründet und diskutiert von OBERHAUSER (1986). Die Einkommenspolitik einschließlich der Pläne zu ihrer steuerlichen oder preislichen Unterstützung (T.I.P., M.A.P.) diskutieren außerdem GOSSNER (1985, Abschnitt 7.6.) sowie die Beiträge zu COLANDER (1986).

i) Unter den Einwänden gegen eine beschäftigungsorientierte expansive Geld- oder Fiskalpolitik ist die Crowding-Out-These am ausführlichsten diskutiert worden. Zur Vertiefung der theoretischen Analyse ist der Beitrag von WALTER (1979) sehr zu empfehlen. Einen Überblick über die empirischen Studien für Deutschland gibt CÄSAR (1985); bei ihm fehlt allerdings die Widerlegung der Studie der Deutschen Bundesbank, die bei den in Abschnitt V.5.3.1. angesprochenen Autoren HEILEMANN (1983) und KÖNIG (1983) nachgelesen werden kann. Eine aktuelle Darstellung, die auch auf die spärlichen empirischen Untersuchungen eingeht, bietet das 15. Kapitel von TICHY (1995).

j) Zur Einführung in die Probleme der Arbeitszeitverkürzung ist der Artikel von KUNZ/MÜLLER (1977) sehr geeignet. Für eine ausführliche und vertiefte Analyse seien die Monographien von WOHLERS/WINKLER (1981) und GÖRRES (1984) sowie Teil II, Kap. III in ROHWER (1982) empfohlen. Die Notwendigkeit der AZV in Anbetracht der begrenzten Möglichkeiten der Angebots- und Nachfragepolitik wird auch in den Beiträgen von SCHARPF (1985) und SCHARPF/SCHETTKAT (1986) begründet. Einen guten Überblick über die konträren Standpunkte geben die Beiträge in dem Sammelband von HAMPE (1993). Die empirischen Überlegungen und Ergebnisse zur Frage der Beschäftigungswirkungen von Arbeitszeitverkürzungen werden in BARTH/ZIKA (1996) dargestellt und kommentiert.

Literaturverzeichnis

Verwendete Abkürzungen

AER	=	The American Economic Rewiew
HdWW	=	Handwörterbuch der Wirtschaftswissenschaften, 9 Bände und 1 Registerband, Stuttgart etc. (G. Fischer, Mohr, Vandenhoeck&Ruprecht), 1977–1983.
MittAB	=	Mitteilungen aus der Arbeitsmarkt und Berufsforschung.
U.P.	=	University Press
WISU	=	Wirtschaftsstudium
WiST	=	Wirtschaftswissenschaftliches Studium

ABB/AUER/MINZ (1992), Arbeitsmarkttheorien. „WISU“, 21. Jg., S. 969 bis 974.

ABELE, HANNS u.a. (1982), Hrsg., Handbuch der östereichischen Wirtschaft, Wien (Manz).

ACKLEY, GARDNER (1958), A Third Approach to the Analysis and Control of Inflation, in: JOINT ECONOMIC COMITEE (1958), Hrsg., The Relationship of Prices to Economic Stability and Growth, Washington (D.C.), Wiederabgedruckt in: PERLMAN, RICHARD, Hrsg., Inflation: Demand Pull or Cost Push?, Boston 1965.

AKERLOF/DICKENS/PERRY (1996a), The Economics of Low Inflation. „Brookings Papers on Economic Activity“, no.2/1996, S. 1-51.

AKERLOF/DICKENS/PERRY (1996b), Low Inflation or No Inflation: Should the Federal Reserve Pursue Complete Price Stability? „Challenge“, Vol. 39, S. 11–17.

ALCHIAN, ARMEN (1970), Information Costs, Pricing and Resource Unemployment, in: PHELPS, EDMUND (1970b).

ALSTON/KEARL/VAUGHAN (1992), Is there a Consensus Among Economists in the 1990's?, „The American Economic Review. Papers and Proceedings“, Vol. 82, S. 203–209.

APPELBAUM, EILEEN/SCHETTKAT, RONALD (1994), engl.: The End of Full Employment? On Economic Developments in Industrialized Countries, „Intereconomics“, Vol. 29 (1994), S. 122–130, dt.: Das Ende der Vollbeschäftigung? Zur Wirtschaftsentwicklung in Industrieländern, „Wirtschaftsdienst“, 74. Jg., S. 193–203.

APPELBAUM, EILEEN/SCHETTKAT, RONALD (1995), Employment and Productivity in Industrialized Countries, „International Labour Review“, Vol. 134, S. 605–623.

ARESTIS, PHILIP/MARSHALL, MIKE, Hrsg. (1995), The Political Economy of Full Employment. Conservatism, Cooperatism and Institutional Change., Aldershot (E.Elgar).

ARGY, VICTOR/NEVILE, JOHN (1985), Hrsg. Inflation and Unemployment. Theory, Experience and Policy-Making, London (Allen&Unwin).

ARTIS, M.J./LEWIS, M.K. (1985), Inflation in the United Kingdom, in: ARGY, VICTOR/NEVILE, JOHN (1985).

ASSENMACHER, WALTER (1995), Konjunkturtheorie, 7. Aufl., München/Wien (Oldenbourg).

BALL/MANKIW/ROMER (1988), The New Keynesian Economics and the Output-Inflation Trade off, „Brookings Papers on Economic Activity", no.1, 1988, S. 1-65.

BANK FÜR INTERNATIONALEN ZAHLUNGSAUSGLEICH (1996), 66. Jahresbericht, Basel 1996.

BARENS, INGO/CASPARI, VOLKER, Hrsg. (1994), Das IS-LM-Modell. Entstehung und Wandel., Marburg (Metropolis).

BARKER, TERRY (1985), Erfahrungen mit dem Monetarismus in Großbritannien, in: LANGKAU, JOCHEM/KÖHLER, CLAUS (1985).

BARRO, ROBERT (1995), Inflation and Economic Growth, „Quarterly Bulletin of the Bank of England", Vol. 35, S. 1-11.

BARTH, ALFONS/ZIKA,GERD (1996), Volkswirtschaftliche Effekte einer Arbeitszeitverkürzung. Eine Simultationsstudie für Westdeutschland mit dem makroökonomischen Modell Sysifo., „MittAB", Jg., S. 179–202.

BEAN, CHARLES (1994), European Unemployment: A Survey, „Journal of Economic Literature", Vol. 32, S. 573–619.

BEAN/LAYARD/NICKELL (1986), The Rise in Unemployment: A Multi-Country-Study, „Economica", Vol. 53, Supplement.

BEAN/LAYARD/NICKELL (1987), Hrsg., The Rise in Unemployment, Oxford (Basil Blackwell), Veröffentlichung von BEAN/LAYARD/NICKELL (1986) als Monographie.

BEGG/FISCHER/DORNBUSCH (1997), Economics. 5th edition, London etc. (Mc Graw-Hill)

BELLMANN, LUTZ (1995), Was bringt die Spreizung der Löhne für den Arbeitsmarkt? „MittAB", 28 Jg. (1995), S. 391–398.

BENASSI/CHIRCO/COLOMBO (1994), The New Keynesian Economics, Oxford/Cambridge, USA (Blackwell).

BERLINER MEMORANDUM (1997), Innovation, Beschäftigung, Wachstum und Wettbewerb. Strategien zur Halbierung der Arbeitslosigkeit, Berlin (Senatsverwaltung für Arbeit, berufliche Bildung und Frauen).

BERTHOLD, NORBERT (1988), Keynesianische und klassische Arbeitslosigkeit, „WiST", 17. Jg., S. 485–493.

BEWLEY, TRUMAN (1995), A Depressed Labour Market as Explained by Participants. „AER", Vol. 85, S. 250–254.

BLANCHARD, OLIVIER (1989), Traditional Interpretation of Macroeconomic Fluctuations., „AER", Vol. 79., S. 1146–1164.

BLANCHARD, OLIVIER (1990), Why Does Money Affect Output? A Survey, In: FRIEDMAN, B/HAHN, FRANK, Hrsg., Handbook of Monetary Economics, Vol. II, Amsterdam etc. (North Holland)

BLANCHARD, OLIVIER/SUMMERS, LAWRENCE (1986), Hysteresis and the European Unemployment Problem, NBER Macroeconomic Annual 1986, Washington (Brookings), S. 15–78.

BLANCHARD, OLIVIER/SUMMERS, LAWRENCE (1988), Beyond the Natural Rate Hypothesis, „AER Papers and Proceedings", Vol. 78, S. 182–187.

BLATTNER, NIKOLAUS (1986), Technischer Wandel und Beschäftigung: Zum Stand der Diskussion, in: BOMBACH/GAHLEN/OTT, Technologischer Wandel - Analyse und Fakten, Tübingen (Mohr).

BLINDER, ALAN (1987/1989), Keynes, Lucas and Scientific Progress, In: DERS, Macroeconomics under Debate, New York etc. (Harvester/Wheatsheaf), 1989, S. 116–127, kurze Fassung in: „AER", Vol. 77 (may 1987), S. 130–136.

BLINDER, ALAN (1988), The Challenge of High Unemployment, „AER Papers and Proceedings", Vol. 78, S. 1-15.

BOGAI, DIETHER (1994), Arbeitszeitverkürzung und Beschäftigung, „Wirtschaftsdienst", 74. Jg., S. 457–462.

BOMBACH, GOTTFRIED (1985), Post-War Economic Growth Revisited, Amsterdam etc. (North-Holland).

BOMBACH/GAHLEN/OTT (1983), Hrsg., Makroökonomik heute: Gemeinsamkeiten und Gegensätze, Tübingen (Mohr).

BOSWORTH/DAWKINS/STROMBACK (1996), The Economics of the Labour Market, Harlow (Longman)

BRAINARD, WILLIAM/PERRY, GEORG (1994), Editors' Summary, „Brookings Papers on Economic Activity", Vol. 2, S.IX–XXVI.

BRANDNER, PETER/NEUSSER, KLAUS (1992), Business Cycles in Open Economies: Stylized Facts for Austria and Germany., „Weltwirtschaftliches Archiv", Bd 128, S. 66–87.

BRUNNER, KARL (1970), The „Monetarist Revolution" in Monetary Theory, „Weltwirtschaftlioches Archiv", Vol. 105, deutsch als „Die Monetaristische Revolution der Geldtheorie, in: KALMBACH, PETER (1973), Hrsg., Der neue Monetarismus, München (Nymphenburger Verlagshandlung).

BRUNO, MICHAEL (1986), Aggregate Supply and Demand Factors in OECD Unemployment: An Update, „Economica", Vol. 53, Supplement.

BRUNO, MICHAEL/SACHS, JEFFREY (1985), Economics of Worldwide Stagflation, Cambridge, Mass. (Harvard U.P.).

BUHBE, MATTHES u.a. (1984), Krisenverschärfung durch Angebotspolitik. Zur Kritik der wirtschaftspolitischen Konzeption des Sachverständigenrates, Köln (Bund-Verlag).

BUHBE, MATTHES/V.LÜDE, ROLF (1983), Grundlagen und Probleme der Angebotspolitik, in: DE GIJSEL, PETER u.a., Hrsg., Ökonomie und Gesellschaft. Jahrbuch 1: Die Neoklassik und ihre Herausforderungen, Frankfurt (Campus).

BUITER, WILLIAM (1986), Macroeconomic Policy Design in an Independent World Economy. An Analysis of Three Contingencies., „IMF-Staff Papers", Vol. 33, S. 541–580.

BUITER, WILLIAM/MILLER, MARCUS (1983), Changing the Rules: Economic Consequences of the Thatcher Regime, „Brookings Papers on Economic Activity", no.2, 1983.

BURDA, MICHAEL/WYPLOSZ, CHARLES (1994), Makroökonomik. Eine Europäische Perspektive., München (Vahlen).

BUTTLER/FRANZ/SCHETTKAT/SOSKICE (Hrsg.) (1995), Institutional Frameworks and Labour Market Performance. Comparative Views on the U.S. and German Economies., London and New York (Routledge).

CAESAR, ROLF (1985), Crowding Out in der Bundesrepublik Deutschland. Eine Bestandsaufnahme, „Kredit und Kapital", 18. Jg., S. 265–276.

CARLIN, WENDY/SOSKICE, DAVID (1990), Macroeconomics and the Wage Bargain. A Modern Approach to Employment, Inflation and the Exchange Rate., Oxford (O.U.P).

CASSEL, DIETER/THIEME, JÖRG (1977), Einkommenspolitik. Kritische Analyse eines umstrittenen stabilisierungspolitischen Konzeptes, Köln (Kiepenheuer&Witsch).

CEZANNE, WOLFGANG (1991), Inflationstheorien- Ein Überblick, „WISU", 20. Jg., S. 56–62.

CHICK, VICTORIA (1983), Macroeconomics after Keynes. A Reconsideration of the General Theory, Oxford (Philip Alan).

CLAASSEN, EMIL-MARIA (1980), Grundlagen der makroökonomischen Theorie, München (Vahlen).

CLOWER, ROBERT (1975), Reflexions on the Keynesian Perplex, „Zeitschrift für Nationalökonomie", Bd.35, wiederabgedruckt in : DONALD WALKER, Hrsg., Money and Markets. Essays by R.Clower. Cambridge etc. (Cambridge U.P.) 1986. Deutsch in: HAGEMANN/KURZ/SCHÄFER, Hrsg., Die neue Makroökonomik. Marktungleichgewicht, Rationierung und Beschäftigung. Frankfurt/New York (Campus), 1981, S. 86–104.

COLANDER, DAVID (1986), Hrsg., Incentive-based Incomes Policies: Advances in TIP and MAP, Cambridge, Mass. (Harper&Row, Ballinger).

COLANDER, DAVID (1996), Hrsg., Beyond Microfoundations: Post Walrasian Macroeconomics, Cambridge etc. (Cambridge U.P.).

CORNWALL, JOHN/CORNWALL, WENDY (1996/97), The Unemployment Problem and the Legacy of Keynes, „Journal of Post Keynesian Economics", Vol. 19, S. 525–542.

COUZENS, KENNETH (1982), Die Wirtschaftspolitik Großbritanniens unter Margaret Thatcher, in: VOGEL, OTTO (1982)

CROSS, ROD (1995), Hrsg., The Natural Rate of Unemployment. Reflections on 25 Years of the Hypothesis, Cambridge (Cambridge U.P.)

DAVIDSON, PAUL/SMOLENSKY, EUGENE (1964), Aggregate Demand and Supply Analysis, New York etc. (Harper&Row).

De Long, Bradford/Summers, Lawrence, How Does Macroeconomic Policy Affect Output? „Brookings Papers on Economic Activity“, no.2/1988, S. 433–488.

Deutsche Bundesbank (1949ff.), Monatsberichte, Frankfurt.

Deutsche Bundesbank (1968), Geschäftsbericht für das Jahr 1967, Frankfurt/München.

Deutsche Bundesbank (1985), Zur längerfristigen Entwicklung und Kontrolle des Geldvolumens, „Monatsberichte der Deutschen Bundesbank“, 37. Jg., Nr. 1.

Deutsche Bundesbank (1992), Zum Zusammenhang zwischen Geldmengen- und Preisentwicklung in der Bundesrepublik Deutschland, Monatsbericht der Deutschen Bundesbank, 44. Jg., Nr. 1, S. 20–29.

Deutsche Bundesbank (1995), Die Geldpolitik der Bundesbank, Frankfurt.

Deutsche Bundesbank (1996), Vom Wert des stabilen Geldes, Geschäftsbericht 1996, Frankfurt (o.J.), S. 82–92.

Deutsches Institut für Wirtschaftsforschung (DIW) (1983), Was bringt der Einstieg in die 35-Stunden-Woche? Zu den ökonomischen Auswirkungen einer schrittweisen Verkürzung der tariflichen Arbeitszeit, „DIW-Wochenbericht“,50 Jg., S. 383–394.

Deutsches Institut für Wirtschaftsforschung (DIW) (1987), Grundlinien der Wirtschaftsentwicklung 1987, „DIW-Wochenbericht“, 54. Jg., S. 1-29.

Deutsches Institut für Wirtschaftsforschung (DIW) (1995), Tendenzen der Wirtschaftsentwicklung 1995/96, „DIW-Wochenbericht“, 62. Jg., S. 507–521.

Deutsches Institut für Wirtschaftsforschung (DIW) (1997), Tendenzen der Wirtschaftsentwicklung 1997/98, „DIW-Wochenbericht“, 64. Jg., Nr. 27–28/97, S. 463–493.

Deutsches Institut für Wirtschaftsforschung (DIW) (1997), Die Niederlande: Beschäftigungspolitisches Vorbild?, „DIW-Wochenbericht“, 64. Jg., S. 259–263.

Dickertmann, Dietrich/Siedenberg, Axel (1975), Geldpolitische Lenkungsinstrumente in der BRD, 2. Aufl., Tübingen-Düsseldorf (Mohr,Werner).

Dixon, Huw/Rankin, Neil (1995), Introduction to: Dies, The New Macroeconomics: Imperfect Markets and Policy Effectiveness, Cambridge (Cambridge U.P.).

Dörhage, Walter (1989), Macht, Verteilung, Inflation. Die Verteilungskampfhypothesen der Inflation als Ausgangspunkt einer sozioökologischen Inflationserklärung, Frankfurt/Bern (P.Lang).

Dornbusch, Rüdiger (1986), Sound Currency and Full Employment, In: Ders, Dollars, Debts and Deficits, Leuver (L.U.P.), Cambridge (Mass.) und London (MIT-Press).

Dornbusch, Rüdiger/Fischer, Stanley (1995), Makroökonomik, 5. Aufl., München-Wien (Oldenbourg).

DUWENDAG, DIETER u.a., (1993), Geldtheorie und Geldpolitik. Eine problemorientierte Einführung mit einem Kompendium bankstatistischer Fachbegriffe, 4. Aufl.,Köln (Bund-Verlag).

ECONOMIC COMISSION FOR EUROPE (1988), Economic Survey of Europe in 1987–1988, New York (United Nations)

ECONOMIST (1992), Zero Inflation:How Low is Low Enough?, S. 25–27.

EDEY, MALCOLM (1994), Costs and Benefits of Moving from Low Inflation to Price Stability, „OECD-Economic Studies", no.23, Winter 1994, S. 109–130.

ENGELEN-KEFER, URSULA (1980), Beschäftigungspolitik. Eine problemorientierte Einführung mit einem Kompendium beschäftigungspolitischer Fachbegriffe, 2. Aufl., Köln (Bund-Verlag).

ENTORF, HORST (1995), Strukturelle Arbeitslosigkeit in West-Deutschland: Ergebnisse einer Mismatch-Analyse, In: FRANZ, WOLFGANG/ STEINER, VIKTOR, Hrsg., Der westdeutsche Arbeitsmarkt im strukturellen Anpassungsprozeß, Baden-Baden (Nomos) 1995, S. 91–104.

EUROPÄISCHE KOMMISION (1997), Hrsg., Beschäftigung in Europa 1997, Luxemburg 1997.

FELDERER, BERNHARD/HOMBURG, STEFAN (1994), Makroökonomik und Neue Makroökonomik, 6. Aufl., Berlin ect. (Springer).

FELDSTEIN, MARTIN (1986), Supply-Side-Economics: Old Truth and New Claims, „The American Economic Review", Vol. 76, Papers and Proceedings, S. 26–30.

FISHER, IRVING (1932), Booms and Depressions, New York 1932.

FISHER, IRVING (1933), The Debt-Deflation Theory of Great Depressions, „Econometrica", Vol. 1.

FISHER, STANLEY (1985), Contracts, Credibility and Disinflation, in: ARGY, VICTOR/NEVILE, JOHN (1985).

FITOUSSI, JEAN PIERRE/PHELPS, EDMUND (1986), Causes of the 1980's Slump in Europe, „Brookings Papers on Economic Activity", no 2/1986, S. 487–513.

FLANAGAN, ROBERT u.a. (1983), Unionism, Economic Stabilization and Income Policies. European Experiences, Washington (Brookings).

FLASSBECK, HEINER (1982), Was ist Angebotspolitik?, „Konjunkturpolitik", 28. Jg., S. 75–138.

FLASSBECK, HEINER (1993), Langfristige Zinsen, Zinsstruktur und Staatsdefizite, „DIW-Wochenberichte", 60. Jg. (1993), S. 429–433.

FLASSBECK, HEINER (1995), Wege und Irrwege aus der Arbeitslosigkeit. Zur Rolle der Geld- und Lohnpolitik, In: BELITZ, WOLFGANG, Hrsg., Wege aus der Arbeitslosigkeit, Hamburg (Rowohlt-rororo), S. 66–82.

FLASSBECK, HEINER (1996), Die Weltwirtschaft zu Beginn des 21. Jahrhunderts und die Herausforderungen für den Westen, In: LUTZ/HARTMANN/HIRSCH-KREINSEN, Hrsg., Produzieren im 21. Jahrhundert-

Herausforderung für die deutsche Industrie (Ergebnisse des Expertenkreises „Zukunftsstrategien"), Bd.I, Frankfurt (Campus), S. 47–68.

FRANK, JÜRGEN (1983), Markt versus Staat. Zur Kritik einer Chicago-Doktrin, in: DE GIJSEL, PETER u.a., Hrsg., Ökonomie und Gesellschaft. Jahrbuch 1: Die Neoklassik und ihre Herausforderungen, Frankfurt/New York (Campus).

FRANKE, JÜRGEN (1992), Grundzüge der Mikroökonomik, 5. Aufl., München/Wien (Oldenburg).

FRANZ, WOLFGANG (1984), Wohin treibt die Phillipskurve? Theoretische und empirische Überlegungen zur inflationsstabilen Arbeitslosenquote in der Bundesrepublik Deutschland, „Zeitschrift für Wirtschafts-und Sozialwissenschaften", Bd.104., S. 603–629.

FRANZ, WOLFGANG (1985), Reagan versus Keynes, „Jahrbuch für Sozialwissenschaften", Band 36.

FRANZ, WOLFGANG (1992), Hrsg., Mikro- und makroökonomische Aspekte der Arbeitslosigkeit, Beiträge zur Arbeitsmarkt- und Berufsforschung, Nr. 165, Nürnberg/Bayreuth.

FRANZ, WOLFGANG (1996a), Arbeitsmarktökonomik, 3. Aufl., Berlin (Springer).

FRANZ, WOLFGANG (1996b), Theoretische Ansätze zur Erklärung der Arbeitslosigkeit: Wo stehen wir 1995?, In: GAHLEN/HESSE/RAMSER, Hrsg., Arbeitslosigkeit und Möglichkeiten ihrer Überwindung, Tübingen (Mohr), S. 3-45.

FRANZ, WOLFGANG/KÖNIG, HEINZ (1986), The Nature and Causes of Unemployment in the Federal Republic of Germany since the 1970's. An Emperical Investigation, „Economica", Vol. 53, Supplement.

FRANZ, WOLFGANG/SMOLNY, WERNER (1992), Ungleichgewichte auf Arbeitsmarkt- und Gütermärkten. Eine theoretische und ökonometrische Analyse mit Hilfe eines Mengenrationierungsmodells, In: FRANZ, WOLFGANG (1992), S. 223–244.

FRANZ, WOLFGANG/PROFIT, STEFAN (1994), Wege aus der Unterbeschäftigung im Weißbuch der EU-Kommision: Eine kritische Würdigung, Diskussionspapier 15–1994, Forschungsschwerpunkt Internationale Arbeitsmarktforschung, Universität Konstanz.

FREIBURGHAUS, DIETER (1976), Zentrale Kontroversen der neueren Arbeitsmarkttheorie und Arbeitsmarktpolitik, Opladen (Leske u. Budrich-UTB).

FRICKE, DIETER (1980), Verteilungswirkungen der Inflation, Baden-Baden (Nomos).

FRIEDMAN, MILTON (1956), The Quantity Theory of Money: A Reformulation, in: DERS. (1970), Hrsg., Studies in the Quantity Theory of Money, Chicago (Chicago Univ. Press), deutsch in: FRIEDMAN, MILTON, Die optimale Geldmenge und andere Essays, München (Verlag Moderne Industrie).

FRIEDMAN, MILTON (1960), A Program for Monetary Stability, New York (Fordham U.P.).

FRIEDMAN, MILTON (1968), The Role of Monetary Policy, „The American Economic Review“, Vol. 58. Deutsche Fassung: Die Rolle der Geldpolitik, in: BRUNNER/MONISSEN/NEUMANN (1974), Hrsg., Geldtheorie, Köln (Kiepenheuer&Witsch), S. 314–331.

FRIEDMAN, MILTON (1970), The Counterrevolution in Monetary Theory, London, Deutsche Fassung: Die Gegenrevolution in der Geldtheorie, in: KALMBACH, PETER, Hrsg., Der neue Monetarismus, München (Nymphenburger Verlagshandlung), 1973.

FRIEDMAN, MILTON (1976), Price Theory, Chicago (Aldine), Deutsch: Die Theorie der Preise, München (Moderne Industrie), 1977.

FRIEDMAN, MILTON (1977), Nobel Lecture: Inflation and Unemployment, „Journal of Political Economy“, Vol. 85.

FRIEDMAN, MILTON (1980), Memorandum – Treasury and Civil Service Committee, in: Memorandum on Monetary Policy, Session 1979/80, HMSO, London.

FRISCH, HELMUTH (1985), Stabilisierungspolitik in Österreich, in: NOWOTNY, EWALD/TIEBER, HERBERT (1985).

FRÖHLICH, HANS-PETER/SCHNABEL, CLAUS (1990), Das Thatcher-Jahrzehnt. Eine wirtschaftspolitische Bilanz, Köln (Deutscher Instituts-Verlag), Kurzfassung: Thatcherismus, „WIST“, Heft1/1991.

GAHLEN/HESSE/RAMSER (1996), Hrsg., Arbeitslosigkeit und Möglichkeiten ihrer Überwindung, Tübingen (Mohr).

GALBRAITH, JAMES (1997), Time to Ditch the NAIRU, „Journal of Economic Perspectives“, Vol. 11, S. 93–108.

GALBRAITH, JOHN K. (1957), Market Structure and Stabilization Policy, „Review of Economics and Statistics“, Vol. 39.

GALLER, HEINZ/WAGNER,GERD (1983a), Arbeitsangebotseffekte einer Arbeitszeitverkürzung, „SfB 3 Arbeitspapier“, Frankfurt.

GALLER, HEINZ/WAGNER,GERD (1983b), Arbeitszeitverkürzung und Arbeitsangebot, „Wirtschaftsdienst“,63. Jg.

GEER, RUDOLF (1993), Die 35-Stunden-Woche ist und bleibt falsch. Eine „Zwischenbilanz“ der Arbeitszeitverkürzung aus der Sicht der Arbeitgeber, In: Peter Hampe (1993), S. 75–98.

GERLACH, KNUT/WAGNER, JOACHIM (1995), Regionale Lohnunterschiede und Arbeitslosigkeit in Deutschland. Ein Beitrag zur Lohnkurvendiskusssion, In: GERLACH, KNUT/SCHETTKAT, RONALD (1995) Hrsg., Determinanten der Lohnbildung, Berlin (edition Sigma).

GIERSCH, HERBERT (1961), Allgemeine Wirtschaftspolitik: Grundlagen, Wiesbaden (Gabler).

GIERSCH, HERBERT (1977a), Konjunktur- und Wachstumspolitik in der offenen Volkswirtschaft, Wiesbaden (Gabler).

GIERSCH, HERBERT (1977b), Konjunkturelle, strukturelle und internationale Aspekte des Arbeitslosenproblems, in: Wege zur Überwindung der Arbeitslosigkeit, Kieler Diskussionsbeiträge Nr. 49.

GIERSCH, HERBERT (1996), Hrsg., Fighting Europe's Unemployment in the 1990's, Berlin etc. (Springer).

GILDER, GEORGE (1981), Reichtum und Armut, Berlin (Severin&Siedler).

GÖRGENS, EGON/RUCKRIEGEL, KARLHEINZ (1995), Das geldpolitische Konzept der Deutschen Bundesbank, „WISU“, 24. Jg., S. 840–852.

GÖRRES, PETER (1982), Beschäftigungseffekte von Arbeitszeitverkürzungen, „Zeitschrift für Wirtschafts- und Sozialwissenschaften“, 102. Jg.

GÖRRES, PETER (1984), Die Umverteilung der Arbeit. Beschäftigungs-, Wachstums- und Wohlfahrtseffekte einer Arbeitszeitverkürzung, Frankfurt/New York (Campus).

GORDON, ROBERT (1981), Output Fluctuations and Gradual Price Adjustment, „Journal of Economic Literature“, Vol. 19.

GORDON, ROBERT (1986), Introduction: Continuity and Change in Theory, Behavior and Methodology, In: GORDON, ROBERT, Hrsg., The American Business Cycle. Continuity and Change, Chicago und London (Chicago U.P.), S. 1-33.

GOSSNER, ALFRED (1985), Stagflation, Verteilungskonflikt und Stabilisierungspolitik, Tübingen (Mohr).

GOWLAND, DAVID (1985), Money, Inflation and Unemployment, Brighton (Wheatsheaf Books).

GREENWALD, BRUCE/STIGLITZ, JOSEPH (1993), New and Old Keynesians, „Journal of Economic Perpectives“, Vol. 7, S. 23–44.

HÄBERLE, LOTHAR (1982), Wirtschaftspolitik bei rationalen Erwartungen. Konsequenzen einer kritischen Analyse der Theorie rationaler Erwartungen für die Wahl wirtschaftspolitischer Strategien, Diss. Köln.

HAGEMANN, HARALD (1985), Freisetzungs- und Kompensationseffekte neuer Technologien: Zur Gefahr einer technologischen Arbeitslosigkeit, in: BUTTLER/KÜHL/RAHMANN, Hrsg., Staat und Beschäftigung. Angebots- und Nachfragepolitik in Theorie und Praxis, Beiträge zur Arbeitsmarkt- und Berufsforschung Nr. 88, Nürnberg (IAB).

HAHN, FRANK (1995), Theoretical Reflections on the „Natural Rate of Unemployment“, In: ROD CROSS (1995), S. 43–56.

HAMERMESH, DANIEL/REES, ALBERT (1993), The Economics of Work and Pay, 5. Aufl., New York (Haper/Collins)

HAMPE, PETER (1984), Hrsg., Friedman contra Keynes. Zur Kontroverse über die Konjunktur- und Beschäftigungspolitik, München (Olzog).

HAMPE, PETER (1993), Hrsg., Zwischenbilanz der Artbeitszeitverkürzung, München (v.Hase & Köhler).

HANSEN, BENT (1951), A Study in the Theory of Inflation, London (Allen&Unwin).

HANSEN, HERMANN-J. (1991), Keynesianische oder klassische Arbeitslosigkeit in der Bundesrepublik Deutschland, Empirische Untersuchungen mit einem ökonometrischen Ungleichgewichtsmodell, Idstein (Schulz-Kirchner).

HANSWILLEMENKE, MONIKA/RAHMANN, BERND (1997), Zwischen Reformen und Verantwortung für Vollbeschäftigung. Die Finanz- und

Haushaltspolitik der sozial-liberalen Koalition von 1969 bis1982, Frankfurt/Main etc. (Peter Lang)

HARCOURT, GEOFFREY (1988), Post-Keynesian Economics, In: The New Palgrave Dictionary of Economics.

HEILEMANN, ULRICH (1983), Kritische Anmerkungen zu einer Simulationsstudie der Deutschen Bundesbank, „DIW-Vierteljahreshefte", Heft 1/1983, S. 59–67.

HEILEMANN, ULRICH/SAMAROV, ALEXANDER (1990) Changes in the Determinants of the Rate of Change of Wage Rates in the FRG: A Recursive Analysis 1952 to 1985, „Jahrbücher für Nationalökonomie und Statistik", Vol. 207, S. 448–463.

HENNINGS, KLAUS (1983), Zur Wirtschaftslage in Großbritannien: Die keynesianischen Folgen einer nicht-keynesianischen Wirtschaftspolitik, in: BOMBACH/GAHLEN/OTT (1983), S. 61–80.

HICKEL, RUDOLF (1986), Hrsg., Radikale Neoklassik. Ein neues Paradigma zur Erklärung der Arbeitslosigkeit? Die Vogt-Kontroverse, Opladen (Westdeutscher Verlag).

HICKS, JOHN (1937), Mr. Keynes and the Classics. A Suggested Interpretation, „Econometrica", Vol. 5 (1937), S. 147–159. Wiederabgedruckt in: DERS, Critical Essays in Monetary Theory, Oxford (Clarendon Press), 1967.

HOF, BERND (1994), Beschäftigungsschwelle und Wachstum. Was besagt die Empirie? „IfO-Studien", Bd.40, S. 127–144.

HOLMES, MARTIN (1985), The First Thatcher Government. 1979–1983: Contemporary Conservatism and Economic Change, Brighton (Wheatsheaf Books).

HORN/SCHEREMET/ZWIENER (1997), Rahmenbedingungen für den Arbeitsmarkt in einer erfolgreichen Wirtschafts- und Währungsunion der EU-Mitgliedstaaten, DIW-Gutachten, Berlin 1997.

HOWITT, PETER (1986) The Keynesian Recovery, „Canadian Journal of Economics", Vol. 19 (1986), Wiederabgedruckt in: HOWITT, PETER (1990 b), S. 70–85.

HOWITT, PETER (1990a), Introduction:Prices and Coordination in Keynesian Economics, in: HOWITT, PETER (1990 b).

HOWITT, PETER (1990b), The Keynesian Recovery and Other Essays, New York etc. (Philip Allan).

HÜBL, LOTHAR/SCHEPERS, WALTER (1983a), Strukturwandel und Strukturpolitik, Darmstadt (Wiss.Buchgesellschaft).

HÜBL, LOTHAR/SCHEPERS, WALTER (1983b), Ursachen des sektoralen Strukturwandels, „WISU", 12. Jg., S. 171–177 sowie 223–228.

HUSMANN, JÜRGEN/NEIFER-DICHMANN, ELISABETH (1993), Arbeitszeitverkürzung- Ein beschäftigungspolitischer Fehlschlag, in: HAMPE, PETER (1993), S. 59–73.

IFO-INSTITUT (1983), Gesamtwirtschaftliche Auswirkungen einer Verkürzung der Arbeitszeit, „IfO-Schnelldienst", 36. Jg., Heft 30, S. 8–26.

IFO-INSTITUT (1986), Auslandskonjunktur – Österreich, „IfO-Schnelldienst“, 39. Jg., Heft 22, S. 26–31.

IFO-INSTITUT (1992), Entwicklung der Staatsverschuldung und der staatlichen Kapitalabsorption in den neunziger Jahren, „IfO-Schnelldienst“, 45. Jg., Heft 12, S. 3-9.

IG-METALL (1983), Argumentationshilfen zur 35-Stunden-Woche und zum Aktionsprogramm, Frankfurt.

ISSING, OTMAR (1982), Angebotsorientierte Wirtschaftspolitik, „WiST“, 11. Jg., S. 463–467.

ISSING, OTMAR (1992), Theoretische und empirische Grundlagen der Geldpolitik der Deutschen Bundesbank, „Wirtschaftsdienst“, 72. Jg., S. 537–548.

ISSING, OTMAR (1995), Einführung in die Geldtheorie, 10. Aufl., München (Vahlen).

JOHN, KLAUS-DIETER (1982), Verteilungskonflikte, Inflation und Beschäftigung. Ungleichgewichtsökonomische Ansätze und sozialwissenschaftliche Erweiterungen, St. Gallen (W. Surbir).

KALDOR, NICHOLAS (1982), The Scourge of Monetarism. Part 2: Monetary Policy in the United Kingdom: Evidence to the Treasury and Civil Service Committee, July 1980, Oxford etc, (Oxford U.P.)

KALDOR, NICHOLAS (1985), Monetarism's Failure, „Challenge“, Vol. 28, No.2., S. 4-13.

KALDOR, NICHOLAS/THREVITHIK, JAMES (1981), Geldtheorie und Geldpolitik aus keynesianischer Sicht, in: HdWW, Band 3, S. 412 bis 423.

KALECKI, MICHAEL (1943), Political Aspects of Full Employment, „The Political Quarterly“, Vol. 14 (1943), Deutsch in: FREY, BRUNO/MEISSNER, WERNER, Hrsg., Zwei Ansätze der Politischen Ökonomie, Frankfurt (Fischer-Athenäum) 1974.

KALMBACH, PETER (1981), „Mehr Markt – weniger Staat“- eine neoklassische Offensive. Darstellung und Kritik gegenwärtiger Revisionsversuche der Rollenverteilung zwischen Staat und Markt, Stuttgart (hrsg. von der ÖTV).

KALMBACH, PETER (1985), Lohnhöhe und Beschäftigung. Ein Evergreen der wirtschaftspolitischen Debatte, „Wirtschaftsdienst“, 65. Jg., S. 370 bis 376.

KEYNES, JOHN MAYNARD (1923), A Tract on Monetary Reform, London 1923, wiederabgedruckt als Vol. IV der: „Collected Writings of John Maynard Keynes“, London & Basingstoke (Macmillan-St. Martin's Press), 1971.

KEYNES, JOHN MAYNARD (1929), Can Lord George do it? Wiederabgedruckt in: KEYNES, JOHN MAYNARD, Collected Writings, Vol. IX: Essays in Persuasion, London (Macmillan-St. Martin's Press), 1972.

KEYNES, JOHN MAYNARD (1936), The General Theory of Employment,

Interest and Money, London (Macmillan), Wiederabgedruckt in: KEYNES, JOHN MAYNARD, Collected Writings, Vol. X, London u. New York (Macmillan-St. Martin's Press), 1973.

KEYNES, JOHN MAYNARD (1939), Relative Movements of Real Wages and Output, „The Economic Journal", Vol. 49, Wiederabgedruckt in: KEYNES, JOHN MAYNARD, Collected Writings, Vol. X, Appendix 3, London, New York (Macmillan-St. Martin's Press), 1973.

KEYNES, JOHN MAYNARD (1940), How to Pay for the War, London, Wiederabgedruckt in: s. Keynes (1929).

KEYNES, JOHN MAYNARD (1943), The Long-Term Problem of Full Employment, in: „Collected Writings of John Maynard Keynes", London u. Basingstoke/Cambridge (Macmillan/Cambridge U.P.), Vol. XXVII (1980), S. 320–325.

KIRNER, WOLFGANG (1980), Position des DIW, „DIW-Vierteljahresheft", Heft 1/1980, S. 29–36.

KLAUDER, WOLFGANG (1986), Technischer Fortschritt und Beschäftigung. Zum Zusammenhang von Technik, Strukturwandel, Wachstum und Beschäftigung, „MittAB", 19. Jg., S. 1-19.

KLAUDER, WOLFGANG (1988), Technischer Fortschritt und Beschäftigung, „WiST", 17. Jg., S. 113–120.

KLAUDER, WOLFGANG (1990), Zur Entwicklung von Produktivität und Beschäftigungsschwelle, „MittAB", 23. Jg., S. 86–99.

KLAUS, JOACHIM /MAUSSNER, A. (1983), Angebotsorientierte Wirtschaftspolitik, „WISU", 12. Jg., S. 275–280.

KOCH, WALTER (1985), Erhöhen Steuersenkungen die Leistungsbereitschaft? „Wirtschaftsdienst", 65. Jg., S. 531–536.

KÖHLER, ANNETTE (1996), Das Preisverhalten der Unternehmen: Eine empirische Untersuchung der Preisreaktionen auf Nachfrageveränderungen, „Ifo-Schnelldienst", 49. Jg., Heft 36, S. 19–22.

KÖNIG, HEINZ (1979), Job-Search-Theorien, in: BOMBACH/GAHLEN/OTT, Hrsg., Neuere Entwicklungen in der Beschäftigungstheorie und -politik, Tübingen (Mohr), S. 63–115.

KÖNIG, HEINZ (1983), Angebotsstörungen als Ursache der Arbeitslosigkeit, in: SIEBERT, HORST, Hrsg., Perspektiven der deutschen Wirtschaftspolitik, Stuttgart etc. (KOHLHAMMER).

KÖRNER, HEIKO/UHLIG, CHRISTIAN (1986), Die Zukunft der Globalsteuerung. Karl Schiller zum 75. Geburtstag gewidmet, Bern/Stuttgart (P. Haupt).

KÖSTERS, WIM (1986a), Zur theoretischen und empirischen Bestimmung der Vollbeschäftigung, Göttingen (Vandenhoeck & Ruprecht).

KÖSTERS, WIM (1986b), Das Vollbeschäftigungsziel – Eine konzeptionelle Kritik, „Wirtschaftsdienst", 66. Jg., S. 259–264.

KÖSTERS, WIM/BELKE, ANSGAR (1992), Arbeitslosigkeit in Westeuropa-Ein Hysteresis-Phänomen? In: KANTZENBACH, ERHARD/MAYER, OTTO, Hrsg., Beschäftigungsentwicklung und Arbeitsmarktpolitik, Berlin (Duncker&Humblot), S. 9-50.

KOMMISION DER EUROPÄISCHEN GEMEINSCHAFTEN (1985), Eine kooperative Strategie für ein beschäftigungswirksames Wachstum, Jahresbericht 1985/86, „Europäische Wirtschaft", Nr. 26, Brüssel, Nov. 85, S. 21–32.

KOMMISION DER EUROPÄISCHEN GEMEINSCHAFTEN (1993), Wachstum, Wettbewerbsfähigkeit, Beschäftigung. Herausforderungen der Gegenwart und Wege ins 21. Jahrhundert, Weißbuch, „Bulletin der europäischen Gemeinschaften", Beilage 6/93, Luxemburg.

KRISTOL, IRVING (1981), Ideology and Supply-Side Economics, in: Supply-Side Economics: Innovative Ideas (1981).

KROMPHARDT, JÜRGEN (1987), Die Neue keynesianische Makroökonomik, in: DIETRICH, KARL u.a., Postkeynesianismus. Ökonomische Theorie in der Tradition von Keynes, Kalecki und Sraffa, Marburg (Metropolis)

KROMPHARDT, JÜRGEN (1992), Zur Erklärung der Persistenz nichtnatürlicher Arbeitslosigkeit, in: Franz, Wolfgang (1992).

KROMPHARDT, JÜRGEN (1993), Zur Ausgestaltung einer zeitgemäßen Globalsteuerung, „WSI-Mitteilungen", 46. Jg., S. 409–415.

KRÜGER, MALTE (1995), Inflation and Growth. A Discussion of Robert Barro's Recent Findings, „Intereconomics", Vol. 30, S. 301–304.

KRUPP, HANS-JÜRGEN (1983), Perspektiven der Konjunkturpolitik, in: KURLBAUM, G./JENS, UWE, Hrsg., Beiträge zur sozialdemokratischen Wirtschaftspolitik, Bonn (Neue Gesellschaft).

KRUPP, HANS-JÜRGEN (1985), Bisherige Ergebnisse alternativer geld- und fiskalpolitischer Strategieansätze in der Bundesrepublik Deutschland, in: LANGKAU, JOCHEM/KÖHLER, CLAUS (1985), S. 93–110.

KRUPP, HANS-JÜRGEN (1994), Die Koordination von Geld-, Finanz- und Einkommenspolitik als Aufgabe der Wirtschaftspolitik, „Wirtschaftsdienst", Band 74, S. 208–216.

KRUPP/ROHWER/ROTHSCHILD (1986), Hrsg., Wege zur Vollbeschäftigung. Konzepte einer aktiven Bekämpfung der Arbeitslosigkeit, Freiburg (Rombach).

KRUPP, HANS-JÜRGEN/CABOS, KAREN (1996), Geldpolitik und Beschäftigung, in: GAHLEN/HESSE/RAMSER, Hrsg., Arbeitslosigkeit und Möglichkeiten ihrer Überwindung, Tübingen (Mohr), S. 363–387.

KUGLER, FRIEDRICH/HANUSCH, HORST (1994), Inflation und Arbeitslosigkeit – Der Phillips-Kurvenzusammenhang, „WISU", 23. Jg., S. 454 bis 459.

KUNZ, DIETER/MÜLLER, WOLFGANG (1977), Produktivitätsorientierte Arbeitszeitverkürzung als beschäftigungspolitisches Instrument, „MittAB", 10. Jg., Heft4.

LAIDLER, DAVID (1981), Monetarism: An Interpretation and an Assessment, „The Economic Journal", Vol. 91.

LANDMANN, OLIVER (1976), Keynes in der heutigen Wirtschaftstheorie, in: BOMBACH, GOTTFRIED u.a., Hrsg., Der Keynesianismus, Band I:

Theorie und Praxis keynesianischer Wirtschaftspolitik, Berlin (Springer), S. 133–210.

LANGKAU, JOCHEN/KÖHLER, CLAUS (1985), Wirtschaftspolitik und wirtschaftliche Entwicklung – Festschrift für Walter Hesselbach, Bonn (Neue Gesellschaft).

LAYARD, RICHARD u.a. (1984), Europe: The Case for Unsustainable Growth, „Macroeconomic Policy Group" des „Centre for European Policy Studies", Paper No. 8/9, Brüssel, wiederabgedruckt in: BLANCHARD, OLIVIER u.a. (1986).

LAYARD, RICHARD (1986), How to Beat Unemployment, Oxford (Oxford U.P.).

LAYARD /NICKELL/JACKMAN (1991), Unemployment. Macroeconomic Performance and the Labour Market, Oxford (Oxford U.P.).

LEHNER, G. (1979), Die steuerlichen Investitionsförderungssysteme und die Unternehmensbesteuerung in der BRD, in Schweden, in der Schweiz und in Östereich, Gutachten, Wien.

LEIBINGER, HANS-BODO (1985), Fiskalpolitik unter veränderten Rahmenbedingungen. Eine Analyse der Erfolgsaussichten am Beispiel der Bundesrepublik Deutschland, Berlin/München (Duncker&Humblot).

LEIBINGER, HANS-BODO/ROHWER, BERND (1983), Was kann die Fiskalpolitik noch leisten? „Konjunkturpolitik", 29. Jg.

LEKACHMAN, ROBERT (1982), Die Reichen reicher machen. Reaganomics oder: Wie Ronald Reagan den Sozialstaat abbaut, Reinbek (rororo).

LERNER, ABBA (1958), Inflationary Depression and the Regulation of Administred Prices, in: Joint Economic Committee, The Regulationship of Prices to Economic Stability and Growth, Compendium of Papers Submitted, Washington.

LERNER, ABBA/COLANDER, DAVID (1980), MAP: A Market Antiinflation Plan, New York etc. (Harcourt Brace).

LINDBECK, ASSAR/SNOWER, DENNIS (1988), The Insider-Outsider Theory of Employment and Unemployment, Cambridge-London (MIT Press).

LINDSAY, DAVID/WALLICH, HENRY (1987), Monetary Policy, in: Palgraves New Dictionary of Economics, Vol. 3.

LIPSEY, RICHARD (1981), The Understanding and Control of Inflation: Is there a Crisis in Macroeconomics? „Canadian Journal of Economics", Vol. 14.

LUCAS, ROBERT (1972), Expectations and the Neutrality of Money, „Journal of Economic Theory", Vol. 4, S. 103–124.

LÜBBERING, MARKUS (1993), Eine stärker marktorientierte Sichtweise des Arbeitsmarktes, in: Neubäumer, Renate (1993)

MANKIW, GREGORY (1992), Macroeconomics, New York (Worth Publishers)

MANKIW, GREGORY/ROMER, DAVID (1991), Hrsg., New Keynesian Economics, 2 Volumes, Cambridge (Mass) und London (MIT-Press).

MANNING, ALAN (1993), Wage Bargaining and the Phillips-Curve: The Identification and Specification of Aggregate Wage Equations, „The Economic Journal“, Vol. 103, S. 98–118.

MATZNER/KREGEL/RONCAGLIA (1987), Hrsg., Arbeit für alle ist möglich – Über ökonomische und institutionelle Bedingungen erfolgreicher Beschäftigungs- und Arbeitsmarktppolitik, Berlin (edition sigma).

MATZNER, EWALD/STREECK, WOLFGANG (1991), Hrsg., Beyond Keynesianism. The Socio-Economics of Production and Full Employment, Aldershot (E.Elgar).

MCCALLUM, BENNETT (1979), The Current State of the Policy-Ineffectiveness Debate, „AER“, Vol. 69, No.2, S. 240–245.

MCCALLUM, JOHN (1986), Unemployment in the OECD Countries in the 1980s, „The Economic Journal“, Vol. 96, S. 942–960.

MCINTYRE, ROBERT (1991), Tax Inequality Caused our Ballooning Budget Deficit, „Challenge“, Vol. 34, No.6, S. 24–33.

MEADOWS, DENNIS u.a. (1972), Die Grenzen des Wachstums. Bericht des Club of Rome zur Lage der Menschheit, Stuttgart (Deutsche Verlagsanstalt).

MEINHARDT/STILLE/ZWIENER (1993), Weitere Arbeitszeitverkürzungen erforderlich- Zum Stellenwert des Volkswagen-Modells, „Wirtschaftsdienst“, 73. Jg., S. 639–644.

MELTZER, ALLAN (1981), Keynes' General Theory: A Different Perspective, „Journal of Economic Literature“, Vol. 29.

MENKHOFF, LUKAS (1986), Zur Theorie der nicht-monetär verursachten Inflation, Berlin (Duncker&Humblot).

MERTENS, DIETER/REYER, LUTZ (1985), Der Arbeitsmarkt in den kommenden Jahren. Perspektiven und Erfordernisse, „Gewerkschaftliche Monatshefte“, 36. Jg.

MILL, JOHN STUART (1871), Principles of Political Economy with Some of Their Applications to Social Philosophy, London 1848, 7. Aufl., London 1871. Neue Ausgabe als Band II und III der „Collected Works of John Stuart Mill“, hrsg. von ROBINSON, J., Toronto, London (University of Toronto Press) 1965, dt. Ausgabe nach der 7. Aufl.: MILL, JOHN STUART, Grundsätze der politischen Ökonomie mit einigen ihrer Anwendungen auf die Sozialphilosophie, Jena (G. Fischer) 1921 (Bd. 2) bzw. 1924 (Bd.1,2. Aufl.).

MINSKY, HYMAN (1977), The Financial Instability Hypothesis: An Interpretation of Keynes and an Alternative to „Standard Theory“, „Challenge“, Vol. 20.

MISHKIN, FREDERIC (1995), Symposium on the Monetary Transmission Mechanism, „Journal of Economic Perspectives“, Vol. 9, S. 3-10.

MODIGLIANI, FRANCO (1944), Liquidity Preference and the Theory of Interest and Money, „Econometrica“, Vol. 12, wiederabgedruckt in: LUTZ, FRIEDRICH/MINTZ, LLOYD, Hrsg., Readings in Monetary Theory, London (Allen & Unwin) 1952, deutsch in: BARENS/CASPARI (1994).

MODIGLIANI, FRANCO u.a. (1986), Reducing Unemployment in Europe: The Role of Capital Formation. Macroeconomic Policy Group. Centre of European Policy Studies, Paper No. 28, Brüssel.

MODIGLIANI, FRANCO (1995), The European Unemployment Crisis: A Monetarist-Keynesian Approach and its Implications, in: BREUER, ROLF-E. u.a., Finanzmärkte und Zentralbankpolitik, Frankfurt/Main (Fritz Knapp).

MOORE, THOMAS (1982), Die Wirtschaftspolitik der Reagan-Administration, in: VOGEL, OTTO (1982).

MORGAN, BRIAN (1978), Monetarists and Keynesians. Their Contribution to Monetary Theory, London/Basingstoke (Macmillan).

MÜLLER, GERNOT/SEIFERT, HARTMUT (1991), Deregulierung aus Prinzip? Eine Diskussion der Vorschläge der Deregulierungskommision zum Arbeitsmarkt, „WSI- Mitteilungen“, 44. Jg., S. 489–499.

MÜLLER, NORBERT (1976), Anspruchsverhalten sozialer Gruppen und Inflation, Köln.

MÜLLER, RICHARD/RÖCK, WERNER (1993), Konjunktur-, Stabilisierungs- und Wachstumspolitik. Theoretische Grundlagen und wirtschaftspolitische Konzepte, 4. Aufl., Stuttgart etc. (Kohlhammer).

NEUBÄUMER, RENATE (1993), Hrsg., Arbeitsmarktpolitik kontrovers. Analyse und Konzepte für Ostdeutschland, Darmstadt (Wiss.Buchgesellschaft).

NEUMANN, MANFRED (1996), Theoretische Volkswirtschaftslehre I: Makroökonomische Theorie: Beschäftigung, Inflation und Zahlungsbilanz, 5. Aufl., München (Vahlen).

NORDHAUS, WILLIAM (1994), Policy Games: Coordination and Independence in Monetary and Fiscal Policies, „Brookings Papers on Economic Activity“, Vol. 2/1994, S. 139–216.

NOWOTNY, EWALD (1985a), Beschäftigungsorientierte Wirtschaftspolitik und Strukturwandel – Der Weg Österreichs, in: LANGKAU, JOCHEN/KÖHLER, CLAUS (1985), S. 65–82.

NOWOTNY, EWALD (1985b), Stabilisierungspolitik – Von der undankbaren Tätigkeit am Krankenbett des Kapitalismus, in: NOWOTNY, EWALD/TIEBER, HERBERT, Hrsg., Perspektiven '90. Sozialdemokratische Wirtschaftspolitik. Eine Diskussion, Wien etc. (Europa-Verlag).

OBERHAUSER, ALOIS (1985), Das Schuldenparadoxon. „Jahrbücher für Nationalökonomie und Statistik“, Bd.200.

OBERHAUSER, ALOIS (1986), Globalsteuerung erfordert lohnpolitische Absicherung, in: KÖRNER, HEIKO/UHLIG, CHRISTIAN (1986).

OBERHAUSER, ALOIS (1997), Nachfrageorientierte Beschäftigungspolitik statt Sparprogramme und Steuerreform, „WSI-Mitteilungen“, 50. Jg., S. 357–364.

OECD (1962), Policies for Price Stability. A Report to the Economic Policy Committee, Paris (OECD).

OECD (1986a), Economic Surveys 1985/86: Austria, Paris (OECD).

OECD (1986b), Economic Surveys 1985/86: United Kingdom. Paris.

OPPENLÄNDER, KARLHEINZ (1983), Auswirkungen des technischen Wandels auf Beschäftigtenzahl und Beschäftigtenstruktur, „Ifo-Studien", 29. Jg.

PÄTZOLD, JÜRGEN (1993), Stabilisierungspolitik, 5. Aufl., Bern/Stuttgart (UTB-Haupt).

PAQUE', KARL-HEINZ (1995), Arbeitslosigkeit und sektoraler Strukturwandel – Eine Interpretation von vier Dekaden westdeutscher Arbeitsmarktgeschichte, „List-Forum", Bd 21, S. 167–194.

PATINKIN, DON (1948), Price Flexibility and Full Employment, „AER", Vol. 38, S. 543–564.

PHELPS, EDMUND (1967), Phillips Curves, Expectations on Inflation and Optimal Unemployment over Time, „Economica", Vol 34, S. 254–281.

PHELPS, EDMUND (1970a), Money Wage Dynamics and Labor Market Equilibrium, in: PHELPS (1970b).

PHELPS, EDMUND (1970b), Hrsg., Microeconomic Foundations of Employment and Inflation Theory, London/Basingstoke (Macmillan).

PHELPS, EDMUND (1972), Inflation Policy and Unemployment Theory. The Cost-Benefit Approach to Monetary Planning, London & Basingstoke (Macmillan).

PIGOU, ARTHUR (1943), The Classical Stationary State, „The Economic Journal", Vol. 53, S. 343–351.

POHL, RÜDIGER (1981), Staatsverschuldung und die Crowding-Out-Debatte: in: SIMMERT, DIETHARD/WAGNER, KURT, Hrsg., Staatsverschuldung kontrovers. Ein Reader, Köln (Bund-Verlag).

POHL, RÜDIGER (1988), Möglichkeiten und Grenzen der Geldpolitik: Eine Bestandsaufnahme, in: EHRLICHER, Hrsg., Wandlüngen des geldpolitischen Instrumentariums der Deutschen Bundesbank, Beiheft 10 zu „Kredit und Kapital", Berlin (Duncker und Humblot).

POHL, RÜDIGER (1991), Theorien der Inflation. München (Vahlen), S. 266–273.

PROMBERGER, MARKUS u.a. (1996), Akzeptanzprobleme beschäftigungssichernder Arbeitszeitverkürzungen. Empirische Evidenz zweier Beschäftigungsbefragungen bei der Volkswagen-AG und der Ruhrkohle-AG, „Mitt AB", 29 Jg, S. 203–218.

RAMSER, HANS-JÜRGEN (1981), Stand und Entwicklungsperspektiven der Konjunkturtheorie, in: TIMMERMANN, MANFRED, Hrsg., Nationalökonomie morgen. Ansätze zur Weiterentwicklung wirtschaftswissenschaftlicher Forschung, Stuttgart etc. (Kohlhammer).

RAMSER, HANS-JÜRGEN (1984), Perspektiven und Neuformulierungen der makroökonomischen Theorie, in: BOMBACH, GOTTFRIED u.a., Hrsg., Der Keynesianismus, Bd.V: Makroökonomik nach Keynes, Berlin etc. (Springer), S. 3-100.

REAGAN, RONALD (1981a), A Program for Economic Recovery, „Economic Impact. A Quarterly Review of World Economics“, Vol. 9.

REAGAN, RONALD (1981b), America's New Beginning: A Program for Economic Recovery, in: TOBIN, JAMES/WEINBAUM, M. (1988), Hrsg., Two Revolutions in Economic Policy, Cambridge (Mass.), London (MIT Press).

REUTER, EDZARD (1994), Strategische Allianzen und konglomerate Zusammenschlüsse, in: NEUMANN, MANFRED, Hrsg., Unternehmensstrategie und Wettbewerb auf globalen Märkten und Thünen-Vorlesung, Berlin (Duncker und Humblot).

RICARDO, DAVID (1821), On the Principles of Political Economy and Taxation, 3. Aufl., London 1821, Neuausgabe als Bd.1 von „The Works and Correspondance of David Ricardo, hrsg. von PIERRO SRAFFA, Cambridge (Cambridge U.P.) 1951.

RIESE, HAJO (1983), Geldökonomie, Keynes und die Anderen, in: DE GEIJSEL, PETER u.a., Hrsg., Ökonomie und Gesellschaft, Jahrbuch 1: Die Neoklassik und ihre Herausfordeungen, Frankfurt/New York (Campus).

RIESE, HAJO (1986), Theorie der Inflation, Tübingen (Mohr).

ROHWER, BERND (1982), Beschäftigungspolitik bei anhaltend geringem Wirtschaftswachstum, Berlin (Duncker&Humblot).

ROTHSCHILD, KURT (1974), Die Phillips-Kurven-Diskussion. Eine Übersicht, in: NOWOTNY, EWALD, Hrsg., Löhne, Preise, Beschäftigung. Die Phillips-Kurve und ihre Alternativen, Frankfurt (Fischer-Athenäum).

ROTHSCHILD, KURT (1978), Arbeitslose, gibt's die? „Kyklos“, Vol. 31, S. 21–35. Wiederabgedruckt in: ROTHSCHILD (1990), S. 223–238.

ROTHSCHILD, KURT (1986), Der Wechsel vom keynesianischen zum neoklassischen Paradigma in der neueren Wirtschaftspolitik. Versuch einer soziologisch-historischen Einordnung, in: KRUPP/ROHWER/ROTHSCHILD (1986). Wiederabgedruckt in: ROTHSCHILD (1990), S. 239–257.

ROTHSCHILD, KURT (1990), Arbeitslose, gibt's die? Ausgewählte Beiträge zu den ökonomischen und gesellschaftspolitischen Aspekten der Arbeitslosigkeit, Marburg (Metropolis).

ROTHSCHILD, KURT (1994), Theorien der Arbeitslosigkeit, 2. unveränderte Auflage, München, Wien (Oldenbourg)

ROTTMANN, HORST/RUSCHINSKI, MONIKA (1997), Beschäftigungswirkung des technischen Fortschritts. Eine Paneldaten-Analyse für Unternehmen des Verarbeitenden Gewerbes in Deutschland, „IFO-Studien“, 43. Jg., S. 55–70.

ROUSSEAS, STEPHEN (1982), The Political Economy of Reagonomics. A Critique, Armonk etc. (Sharpe).

SACHS, JEFFREY/LARRAIN, FELIPE (1993), Macroeconomics in the Global Economy, Englewood Cliffs, N.J. (Prentice-Hall)

SACHVERSTÄNDIGENRAT (1966ff), Jahresgutachten, Bonn (Bundesanzeiger), Stuttgart/Mainz (Kohlhammer).

SAMUELSON, PAUL (1984), Evaluating Reagonomics, „Challenge“, Vol. 27, no. 5, S. 4-11.

SANTOMERO, ANTHONY/SEATER, JOHN (1978), The Inflation-Unemployment Trade-off: A Critique of the Literature, „Journal of Economic Literature“, Vol. 16, S. 499–544.

SARGENT, THOMAS (1987), Macroeconomic Theory, 2nd edition, Boston etc. (Academic Press).

SARGENT, THOMAS/WALLACE, NEIL (1975), Rational Expectations, the Optimal Monetary Instrument and the Optimal Money Supply Rule, „Journal of Political Economy“, Vol. 83, S. 241–254.

SAWYER, MALCOLM (1995), Obstacles to Full Employment in Capitalist Economies, in: ARESTIS, PHILIP/MARSHALL, MIKE (1995).

SCHALK/LÜSCHOW/UNTIEDT (1997), Wachstum und Arbeitslosigkeit, Gibt es noch einen Zusammenhang? „IFO-Schnelldienst“, 50. Jg, Heft 17/18, S. 3-14.

SCHARPF, FRITZ (1985), Neue Arbeitsmarktpolitik in einem wirtschaftspolitischen Gesamtkonzept, in: DIERKES, MEINHOLD/STRÜMPEL, BURKHARD, Hrsg., Wenig Arbeit, aber viel zu tun. Neue Wege der Arbeitsmarktpolitik, Opladen (Westdeutscher Verlag).

SCHARPF, FRITZ (1997), Wege zur mehr Beschäftigung, „Gewerkschaftliche Monatshefte“, 48. Jg, Heft 4, S. 203–216.

SCHARPF, FRITZ/SCHETTKAT, RONALD (1986), Arbeitszeitverkürzungen als flankierendes Instrument einer wachstumsorientierten Beschäftigungspolitik, in: KRUPP/ ROHWER/ROTHSCHILD (1986).

SCHELBERT, HEIDI (1983), Neue Makroökonomik: Gegensätze und Gemeinsames, in: BOMBACH/GAHLEN/OTT (1983), Hrsg., Makroökonomik heute: Gemeinsamkeiten und Gegensätze, Tübingen (Mohr), S. 83–107.

SCHERF, HARALD (1978), Artikel „Inflation“, in: HdWW. Bd.4, S. 159 bis 184.

SCHERF, HARALD (1986a), Enttäuschte Hoffnungen - Vergebene Chancen. Die Wirtschaftspolitik der Sozialliberalen Koalition 1969–1982, Göttingen (Vandenhoeck&Ruprecht).

SCHERF, HARALD (1986b), Marx und Keynes, Frankfurt (Suhrkamp Taschenbuch).

SCHLESINGER, HELMUT (1977), Artikel „Beschäftigungs- und Konjunkturpolitik in der BRD“, in: HdWW, Bd.1, S. 499–513.

SCHLESINGER, HELMUT (1988), Das Konzept der Deutschen Bundesbank, in: EHRLICHER, WERNER/SIMMERT,DIETHARD, Hrsg., Wandlungen des geldpolitischen Instrumentariums der Deutschen Bundesbank, Sonderheft 10 zu „Kredit und Kapital“, 1988, Berlin (Duncker und Humblot).

SCHLICHT, EKKEHARD (1985), Isolation und Aggregation in Economics, Berlin etc. (Springer).

SCHMAL, ANDREAS (1997), Teilzeitbeschäftigung: Motive, Präferenzen und Barrieren aus der Sicht von Arbeitnehmern, Frankfurt (Campus).

SCHMID, GÜNTHER (1997), Das niederländische Beschäftigungswunder?, Ein Vergleich der Beschäftigungssysteme in den Niederlanden und in Deutschland, „Infor-MISEP", Brüssel, Nr. 59, S. 26–35.

SCHNEIDER, FRIEDRICH (1989), Die Einstellung von Ökonomen zu wirtschaftspolitischen Aussagen, „WiST", 18. Jg, S. 255–257.

SCHNEIDER, HANS KARL (1977), Artikel „Beschäftigungs- und Konjunkturpolitik, in: HdWW, Bd.1, S. 478–499.

SCHNEIDER, MICHAEL (1984), Der Kampf um die Arbeitszeitverkürzung von der Industrialisierung bis zur Gegenwart, „Gewerkschaftliche Monatshefte",35. Jg., S. 77–89.

SCHÖLER, KLAUS (1985), Theorie der rationalen Erwartungen und Konsequenzen für die Wirtschaftspolitik, „Jahrbuch für Sozialwissenschaft", Bd.36.

SCHULTZE, CHARLES (1960), Creeping Inflation – Causes and Consequences, in: Business Horizons, Bloomington (Indiana Univ.) 1960, wiederabgedruckt in: SAMUELSON, PAUL u.a., Hrsg., Readings in Economics, New York etc. (McGraw-Hill), 4. Aufl., 1964.

SCHULTZE, CHARLES (1986), Other Times, Other Places, Macroeconomic Lessons from U.S. and European Experiences, Washington (Brookings).

SEIFERT, H. (1989), Beschäftigungswirkungen und Perspektiven der Arbeitszeitpolitik, „WSI- Mitteilungen", 42. Jg., S. 156–163.

SESSELMEIMER, WERNER/BLAUERMEL, GREGOR (1997), Arbeitsmarkttheorien. Ein Überblick, 2. Aufl., Heidelberg (Physica-Verlag).

SHEFFRIN, STEVEN (1983), Rational Expectations, Cambridge etc. (Cambridge U.P.).

SIEVERT, OLAF (1980), Position des Sachverständigenrates, in: Deutsches Institut für Wirtschaftsforschung, Vierteljahresheft Nr. 1/80.

SIEVERT, OLAF (1982), Die angebotsorientierte Wirtschaftspoltik des SVR. Das Konzept für die achtziger Jahre, in: VOGEL, OTTO (1982).

SILVESTRE, JOAQUIM (1990), There may be Unemployment when the Labour Market is Competitive and the Output Market not, „Economic Journal", Vol. 100 (1990), S. 899–913.

SMITH, ADAM (1786), An Inquiry into the Nature and the Causes of the Wealth of Nations, 1. Aufl., 1776, 4. Aufl., 1786, Dt. Ausgabe nach der 4. Aufl.: Smith, Adam, Eine Untersuchung über Wesen und Ursachen des Volkswohlstandes, 3 Bände, Jena 1923, Ein Neuabdruck dieser Ausgabe erfolgte im A.Achenbach-Verlag, Gießen 1973.

SMITH, WARREN (1956), A Graphical Exposition of the Complete Keynesian System, „Southern Economic Journal", Vol. 23, wiederabgedruckt in: SMITH, WARREN/TEIGEN, RONALD, Hrsg., Readings in Money, National Income and Stabilization Policy, Homewood, III (Richard Irwin) 1965.

SOLOW, ROBERT (1980), On Theories of Unemployment, „The American Economic Review", Vol. 70.

SOLOW, ROBERT (1986), Unemployment: Getting the Questions Right, „Economica", Vol. 53, Supplement.

SOLOW, ROBERT (1990), The Labor Market as a Social Institution, Oxford (Blackwell).

SPAHN, HEINZ-PETER (1996), Makroökonomie. Theoretische Grundlagen der stabilitätspolitischen Strategien, Berlin etc. (Springer).

STANNERS, W. (1993), Is Low Inflation an Important Condition for High Growth?, „Cambridge Journal of Economics", Vol. 17, S. 79–107.

STILLE, FRANK/ZWIENER, RUDOLF (1997), Arbeits- und Betriebszeiten in Deutschland: Analysen zu Wettbewerbsfähigkeit und Beschäftigung, DIW-Sonderheft 160, Berlin (Duncker und Humblot).

STOBBE, ALFRED (1987), Volkswirtschaftslehre III. Makroökonomik, 2. Aufl., Berlin etc. (Springer).

STOBBE, ALFRED (1991), Mikroökonomik, 2. Aufl., Berlin etc. (Springer).

STOBBE, ALFRED (1994), Volkswirtschaftslehre I. Volkswirtschaftliches Rechnungswesen, 8. Aufl., Berlin etc. (Springer).

STOBERNACK, MICHAEL (1991), Der Zusammenhang von Arbeitslosenversicherung und Arbeitslosigkeit im Lichte der Empirie: Ein Literatursurvey, „Zeitschrift für Wirtschafts- und Sozialwissenschaften", 111 Jg, S. 251–271.

STOLPER, GUSTAV u.a. (1966), Deutsche Wirtschaft seit 1870, 2. Aufl., Tübingen (Mohr).

STREISSLER, ERICH (1972), Kann die ökonomische Theorie die Stagflation erklären? In: MOLITOR, REGINA, Hrsg., Kontaktstudium Ökonomie und Gesellschaft, Frankfurt (Fischer-Athenäum).

STREISSLER, ERICH (1973), Die schleichende Inflation als Phänomen der politischen Ökonomie, Zürich.

STREISSLER, ERICH (1976), Die Geldwertstabilität als wirtschaftspolitisches Ziel, in: STREISSLER, ERICH u.a., Zur Relativierung des Ziels der Geldwertstabilität, Göttingen (Schwartz&Co.).

STREISSLER, ERICH (1983), Stagnation – Analyse und Therapie, in: BOMBACH/GAHLEN/OTT (1983), S. 457–476.

STRÖBELE, WOLFGANG (1994), Inflation. Einführung in Theorie und Politik, 3. Aufl., München/Wien (Oldenbourg).

STÜTZEL, WOLFGANG (1978), Ober- und Untergrenzen der öffentlichen Verschuldung, „Kredit und Kapital", 11. Jg. (1978), wiederabgedruckt in: MARKMANN, HEINZ/SIMMERT, DIETHARD, Hrsg., Krise der Wirtschaftspolitik, Köln (Bund-Verlag).

SUPPLY-SIDE-ECONOMICS: Innovative Ideas (1981), Artikelserie mit Beiträgen von Gilder, Kristol, Laffer, Reagan u.a., „Economic Impact. A Quarterly Review of World Economics", 9. Jg.

TEWES, THORSTEN (1982), Kreditfinanzierte Staatsausgaben und private wirtschaftliche Aktivitäten in der BRD. Eine Analyse mit Hilfe des ökonometrischen Modells des IfW, „Die Weltwirtschaft", Heft 1/1982.

TESCHNER, MANFRED (1989), Wirtschaftspolitische Strategien in den USA und in Großbritannien während der achtziger Jahre, DIW-Vierteljahreshefte, Heft 2–3/1989, S. 147–159.

THON, MANFRED (1984), Neuberechnung des Erwerbspersonenpotentials für den Zeitraum 1970–1982, „MittAB", 17. Jg.„Heft4.

TICHY, GUNTHER (1980), Investitionsverhalten in Österreich – Ist die hohe Investitionsneigung eine Folge der weitgehenden staatlichen Förderung? In: BOMBACH/GAHLEN/OTT, Hrsg., Neuere Entwicklungen in der Investitionstheorie und -politik, Tübingen (Mohr).

TICHY, GUNTHER (1982), Austro-Keynesianismus-Gibt's den? Angewandte Psychologie als Konjunkturpolitik, „Wirtschaftspolitische Blätter der Bundeskammer der gewerblichen Wirtschaft", 29. Jg.

TICHY, GUNTHER (1983), Hauptkonflikte der Makropolitik in Östereich: Austrokeynesianismus als Versuch eines wirtschaftspolitischen Brükkenschlages zwischen den makrotheoretischen Extremen, in: BOMBACH/GAHLEN/OTT (1983), S. 35–58.

TICHY, GUNTHER (1986), Die Amplitude der österreichischen Konjunkturschwankungen im internationalen Vergleich, „Empirica", Vol. 13, S. 69–96.

TICHY, GUNTHER (1995), Konjunkturpolitik. Quantitative Stabilisierungspolitik bei Unsicherheit, 3. Aufl., Berlin etc. (Springer).

TOBIN, JAMES (1970), Money and Income: Post hoc ergo propter hoc? „Quarterly Journal of Economics", Vol 84.

TOBIN, JAMES (1977), How Dead is Keynes? „Economic Inquiry", Vol. 15.

TOBIN, JAMES (1982), The Wrong Mix for Recovery, „Challenge", Vol. 25, no.2, S. 21–27.

TOBIN, JAMES (1983a), Keynes' Policy in Theory and Practice, „Challenge", Vol. 26, no.5, S. 5-11.

TOBIN, JAMES (1983b), Keynesian Economics after Fifty Years. Comment to Kaldor, in: Worswick, David/Trevithik, James, Hrsg., Keynes and the Modern World, Cambridge (Cambridge U.P.).

TOBIN, JAMES (1984), Unemployment in the 1980's: Macroeconomics Diagnosis and Prescription, in: PIERRE, ANDREW, Hrsg., Unemployment and Growth in the Western Economies, New York (Council of Foreign Relations).

TOBIN, JAMES (1986), High Time to Restore the Employment Act of 1946, „Challenge", Vol. 29, no.2, S. 4-12.

TOBIN, JAMES (1987), Make Jobs, Cut Deficits, in: TOBIN, JAMES, Policies for Prosperity. Essays in a Keynesian Mode, Brighton (Weatsheaf), S. 186–188.

TOBIN, JAMES (1992), An Old Keynesian Counterattacks, „Eastern Economic Journal", Vol. 18 (1992), Wiederabgedruckt in: TOBIN, JAMES (1996), Full Employment and Growth. Further Keynesian Essays on Policy, Cheltenham (Edward Elgar).

TOBIN, JAMES (1993), Price Flexibility and Output Stability: An Old Keynesian View, „Journal of Economic Literature", Vol. 7, S. 45–65.

TOBIN, JAMES (1995), The Natural Rate as a New Classical Macroeconomics, in: CROSS, ROD, Hrsg., The Natural Rate of Unemployment, Cambridge (Cambridge U.P.), S. 32–42.

TOBIN, JAMES (1997), Macroeconomics in the Conservative Era – Besprechung des von Epstein/Gintis herausgegebenen Sammelbandes „Macroeconomic Policy After the Conservative Era", Cambridge (Cambridge U.P.), 1995 – in „Challenge", Vol. 40, no.4, S. 27–35.

TOBIN, JAMES/BUITER, WILLIAM (1980), Fiscal and Monetary Policies, Capital Formation and Economic Activity, in: VON FÜRSTENBERG, GEORGE, Hrsg.,The Government and Capital Formation, Cambridge (Balinger), wiederabgedruckt in: TOBIN, JAMES, Essays in Economics: Vol. III. Theory and Policy, Cambridge, Mass./London (MIT Press) 1982.

TOPITSCH, ERNST/SALAMUN, KURT (1972), Ideologie – Herrschaft des Vorurteils, München/Wien (Langen-Müller).

TYLECOTE, ANDREW (1981), The Causes of the Present Inflation, An Interdisciplinary Explanation of Inflations in Britain, Germany and the United States, London/Basingstoke (Macmillan).

VINER, JACOB (1937), Mr.Keynes on the Causes of Unemployment, „Quarterly Journal of Economics", Vol. 51, wiederabgedruckt in: LEKACHMAN, ROBERT, Hrsg., Keynes' General Theory. Reports of Three Decades, London (Macmillan) 1964.

VOGEL, OTTO (1982), Hrsg., Wirtschaftspolitik der achtziger Jahre. Leitbild und Strategien, Köln (Deutscher Institutsverlag).

VOGLER-LUDWIG, KURT (1985), Flexibilisierung der Lohnstrukturen. Ein Patentrezept der Beschäftigungspolitik? „IFO-Schnelldienst", 38. Jg., Nr. 16.

VOGT, WINFRIED (1983), Warum gibt es Massenarbeitslosigkeit? „Leviathan", Bd.11. Wiederabgedruckt in: Hickel (1986).

VOGT, WINFRIED (1986), Theorie der kapitalistischen und einer laboristischen Ökonomie, Frankfurt/New York (Campus).

VORKÖTTER, UWE (1982), Auswirkungen einer Verkürzung der Wochenarbeitszeit auf die Nachfrage der Unternehmen nach Arbeitskräften, Frankfurt etc. (Lang).

WAGNER, HELMUT (1997), Stabilitätspolitik, 4. Aufl., München-Wien (Oldenbourg).

WALELU/HORN/ZWIENER (1989), Zu den Stabilitätseigenschaften ausgewählter Schätzfunktionen – Zur Lohn- und Preisbildung innerhalb der DIW-Version des ökonometrischen Konjunkturmodells der Wirtschaftsforschungsinstitute und des disaggregierten ökonometrischen FIND-Modells des DIW, DIW-Vierteljahresheft, Nr. 2/3 1989, S. 214–236.

WALLICH, HENRY/WEINTRAUB, SIDNEY (1971), A Taxed-Based Incomes Policy, „Journal of Economic Issues", Vol. 5.

WALLICH, HENRY/LINDSAY, DAVID (1987), Monetary Policy, in: The New Palgrave. A Dictionary of Economic's, Vol. 3, S. 511.

WALTHER, HERBERT (1979), Öffentliche Verschuldung und „Crowding-Out"-Effekte, in: NOWOTNY, EWALD, Hrsg., Öffentliche Verschuldung, Stuttgart/New York (G.Fischer).

WEEBER, JOACHIM (1995), Wachstum ohne Beschäftigung? Wirtschaftswachstum schafft mehr Arbeitsplätze!, „WSI-Mitteilungen“, 48. Jg., S. 598–603.

WEGNER, MANFRED (1986), Das „britische Experiment“ nach sechs Jahren. Überblick über die Wirtschaftspolitik der Regierung Thatcher, „IFO-Schnelldienst“, 39. Jg., Heft 8.

WEINTRAUB, SIDNEY (1958), An Approach to the Theory of Income Distribution, Philadelphia (Chilton).

WELFENS, PAUL (1985), Theorie und Praxis angebotsorientierter Stabilitätspolitik, Baden-Baden (Nomos).

WELSCH, JOHANNES (1989), Technischer Wandel und Arbeitsmarkt. Ausgewählte Ergebnisse der META-Studie des Bundesforschungsministeriums, „WSI-Mitteilungen“, 42. Jg., S. 503–590.

WELZMÜLLER, R. (1988), Flexibilisierung der Lohnstruktur, „WSI-Mitteilungen“, 41. Jg., S. 579–590.

WENDISCH, PATRICK (1984), Supply-Side-Policy. Theoretische Grundlagen und prozeßpolitische Konsistenz, Frankfurt etc. (Lang).

WESTPHAL, UWE (1988), Makroökonomik. Theorie, Empirie und Politikanalyse, Berlin etc. (Springer).

WILKE, GERHARD (1996), Arbeitsmarkt und (Unter)Beschäftigung. Literaturabhandlung, „Jahrbücher für Nationalökonomie und Statistik“, Bd.215, S. 489–507.

WISSENSCHAFTLICHER BEIRAT BEIM BUNDESMINISTERIUM FÜR WIRTSCHAFT (1977), Gutachten „Aktuelle Probleme der Beschäftigungspolitik“, Studien des Bundesministerium für Wirtschaft, Reihe 19, Bonn.

WISSENSCHAFTLICHER BEIRAT BEIM BUNDESMINISTERIUM FÜR WIRTSCHAFT (1981), Gutachten: Wirtschaftspoitik bei defizitärer Leistungsbilanz, Bonn.

WOHLERS, ECKHARD/WINKLER, DIANA (1981), Gesamtwirtschaftliche Auswirkungen einer Arbeitszeitverkürzung. Empirische Analyse der Kosten- und Preiswirkungen einer Verkürzung der Wochenarbeitszeit, Hamburg (Weltarchiv).

WORSWICK, GEORGE (1991), Unemployment: A Problem of Policy. Analysis of British Experience and Prospects, Cambridge (Cambridge U.P.).

Personenregister

Sachregister